ANNA ENTHOVEN

Schleichwerbung als Medienrechtsproblem

Studien zum Medienrecht

Herausgegeben von
Prof. Dr. Marcus Schladebach, Potsdam
Prof. Dr. Christian Schertz, Berlin

Band 1

Schleichwerbung als Medienrechtsproblem

Von

Anna Enthoven

Duncker & Humblot · Berlin

Die Juristische Fakultät der Universität Potsdam
hat diese Arbeit im Jahre 2019 als Dissertation angenommen.

Bibliografische Information der Deutschen Nationalbibliothek

Die Deutsche Nationalbibliothek verzeichnet diese Publikation in
der Deutschen Nationalbibliografie; detaillierte bibliografische Daten
sind im Internet über http://dnb.d-nb.de abrufbar.

Alle Rechte vorbehalten
© 2020 Duncker & Humblot GmbH, Berlin
Satz: TextFormArt, Daniela Weiland, Göttingen
Druck: CPI buchbücher.de GmbH, Birkach
Printed in Germany

ISSN 2702-0517
ISBN 978-3-428-18081-3 (Print)
ISBN 978-3-428-58081-1 (E-Book)

Gedruckt auf alterungsbeständigem (säurefreiem) Papier
entsprechend ISO 9706 ♾

Internet: http://www.duncker-humblot.de

Vorwort

Die vorliegende Arbeit ist während meiner Tätigkeit als Wissenschaftliche Mitarbeiterin am Lehrstuhl für Medienrecht von Herrn Prof. Dr. Marcus Schladebach entstanden und wurde im Wintersemester 2019/2020 von der Juristischen Fakultät der Universität Potsdam als Dissertation angenommen. Literatur und Rechtsprechung konnten bis zum Oktober 2019 berücksichtigt werden.

Die Mitarbeit am Aufbau und an der Entwicklung des Lehrstuhls für Medienrecht war eine spannende und ereignisreiche Zeit, innerhalb derer die Dissertation entstand. Gemeinsam mit den anderen Wissenschaftlichen Mitarbeiter/-innen der „ersten Stunde" durfte ich für dieses moderne Rechtsgebiet an der Universität Potsdam Lehrprogramme begleiten, Veranstaltungen organisieren und Konzepte verfeinern.

Nicht nur für diese Zeit, sondern auch für die Betreuung meiner Arbeit möchte ich mich an erster Stelle bei meinem Doktorvater Herrn Prof. Dr. Marcus Schladebach bedanken. Vor allem verdanke ich ihm den entscheidenden Anstoß, über das Thema „Schleichwerbung als Medienrechtsproblem" zu promovieren. Er betreute mein Promotionsvorhaben mit viel Begeisterung und Engagement, hatte stets ein offenes Ohr für meine Fragen und gab mir wertvolle Ratschläge für meine Arbeit. Ferner gebührt mein Dank Herrn Prof. Dr. Norbert Janz für die zügige Erstellung des Zweitgutachtens.

Bedanken möchte ich mich ebenfalls bei meiner Familie, die mich mit all ihrer Großzügigkeit und Liebe in meiner Ausbildung unterstützt hat. Die bedingungslose, moralische Hilfe meines Vaters Robert Enthoven, meiner Mutter Soudabeh Razaz, meines Stiefvaters Florian Stengele und meines Bruders Max Enthoven gab mir die notwendige Kraft für die Fertigstellung der Arbeit.

Letztlich geht mein Dank noch an meine beste Freundin Carla Neye, die mich während unseres gemeinsamen Asienurlaubs nach dem 1. Staatsexamen überhaupt auf die Idee gebracht hat, eine Dissertation zu schreiben.

Finanziell wurde die Veröffentlichung dieser Arbeit durch die Potsdam Graduate School gefördert.

Berlin, im Sommer 2020 *Anna Enthoven*

Inhaltsverzeichnis

Erstes Kapitel

Einleitung   13

I. Problemstellung 13
    1. Allgemeine soziale Relevanz der Schleichwerbung 13
    2. Wissenschaftliche Relevanz der Schleichwerbung 17
    3. Begriff der Schleichwerbung 21
    4. Rechtsproblem der Schleichwerbung 24
       a) Trennungsgebot 24
       b) Schleichwerbeverbot 25
    5. Forschungsstand 25
II. Gang der Darstellung 27

Zweites Kapitel

Geschichtliche Entwicklung der Schleichwerbung   30

I. Die 1930er/40er Jahre 31
II. Die 1950er Jahre 31
III. Die 1960er/70er Jahre 33
IV. Die 1980er Jahre: Der 1. Wachstumsschub für programmintegrierte Werbeformen   34
V. Die 1990er Jahre 39
VI. Ab dem Jahr 2000: Der 2. Wachstumsschub für programmintegrierte Werbeformen   42
VII. Retrospektive Würdigung 48

Drittes Kapitel

Schleichwerbung im europäischen Medienrecht   52

I. Europäisches Medienrecht im Überblick 52
    1. Rechtsgrundlagen 52
       a) Primärrecht 52
       b) Sekundärrecht 57

		2. Geschichtliche Entwicklung im Rundfunkbereich	58
		a) Zur Notwendigkeit einer europäischen Rundfunkregelung	58
		aa) Die Fernseh-RL von 1989/1997	60
		bb) Zielsetzung	61
		cc) Regelungsbereiche	62
		b) Zur Notwendigkeit einer Fortentwicklung der Fernseh-RL	63
		aa) Die AVMD-RL von 2007/2010/2018	65
		bb) Zielsetzung	68
		cc) Regelungsbereiche	69
		(1) Anwendungsbereich	69
		(2) Regelungskonzept	78
		dd) Auswirkung auf das nationale Recht	80
II.	Werbevorschriften in der AVMD-RL		80
	1. Quantitative Werbevorschriften		82
	2. Qualitative Werbevorschriften		84
		a) Allgemeine Anforderungen an die audiovisuelle kommerzielle Kommunikation	84
		b) Trennungsgebot	85
		c) Schleichwerbung	87
		aa) Verbot	87
		bb) Legaldefinition	87
		d) Schleichwerbung und Produktplatzierung	89
		aa) Zulässigkeitsvoraussetzungen	90
		bb) Vergleich der Legaldefinitionen	91
	3. Analyse und Kritik		93
III.	Zwischenergebnis		95

Viertes Kapitel

Das Trennungsgebot als medienrechtliche Grundkonzeption   97

I.	Nationales Medien- und Werberecht im Überblick		97
	1. Rechtsgrundlagen für die jeweiligen Mediengattungen		97
		a) Presse	98
		b) Rundfunk	98
		c) Telemedien	101
	2. Rechtsgrundlagen für die Werbung		103
II.	Werbevorschriften im RStV		106
	1. Allgemeine Werbevorschriften		106

		a) Werbegrundsätze	107
		b) System der Trennung von Werbung und Programm	109
		c) Zielsetzung	109
	2.	Trennungsgebot im RStV	113
		a) Trennungsgebot für den Rundfunk (§ 7 Abs. 3 RStV)	114
		aa) Rundfunkbegriff	114
		bb) Bestimmungen im Einzelnen	120
		(1) Werbebegriff	120
		(2) Leichte Erkennbarkeit	122
		(3) Trennung und Kennzeichnung im Fernsehen	123
		b) Trennungsgebot für Telemedien (§ 58 Abs. 1 RStV)	125
		aa) Telemedienbegriff	126
		bb) Bestimmungen im Einzelnen	128
		(1) Werbebegriff	128
		(2) Klare Erkennbarkeit	130
		(3) Eindeutige Trennung und Kennzeichnung	134
		c) Trennungsgebot für fernsehähnliche Telemedien (§§ 58 Abs. 3, 7 Abs. 3 RStV)	140
		aa) Begriff der fernsehähnlichen Telemedien	141
		(1) Fernsehähnlichkeit	142
		(2) Individueller Abruf	146
		(3) Inhaltekatalog	146
		(4) Bewertung und Kritik	148
		bb) Bestimmungen im Einzelnen	150
		cc) Bewertung und Kritik	153
III.	Zwischenergebnis		155

Fünftes Kapitel

Die Schleichwerbung als medienrechtlicher Verstoß 157

I.	Verbot von Schleichwerbung		157
II.	Zielsetzung		158
III.	Schleichwerbung im RStV		160
	1. Schleichwerbung im Rundfunk (§§ 7 Abs. 7, 2 Abs. 2 Nr. 8 RStV)		161
		a) Integrationshandlung	161
		b) Werbeobjekt	162
		c) Werbeabsicht	163
		aa) Indizien für die Werbeabsicht	165
		(1) Entgelt oder ähnliche Gegenleistung	165

		(2) Sonstige Indizien	169
		bb) Zurechnung der Werbeabsicht	172
		(1) Eigenproduktionen	172
		(2) Auftragsproduktionen	172
		(3) Fremdproduktionen	173
		d) Irreführungspotential	175
		aa) Grundkonsens	176
		bb) Einschränkende Auslegung	176
		cc) Stellungnahme und Fazit	178
	2.	Schleichwerbung in Telemedien	179
	3.	Schleichwerbung in fernsehähnlichen Telemedien (§§ 58 Abs. 3, 7 Abs. 7, 2 Abs. 2 Nr. 8 RStV)	180
		a) Werbeabsicht	181
		b) Irreführungspotential	182
IV.	Schleichwerbung und Produktplatzierung		185
	1. Produktplatzierung im RStV		185
	2. Abgrenzung der beiden Werbeformen		186
	3. Bewertung und Kritik		187
V.	Rechtsfolgen der Schleichwerbung		188
	1. Rundfunk		188
		a) Private Veranstalter	188
		b) Öffentlich-rechtliche Veranstalter	189
	2. Fernsehähnliche Telemedien		190
		a) Private Veranstalter	190
		b) Öffentlich-rechtliche Veranstalter	191
VI.	Zwischenergebnis		192

Sechstes Kapitel

Schleichwerbung und Influencer-Marketing   195

I.	Entwicklung der Medien- und Werbepraxis im Überblick		195
	1. Internet		195
		a) Entstehungsgeschichte des Web 1.0	196
		b) Zentrale Bestandteile und Eigenschaften	197
		aa) Dienste	197
		bb) Art und Weise der Kommunikation	197

Inhaltsverzeichnis

2. Soziale Medien		199
a) Entstehungsgeschichte des Web 2.0		199
b) Zentrale Bestandteile und Eigenschaften		200
aa) Dienste		201
bb) Art und Weise der Kommunikation		202
3. Influencer-Marketing		203
a) Entstehungsgeschichte		204
b) Zentrale Bestandteile und Eigenschaften		205
aa) Kanäle		207
(1) YouTube		207
(2) Instagram		208
bb) Arten von Influencern		210
II.	Aktueller Rechtsrahmen für das Influencer-Marketing	211
	1. Keine Kennzeichnung: Schleichwerbung	212
	2. Falsche Kennzeichnung: Schleichwerbung?	212
	3. Zwischenergebnis	214
III.	Bewertung und Kritik	215
	1. Empirische Analyse (Umfrage: Schleichwerbung und Influencer-Marketing)	215
	2. Kritik am aktuellen Rechtsrahmen	217
	a) Zersplittertes Rechtssystem	217
	b) Eingeschränkter Anwendungsbereich des Schleichwerbeverbots im RStV	218
IV.	Lösungsvorschläge	218
	1. Veränderung des Rechtssystems: „Makro-Reform"	218
	2. Veränderung des RStV: „Mikro-Reform"	219

Siebtes Kapitel
Zusammenfassung, Thesen und Ausblick 222

I.	Zusammenfassung	222
II.	Thesen	227
III.	Ausblick	228

Anhang 231

Literaturverzeichnis 236

Sachwortregister 247

Erstes Kapitel

Einleitung

I. Problemstellung

Schleichwerbung[1] ist ein ständiger Begleiter der Neuzeit.

Es handelt sich um eine ambivalente und umstrittene Thematik, die viele rechtliche Herausforderungen mit sich bringt und angesichts der fachübergreifenden Relevanz der Werbeform auch ein gewisses Verständnis angrenzender Nachbarwissenschaften, wie z.B. der Betriebswirtschaftslehre, Psychologie oder Soziologie, erfordert.

1. Allgemeine soziale Relevanz der Schleichwerbung

Werbung ist für viele Unternehmen von existentieller Bedeutung und somit in all ihrer Mannigfaltigkeit aus der Gesellschaft nicht mehr wegzudenken. Das Recht hat bei den Handlungen der Informationsverbreitung immer wieder die fundamentale Aufgabe, kollidierende Interessen zu erkennen und in einen angemessenen Ausgleich zu bringen.

Die Kommunikationsbedingungen und damit auch die Werbemöglichkeiten haben sich in den letzten Jahrzehnten weitreichend verändert. Damit einher geht eine gesamtgesellschaftliche Informationsüberlastung, eine Dominanz der Bildkommunikation und die Verschiebung von Offline- zu Onlinemedien.[2]

Unternehmen stehen heute vor großen Herausforderungen, erfolgreiche Werbestrategien zu finden. Attraktiv und aussichtsreich ist jedoch die Verschleierung des Werbecharakters von Handlungen.[3] Klassisch erkennbare Werbung gilt für den Menschen grundsätzlich als Feind der Unterhaltung: An spannendster Stelle wird ein Film unterbrochen, im Radio wird der Musikgenuss gestört und Artikel leiden

---

[1] Es wird im Folgenden auf die gleichzeitige Verwendung männlicher und weiblicher Sprachformen verzichtet. Sämtliche Personenbeziehungen gelten gleichwohl für beiderlei Geschlecht.
 Mit dem Begriff werden ebenfalls Praktiken erfasst, die vom rechtlichen Standpunkt her zum Teil nicht als Schleichwerbung zu bezeichnen sind. Es handelt sich jedoch um Grenzfälle, die daher als problematisch zu betrachten sind. Eine detaillierte Auseinandersetzung erfolgt im Verlauf dieser Arbeit.
[2] *Kroeber-Riel/Esch*, Strategie und Technik der Werbung, 2015, S. 14, 16.
[3] *Beater*, Medienrecht, 2016, § 8 Rn. 712.

an einer optischen Trennung.[4] Der Rezipient soll also im Idealfall produkt- oder markenspezifische Informationen aufnehmen, gleichzeitig aber nicht merken, dass er gerade beworben wird.[5] Diese aus der Wissenschaft und Praxis gewonnene Erkenntnis führt grundlegend zur Attraktivität der Schleichwerbung.

Die Schleichwerbung ist allerdings kein neues Phänomen: In den 1920er Jahren stand beispielsweise das Zigarettenrauchen für männliche Macht und galt somit für Frauen als ungeeignet.[6] Edward Bernays, auch als Begründer der Öffentlichkeitsarbeit[7] bekannt, half der *American Tobacco Company* das frauenfeindliche Bild des Zigarettenkonsums zu verändern. Er beauftragte eine Frauengruppe auf der 5th Avenue in New York demonstrativ vor Fotoreportern zu rauchen. Die Zigaretten wurden als „Fackeln der Freiheit" bezeichnet und Umsätze stiegen beträchtlich angesichts des zunehmenden Konsums seitens der weiblichen Bevölkerung.[8] In der Medienöffentlichkeit wurde ein spontanes „Pseudo-Ereignis"[9] kreiert, um die Grenzen zwischen Konsument und Unternehmer verschwimmen zu lassen: Die erste offiziell als Schleichwerbung bekannt gewordene Maßnahme, da die Zusammenarbeit mit dem Unternehmen planmäßig und konsequent verheimlicht wurde.[10]

Damals wie heute gilt ein bestimmtes Verständnis der Kommunikations- und Marktbedingungen zu einer erfolgreichen Werbestrategie. Auch können gesellschaftliche Bedingungen bzw. der sich ändernde Wertewandel eine Rolle spielen. Die geschlechtliche Gleichbehandlung kann z. B. ein zu berücksichtigender Faktor sein, wie das Erfolgskonzept von Bernays zeigt.

Im Verhältnis zu den 1920er Jahren ist jedoch ein maßgeblicher Unterschied ersichtlich:

Die elektronischen Medien, d.h. Fernsehen und Internet, haben Kommunikationsbedingungen revolutioniert und sind nicht nur Wegbereiter für neue Dimensionen an Reichweite, sondern auch an Werbemöglichkeiten. Druckerzeugnisse, wie z.B. Zeitungen und Zeitschriften, bieten heute längst nicht mehr den einzigen Weg, Werbebotschaften zu kommunizieren. Diese Veränderungen bringen vor allem rechtliche Diskussionen mit sich, die in der bevorstehenden Arbeit auch mit Blick auf die Schleichwerbung nicht wegzudenken sind.

Im Fernsehbereich sind in den vergangenen zehn Jahren immer wieder Schleichwerbefälle an die Öffentlichkeit gelangt. Die aufsichtsbehördlichen und gerichtlichen Entscheidungen der letzten Jahre lassen trotz der gebotenen Einzelfallbe-

---

[4] *Apel*, Product Placement – Eine kritische Betrachtung, 2004, S. 2.
[5] *Apel*, Product Placement – Eine kritische Betrachtung, 2004, S. 5.
[6] *Siegler*, That's native: Schleichwerbung oder nicht?, 2017, S. 12.
[7] Auch „Public Relations" genannt.
[8] *Siegler*, That's native: Schleichwerbung oder nicht?, 2017, S. 13.
[9] *Szyszka*, M&Z Nr. 1/2011, S. 45.
[10] *Siegler*, That's native: Schleichwerbung oder nicht?, 2017, S. 13.

I. Problemstellung

trachtung gewisse Parallelen im Hinblick auf die Einordnung der Schleichwerbung erkennen. Einige Fälle, wie etwa „Marienhof"[11] oder „TV-Total Wok WM"[12], haben sogar als klassische Beispiele Eingang in die rechtswissenschaftliche Kommentarliteratur gefunden.[13]

Anders verhält es sich jedoch bei der Schleichwerbung im Internet. Diese Fälle sorgen zwar für öffentliches Aufsehen,[14] sind insgesamt jedoch weniger bekannt, u. a. da bis dato im medienrechtlichen Bereich deutlich weniger gerichtliche Entscheidungen existieren. Dies darf jedoch kritisch hinterfragt werden, da das Internet als heranwachsendes Onlinemedium nicht mehr wegzudenken ist.

Mehr als die Hälfte der Menschen in Deutschland können sich das Leben ohne Internet nicht mehr vorstellen[15] und knapp 86 % der deutschsprachigen Bevölkerung ab 10 Jahren gebraucht regelmäßig das World Wide Web.[16] Das Onlinemedium fungiert als zweites Leitmedium neben dem Fernsehen und existiert komplementär zu den anderen klassischen Offlinemedien wie den Druckerzeugnissen und dem Radio.[17] Innerhalb der jüngeren Bevölkerungsschicht (14–29 Jahre) scheint das Internet bereits alle anderen Medien in ihrer Nutzung überholt zu haben.[18] Auch Unternehmen haben sich dieser Entwicklung angepasst[19] und geben inzwischen mehr Geld für Internet- als für Fernsehwerbung aus.[20] Zudem bietet das Internet ein Spielfeld für neue Schleichwerbeformen.[21]

Bianca Heinicke war nie im Radio, Fernsehen oder in Zeitschriften, inspiriert jedoch im Internet mit ihren Schminktipps auf dem Videoportal *YouTube* über fünf Millionen Fans.[22] Ähnlich verhält es sich mit Dagmara Nicole Ochmanczyk, die als „Dagi Bee" regelmäßig für Unterhaltung sorgt.[23]

Ein weiteres Beispiel ist das aus der digitalen Fotoplattform *Instagram* bekannte Fitness-Model namens Pamela Reif. Mit etwa vier Millionen Abonnenten informiert die Deutsche ihr Publikum über aktuelle Neuheiten und Trends.[24]

---

[11] *Goldbeck*, in: Paschke/Berlit/Meyer, Gesamtes Medienrecht, 2016, Teil 3 Abschn. 26 Rn. 153; *Lilienthal*, epd medien Nr. 42/2005, S. 3 ff., www.medien-student.de/wp-content/uploads/2012/11/D-05-06-01-epd-medien-Marienhof1.pdf, 26.06.2018.
[12] VG Berlin, ZUM-RD 2009, 292; *Lilienthal*, epd medien Nr. 34/35/2008, S. 9, www.oppong.eu/data/epd_medien_Informationsfreiheitsgesetz_Journalist_WDR.pdf, 26.06.2018.
[13] *Castendyk*, ZUM 2005, 857.
[14] Die Medienanstalt Hamburg/Schleswig-Holstein, Pressemitteilung 10/17 vom 08.06.2017.
[15] Deutsches Institut für Vertrauen und Sicherheit im Internet (DIVSI), Studie Internet-Milieus 2016: Die digitalisierte Gesellschaft in Bewegung vom 06.2016, S. 12.
[16] Statistisches Bundesamt, Pressemitteilung Nr. 430 vom 29.11.2017.
[17] *Kroeber-Riel/Esch*, Strategie und Technik der Werbung, 2015, S. 35.
[18] Bitkom, Presseinformation vom 26.06.2014.
[19] *Borsch*, MMR 2018, 127; *Fuchs/Hahn*, MMR 2016, 503.
[20] *Suwelack*, MMR 2017, 661.
[21] *Himmelsbach*, GRUR-Prax 2013, 78.
[22] YouTube, BibisBeautyPalace, youtube.com/user/BibisBeautyPalace, 26.06.2018.
[23] YouTube, Dagi Bee, youtube.com/channel/UCpZ_DI-ZugwMzXcqccaTVsg, 26.06.2018.
[24] Instagram, pamela_rf, instagram.com/pamela_rf/?hl=de, 26.06.2018.

Auf Blogs, Foren und anderen sozialen Netzwerken wie *Facebook*, *SnapChat* und *Twitter* wird ebenfalls das derzeit in der Werbebranche angesagte Influencer-Marketing betrieben, da klassische Werbekanäle Kinder und Jugendliche nicht mehr erreichen.[25] Es handelt sich dabei um eine Disziplin des Online-Marketings, bei der Unternehmen zielgerichtet sog. Influencer in ihre Markenkommunikation integrieren.[26] Anfängliche Privatpersonen, die in sozialen Netzwerken ein hohes Ansehen und eine starke Präsenz entwickeln, werden für Werbepraktiken genutzt, indem sie Produkte präsentieren und mit ihrer Vertrauenswürdigkeit sowie Authentizität eine enorme Marktdurchdringung für Unternehmen ermöglichen.[27] Ähnlich wie in dem Beispiel aus den 1920er Jahren verschwinden dabei die unausgesprochenen Grenzen zwischen Konsument und Unternehmer. Dies wird in erster Linie dadurch erreicht, dass persönliche Erfahrungen mit Produkten geteilt werden und oftmals darauf verzichtet wird, Werbeinhalte eindeutig als solche erkennen zu lassen.[28] Auch hier tritt sodann die Zusammenarbeit mit Unternehmen oftmals nicht offen zutage und der Werbecharakter einer Handlung wird auf gewisse Art und Weise verschleiert.

Anschaulich wird das soeben Erklärte mittels der Fotoplattform *Instagram*. Auf dem nachfolgenden Bild sieht man eine junge weibliche Hand, eine Lidschatten-Palette, ein Mascara und eine Schminktasche. In dem sich darunter befindlichen Begleittext wird dann auf 40 % Rabatt im Falle eines bestimmten Produkterwerbs bei der Drogeriemarktkette *Rossmann* hingewiesen. Zudem sind noch ein paar Hashtags ersichtlich. Trotz des zweiten Hashtags #ad[29] könnte sich beim Empfänger die Frage aufdrängen, ob es sich um eine werbliche Darstellung oder aufrichtige Empfehlung handelt.

Heute betreiben bereits fast alle großen Unternehmen, wie z.B. *Mercedes Benz* oder *Zalando*, das Influencer-Marketing mit steigender Tendenz.[30]

Damals wie heute versuchen Werbeunternehmen mittels Medien, eine möglichst hohe Reichweite zu erzielen und somit neuartig und kreativ Kontakt zum Empfänger herzustellen. Diese Bemühungen können im Konflikt mit einer der wichtigsten rechtlichen Anforderungen der Erkennbarkeit des Werbecharakters im Rahmen der Medienwerbung[31] stehen und dazu führen, dass Praktiken wie die Schleichwerbung stattfinden.

---

[25] *Lehmann*, WRP 2017, 772.
[26] OLG Celle, MMR 2017, 771; *Lehmann*, WRP 2017, 772.
[27] OLG Celle, MMR 2017, 771; *Lehmann*, WRP 2017, 772; *Suwelack*, MMR 2017, 661.
[28] *Borsch*, MMR 2018, 127; *Suwelack*, MMR 2017, 661.
[29] Abkürzung des englischen Worts „Advertisement" für Werbung.
[30] Territory Webguerillas, Studie: Marketing Entscheider Online Survey vom 06.2016, S. 6 f.
[31] *Beater*, Medienrecht, 2016, § 8 Rn. 711.

Nachbildung des streitgegenständlichen Instagram-Beitrags in dem Urteil des OLG Celle vom 08.06.2017 (OLG Celle, MMR 2017, 769 ff.)

2. Wissenschaftliche Relevanz der Schleichwerbung

Die obigen Ausführungen machen deutlich, dass es sich bei der Schleichwerbung um ein allgegenwärtiges und sich stets im Wandel befindendes Phänomen handelt. Aus diesem Grund kann die Thematik für viele unterschiedliche Wissenschaften eine Relevanz aufweisen. Auch für rechtswissenschaftliche Untersuchungen kann es durchaus von Vorteil sein, angrenzende Nachbarwissenschaften, wie z. B. die Betriebswirtschaftslehre, Psychologie oder Soziologie, detaillierter zu berücksichtigen.[32] Dies liegt nicht zuletzt daran, dass bei der Ermittlung erfolgreicher

---

[32] *Ruess*, in: Heermann/Schlingloff, Münchener Kommentar zum Lauterkeitsrecht, 2014, Band 2, UWG, § 5 Rn. 25.

Werbestrategien die rechtlichen Regelungen für Unternehmen eher nachgeordnet erscheinen.[33]

Die Betriebswirtschaftslehre befasst sich mit der Führung, d. h. Organisation und Steuerung, von Unternehmen.[34] Um angestrebte Marketingziele (wie z. B. Umsatz, Marktanteil, Bekanntheitsgrad oder Image) zu erreichen, stehen den Unternehmen zahlreiche Instrumente aus den vier Bereichen der Produkt-, Preis-, Distributions- oder Kommunikationspolitik zur Verfügung.[35] Klassische Werbung, Öffentlichkeitsarbeit, Verkaufsförderung,[36] Sponsoring oder Product Placement[37] gelten als Instrumente der Kommunikationspolitik,[38] die im Rahmen des sog. Marketing-Mix insbesondere die Funktion haben, den Bekanntheitsgrad zu verbessern oder die Imagepflege zu fördern.[39] Bei der Auswahl dieser Instrumente haben Unternehmen in der Praxis zunehmend erkannt, dass sich die klassische Werbung und Öffentlichkeitsarbeit (sog. Above-the-line Instrumente[40]) als weniger zielführend erweisen als die Verkaufsförderung, das Sponsoring und Product Placement (sog. Below-the-line Instrumente[41]).[42] Insbesondere verspricht der scheinbar zufällige, aber in Wirklichkeit bewusste Einbau von Markenprodukten im Fernsehen oder Internet eine effektive Kommunikation.[43] Diese unternehmerische Vorgehensweise weist eine erhebliche Relevanz für die Schleichwerbung auf, da Werbung und Unterhaltung miteinander verschmelzen.[44]

Die Wissenschaft der Betriebswirtschaftslehre, die sich primär auf die Abgabe von Empfehlungen hinsichtlich der Höhe und Verteilung von Kommunikationsausgaben fokussiert, begründet damit aus wirtschaftlicher Sicht die Attraktivität der Schleichwerbung.

Die Wissenschaft der Psychologie erforscht das gesamte Erleben und Verhalten von Individuen oder Gruppen.[45] Insbesondere ist die sog. Angewandte Psychologie, die sich mit der Anwendung von psychologischen Grundlagenerkenntnissen in der Praxis befasst,[46] für diese Arbeit von Bedeutung. Zu diesem Bereich gehört z. B. die Werbe-, Markt- und Konsumentenpsychologie, die das Erleben und Verhalten von

---

[33] *Ruess*, in: Heermann/Schlingloff, Münchener Kommentar zum Lauterkeitsrecht, 2014, Band 2, UWG, § 5 Rn. 25.
[34] Brockhaus Enzyklopädie, Betriebswirtschaftslehre, brockhaus.de/ecs/enzy/article/betriebswirtschaftslehre, 26.06.2018.
[35] *Meffert/Burmann/Kirchgeorg*, Marketing, 2014, S. 357 ff.
[36] Auch „Promotion" genannt.
[37] Auch „Produktplatzierung" genannt.
[38] *Schweiger/Schrattenecker*, Werbung, 2005, S. 73, 108 f.
[39] *Schweiger/Schrattenecker*, Werbung, 2005, S. 74.
[40] Damit sind Werbemaßnahmen gemeint, die direkt erkennbar sind.
[41] Damit sind Werbemaßnahmen gemeint, die nicht direkt erkennbar sind.
[42] *Schweiger/Schrattenecker*, Werbung, 2005, S. 108 f.
[43] *Schweiger/Schrattenecker*, Werbung, 2005, S. 120.
[44] *Schweiger/Schrattenecker*, Werbung, 2005, S. 120.
[45] Brockhaus Enzyklopädie, Psychologie, brockhaus.de/ecs/enzy/article/psychologie, 26.06.2018.
[46] *Mayer/Illmann*, Markt- und Werbepsychologie, 2000, S. 2.

Marktteilnehmern im Wirtschaftsleben analysiert.[47] Das zentrale psychologische Ziel der Werbung wird in einer Verhaltensbeeinflussung, etwa zum Kauf, gesehen.[48] Werbebotschaften werden eingesetzt, um beim Empfänger eine bestimmte Reaktion bzw. Werbewirkung hervorzurufen, die wiederum von zahlreichen individuellen, psychologischen Bedingungen abhängig sein kann.[49] Prozesse der Wahrnehmung, Informationsverarbeitung oder Aktivierung (z. B. Emotionen) können beim Empfänger eine Rolle spielen und werden in der Werbewirkungsforschung anhand von diversen Testmethoden untersucht.[50]

Die Erkenntnisse der Werbewirkungsforschung begründen aus psychologischer Sicht die Attraktivität der Schleichwerbung. Zunächst einmal ist anerkannt, dass der Erfolg einer Werbebotschaft im Hinblick auf die Informationsverarbeitung vom Involvement des Empfängers abhängt.[51] Involvement stellt das innere Engagement dar, mit dem sich jemand einem Sachverhalt oder Gegenstand widmet.[52] Dieses Ausmaß der persönlichen Beteiligung determiniert die Art und Tiefe der Informationsverarbeitung beim Empfänger.[53] Unterschiedliche Faktoren, die z. B. personen-, situations-, oder reizbedingter Natur sein können, beeinflussen die Intensität des Involvements und sollten jeweils abhängig von der angebotenen Produktart und Zielgruppe ihre Berücksichtigung finden.[54] Je besser eine Werbebotschaft auf diese Faktoren individuell zugeschnitten ist, desto erfolgreicher ist sie.[55] In den Medien werden Werbebotschaften meist an eine unbestimmte Öffentlichkeit übermittelt und es ist schwer möglich, eine Individualisierung der Kommunikation zu realisieren.[56] Bei der klassischen Werbung, wie z. B. TV-Spots, treffen Werbebotschaften auch oftmals auf Personen, die als Konsument für das beworbene Produkt überhaupt nicht in Frage kommen.[57] Diese negative Auswirkung auf das Involvement kann durch die Vermischung von Werbung und Programm bzw. programmintegrierte Werbung vermieden werden, da in etwa abgeschätzt werden

---

[47] *Mayer/Illmann*, Markt- und Werbepsychologie, 2000, S. 1 f.; *Sieger/Brecheis*, Werbung in der Medien- und Informationsgesellschaft, 2016, S. 4.
[48] *Felser*, Werbe- und Konsumentenpsychologie, 1997, S. 1; *Mayer/Illmann*, Markt- und Werbepsychologie, 2000, S. 1388.
[49] *Mayer/Illmann*, Markt- und Werbepsychologie, 2000, S. 390; *Moser*, Werbepsychologie, 1998, S. 65.
[50] *Felser*, Werbe- und Konsumentenpsychologie, 1997, S. 325 ff.; *Mayer/Illmann*, Markt- und Werbepsychologie, 2000, S. 392 ff.; *Moser*, Werbepsychologie, 1998, S. 52 ff.
[51] *Holznagel/Stenner*, ZUM 2004, 617; *Kroeber-Riel/Weinberg/Gröppel-Klein*, Konsumentenverhalten, 2009, S. 338; *Trommsdorff*, Konsumentenverhalten, 2004, S. 56.
[52] *Kroeber-Riel/Weinberg/Gröppel-Klein*, Konsumentenverhalten, 2009, S. 386.
[53] *Heun*, Werbung, 2017, S. 124; *Kroeber-Riel/Weinberg/Gröppel-Klein*, Konsumentenverhalten, 2009, S. 338.
[54] *Hiller*, Werbung als Schlüsselfaktor bei der Einführung neuer Produkte, 2007, S. 31.
[55] *Behrens*, Werbung: Entscheidung, Erklärung, Gestaltung, 1996, S. 284; *Holznagel/Stenner*, ZUM 2004, 618.
[56] *Holznagel/Stenner*, ZUM 2004, 618.
[57] *Holznagel/Stenner*, ZUM 2004, 618; *Volpers/Herkströter/Schnier*, Die Trennung von Werbung und Programm im Fernsehen, 1998, S. 96.

kann, für welche Art von Werbebotschaften der Zuschauer eines bestimmten Programms zum entscheidenden Zeitpunkt empfänglich ist.[58]

Des Weiteren ist der Erfolg einer Werbebotschaft davon abhängig, ob die menschliche Abwehr- oder Trotzreaktion gegenüber der Werbung (sog. Reaktanz) vermieden wird.[59] Ursache für dieses komplexe Phänomen ist die subjektive Wahrnehmung eines Beeinflussungsdrucks beim Individuum.[60] Die daraufhin ausgelöste Motivation, die Entscheidungsfreiheit zu bewahren bzw. wiederherzustellen, charakterisiert die Reaktanz und kann sich in unterschiedlichen Handlungsenergien widerspiegeln.[61] Tritt etwa im Rahmen einer werblichen Maßnahme ein Erwerbsdruck zutage, kann der Mensch infolgedessen ablehnend reagieren oder sogar ein besonderes Engagement für Konkurrenzprodukte entwickeln (sog. Bumerang-Effekt).[62] Die Verschleierung des Werbecharakters von Maßnahmen lässt den Empfänger nicht merken, dass seine Entscheidungsfreiheit eingeschränkt wird und kann somit Reaktanzgefühle vermeiden.[63]

Die Berücksichtigung des Involvements und die Minimierung des Reaktanzeffekts versprechen insgesamt eine Steigerung der Werbeeffektivität und können aus psychologischer Sicht die Effektivität der Schleichwerbung begründen.[64] Kritiker aus diesem Wissenschaftsbereich bezeichnen Werbung zum Teil als „den größten konzertierten Versuch einer psychologischen Manipulation in der ganzen Menschheitsgeschichte."[65]

Die Wissenschaft der Soziologie hat das gesamte soziale Verhalten des Menschen zum Gegenstand und untersucht somit z. B. soziale Normen, Wertorientierungen oder Gesellschaftsklassen.[66] Der Mensch befindet sich nach soziologischen Erkenntnissen in einem lebenslangen Prozess der Anpassung an gesellschaftliche Denk- und Verhaltensmuster durch die Verinnerlichung sozialer Normen (sog. Sozialisation).[67] Werbung kann Einfluss auf die Sozialisation haben,[68] indem es Werte setzt oder sogar sozialen Druck ausübt.[69] Ideale Vorstellungen vom Wesen *der* Frau, *dem* Urlaub oder *der* Sauberkeit können verbreitet werden und das Kon-

---

[58] *Beater*, Medienrecht, 2016, § 8 Rn. 719.
[59] *Beater*, Medienrecht, 2016, § 8 Rn. 712, 719; *Holznagel/Stenner*, ZUM 2004, 618.
[60] *Brehm*, Theory of Psychological Reactance, 1966, S. 8.
[61] *Miron/Brehm*, Zeitschrift für Sozialpsychologie 37(1), S. 10.
[62] *Schweiger/Schrattenecker*, Werbung, 2005, S. 235.
[63] *Beater*, Medienrecht, 2016, § 8 Rn. 712; *Schweiger/Schrattenecker*, Werbung, 2005, S. 235.
[64] *Beater*, Medienrecht, 2016, § 8 Rn. 719.
[65] *McChesney*, The Political Economy of Media: Enduring Issues, Emerging Dilemmas, 2008, S. 277.
[66] Brockhaus Enzyklopädie, Soziologie, brockhaus.de/ecs/enzy/article/soziologie-20, 26.06.2018.
[67] Wikipedia Enzyklopädie, Sozialisation, wikipedia.org/wiki/Sozialisation, 26.06.2018.
[68] *Hermanns*, Sozialisation durch Werbung, 1983, S. 9, 41; *Sieger/Brecheis*, S. 5.
[69] *Hermanns*, Sozialisation durch Werbung, 1983, S. 9; *Schweiger/Schrattenecker*, Werbung, 2005, S. 109.

sumverhalten des Menschen prägen.[70] Somit berücksichtigen Werbebetreibende vermehrt z. B. das soziale Umfeld oder den Lebensstil ihrer Zielgruppen.[71]

Für die Schleichwerbung kann dies deshalb von Relevanz sein, da sich insbesondere der Einsatz von Meinungsführern als erfolgsversprechend erweist, wenn es darum geht, das Konsumverhalten des Einzelnen anhand sozialer Einflüsse zu lenken.[72] Influencer und ihre Werbepraktiken lassen sich somit auch aus einer soziologischen Perspektive betrachten.

3. Begriff der Schleichwerbung

Bei der Schleichwerbung handelt es sich grob um Handlungen, deren Werbecharakter der Rezipient nicht erkennt.[73] Um eine Vertrautheit mit dem Begriff der Schleichwerbung zu gewinnen, werden zunächst ein paar allgemeine traditionelle Definitionen dargestellt.

Die *Brockhaus Enzyklopädie* bezeichnet die Schleichwerbung allgemein als „die Nutzung eines Massenmediums für Werbezwecke in einer Weise, dass der werbliche Charakter der Maßnahme möglichst nicht unmittelbar durchschaut wird."[74]

Dem *Duden* zufolge erfolgt eine, insbesondere im Presse-, Rundfunk- und Fernsehbereich ersichtliche, „Zurschaustellung, Nennung [oder] Anpreisung eines Produkts, Firmennamens, o. Ä. […] innerhalb eines nicht der Werbung dienenden Beitrags."[75] Es tauchen demnach werbliche Inhalte an falscher bzw. unzulässiger Stelle auf. Anknüpfungspunkt ist dabei der im gesamten Medienbereich geltende allgemeine Grundsatz, dass Werbung von anderen (redaktionellen) Inhalten zu trennen ist.[76]

Das *Wahrig Wörterbuch* verlangt konkret eine „Werbung, bei der Firmennamen auf Plakaten, Etiketten o. Ä. scheinbar absichtslos ins Bild gebracht werden."[77]

Im *Wörterbuch der deutschen Gegenwartssprache* wird die Schleichwerbung als „sich der Massenmedien bedienende, scheinbar unbeabsichtigt angebrachte Werbung" definiert.[78]

---

[70] *Hermanns*, Sozialisation durch Werbung, 1983, S. 9.
[71] *Sieger/Brecheis*, Werbung in der Medien- und Informationsgesellschaft, 2016, S. 5.
[72] *Schweiger/Schrattenecker*, Werbung, 2005, S. 9 f., 13.
[73] *Himmelsbach*, GRUR-Prax 2013, 78.
[74] Brockhaus Enzyklopädie, Schleichwerbung, brockhaus.de/ecs/enzy/article/schleichwerbung, 26.06.2018.
[75] Duden, Band 8, S. 3374.
[76] Vgl. hierzu S. 11 dieser Arbeit; LG München I, ZUM 1986, 483, 484; *Fechner*, Medienrecht, 2018, S. 184; *Platho*, ZUM 2000, 46, 48.
[77] Wahrig Wörterbuch, S. 1295.
[78] Wörterbuch der deutschen Gegenwartssprache, Band 5, S. 202.

Zunächst kann festgestellt werden, dass alle Definitionen ein Element der „Werbung", d. h. einer Handlung der ziel- und zweckgerichteten Informationsverbreitung, enthalten.

Die *Brockhaus Enzyklopädie* und das *Wörterbuch der deutschen Gegenwartssprache* sprechen von eingesetzten „Massenmedien" oder einem „Massenmedium" als Kommunikationsmittel. Auch lässt der *Duden* mit seiner Aufzählung bestimmter Medien (Presse, Rundfunk, Fernsehen) eine solche Herangehensweise durchblicken.

Die letzten zwei Definitionen ergeben, dass etwas „scheinbar absichtslos" oder „scheinbar unbeabsichtigt" erfolgt bzw. dargestellt wird. Ähnlich soll der *Brockhaus Enzyklopädie* zufolge etwas „möglichst nicht unmittelbar durchschaut" werden. Erkennbar ist somit ein Element der menschlichen Raffinesse oder Täuschung im Hinblick auf das beschriebene Geschehen.

Bei Betrachtung dieser vier Definitionen werden jedoch auch Uneinigkeiten sichtbar.

Zum einen geht die entscheidend vorzunehmende Tätigkeit auseinander: Die *Brockhaus Enzyklopädie* spricht von der „Nutzung eines Massenmediums", während der *Duden* eine „Zurschaustellung, Nennung [oder] Anpreisung" werblicher Inhalte als Erfordernis festsetzt. Dem *Wahrig Wörterbuch* zufolge muss ein Firmenname „ins Bild gebracht werden." Das *Wörterbuch der deutschen Gegenwartssprache* spricht von einer, der Massenmedien bedienenden, Anbringung.

Auch bestehen Differenzen bezüglich des konkret örtlichen Auftretens der Schleichwerbung und es werden, wenn überhaupt, offene Begrifflichkeiten wie „Beitrag", „Plakate, Etiketten o. Ä." in Gebrauch genommen.

Allein die letzten zwei Definitionen verwenden im Hinblick auf das Wesen der Schleichwerbung eindeutig die Begrifflichkeit „Werbung."

Diese Erkenntnis zeigt, dass technische, medienwirtschaftliche und soziale Veränderungen in der Gesellschaft auch auf die allgemeinen Definitionen der Schleichwerbung einen beträchtlichen Einfluss genommen haben und heute Raum für vielfache Interpretationsmöglichkeiten bieten.

Auch in der Rechtswissenschaft existieren Definitionen der Schleichwerbung. Neben einer Vielzahl von anderen Vorschriften, die unterschiedliche Werbeformen und -inhalte festlegen, bildet im nationalen Medienrecht der Rundfunkstaatsvertrag (RStV)[79] den zentralen gesetzlichen Rahmen für die Schleichwerbung. Dieser Staatsvertrag wurde von den sechzehn Bundesländern aufgrund ihrer Gesetz-

---

[79] Rundfunkstaatsvertrag (RStV) vom 31. August 1991, zuletzt geändert durch den Zweiundzwanzigsten Rundfunkänderungsstaatsvertrag vom 01. Mai 2019; Vgl. zur Ratifizierung und zum Inkrafttreten in Brandenburg: Gesetz zum Zweiundzwanzigsten Staatsvertrag zur Änderung rundfunkrechtlicher Staatsverträge (Zweiundzwanzigster Rundfunkänderungsstaatsvertrag) vom 1. April 2018 (GVBl. I Nr. 7).

I. Problemstellung

gebungskompetenz im Rundfunkrecht (Art. 30, 70 ff. Grundgesetz (GG)[80]) zur bundesweiten Koordinierung der Medienpolitik geschaffen.[81]

Der Gesetzgeber definiert in § 2 Abs. 2 Nr. 8 S. 1 RStV die Schleichwerbung als „die Erwähnung oder Darstellung von Waren, Dienstleistungen, Namen, Marken oder Tätigkeiten eines Herstellers von Waren oder eines Erbringers von Dienstleistungen in Sendungen, wenn sie vom Veranstalter absichtlich zu Werbezwecken vorgesehen ist und mangels Kennzeichnung die Allgemeinheit hinsichtlich des eigentlichen Zweckes dieser Erwähnung oder Darstellung irreführen kann."

Das nationale Medienrecht wurde in den vergangenen Jahren in erheblichem Maße durch das europäische Medienrecht geprägt.[82] Da im RStV stets eine Angleichung an das Europarecht angestrebt wird,[83] orientiert sich die Definition der Schleichwerbung an der Richtlinie über audiovisuelle Mediendienste (AVMD-RL)[84].

In Art. 1 Abs. 1 lit. j.) AVMD-RL befindet sich somit eine ähnliche Definition der Schleichwerbung als „die Erwähnung oder Darstellung von Waren, Dienstleistungen, dem Namen, der Marke oder den Tätigkeiten eines Herstellers von Waren oder eines Erbringers von Dienstleistungen in Sendungen, wenn sie vom Mediendiensteanbieter absichtlich zu Werbezwecken vorgesehen ist und die Allgemeinheit über ihren eigentlichen Zweck irreführen kann."

Die Schleichwerbung ist begrifflich von der Produktplatzierung abzugrenzen.[85] Von beiden Werbeformen wird aufgrund der gleichartigen Wurzeln[86] oftmals synonym in einem Atemzug gesprochen.[87] Entscheidendes Abgrenzungskriterium ist nach der derzeit wohl herrschenden Meinung[88] das Vorliegen einer Kennzeichnung.

---

[80] Grundgesetz für die Bundesrepublik Deutschland (GG) in der im Bundesgesetzblatt Teil III, Gliederungsnummer 100–1, veröffentlichten bereinigten Fassung, das zuletzt durch Artikel 1 des Gesetzes vom 13. Juli 2017 (BGBl. I S. 2347) geändert worden ist.
[81] BVerfG, NJW 1961, 547; *Martini*, in: Gersdorf/Paal, Informations- und Medienrecht, RStV, § 1 Rn. 4.
[82] *Becker*, ZUM 2009, 697.
[83] Begründung zum 13. RÄStV, BayLT-Drucks. 16/2736, S. 8 ff.
[84] Richtlinie 2018/1808/EU des Europäischen Parlaments und des Rates zur Änderung der Richtlinie 2010/13/EU zur Koordinierung bestimmter Rechts- und Verwaltungsvorschriften der Mitgliedstaaten über die Bereitstellung audiovisueller Mediendienste vom 14. November 2018 (Richtlinie über audiovisuelle Mediendienste) im Hinblick auf sich verändernde Marktgegebenheiten, ABl. Nr. L 303 vom 28.11.2018, S. 69 ff.
[85] *Fechner*, Medienrecht, 2018, S. 313; *Holznagel*, in: Spindler/Schuster, Recht der elektronischen Medien, 2015, RStV, § 2 Rn. 67; *Jäger*, Trennungs- und Kennzeichnungsgebot, 2017, S. 161; *Suwelack*, MMR 2017, 663.
[86] *Jäger*, Trennungs- und Kennzeichnungsgebot, 2017, S. 161.
[87] *Castendyk*, in: Wandtke, Medienrecht Praxishandbuch, 2011, Band 3, § 2 Rn. 84.
[88] BVerwG, ZUM 2015, 78, 80; OVG Rheinland-Pfalz, ZUM 2013, 980, 985; *Castendyk*, ZUM 2010, 31; *Kreile*, in: Dörr/Kreile/Cole, Handbuch Medienrecht, 2011, Teil J Rn. 37; *Engels/Semrau*, ZUM 2014, 946, 948; *Martini*, in: Gersdorf/Paal, Informations- und Medienrecht, RStV, § 2 Rn. 44.

Erwähnenswert ist zuletzt, dass man bei Betrachtung des recht anschaulich beschriebenen, zusammengesetzten Wortes der Schleichwerbung eine Komponente des „Schleichens" und somit eines unauffällig sukzessiven Vorgangs erwartet. Dies wird, bezogen auf die vorzunehmende werbliche Handlung, aus keiner Definition unbedingt deutlich.

Zusammenfassend kann jedoch festgestellt werden, dass alle aufgeführten Definitionen die Schleichwerbung als wertungsmäßig inkorrektes Geschehen darstellen. Sie enthalten Elemente einer intransparenten Präsentation kommerzieller Inhalte, die daher ein Irreführungspotenzial für den Empfänger in sich tragen. Auch ist eine subjektive Komponente erkennbar.

4. Rechtsproblem der Schleichwerbung

a) Trennungsgebot

Die begriffliche Annäherung und daraus folgende Wertung der Schleichwerbung korrespondiert mit dem bereits kurz erwähnten medienrechtlichen Fundamentalgrundsatz der Trennung von Werbung und redaktionellem Inhalt. Das sog. Trennungsgebot ist mehrfach kodifiziert und deckt mit seiner Ausprägung, z.B. in den Landespressegesetzen, RStV und Telemediengesetz (TMG)[89], den gesamten Medienbereich ab.[90] Mediengattungsspezifisch wird das Verhältnis von Werbung und redaktionellem Inhalt bestimmt, um u.a. die Erkennbarkeit des Werbecharakters von Maßnahmen zu gewährleisten.[91]

Im Rundfunkstaatsvertrag bildet § 7 die Zentralnorm der Werberegulierung.[92] Der Anwendungsbereich dieser Vorschrift soll ausdrücklich den Rundfunk erfassen und angesichts des Verweises in § 58 Abs. 3 S. 1 RStV auf sog. fernsehähnliche Telemedien erweitert werden.[93] Das Trennungsgebot ist dort in § 7 Abs. 3 RStV verankert:[94] So muss Werbung allgemein „als solche leicht erkennbar und vom redaktionellen Inhalt unterscheidbar sein" (S. 1).

Eine ähnliche Kodifikation befindet sich in § 58 Abs. 1 S. 1 RStV, die für einfache (bzw. nicht fernsehähnliche) Telemedien gelten soll.[95] Ein inhaltlich iden-

---

[89] Telemediengesetz (TMG) vom 26. Februar 2007 (BGBl. I S. 179), das zuletzt durch Artikel 1 des Gesetzes vom 28. September 2017 (BGBl. I S. 3530) geändert worden ist.
[90] *Castendyk*, ZUM 2005, 857; *Döpkens*, in: Spindler/Schuster, Recht der elektronischen Medien, 2015, RStV, § 7 Rn. 28; *Fechner*, Medienrecht, 2018, S. 184.
[91] *Beater*, Medienrecht, 2016, § 8 Rn. 715.
[92] *Dörr/Schwartmann*, Medienrecht, 2019, S. 221; *Bornemann*, in: Gersdorf/Paal, Informations- und Medienrecht, RStV, § 7 Rn. 6; *Fechner*, Medienrecht, 2018, S. 312.
[93] *Bornemann*, in: Gersdorf/Paal, Informations- und Medienrecht, RStV, § 7 Rn. 7.
[94] *Bornemann*, in: Gersdorf/Paal, Informations- und Medienrecht, RStV, § 7 Rn. 11.
[95] *Beater*, Medienrecht, 2016, § 8 Rn. 715; *Fiedler*, in: Gersdorf/Paal, Informations- und Medienrecht, RStV, § 58 Rn. 1; *Smid*, in: Spindler/Schuster, Recht der elektronischen Medien, 2015, RStV, § 58 Rn. 1.

tisches Trennungsgebot für alle Telemedien ist im Übrigen in § 6 Abs. 1 Nr. 1 TMG verankert.[96]

Trotz dieser gesetzlichen Regelungen ist jedoch zu beachten, dass die Medienwirklichkeit anders aussieht. Auch der RStV lässt viele Ausnahmen zu und setzt die Trennungsregeln, u. a. durch die europäische Gesetzgebung bedingt, kontinuierlich herab.[97] Zu vermerken ist eine Erosion des Trennungsgebots[98] und somit eine zunehmende Vermischung von Werbung und redaktionellem Inhalt.

b) Schleichwerbeverbot

Der praktisch bedeutendste[99] Verstoß gegen das Trennungsgebot ist die Schleichwerbung. Die in § 2 Abs. 2 Nr. 8 RStV verankerte Legaldefinition beschreibt eine Fallgestaltung der Vermischung von Werbung und redaktionellen Inhalten, welche zusätzlich hinsichtlich des Werbezwecks die Allgemeinheit irreführen kann und somit gem. § 7 Abs. 7 S. 1 Alt. 1 RStV in Übereinstimmung mit Art. 9 Abs. 1 lit. a.) S. 2 und Art. 11 Abs. 2 der AVMD-RL ausnahmslos unzulässig ist.[100] Das Verbot der Schleichwerbung soll damit eine Konkretisierung[101] des praktisch kaum noch durchsetzbaren Trennungsgebots darstellen.[102] Dies wird auch bei näherer Betrachtung der Zielsetzungen der Vorschrift deutlich.[103]

5. Forschungsstand

Rechtswissenschaftliche Untersuchungen, die sich thematisch im Schwerpunkt mit der Schleichwerbung auseinandersetzen, existieren bisher nicht. Zahlreiche Monographien im Medienrecht befassen sich mit der Produktplatzierung[104]

---

[96] *Fiedler*, in: Gersdorf/Paal, Informations- und Medienrecht, RStV, § 58 Rn. 1; *Fuchs/Hahn*, MMR 2016, 504; *Gerecke*, GRUR-Prax 2018, 87.
[97] *Beater*, Medienrecht, 2016, § 8 Rn. 719; *Ladeur*, in: Binder/Vesting, Beck'scher Kommentar zum Rundfunkrecht, § 7 Rn. 29a f.
[98] *Kachabia*, BLJ 2015, 20.
[99] *Platho*, ZUM 2000, 48.
[100] Vgl. hierzu 93. Erwägungsgrund AVMD-RL.
[101] OVG Rheinland-Pfalz, ZUM 2009, 507, 511; *Holznagel/Stenner*, ZUM 2004, 619; *Jäger*, Trennungs- und Kennzeichnungsgebot, 2017, S. 128; *Kreile*, in: Dörr/Kreile/Cole, Handbuch Medienrecht, 2011, Teil J Rn. 27; *Ladeur*, in: Binder/Vesting, Beck'scher Kommentar zum Rundfunkrecht, § 7 Rn. 47; *Holznagel*, in: Hoeren/Sieber/Holznagel, Multimedia-Recht, 2018, Teil 3 Rn. 159; *Holzgraefe*, Werbeintegration in Fernsehsendungen und Videospielen, 2010, S. 156; *Jäger*, Trennungs- und Kennzeichnungsgebot, 2017, S. 128.
[102] *Platho*, ZUM 2000, 49.
[103] *Bornemann*, in: Gersdorf/Paal, Informations- und Medienrecht, RStV, § 7 Rn. 26; *Engels/Semrau*, ZUM 2014, 946.
[104] Beispiele: *Schultze*, Product Placement im Film (2001); *Mallik*, Product Placement in den Massenmedien (2009); *Müller-Rüster*, Product Placement im Fernsehen (2010); *Kötter*,

oder dem allgemeinen Trennungsgebot,[105] die allenfalls ein anlehnendes Thema darstellen.

Aufgrund des fachübergreifenden Charakters des Forschungsgegenstands, bestehen z. B. sozial- und wirtschaftswissenschaftliche Werke zur Schleichwerbung. Diese sind jedoch eher auf die Praxis zugeschnitten oder aus rechtswissenschaftlicher Sicht mangels Aktualität nur eingeschränkt brauchbar.[106]

Anders verhält es sich lediglich mit rechtswissenschaftlichen Aufsätzen.

Himmelsbach behandelt mit seinem Beitrag „Schleichwerbung in den Medien" aus dem Jahr 2013 einen für den Forschungsstand relevanten Bereich. Der Autor erörtert den Begriff der Schleichwerbung und die dazu vorhandenen Vorschriften im Print-, Rundfunk- und Telemedienbereich. Allerdings beschränkt sich die Arbeit auf eine Beschreibung und Diskussion der damals geltenden Gesetzeslage, Literatur und Rechtsprechung. Die Schleichwerbung wird im Rahmen des § 7 Abs. 7 S. 1 Alt. 1 RStV nur hinsichtlich der Werbeabsicht erörtert, d. h. wann die Erwähnung oder Darstellung „absichtlich vom Veranstalter zu Werbezwecken" vorgesehen ist.

In seinem im Jahre 2017 veröffentlichten Aufsatz „Schleichwerbung als Boombranche?", verbindet Suwelack die Schleichwerbung mit dem Influencer-Marketing. Es werden die unterschiedlichen werberechtlichen Anforderungen in den sozialen Netzwerken herausgearbeitet und anschließend die Rechtsfolgen bei etwaigen Verstößen dargestellt. Zwar setzt sich der Verfasser dabei mit einem sehr aktuellen Thema auseinander und problematisiert die Schleichwerbung im Internet. Hinsichtlich des Schleichwerbebegriffs im RStV befasst sich die Arbeit jedoch im Wesentlichen nur mit der Abgrenzung zur herkömmlichen Werbung und Produktplatzierung.

Dieser lückenhafte Forschungsstand bildet den Ausgangspunkt für die vorliegende Arbeit.

Ausgehend von § 7 Abs. 7 S. 1 Alt. 1 RStV ist der Schleichwerbebegriff anhand des Tatbestands, der Einzelfälle und Rechtsfolgen zu untersuchen. Nicht wegzudenken sind die europarechtlichen Vorgaben, die aus der AVMD-RL resultieren und Eingang in den deutschen Rechtsraum gefunden haben. Insbesondere bieten die verstärkten Bemühungen der landesrechtlichen Aufsichtsbehörden das Schleichwerbeverbot durchzusetzen einen Beweggrund, rechtspolitisch zeitgemäße und weiterführende Ergebnisse anzustreben.

Die Umsetzung der AVMD-RL: Die Implementierung der Produktplatzierungsregelungen in Deutschland und im Vereinigten Königreich (2016).
[105] Beispiel: *Jäger*, Allgemeines Trennungs- und Kennzeichnungsgebot im Lauterkeits- und Medienrecht (2017).
[106] Beispiel: *Baerns*, Schleichwerbung lohnt sich nicht!: Plädoyer für eine klare Trennung von Redaktion und Werbung in den Medien (1996); *Bartoscheck/Wolff*, Vorsicht Schleichwerbung! (2010).

II. Gang der Darstellung

Um die aufgezeigte Forschungslücke zu schließen, beschäftigt sich das anschließende Kapitel mit der Schleichwerbung im historischen Kontext. Anhand von Beispielen werden die Eigenschaften und Motive des Praxisphänomens aus der Vergangenheit herausgearbeitet. Dieses Verständnis ist erforderlich, um die nachfolgenden Ausführungen zum Rechtsrahmen der Schleichwerbung besser einordnen zu können.

Das dritte Kapitel behandelt sodann die medienrechtlichen Vorschriften zur Schleichwerbung auf europäischer Ebene. Die dazu vorhandenen Bestimmungen in der AVMD-RL werden je nach Bedarf hinsichtlich des Wortlauts, geschichtlichen Hintergrunds, Normzwecks oder der Systematik ausgelegt. Dabei sind auch allgemein die richtlinienbezogenen Erwägungsgründe von nicht unerheblicher Bedeutung. Ziel der Untersuchung ist, ein europäisches Verständnis der Problematik zu gewinnen, um nicht nur gegenwärtige, sondern auch künftige Einflüsse auf die nationale Rechtsordnung besser deuten zu können. Besonderes Augenmerk liegt dabei auf der jüngsten Novellierung der AVMD-RL am 14. November 2018 und der damit verbundenen Liberalisierung der Werbevorschriften zur Produktplatzierung.[107]

Anschließend widmet sich die Arbeit der nationalen Ebene und untersucht die medienrechtlichen Vorschriften zum Trennungsgebot im RStV (viertes Kapitel). Da die Schleichwerbe- aus den Trennungsvorschriften heraus entwickelt wurden und eine besondere Ausprägung des Systems der Trennung von Werbung und Programm darstellen, bilden diese Normierungen eine wichtige Grundlage für das nationale Verständnis der Schleichwerbung. Dabei geht es im Schwerpunkt um die Klärung der Frage, welche Medienangebote konkret § 7 Abs. 3 RStV/§ 58 Abs. 1 RStV auf welche Art und Weise zur „Trennung" verpflichtet. Dafür werden die Begrifflichkeiten Rundfunk, einfache Telemedien und sog. fernsehähnliche Telemedien definiert und voneinander abgegrenzt, da im Fernsehbereich andere Gegebenheiten herrschen als im Internetbereich. Über die Jahre in der Rechtsprechung und Literatur fest gezogene Trennungsregeln für das Fernsehen werden ggf. auf das Internet übertragen oder unter Berücksichtigung der technischen Möglichkeiten sowie des Sinn und Zwecks des Trennungsgebots angepasst.

Im fünften Kapitel wird sodann die Schleichwerbung im nationalen Medienrecht erforscht. Vor dem Hintergrund des in § 7 Abs. 7 S. 1 Alt. 1 RStV verankerten Verbots für den Rundfunk und die sog. fernsehähnlichen Telemedien, wird als Kernteil der Arbeit auf Tatbestandsebene die in § 2 Abs. 2 Nr. 8 S. 1 RStV verankerte Definition eingehend untersucht. Dazu werden Beispiele aus der Rechtsprechung angeführt, die dem Gesetzestext anhand der Praxis eine ergänzende Bedeutung und Bewertung im Einzelfall zukommen lassen können. Trotz mehrerer theoretischer

---

[107] *Jäger*, ZUM 2019, 485 ff.

und praxisorientierter Ansätze ist z.B. noch nicht hinreichend herausgearbeitet worden, wann anhand objektiv klar zu bestimmender Kriterien ein Irreführungspotential anzunehmen ist. Ob eine fehlende Kennzeichnung ausreicht oder ein Element des „Schleichens" notwendig ist, sind einige der zu behandelnden Forschungsfragen. Ziel der Untersuchung ist, die Kernelemente der Schleichwerbung herauszuarbeiten und verständlich darzulegen, welche konkreten Eigenschaften dieses Phänomen aus rechtlichem Blickwinkel beinhaltet.

Sinngemäß beschäftigt sich dieses Kapitel auch mit der Abgrenzung zu anderen Werbepraktiken, insbesondere der Produktplatzierung. Die technischen Entwicklungen und zunehmenden Uneinigkeiten in der Fachöffentlichkeit machen es erforderlich, diese Thematik auf den aktuellen Stand zu bringen. Warum explizit die Schleichwerbung (und nicht die Produktplatzierung) ausnahmslos verboten ist, gilt es dabei zu hinterfragen.

Klärungsbedürftig ist letztlich, welche Rechtsfolgen im Falle eines Verstoßes gegen das Schleichwerbeverbot in Betracht kommen. Je nach Medium und Rechtsnatur des Anbieters, werden die unterschiedlichen Sanktionsmöglichkeiten diskutiert.

Für das vierte und fünfte Kapitel gilt insgesamt zu beachten, dass sich auf nationaler Ebene die Untersuchung nur auf das Öffentliche Medienrecht, d.h. auf den RStV, beschränkt.

Diese Arbeit beschäftigt sich daher nicht mit den Landespressegesetzen, dem § 6 Jugendmedienschutz-Staatsvertrag (JMStV)[108] oder § 6 TMG. Auch können wettbewerbsrechtliche Dimensionen eine thematische Relevanz aufweisen und somit wird eine vertiefte Untersuchung der §§ 3ff. des Gesetzes gegen den unlauteren Wettbewerb (UWG)[109] ebenfalls ausdrücklich ausgegrenzt.[110] Letztlich besteht die Möglichkeit, dass die unterschiedlichen Blickwinkel des Influencer-Marketings diverse Rechtsgebiete tangieren und z.B. eine marken- oder urheberrechtliche Relevanz zur Schleichwerbethematik im weiteren Sinne aufweisen.[111] Deshalb wird auch das Markengesetz (MarkenG)[112] oder Urheberrechtsgesetz (UrhG)[113] ausgeschlossen.

---

[108] Jugendmedienschutz-Staatsvertrag (JMStV) vom 13. September 2002 (GVBl. 2003 S. 147, BayRS 02-21-S), der zuletzt durch Art. 5 des Abkommens vom 3. Dezember 2015 (GVBl. 2016 S. 52) geändert worden ist.

[109] Gesetz gegen den unlauteren Wettbewerb (UWG) in der Fassung der Bekanntmachung vom 3. März 2010 (BGBl. I S. 254), das zuletzt durch Artikel 4 des Gesetzes vom 17. Februar 2016 (BGBl. I S. 233) geändert worden ist.

[110] OLG Celle, MMR 2017, 769ff.; *Henning-Bodewig*, WRP 2017, 1415.

[111] *Bosch*, MMR 2018, 128f.

[112] Markengesetz (MarkenG) vom 25. Oktober 1994 (BGBl. I S. 3082; 1995 I S. 156; 1996 I S. 682), das zuletzt durch Artikel 11 des Gesetzes vom 17. Juli 2017 (BGBl. I S. 2541) geändert worden ist.

[113] Urheberrechtsgesetz (UrhG) vom 9. September 1965 (BGBl. I S. 1273), das zuletzt durch Artikel 1 des Gesetzes vom 1. September 2017 (BGBl. I S. 3346) geändert worden ist.

Im sechsten Kapitel wird die Schleichwerbung im Rahmen der heutigen Medienwelt, insbesondere des Influencer-Marketings, erörtert. Mit Blick auf die aktuellen Interventionen der Aufsichtsbehörden werden die offenen Fragen und Probleme, die sich aus der Zusammenschau von Realität und Rechtsrahmen ergeben, herausgearbeitet. Vor allem gilt zu klären, ob die bestehenden Rechtsgrundlagen in der Lage sind, alle Fälle der Schleichwerbung adäquat zu erfassen. Dafür wird u. a. eine eigene Umfrage als empirische Forschungsmethode herangezogen. Zu jedem Problem werden Lösungsvorschläge entwickelt und diskutiert.

Kapitel sieben rundet die Arbeit mit Schlussbetrachtungen ab.

Zweites Kapitel

Geschichtliche Entwicklung der Schleichwerbung

Die Analyse der Schleichwerbung im historischen Kontext ist deshalb indiziert, da grundlegende Eigenschaften und Motive der Werbeform erkannt werden können, die den Hintergrund der gegenwärtigen rechtlichen Ausgestaltungen bzw. Kodifikationen bilden. Es geht in diesem Kapitel somit nicht konkret um die Erfüllung der rechtlichen Tatbestandsmerkmale, da sich das Verständnis der Begrifflichkeit „Schleichwerbung" im Laufe der Jahre stark verändert hat und sich in der wissenschaftlichen Literatur als vorwiegend subjektiv und uneinheitlich erweist. Andere Bezeichnungen in der Werbebranche, wie z. B. „Product Placement", „Sponsoring", „Moving picture advertising" oder „Integrierte Kommunikation", werden oftmals mit der Schleichwerbung assoziiert oder sogar gleichgesetzt.[1] Vielmehr soll es darum gehen, auf abstrakter Ebene die maßgeblichen Komponenten und allgemeinen Beweggründe der Schleichwerbung geschichtlich herauszuarbeiten, um anschließend den (supra-)nationalen Rechtsrahmen besser aufzeigen zu können.

Werbung im Programm als Kernelement der Schleichwerbung kann auf eine Geschichte zurückblicken, die beinahe so alt ist wie die des Films.[2] Bereits im Jahre 1886 war in dem kurzen Film „The Card Game" der Geschwister Lumière, den Erfindern des Kinos, eine Bierflasche mit erkennbarem Etikett zu sehen.[3] Die geschäftliche und gezielte Werbeintegration im Programm gewann allerdings erst im Zuge der Kommerzialisierung der Medien zunächst in den USA und anschließend in Europa zunehmend an Bedeutung und wurde Gegenstand öffentlicher und wissenschaftlicher Diskussion.[4]

---

[1] *Baerns*, Schleichwerbung lohnt sich nicht!, 1996, S. 28; *Hermann*, Product Placement in Deutschland, 2012, S. 37 f.; *Verwijmeren*, JESP Nr. 49/2013, S. 1124 ff.

[2] *Auer/Kalweit/Nüßler*, Product Placement, 1991, S. 49; *Blaue*, Werbung wird Programm, 2011, S. 107; *Hermann*, Product Placement in Deutschland, 2012, S. 37.

[3] *Hermann*, Product Placement in Deutschland, 2012, S. 37.

[4] *Hermann*, Product Placement in Deutschland, 2012, S. 37, 40.

I. Die 1930er/40er Jahre

In den 1930er-40er Jahren entwickelte sich seitens der werbebetreibenden Unternehmen in den USA erstmals das Bewusstsein für den wirtschaftlichen Einfluss des (Nicht-)Erscheinens bestimmter Produkte in Filmen.[5] Dies ist auf den Film „It happened in one night" aus dem Jahre 1934 zurückzuführen, in dem der Schauspieler Clark Gable als Symbol maskuliner Anziehungskraft sein Hemd auszog und kein Unterhemd darunter trug. Die Verkäufe für Unterhemden in den USA brachen innerhalb kürzester Zeit um 40 % ein.[6] Daraufhin entstanden die ersten Agenturen, die sich auf eine gezielte Platzierung von Markenprodukten in Filmen spezialisierten und interne Kooperationsformen, sog. Tie-in-Geschäfte genannt, zwischen den Interessenten aushandelten.[7] Jüngere Studien ergaben, dass in den 1930–40er Jahren nahezu 200 Hollywoodschauspieler für das Rauchen in Filmen bezahlt wurden, um weltweit zugunsten der Tabakunternehmen ein cooles, verführerisches oder elegantes Image dieser Praxis zu verbreiten und damit den Zigarettenverkauf zu fördern.[8]

Auch in Deutschland war zu dieser Zeit die gezielte Platzierung von Markenprodukten in Filmen nicht vollkommen fremd. Deutsche Modedesigner bemühten sich beispielsweise damals schon darum, dass renommierte Schauspieler ihre Kollektionen vor den Kameras der *Universum Film AG (UFA)* trugen.[9]

II. Die 1950er Jahre

In den 1950er Jahren kam es zum Einzug der Fernsehgeräte in die amerikanischen und europäischen Haushalte. Da das Fernsehen in Europa noch überwiegend einer öffentlich-rechtlichen Organisation unterlag, stellte dies auch in den USA ein Hindernis für die Werbeintegration im Programm dar.[10] Ziel dieser Vorgehensweise war damals nämlich insbesondere die Popularisierung amerikanischer Markenprodukte im Ausland, wo die Filme oder Sendungen gezeigt werden sollten.[11]

---

[5] *Arnold*, in: Bruhn/Esch/Langner, Handbuch Kommunikation, 2009, S. 187; *Hermann*, Product Placement in Deutschland, 2012, S. 37.

[6] *Arnold*, in: Bruhn/Esch/Langner, Handbuch Kommunikation, 2009, S. 187; *Spengler*, UFITA Bd. 27/1959, S. 169 ff.; *Sutherland*, International Journal of Advertising Nr. 25/2006, S. 107.

[7] *Auer/Kalweit/Nüßler*, Product Placement, 1991, S. 50; *Hermann*, Product Placement in Deutschland, 2012, S. 37 f.

[8] Center for Tobacco Control Research and Education, Studie „Big Tobacco" in Hollywood (1927–1951) vom 18.07.2008, S. 320; *Hermann*, Product Placement in Deutschland, 2012, S. 22.

[9] *Farrack*, Product Placement im deutschen Fernsehen, 2015, S. 3; *Müller-Rüster*, Product Placement im Fernsehen, 2010, S. 8.

[10] *Hermann*, Product Placement in Deutschland, 2012, S. 38.

[11] *Hermann*, Product Placement in Deutschland, 2012, S. 37; *Segrave*, Product Placement in Hollywood Films, 2006, S. 22 ff.

Allerdings kam es dennoch, sowohl in den USA als auch in Europa, zur vereinzelten Werbeintegration im redaktionellen Programm. In Deutschland konnte man sogar noch vor der Ausstrahlung des ersten klassischen Werbespots gezielte Platzierungen von Markenprodukten im Fernsehprogramm beobachten. Damit stellt diese Verfahrensweise die älteste Form der werblichen Kommunikation im deutschen Fernsehen dar.[12] So kam es im Jahre 1956 zur auffälligen Einblendung der *Suchard-Schokolade* in dem Film „Wo die alten Wälder rauschen."[13] Zu diesem Zeitpunkt wurden bereits sog. „Werbeeinblendungen in Spielfilmen" vereinzelt in öffentlichen Debatten thematisiert.[14]

Auch kam es in Deutschland zur unerlaubten Werbeintegration im Programm bzw. zu Schleichwerbung. Clemens Wilmenrod, der erste deutsche Fernsehkoch, sorgte mit seiner ab dem Jahre 1953 ausgestrahlten Kochsendung im *Nordwestdeutschen Rundfunk (NWDR)* namens „Bitte, in zehn Minuten zu Tisch" erstmalig für öffentliches Aufsehen im Hinblick auf die unerlaubte Schleichwerbung.[15] Die 15-minütige Kochsendung wurde alle zwei Wochen am Freitagabend um 21:30 Uhr gezeigt und erreichte bis zu drei Millionen Zuschauer in Deutschland.[16] Die Sendung sprach insbesondere die konsumorientierte Neugierde der Nachkriegszeit an und die Zutaten der vorgestellten Rezepte waren meist am nächsten Tag ausverkauft.[17] Das *Düsseldorfer Handelsblatt* kam in diesem Zusammenhang bereits im Jahre 1954 zur folgenden Erkenntnis: „Die Fernsehküche des NWDR hat mit ihrem einfallsreichen Fernsehkoch eine ernste wirtschaftliche Seite. [...] Es ist mehr als eine Spielerei mit der Gourmandise, es ist eine Frage des veränderten Absatzes für verschiedene Erzeugnisse. Wenn der Fernsehkoch sagt: „Nehmen Sie..", ist es ein Kaufappel, den Zehntausende beachten."[18] Die charismatische und humorvolle Art des Schauspielers[19] und die damit verbundene Popularität der Kochsendung

---

[12] *Hermann*, Product Placement in Deutschland, 2012, S. 39; *Wengenroth*, Neue Erlösformen im deutschen Fernsehen, 2006, S. 64.

[13] *Farrack*, Product Placement im deutschen Fernsehen, 2015, S. 3; *Hermann*, Product Placement in Deutschland, 2012, S. 39; *Müller-Rüster*, Product Placement im Fernsehen, 2010, S. 8.

[14] *Blaue*, Werbung wird Programm, 2011, S. 110; *Eisenführ*, Film und Recht Nr. 11/1962, S. 2 ff.; *Gerstenberg*, Film und Recht Nr. 3/1962, S. 7 ff.; *Harbrücker/Wiedmann*, Product Placement: Rahmenbedingungen und Gestaltungsperspektiven, 1999, S. 3 f.; *v. Hartlieb*, Film und Recht Nr. 11/1958, S. 6 ff.; *Hermann*, Product Placement in Deutschland, 2012, S. 39; *Koberger*, Product Placement, Sponsoring, Merchandising, 1990, S. 83 f.; *Weng*, Sponsoring und Product Placement, 1999, S. 34; *Wilde*, Marketing Journal Nr. 2/1986, S. 182 ff.

[15] *Schmelz*, Kochen im Fernsehen: Eine kulturwissenschaftliche Annäherung, 2018, S. 322; *Steinert*, in: Pelc, Realität und Fiktion in der Geschichte, 2012, S. 306.

[16] *Iken*, SPIEGEL, Deutschlands erster Fernsehkoch, spiegel.de/einestages/deutschlands-erster-fernsehkoch-a-946803.html, 08.08.2018.

[17] *Wagner*, FAZ, Ihr lieben goldigen Menschen!, faz.net/aktuell/feuilleton/fernsehen/im-fernsehen-es-liegt-mir-auf-der-zunge-ihr-lieben-goldigen-menschen-1879103.html, 08.08.2018.

[18] *o.V.*, SPIEGEL Nr. 26/1959 vom 24.06.1959, Der Doppelkopf, S. 52.

[19] *Iken*, SPIEGEL, Deutschlands erster Fernsehkoch, spiegel.de/einestages/deutschlands-erster-fernsehkoch-a-946803.html, 08.08.2018; *Schmelz*, Kochen im Fernsehen: Eine kulturwissenschaftliche Annäherung, 2018, S. 348.

wurden somit im Laufe der Zeit von vielen Unternehmen für die Anpreisung bestimmter Lebensmittel, Kochbücher oder Haushaltsgeräte gegen Entgeltzahlung genutzt.[20] In Wahrheit konnte Clemens Wilmenrod allerdings weder professionell kochen,[21] noch verwendete er tatsächlich die von ihm angepriesenen Produkte.[22] Die Karriere des Fernsehkochs nahm langsam eine Ende, als das Nachrichtenmagazin *Spiegel*[23] im Jahre 1959 eine zehnseitige Titelgeschichte mit dem Vorwurf der Schleichwerbung und Schwindelei veröffentlichte.[24] Heute gilt Clemens Wilmenrod in Deutschland als Erfinder der Schleichwerbung im Fernsehen.[25]

III. Die 1960er/70er Jahre

In den 1960er-70er Jahren wurde in den USA die Werbeintegration im Programm der Medien zur gängigen Routine.[26] Die Abläufe professionalisierten sich und das sog. Product Placement[27] etablierte sich als eigenständiges Marketinginstrument.[28] Trotz der längst gängigen Praxis wird der rote *Alfa Romeo Spider* in dem 1967 erschienenen Film „Die Reifeprüfung" mit Dustin Hoffmann in der Literatur als erster offizieller Fall von Product Placement gesehen.[29] Auch in Deutschland wurde 1963 die erste Agentur gegründet, die sich neben den klassischen Werbe-

---

[20] *Görtz*, FAZ Nr. 29 vom 23.07.2006, Der Bundesfeinschmecker, S. 50; *Steinert*, in: Pelc, Realität und Fiktion in der Geschichte, 2012, S. 307.
[21] *Schmelz*, Kochen im Fernsehen: Eine kulturwissenschaftliche Annäherung, 2018, S. 348; *Wagner*, FAZ, Ihr lieben goldigen Menschen!, faz.net/aktuell/feuilleton/fernsehen/im-fernsehen-es-liegt-mir-auf-der-zunge-ihr-lieben-goldigen-menschen-1879103.html, 08.08.2018.
[22] *Steinert*, in: Pelc, Realität und Fiktion in der Geschichte, 2012, S. 307.
[23] In dem Artikel wurde *Clemens Wilmenrod* u. a. als „Bundesverbrauchslenker", „Doppelkopf", „Kochspieler" oder „Amateurkoch" bezeichnet (o. V., SPIEGEL Nr. 26/1959 vom 24.06.1959, Der Doppelkopf, S. 47 ff.).
[24] *Wagner*, FAZ, Ihr lieben goldigen Menschen!, faz.net/aktuell/feuilleton/fernsehen/im-fernsehen-es-liegt-mir-auf-der-zunge-ihr-lieben-goldigen-menschen-1879103.html, 08.08.2018.
[25] *Görtz*, FAZ Nr. 29 vom 23.07.2006, Der Bundesfeinschmecker, S. 50; *Steinert*, in: Pelc, Realität und Fiktion in der Geschichte, 2012, S. 307.
[26] *Auer/Kalweit/Nüßler*, Product Placement, 1991, S. 51; *Hermann*, Product Placement in Deutschland, 2012, S. 38.
[27] Damit ist die gezielte und geschäftliche Platzierung von Produkten im Programm der Medien gemeint. Bis zum Jahr 2010 galt diese Form der Vermischung von Werbung und Programm mangels Kennzeichnung nach deutschem Recht als Schleichwerbung.
[28] *Auer/Kalweit/Nüßler*, Product Placement, 1991, S. 51; *Blaue*, Werbung wird Programm, 2011, S. 108; *Hermann*, Product Placement in Deutschland, 2012, S. 38.
[29] *Bürger*, Public Promotions, 1986, S. 199; *Fuchs*, Leise schleicht's durch mein TV, 2005, S. 17; *Dörr*, in: Hartstein/Ring/Kreile/Dörr/Stettner/Cole/Wagner, RStV, Band 2, Teil B 5, § 7 Rn. 3; *Hermann*, Product Placement in Deutschland, 2012, S. 39; *Koberger*, Product Placement, Sponsoring, Merchandising, 1990, S. 83; *Müller*, Product Placement im öffentlich-rechtlichen Fernsehen, 1997, S. 45; *Müller-Rüster*, Product Placement im Fernsehen, 2010, S. 6; *Schaar*, Programmintegrierte Fernsehwerbung in Europa, 2001, S. 34; *Scherer*, „Product Placement" im Fernsehprogramm, 1990, S. 20; *Völkel*, ZUM 1992, 55.

formen auch mit dem Product Placement beschäftigte.[30] Allerdings waren programmintegrierte Werbeformen in Deutschland noch wesentlich unbedeutender als in den USA, da ein verhältnismäßig niedriger Kommerzialisierungsgrad des Rundfunksystems herrschte.[31] Zudem fürchtete man das unschöne Verdikt der Schleichwerbung und somit kam es allenfalls in Einzelfällen zu heimlichen Kooperationen mit dem Ziel, eine gezielte Platzierung von Markenprodukten in Filmen oder Sendungen zu realisieren.[32] Beispielsweise war damals bei Gewinnspielen im öffentlich-rechtlichen Fernsehen der werbliche Charakter nicht zu verleugnen.[33]

Die Schleichwerbung wurde in den 1960er Jahren in Deutschland allerdings oftmals im Zusammenhang mit der Übertragung von Sportveranstaltungen im Fernsehen und dem sog. Sponsoring thematisiert.[34] Der Sport entwickelte sich zu einem beliebten gesellschaftlichen Erlebnis- und Betätigungsfeld[35] und Werbeaufschriften wurden vermehrt von Unternehmen gezielt auf Trikots oder Banden platziert. Die erstmalig eingesetzte Bandenwerbung im Rahmen der Ruderweltmeisterschaft in Jugoslawien wurde 1966 als Schleichwerbung klassifiziert.[36] Im Laufe der 1970er Jahre entwickelte sich diese Form von „Schleichwerbung" zur gesellschaftlich und rechtlich akzeptierten Sportwerbung, d.h. zur Trikot- und Bandenwerbung als Unterfälle des Sponsorings.[37]

IV. Die 1980er Jahre: Der 1. Wachstumsschub für programmintegrierte Werbeformen

Erst in den 1980er Jahren gewann die Werbeintegration im Programm in Deutschland große Bedeutung und somit rückte auch das Thema der Schleichwerbung ins Zentrum einer breiten öffentlichen und wissenschaftlichen Diskussion.[38] Im Wesentlichen waren für diese Entwicklung drei Faktoren ausschlaggebend: Zu-

---

[30] *Hermann*, Product Placement in Deutschland, 2012, S. 39.
[31] *Hermann*, Product Placement in Deutschland, 2012, S. 39 f.
[32] *Henning-Bodewig*, GRUR 1988, 867.
[33] Beispiel: Das Sachpreis-Gewinnspiel eines Subaru-PKWs in der „ZDF-Hitparade" (*Auer/Kalweit/Nüßler*, Product Placement, 1991, S. 54 f.).
[34] *Henning-Bodewig*, GRUR Int. 1991, 865; *Lilienthal*, in: Werneke, Die bedrohte Instanz, Selbstkommerzialisierung als Legitimationsverlust, 2005, S. 140 f.
[35] *Stichnoth*, Relevanz von Naming Rights für die identitätsbasierte Markenführung, 2018, S. 75.
[36] *Ruda/Klug*, Sport-Sponsoring, 2010, S. 4.
[37] *Ruda/Klug*, Sport-Sponsoring, 2010, S. 4; *Stichnoth*, Relevanz von Naming Rights für die identitätsbasierte Markenführung, 2018, S. 75.
[38] *Auer/Kalweit/Nüßler*, Product Placement, 1991, S. 11 ff.; *Bente*, Product Placement, 1990, S. 1 ff.; *Blaue*, Werbung wird Programm, 2011, S. 110; *Hermann*, Product Placement in Deutschland, 2012, S. 40; *Ott*, Süddeutsche Zeitung Nr. 253/1986 vom 04.11.1986, Product Placement: „Neue Gestaltungsformen für Werbung" oder was man im ZDF unter Flexibilität versteht, S. 37; *Koberger*, Product Placement, Sponsoring, Merchandising, 1990, S. 1 ff., 84 ff.; *Wilde*, Marketing Journal Nr. 2/1986, S. 182 f.; *Sack*, ZUM 1987, 103 ff.

nächst führte die Begründung der dualen Rundfunkordnung zu einem erheblichen Wandlungsprozess in der nationalen Fernsehlandschaft.[39] Der Eintritt zahlreicher, rein werbefinanzierter, privater Sender brachte Dynamik in die Entwicklung und Sensibilisierung neuer und erfolgreicher Werbestrategien.[40] Daneben sahen sich öffentlich-rechtliche Sender erstmalig angesichts des Wegfalls ihres Rundfunkmonopols einer programmlichen und wirtschaftlichen Konkurrenz ausgesetzt.[41] Geringere Werbeeinnahmen wurden befürchtet und realisierten sich im Laufe der Zeit: Betrugen z. B. die Netto-Werbeeinnahmen der *ARD* im Jahre 1989 noch 935,4 Millionen DM, so lagen sie vier Jahre später nur noch bei 444,8 Millionen DM.[42] Somit wurden programmintegrierte Werbepraktiken, wie z. B. die Schleichwerbung, trotz der fortbestehenden Gebührenfinanzierung von *ARD* und *ZDF* intensiver angewandt.[43]

Zweiter nennenswerter Faktor waren die veränderten Rahmenbedingungen für die werbebetreibende Wirtschaft in den 1980er Jahren.[44] Gesättigte Märkte führten zu einem stärkeren (Kommunikations-)Wettbewerb um die Verbraucherpräferenzen.[45] Viele Waren- und Dienstleistungsmärkte veränderten sich von einem Verkäufer- zu einem Käufermarkt.[46] Auch kam es zu anfänglichen Zweifeln im Hinblick auf die Effektivität der klassischen Werbung und man förderte somit die Entwicklung neuerer und erfolgreicher Werbestrategien.[47] Das sog. Product Placement, damals rechtlich fast überwiegend als Schleichwerbung zu bezeichnen,[48] wurde zu einem werblichen Modeinstrument im Marketingbereich.[49] In der Rechtswissenschaft sprach man sogar von einer „sprachlichen Vernebelungstaktik" seitens der werbebetreibenden Wirtschaft, um der negativ konnotierten Verbindung zur Schleichwerbung zu entgehen.[50]

---

[39] *Blaue*, Werbung wird Programm, 2011, S. 110; *Hermann*, Product Placement in Deutschland, 2012, S. 40 f.
[40] *Bente*, Product Placement, 1990, S. 47 f.; *Hormuth*, Placement: Eine innovative Kommunikationsstrategie, 1993, S. 17.
[41] *Blaue*, Werbung wird Programm, 2011, S. 110.
[42] *Blaue*, Werbung wird Programm, 2011, S. 30; *Posewang*, tendenz Nr. 4/2002, S. 26.
[43] *Blaue*, Werbung wird Programm, 2011, S. 110.
[44] *Blaue*, Werbung wird Programm, 2011, S. 110.
[45] *Bente*, Product Placement, 1990, S. 1, 48; *Hauffe*, Product Placement Monitor, 2004, S. 38; *Hormuth*, Placement: Eine innovative Kommunikationsstrategie, 1993, S. 4 f.
[46] *Bente*, Product Placement, 1990, S. 1, 48; *Hauffe*, Product Placement Monitor, 2004, S. 38; *Hormuth*, Placement: Eine innovative Kommunikationsstrategie, 1993, S. 4 f.
[47] *Baerns*, Schleichwerbung lohnt sich nicht!, 1996, S. 28; *Bork*, GRUR 1988, 265; *Holznagel/Stenner*, ZUM 2004, 617 f.; *Hormuth*, Placement: Eine innovative Kommunikationsstrategie, 1993, S. 28 f.; *Scherer*, „Product Placement" im Fernsehprogramm, 1990, S. 7; *Völkel*, ZUM 1992, 58.
[48] *Hermann*, Product Placement in Deutschland, 2012, S. 40.
[49] *Auer/Kalweit/Nüßler*, Product Placement, 1991, S. 11 ff.; *Blaue*, Werbung wird Programm, 2011, S. 112; *Wilde*, Marketing Journal Nr. 2/1986, S. 182.
[50] *Henning-Bodewig*, GRUR 1988, 868.

Letztlich spielten noch internationale Einflüsse eine entscheidende Rolle für den Wachstumsschub der Werbeintegration im redaktionellen Programm. In Deutschland begann man damit, sich die erfolgreichen amerikanischen Produktionen im Fernsehbereich als Vorbild zu nehmen.[51] Importierte Serien, wie z. B. „Dallas"[52] oder „Der Denver-Clan",[53] wiesen bereits hunderte Markenprodukte auf, die gezielt in den Handlungsablauf integriert waren.[54] Man erkannte somit hierzulande, dass die Zuschauergunst mit großen Produktionsinvestitionen und -aufwänden gewonnen werden konnte.[55] Die öffentlich-rechtlichen Sender begannen folglich sog. „Kooperationen mit Dritten"[56] anzustreben, um die hohen Kosten zu kompensieren und qualitativ hochwertige Eigenproduktionen zu ermöglichen.

In Deutschland erreichte man allein für das Jahr 1986 insgesamt einen Umsatz von 50–80 Millionen DM auf dem Markt für programmintegrierte Werbeformen.[57] Zum Höhepunkt kam es allerdings erst gegen Ende der 1980er Jahre.[58]

Die Grenze zwischen zulässiger Werbeintegration im Programm und unzulässiger Schleichwerbung war, damals wie heute, stark umstritten. Einer rechtlich korrekt zu bezeichnenden Schleichwerbung konnte oftmals mit den abmildernden Begriffen des „Product Placements" oder „Sponsorings" entgegengetreten werden.

Mit dem Vorwurf der Schleichwerbung sahen sich allerdings die öffentlich-rechtlichen Sender konfrontiert.[59] Die vom *ZDF* produzierte Serie „Traumschiff" bot seit der erstmaligen Ausstrahlung im Jahre 1981 zahlreiche Platzierungsmöglichkeiten an und stieß damit auf ein starkes Presseecho.[60] Prominent platziert wurden im Laufe der Zeit beispielsweise die Marken *TUI*, *Lufthansa*, *Hapag*, *Puma*, *Lacoste* oder *Adidas*.[61] Allein mit klassischer Werbung war die Produktion trotz der enormen Zuschauerreichweiten nicht zu finanzieren.[62] Die damals noch unprofessionelle und aufdringliche Art der Platzierungen führte dazu, dass

---

[51] *Blaue*, Werbung wird Programm, 2011, S. 112; *Hermann*, Product Placement in Deutschland, 2012, S. 40.
[52] Deutschsprachige Erstausstrahlung am 30.06.1981 (Das Erste).
[53] Deutschsprachige Erstausstrahlung am 24.04.1983 (ORF 2, ZDF).
[54] *Hermann*, Product Placement in Deutschland, 2012, S. 40.
[55] *Hermann*, Product Placement in Deutschland, 2012, S. 40.
[56] Die Bezeichnung der zuständigen Abteilung beim ZDF (*Blaue*, Werbung wird Programm, 2011, S. 113; *Henning-Bodewig*, GRUR 1988, 868; *Lilienthal*, epd medien Nr. 54/2004 vom 14.07.2004, Ein Neuanfang: Kooperation mit Dritten, S. 3).
[57] *Asche*, Das Product Placement im Kinospielfilm, 1996, S. 30; *Blaue*, Werbung wird Programm, 2011, S. 110; *Bork*, Werbung im Programm, 1988, S. 4 f.
[58] *Auer/Diederichs*, Werbung below the line, 1993, S. 15 f.; *Blaue*, Werbung wird Programm, 2011, S. 112; *Kloss*, Werbung, 2003, S. 476.
[59] *Henning-Bodewig*, GRUR 1988, 868.
[60] *Hermann*, Product Placement in Deutschland, 2012, S. 40.
[61] *Henning-Bodewig*, GRUR 1988, 868; *Müller-Rüster*, Product Placement im Fernsehen, 2010, S. 8.
[62] *Blaue*, Werbung wird Programm, 2011, S. 112; *Hauffe*, Product Placement Monitor, 2004, S. 1, 12 f.

Kritiker im Zusammenhang mit der Serie sogar von einer „Werbeveranstaltung" sprachen.[63] Ähnliches galt für die Serien „Schwarzwaldklinik"[64] und „Lindenstraße",[65] die insbesondere in der Rechtswissenschaft angesichts der auffälligen und häufigen Einblendungen von Markenprodukten im Handlungsablauf auf kritische Auseinandersetzungen trafen.[66]

Darüber hinaus kam es zum Vorwurf der Schleichwerbung im Zusammenhang mit der Krimiserie „Tatort"[67] des *Westdeutschen Rundfunks (WDR)*.[68] Der Hauptdarsteller Götz George, auch als „Kommissar Schimanski" bekannt, kramte beispielsweise in einer kontrovers diskutierten Szene auffällig nach einer Packung Hustenbonbons der Marke *Paroli* und verzehrte die Süßigkeit genussvoll vor laufender Kamera.[69] Zudem wurden die Bonbons werbespotähnlich über längere Sequenzen mehrfach in der Serie gezeigt, ohne dass es eine dramaturgische Begründung dafür gab.[70] Die Zuschauer empfanden diese von den Beteiligten abgesprochene[71] Form der Werbeintegration im Programm als derart störend, dass die öffentliche Debatte um das Thema Schleichwerbung erneut entfacht wurde.[72]

Ein aus der Literatur eindeutig als Schleichwerbung entnommenes Beispiel vollzog sich im Jahre 1985. Der junge Tennisspieler Boris Becker besuchte den Papst Johannes Paul II. im Petersdom angesichts seines Wimbledon-Siegs am 7. Juli des gleichen Jahres. Dabei nutzte er die Gelegenheit, dem Staatsoberhaupt des Staates der Vatikanstadt als Geschenk einen Tennisschläger der Marke *Puma* vor laufenden Fernsehkameras werbewirksam zu überreichen. Die Qualifizierung als Schleichwerbung ergab sich daraus, dass der Tennisschläger nicht als notwendige Requisite für den Auftritt gelten konnte.[73]

Betrachtet man die bereits angeführten Beispiele aus der damaligen Zeit, liegt die Annahme nicht fern, dass die Schleichwerbung oder zumindest Schleich-

---

[63] *Henning-Bodewig*, GRUR 1988, 868; *Hermann*, Product Placement in Deutschland, 2012, S. 40; *Müller-Rüster*, Product Placement im Fernsehen, 2010, S. 8.
[64] Erstausstrahlung am 22.10.1985 (ZDF).
[65] Erstausstrahlung am 08.12.1985 (Das Erste).
[66] *Castendyk*, ZUM 2005, 857; *Farrack*, Product Placement im deutschen Fernsehen, 2015, S. 4; *Henning-Bodewig*, GRUR 1988, 868.
[67] Erstausstrahlung am 29.11.1970 (Das Erste).
[68] o. V., SPIEGEL Nr. 29/1987 vom 13.07.1987, Fernsehen: „Nur noch Werbung drin", S. 46; o. V., FAZ Nr. 156/27 D/2005 vom 08.07.2005, Auch in Münster: WDR findet Schleichwerbung im „Tatort", S. 38; *Siegler*, That's native: Schleichwerbung oder nicht?, 2017, S. 249.
[69] *Siegler*, That's native: Schleichwerbung oder nicht?, 2017, S. 249.
[70] *Auer/Kalweit/Nüßler*, Product Placement, 1988, S. 52; *Hermann*, Product Placement in Deutschland, 2012, S. 24.
[71] o. V., SPIEGEL Nr. 29/1987 vom 13.07.1987, Fernsehen: „Nur noch Werbung drin", S. 46; *Siegler*, That's native: Schleichwerbung oder nicht?, 2017, S. 249.
[72] *Ginnow*, Chancen und Risiken beim Product Placement, 2000, S. 38; o. V., SPIEGEL Nr. 29/1987 vom 13.07.1987, Fernsehen: „Nur noch Werbung drin", S. 46.
[73] *Auer/Kalweit/Nüßler*, Product Placement, 1991, S. 54; *Niederdorfer*, Product Placement, 2008, S. 8.

werbeassoziationen fast überall im Fernsehen aufzufinden waren.[74] In nahezu jeder Nachrichtensendung, ob in der „Tagesschau"[75] der *ARD* oder im „heute-journal"[76] des *ZDF*, machten Politiker ihre Vorlieben für die Automarken *Daimler-Benz* und *BMW* deutlich.[77] Auch in Serien wurden oftmals anschließende Werbehinweise zu parallel erschienenen Begleitbüchern im Fernsehen ausgestrahlt.[78] Ein dafür bekanntes Beispiel der Schleichwerbung vollzog sich im Rahmen einer Ausstrahlung der Krimiserie „Wer erschoss Boro?" (1987) im *ZDF*. Ein Verlag hatte dem Sender 100.000 DM als Produktionskostenzuschuss gezahlt, um Werbung für das Begleitbuch innerhalb der Sendung zu veranlassen.[79] Dabei wurden die Zuschauer mehrmals aufgefordert, das Buch mit passendem Krimimaterial zu erwerben und damit die Tat mitaufzuklären.[80] Für die richtige Lösung konnte man eine beträchtliche Summe von 10.000 DM gewinnen.[81] Die exzessive Bewerbung des Buches seitens des *ZDF* löste in der Öffentlichkeit den Vorwurf der Schleichwerbung aus und hatte sogar ein BGH-Urteil zur Folge,[82] in dem eine unzulässige Werbung im Programm positiv festgestellt wurde. Eine ähnliche Fallkonstellation der Buchwerbung konnte auch im Zusammenhang mit einer Ausstrahlung der Fernsehserie „Die Insel"[83] (1987) vermerkt werden.[84]

Das Thema der Schleichwerbung rückte in den 1980er Jahren angesichts des zum „Big Business"[85] gewordenen Product Placements in das Zentrum einer gesellschaftlichen Kontroverse. Insbesondere standen die öffentlich-rechtlichen Sender und ihre Werbepraktiken im Zentrum der Kritik und es kam zu Richtlinien gegen die Schleichwerbung sowie zu Selbstverpflichtungserklärungen zur Gewährleistung einer Trennung von Werbung und Programm.[86] Einige Unterneh-

---

[74] *Auer/Diederichs*, Werbung below the line, 1993, S. 15 f.; *Auer/Kalweit/Nüßler*, Product Placement, 1991, S. 54; *Bacher/Rössler*, in: Friedrichsen/Friedrichsen, Fernsehwerbung – quo vadis?, 2004, S. 199; *Bork*, Werbung im Programm, 1988, S. 4 ff.; *Henning-Bodewig*, GRUR Int. 1987, 550; *Müller*, Product Placement im öffentlich-rechtlichen Fernsehen, 1997, S. 49.
[75] Erstausstrahlung am 26.12.1952 (NWDR-Fernsehen).
[76] Erstausstrahlung am 02.01.1978 (ZDF).
[77] *Auer/Kalweit/Nüßler*, Product Placement, 1991, S. 54.
[78] *Auer/Kalweit/Nüßler*, Product Placement, 1991, S. 54; *Niederdorfer*, Product Placement, 2008, S. 8.
[79] *Bremer/Esser/Hoffmann*, Der Rundfunk in der Verfassungs- und Wirtschaftsordnung in Deutschland, 1992, S. 141; *Burgauner*, Zeitungsjahrbuch Deutschland 1989/1990, Band 7, S. 245; *Henning-Bodewig*, GRUR Int. 1991, 866.
[80] *Burgauner*, Zeitungsjahrbuch Deutschland 1989/1990, Band 7, S. 245; *Henning-Bodewig*, GRUR Int. 1991, 866.
[81] *Bremer/Esser/Hoffmann*, Der Rundfunk in der Verfassungs- und Wirtschaftsordnung in Deutschland, 1992, S. 141.
[82] BGH, NJW 1990, 3199 ff.
[83] Erstausstrahlung am 05.10.1987 (Das Erste).
[84] *Auer/Kalweit/Nüßler*, Product Placement, 1991, S. 54.
[85] *Henning-Bodewig*, GRUR 1988, 867.
[86] Beispiel: Die ARD beschloss in Berlin auf ihrer Arbeitssitzung am 23.10.1986 „Grundsätze von Trennung von Programm und Werbung". Dabei erfolgte eine Gleichsetzung des Product Placements mit der Schleichwerbung (o. V., Richtlinien gegen die Schleichwerbung, ZUM Sonderheft 1987, 143 f.).

men entfernten sich aus Angst vor Imageschäden vom Markt für programmintegrierte Werbeformen.[87]

V. Die 1990er Jahre

In den 1990er Jahren wuchs der Markt für programmintegrierte Werbeformen in den USA und in Europa allerdings trotzdem immer weiter.[88] Aus unternehmerischer Sicht ermöglichte das Product Placement weiterhin fantastische Wirkungsversprechen und schlagartige Umsatzsteigerungen.[89] So platzierte beispielsweise *BMW* im Jahre 1996 sein neuestes Fahrzeugmodell in dem *James Bond*-Film „Golden Eye" und bezahlte dafür eine Summe von ca. 20 Millionen DM.[90] Das erfolgreiche Image des Geheimagenten wird bis heute intensiv für die Platzierung von Markenprodukten genutzt. Manche bezeichnen *James Bond* wegen der aus deutscher Sicht so häufig praktizierten Schleichwerbung als eine der größten „Filmhuren der Welt".[91]

In Deutschland wurde trotz der öffentlichen Diskussionen, strikten gesetzlichen Regelungen,[92] Entscheidungen des BGH[93] und Selbstverpflichtungserklärungen im Hinblick auf die Schleichwerbung der intransparente Markt für programmintegrierte Werbeformen ebenfalls nicht gehemmt. Im Jahre 1995 soll es Umsätze von ca. 500 Millionen bis 1 Milliarde DM gegeben haben.[94]

Zwei folgenreiche Entscheidungen traf der BGH im Jahre 1995 im Hinblick auf das Product Placement bzw. Schleichwerbung in Filmen.[95] Der in Deutschland produzierte Kinofilm „Feuer, Eis & Dynamit" bot im Rahmen seiner Handlung vielfach Raum für werbewirksame Einblendungen, die von Markenartikelunternehmen auch realisiert wurden.[96] Der Film handelte von einem reichen Unterneh-

---

[87] *Hermann*, Product Placement in Deutschland, 2012, S. 40.
[88] *Blaue*, Werbung wird Programm, 2011, S. 110; *Hermann*, Product Placement in Deutschland, 2012, S. 39.
[89] *Hermann*, Product Placement in Deutschland, 2012, S. 39.
[90] *Blaue*, Werbung wird Programm, 2011, S. 108 f.; *Müller*, Product Placement im öffentlich-rechtlichen Fernsehen, 1997, S. 46 f.
[91] *Kaimer*, Augsburger Allgemeine, James Bond: Mein Name ist Werbung, Schleichwerbung, augsburger-allgemeine.de/panorama/James-Bond-Mein-Name-ist-Werbung-Schleichwerbung-id22554256.html, 08.08.2018; *Siegler*, That's native: Schleichwerbung oder nicht?, 2017, S. 250 f.
[92] Beispiel: Das gesetzlich verankerte Trennungsgebot im Rundfunkbereich in Art. 6 Abs. 3 S. 2 des Staatsvertrags über den Rundfunk im vereinten Deutschland-Rundfunkstaatsvertrag (RStV) vom 31. August 1991.
[93] Beispiele: Im Rundfunkbereich (BGH, NJW 1990, 3199 ff.) und im Pressebereich (BGH, NJW-RR 1993, 868 ff.; BGH, NJW-RR 1994, 1385 ff.; BGH, NJW 1994, 2953 ff.).
[94] *Blaue*, Werbung wird Programm, 2011, S. 110; *Diekhof*, Werben & Verkaufen Nr. 49/1995 vom 08.12.1995, S. 84.
[95] BGH, NJW 1995, 3177 ff.; BGH, NJW 1995, 3182 ff.
[96] *Henning-Bodewig*, GRUR 1996, 322.

mer, der durch einen vorgetäuschten Selbstmord sein in Schwierigkeiten geratenes Finanzimperium zu retten versuchte. Sein komplettes Erbe, 135 Millionen Dollar, sollte an den Gewinner eines dreitätigen Sportwettbewerbs namens „Megathon" gehen.[97] Neben den Gläubigern durften auch die drei Kinder des Millionärs teilnehmen und jeweils eigene Mannschaften zusammenstellen. Bei den Gläubigern handelte es sich um Markenartikelunternehmen, die mit zahlreichen Produkten und Werbesymbolen im Laufe der Filmhandlung gezeigt wurden.[98] *Volkswagen*, *Adidas, Milka, Bayer Chemie* oder *Paulaner* waren beispielsweise als Gläubiger innerhalb der Mannschaften vertreten.[99] Nicht nur die Zuschauer, sondern auch Unternehmen, die klassische Werbung in Kinos vor dem Hauptfilm vertrieben und akquirierten,[100] standen diesem „weitgehend auf Werbung angelegten Film"[101] besonders kritisch gegenüber.

Zwei Prozesse waren damals die Folge, die jeweils von solchen Werbeunternehmen eingeleitet wurden und zu unterschiedlichen, sich jedoch gegenseitig ergänzenden Ergebnissen führten.[102] Ein vollständiges Unterbleiben der künftigen Vorführung des Films im Kino konnte im Rahmen eines Unterlassungsanspruchs nicht erreicht werden.[103] Ein Vorführverbot erwies sich im Rahmen einer vorzunehmenden Grundrechtsabwägung zwischen Art. 5 Abs. 3 GG (Kunstfreiheit) und Art. 2 Abs. 1 GG (Schutz des Zuschauers vor werblicher Manipulation) als unverhältnismäßig.[104] Allerdings wurde eine Aufklärungspflicht als weniger einschneidende Maßnahme im Falle einer bezahlten oder auf andere Weise entlohnten Werbung in Filmen gerichtlich angeordnet.[105] Vor der Filmvorführung sollte der Zuschauer auf diesen Umstand hingewiesen werden.[106] Die Schleichwerbung konnte angesichts des gesetzlich verankerten Verbots im Rundfunkstaatsvertrag[107] insbesondere im Falle einer Ausstrahlung des Films im Fernsehen an Bedeutung gewinnen.[108] Auch wenn sich der BGH im Hinblick auf das Ineinandergreifen von Fernsehausstrahlung und Kinofilmproduktion nicht direkt äußerte, kam es im Jahre 1999 zu einer darauf bezogenen Entscheidung seitens des VG Berlin.[109]

---

[97] BGH, NJW 1995, 3177.
[98] BGH, NJW 1995, 3177.
[99] BGH, NJW 1995, 3177.
[100] Auch „Werbeverwaltung" genannt.
[101] BGH, NJW 1995, 3178.
[102] *Henning-Bodewig*, GRUR 1996, 322.
[103] BGH, NJW 1995, 3182 ff.; *Henning-Bodewig*, GRUR 1996, 322, 327 f.; *Hermann*, Product Placement in Deutschland, 2012, S. 41.
[104] BGH, NJW 1995, 3182; *Henning-Bodewig*, GRUR 1996, 323, 327 f.
[105] BGH, NJW 1995, 3177 ff.; BGH, NJW 1995, 3182.
[106] BGH, NJW 1995, 3177; *Henning-Bodewig*, GRUR 1996, 328; *Hermann*, Product Placement in Deutschland, 2012, S. 41.
[107] Das gesetzlich verankerte Verbot von Schleichwerbung im Rundfunkbereich in Art. 6 Abs. 5 des Staatsvertrags über den Rundfunk im vereinten Deutschland-Rundfunkstaatsvertrag (RStV) vom 31. August 1991.
[108] *Henning-Bodewig*, GRUR 1996, 329 f.
[109] VG Berlin, ZUM 1999, 742 ff.

Der Film wurde zweimal ohne jeglichen Hinweis über den Werbecharakter im Fernsehen ausgestrahlt und hatte mangels Kennzeichnung als „Dauerwerbesendung" ein Einschreiten der Medienanstalt Berlin-Brandenburg zur Folge.[110] Das vom privaten Sender *ProSieben* daraufhin angerufene Verwaltungsgericht gelangte zur Überzeugung, dass ein Ausstrahlungsverbot oder eine Kennzeichnungspflicht im Rahmen einer Grundrechtsabwägung kein angemessenes Ergebnis darstellte.[111] Auch verneinte das Gericht trotz eines festgestellten Verstoßes gegen das Trennungsgebot ein Vorliegen der Schleichwerbung: „Der den Spielfilm durchziehenden Zurschaustellung von Waren, Namen und Marken fehlt das entscheidende Element der „Irreführung". Schleichwerbung liegt nur vor, wenn die Allgemeinheit hinsichtlich des eigentlichen Zwecks der Erwähnung oder Darstellung irregeführt werden kann, der Werbung also ein „schleichendes" Element innewohnt und sie nicht klar als solche wahrnehmbar ist. [...] Der fragliche Spielfilm indessen ist in einem so starken Maß von Produkt- und Markenplatzierungen durchdrungen, dass jedem Zuschauer bewusst sein muss, hier Waren, Namen und Marken und damit auch einer „Werbung" ausgesetzt zu sein. [...] Damit enthält der Film bei aller Vermengung von Programm und Werbung jedenfalls keine Schleichwerbung."[112]

Auch wenn gerichtlich im Zusammenhang mit dem Film letztlich keine Schleichwerbung positiv festgestellt wurde, machten die angeführten Entscheidungen ganz allgemein deutlich, dass die offenen Fragen und Probleme im Hinblick auf dieses Werbephänomen in den unterschiedlichen Medien immer mehr an Bedeutung gewannen. Die negativen Schlagzeilen über den Film führten jedenfalls in der Öffentlichkeit zu einer direkten Assoziation des Product Placements mit der Schleichwerbung.[113]

Ein konkret rechtswissenschaftliches Beispiel für die Schleichwerbung in den 1990er Jahren betraf eine 25-minütige Kindersendung namens „Li-La-Launebär",[114] in der es ausschließlich um *Barbie*-Produkte ging.[115] Die Puppe, ihre Kleidung und ihr Zubehör wurden in der Sendung extrem häufig gezeigt und durchgängig positiv bis anpreisend umschrieben.[116] Für eine dermaßen übersteigerte und unkritische Darstellung beim Sender *RTLplus* waren allerdings keine sachlichen Gründe ersichtlich.[117]

---

[110] *Blaue*, Werbung wird Programm, 2011, S. 283.
[111] VG Berlin, ZUM 1999, 747 f., 749 f.
[112] VG Berlin, ZUM 1999, 748 f.
[113] *Farrack*, Product Placement im deutschen Fernsehen, 2015, S. 4; *Hormuth*, Placement: Eine innovative Kommunikationsstrategie, 1993, S. 69.
[114] Erstausstrahlung am 21.08.1988 (RTLplus).
[115] OVG Lüneburg, ZUM 1999, 347; *Beater*, Medienrecht, 2016, § 8 Rn. 722.
[116] *Beater*, Medienrecht, 2016, § 8 Rn. 722.
[117] OVG Lüneburg, ZUM 1999, 347; *Diesbach*, in: Hülsmann/Grapp, Strategisches Management für Film- und Fernsehproduktionen, 2009, S. 149.

VI. Ab dem Jahr 2000: Der 2. Wachstumsschub für programmintegrierte Werbeformen

In Deutschland kam es ab dem Jahr 2000 zu einem entscheidenden Wachstumsschub im Hinblick auf die Werbeintegration im Programm und somit gelangte das Thema der Schleichwerbung wieder einmal in den Mittelpunkt der Wissenschaft und Öffentlichkeit. Ähnlich wie in den 1980er Jahren[118] haben sowohl Veränderungen im Rundfunk- und Wirtschaftsbereich, als auch internationale Einflüsse zu einer weitergehenden Anpassung der Werbekommunikation geführt. Eine Vervielfältigung der Programmmedien veränderte zunächst die Rahmenbedingungen der Fernsehwerbung.[119] Die zunehmende Digitalisierung und das Aufkommen des Internets verschärften die programmliche und wirtschaftliche Konkurrenz auf dem Medienmarkt. Es musste eine effektive werbliche Kommunikation jenseits der herkömmlichen Werbeblöcke erfolgen, um ausreichend Werbeeinnahmen als Finanzierungsgrundlage zu generieren. Zudem kam es für Sender zu einem bemerkbaren Anstieg der Kosten z. B. für Filme, Serien oder Sportrechte.[120] Spätestens ab dem Jahr 2004 wurden viele entgeltliche Platzierungen von Markenprodukten im Programm des Rundfunks und somit auch Schleichwerbefälle bekannt.[121]

Für die werbebetreibende Wirtschaft waren programmintegrierte Werbeformen deshalb attraktiv, da die mit einer gesamtgesellschaftlichen Informationsüberlastung verbundenen Aufmerksamkeits- und Wahrnehmungsprobleme seitens der Rezipienten effektiver behoben werden konnten.[122] Bei der Werbung im Programm konnte die sog. Reaktanz[123] vermieden und die Empfänglichkeit der Zielgruppe zum Zeitpunkt der Informationsübermittlung in etwa abgeschätzt werden.

Letztlich waren auch internationale Einflüsse entscheidende Determinanten für die Veränderungen der Werbekommunikation. Zunächst haben weiterhin amerikanische Produktionen, die immer stärker von Markenprodukten geprägt wurden, zu einer intensiveren Anwendung des Product Placements in Deutschland geführt.[124] So wies der amerikanische Film „Driven" aus dem Jahre 2001 insgesamt 103 Platzierungen innerhalb von 107 Minuten auf.[125] Des Weiteren kam es im Jahre

---

[118] *Blaue*, Werbung wird Programm, 2011, S. 113.
[119] *Blaue*, Werbung wird Programm, 2011, S. 113.
[120] *Blaue*, Werbung wird Programm, 2011, S. 114.
[121] *Lilienthal*, epd medien Nr. 54/2004 vom 14.07.2004, Ein Neuanfang, S. 3 ff.; *Lilienthal*, in: Werneke, Die bedrohte Instanz, Selbstkommerzialisierung als Legitimationsverlust, 2005, S. 143 ff.; o. V., Süddeutsche Zeitung Nr. 156/2004 vom 09.07.2004, Wildwuchs im Fernsehgarten, S. 2; o. V., Handelsblatt Nr. 106/23/2005 vom 06.06.2005, Streit um verdeckte TV-Werbung, S. 13.
[122] *Blaue*, Werbung wird Programm, 2011, S. 114; *Hermann*, Product Placement in Deutschland, 2012, S. 41; *Wengenroth*, Neue Erlösformen im deutschen Fernsehen, 2006, S. 64.
[123] Vgl. hierzu Kapitel 1 dieser Arbeit.
[124] *Glockzin*, MMR 2010, 162; *Hermann*, Product Placement in Deutschland, 2012, S. 39.
[125] *Farrack*, Product Placement im deutschen Fernsehen, 2015, S. 3; *Lindstrom*, Buyology: Truth and Lies About Why We Buy, 2008, S. 55.

2007 in Europa zu einer Liberalisierung des Fernsehwerberechts in der damals geltenden AVMD-RL.[126] Die Produktplatzierung wurde ausdrücklich geregelt und etablierte sich infolge der Umsetzungspflicht in Deutschland als „Form einer zulässigen Schleichwerbung."[127] Das Rechtssystem in Deutschland hielt zuvor (mehr oder minder) strikt am Trennungsgebot fest und ordnete im Umkehrschluss eine Vermischung von Werbung und Programm grundsätzlich als Schleichwerbung ein. Mit dem im Jahre 2010 in Deutschland in Kraft getretenen 13. Rundfunkänderungsstaatsvertrag (RÄStV)[128] erfuhr das Trennungsgebot somit eine Lockerung und es wurde eine rechtliche Grauzone für die werbebetreibende Praxis geschaffen.[129]

Allein für das Jahr 2005 wurde in Deutschland auf dem Markt für programmintegrierte Werbeformen ein Umsatz von ca. 550 Millionen EUR erreicht.[130]

Die Schleichwerbung beim *ZDF* sorgte zunächst im Jahre 2004 für öffentliches Aufsehen.[131] Bereits in der ersten Staffel der Serie „Sabine!"[132] kam es in jeder Folge zur Präsentation bzw. zum Verzehr von Wein oder Sekt aus Rheinland-Pfalz. Der öffentlich-rechtliche Sender bestätigte, dass sich dies im Auftrag und gegen Entgelt des Wirtschafts- und Weinbauministeriums von Rheinland-Pfalz vollzog.[133] Auch bediente man sich etwa der *Volkswagen AG* als Wirtschaftspartner.[134] Somit ließ das Unternehmen sein Fahrzeugmodell „New Beetle" in den Handlungsablauf der Serie integrieren und bezahlte dafür eine Summe von insgesamt 100.000 EUR.[135] Zur besten Sendezcit wurden sogar die Ausstattungsmerkmale des Cabriolets, wie z. B. das elektrohydraulische Verdeck, demonstriert.[136] Schrift-

---

[126] Richtlinie 2007/65/EG des Europäischen Parlaments und des Rates zur Änderung der Richtlinie 89/65/EG des Rates zur Koordinierung bestimmter Rechts- und Verwaltungsvorschriften der Mitgliedstaaten über die Ausübung der Fernsehtätigkeit vom 11. Dezember 2007 (Richtlinie über audiovisuelle Mediendienste), ABl. Nr. L 332 vom 18.12.2007, S. 27 ff.
[127] *Glockzin*, MMR 2010, 163.
[128] 13. Staatsvertrag zur Änderung rundfunkrechtlicher Staatsverträge.
[129] *Glockzin*, MMR 2010, 164; *Ladeur*, in: Binder/Vesting, Beck'scher Kommentar zum Rundfunkrecht, § 7 Rn. 29a f.
[130] *Auer*, BAW Texte Nr. 4/2007, S. 4; *Bauer/Neumann/Bryant/Thomas*, Effective Product Placement, 2006, S. 1; *Blaue*, Werbung wird Programm, 2011, S. 110.
[131] *Lilienthal*, in: Werneke, Die bedrohte Instanz, Selbstkommerzialisierung als Legitimationsverlust, 2005, S. 143; o. V., Süddeutsche Zeitung Nr. 156/2004 vom 09.07.2004, Wildwuchs im Fernsehgarten, S. 2.
[132] Erstausstrahlung am 06.01.2004 (ZDF).
[133] *Blaue*, Werbung wird Programm, 2011, S. 113; o. V., Süddeutsche Zeitung Nr. 156/2004 vom 09.07.2004, Wildwuchs im Fernsehgarten, S. 2.
[134] *Fassihi*, Werbebotschaften aus der Redaktion?, 2017, S. 85; *Lilienthal*, in: Werneke, Die bedrohte Instanz, Selbstkommerzialisierung als Legitimationsverlust, 2005, S. 143; *Müller*, in: Müller/Giegold/Arhelger, Gesteuerte Demokratie?, 2004, S. 112; *o. V.*, FAZ Nr. 62 vom 13.03.2004, Schleichwerbung: Geld spielt keine Rolle, S. 41.
[135] *Fassihi*, Werbebotschaften aus der Redaktion?, 2017, S. 85; *Lilienthal*, in: Werneke, Die bedrohte Instanz, Selbstkommerzialisierung als Legitimationsverlust, 2005, S. 143.
[136] *Lilienthal*, in: Werneke, Die bedrohte Instanz, Selbstkommerzialisierung als Legitimationsverlust, 2005, S. 143.

liche Kooperationen wurden zudem mit der *Deutschen Post AG* und *Central-Marketing-Gesellschaft der deutschen Agrarwirtschaft (CMA)* offiziell bestätigt, die zum Skandal um die Schleichwerbung beim *ZDF* ihren Beitrag leisteten.[137]

Ein weiteres Beispiel der Schleichwerbung beim *ZDF* betraf die Serie „Samt und Seide"[138] und fand Eingang in die öffentliche Fernsehkritik.[139] Drei ganze Staffeln wurden in dem Warenhaus „Galeria Kaufhof" in Augsburg gedreht und es kam zur häufigen Einblendung des dafür bekannten Markenzeichens. Darüber hinaus war eine eindeutige Erwähnung des Warenhauses im Dialog der Schauspieler zu beobachten.[140] Die Produktion wurde finanziell von der *Kaufhof Warenhaus AG* unterstützt und es kam sogar zu einem Erwerb von „nicht-gewerblichen Rechten" an der Serie.[141] Kritiker sahen in dieser Bezeichnung eine ausgeklügelte Umgehung des Schleichwerbeverbots im Rundfunkstaatsvertrag.[142]

Nicht zuletzt erwähnenswert ist die beanstandete Schleichwerbung in der *ZDF*-Sendung „Wetten, dass..?"[143].[144] Im Jahre 2004 hielt beispielsweise der Moderator Thomas Gottschalk in sechs Folgen mehrfach auffällig die Mobiltelefone von *T-Mobile* in die Kamera. Die Telekom-Gesellschaft zahlte für diese Art von Präsentation eine Summe von 900.000 EUR.[145] Ein ähnlicher Vorgang war für die Automarke *Mercedes* zu beobachten, wofür das Unternehmen *DaimlerChrysler* insgesamt 750.000 EUR entrichtete.[146]

---

[137] *Lilienthal*, in: Werneke, Die bedrohte Instanz, Selbstkommerzialisierung als Legitimationsverlust, 2005, S. 143; *Müller*, in: Müller/Giegold/Arhelger, Gesteuerte Demokratie?, 2004, S. 112; *o. V.*, FAZ Nr. 62 vom 13.03.2004, Schleichwerbung: Geld spielt keine Rolle, S. 41.
[138] Erstausstrahlung am 30.01.2000 (ZDF).
[139] *Lilienthal*, in: Werneke, Die bedrohte Instanz, Selbstkommerzialisierung als Legitimationsverlust, 2005, S. 143; *o. V.*, FAZ Nr. 62 vom 13.03.2004, Schleichwerbung: Geld spielt keine Rolle, S. 41.
[140] *Lilienthal*, in: Werneke, Die bedrohte Instanz, Selbstkommerzialisierung als Legitimationsverlust, 2005, S. 143 f.; *o. V.*, FAZ Nr. 62 vom 13.03.2004, Schleichwerbung: Geld spielt keine Rolle, S. 41.
[141] *Lilienthal*, epd medien 19/2004 vom 02.05.2004, ZDF platziert Wirtschaftspartner mitten im Programm. Kaufhof zahlte 1,5 Millionen Mark für „Samt und Seide", S. 19 f.; *o. V.*, FAZ Nr. 62 vom 13.03.2004, Schleichwerbung: Geld spielt keine Rolle, S. 41.
[142] *Lilienthal*, in: Werneke, Die bedrohte Instanz, Selbstkommerzialisierung als Legitimationsverlust, 2005, S. 144.
[143] Erstausstrahlung am 14.02.1981 (ZDF).
[144] *Diekhof*, Werben & Verkaufen Nr. 12/2003 vom 21.03.2003, S. 74 f.; *Fuchs*, Leise schleicht's durch mein TV, 2005, S. 133 ff., 148 ff.; *Salm*, Handelsblatt Nr. 2/07/2003 vom 10.03.2003, Wenn die Werbung schleicht, S. 18.
[145] *Blaue*, Werbung wird Programm, 2011, S. 22; *Meier/Hülsen*, Financial Times Deutschland Nr. 130/27/2005 vom 07.07.2005, ARD – Im Angebot: Schleichwerbung und Korruptionsfälle stürzen die ARD in ihre bislang tiefste Krise, S. 25.
[146] *Blaue*, Werbung wird Programm, 2011, S. 22; *Meier/Hülsen*, Financial Times Deutschland Nr. 130/27/2005 vom 07.07.2005, ARD – Im Angebot: Schleichwerbung und Korruptionsfälle stürzen die ARD in ihre bislang tiefste Krise, S. 25.

Unerlaubte Schleichwerbung fand allerdings auch in beträchtlichem Maße in den Sendungen der *ARD* statt. Im Jahre 2005 wurde festgestellt, dass mindestens zehn Jahre lang Schleichwerbung in der Sendung „Marienhof"[147] betrieben wurde.[148] Die Produktionsfirma der *ARD* namens *Bavaria Film GmbH* hatte einer Münchener Agentur jahrelang erlaubt, Schleichwerbung für die Sendung zu akquirieren.[149] Somit konnten Unternehmen fortlaufend ihre Werbebotschaften oder Markenzeichen innerhalb der Sendung gegen Entgeltzahlung präsentieren. Mindestens 117 Fälle der unerlaubten Schleichwerbung wurden in diesem Zusammenhang allein für den Zeitraum von Januar 2002 bis Mai 2005 dokumentiert. Die *Bavaria Film GmbH* verdiente offiziell 1,476 Millionen EUR mit den verbotenen Nebengeschäften.[150]

Im Rahmen des Marienhof-Skandals wurde in der breiten Öffentlichkeit erstmalig eine neue Art der Werbeintegration im Programm bekannt, das sog. Themen Placement.[151] Dabei ging es nicht um die gezielte Platzierung von Markenprodukten, sondern um die Integration von Themen bzw. Dialogen im Programm. Diese „besonders tückische Spielart der Schleichwerbung"[152] war für die Zuschauer und die Rundfunkaufsicht besonders schwer zu erkennen oder nachzuweisen.[153] Auch konnten z. B. Interessenverbände mit politischen Botschaften davon Gebrauch machen und profitieren. Ein berühmt gewordenes Beispiel des Themen Placements in der Sendung „Marienhof" betraf einen Dialog über Wollmäuse auf dem Parkettboden einer Wohnung.[154] „Lass uns doch dann wenigstens die Wohnung mit Teppichboden auslegen [...]. Teppichboden bedeutet weniger Staub, schluckt die

---

[147] Erstausstrahlung am 01.10.1992 (Das Erste).
[148] *Blaue*, Werbung wird Programm, 2011, S. 113; Bundeszentrale für politische Bildung, Deutsche Fernsehgeschichte in Ost und West vom 28.08.2017, Schleichwerbung, S. 2 ff.; *Farrack*, Product Placement im deutschen Fernsehen, 2015, S. 4; *Lilienthal*, epd medien Nr. 42/2005 vom 01.06.2005, Die Bavaria Connection. Zehn Jahre Schleichwerbung im ARD- „Marienhof" & Co, S. 3 ff.; *Lilienthal*, in: Werneke, Die bedrohte Instanz, Selbstkommerzialisierung als Legitimationsverlust, 2005, S. 144.
[149] Bundeszentrale für politische Bildung, Deutsche Fernsehgeschichte in Ost und West vom 28.08.2017, Schleichwerbung, S. 2; *Lilienthal*, epd medien Nr. 42/2005 vom 01.06.2005, Die Bavaria Connection. Zehn Jahre Schleichwerbung im ARD-„Marienhof" & Co, S. 3; *Lilienthal*, in: Werneke, Die bedrohte Instanz, Selbstkommerzialisierung als Legitimationsverlust, 2005, S. 144.
[150] Bavaria Film GmbH, Presseportal news aktuell vom 01.07.2005, Presseerklärung des Aufsichtsrats und der Gesellschafterversammlung der Bavaria Film GmbH im Nachgang zur gemeinsamen Sitzung am 01. Juli 2005 in München; *Seel*, DIE WELT Nr. 153–27/2005 vom 04.07.2005, 117 Folgen Schleichwerbung: Die ARD gibt sich streng mit ihrer Produktionstochter Bavaria, S. 26.
[151] *Castendyk*, ZUM 2005, 857; *Lilienthal*, in: Werneke, Die bedrohte Instanz, Selbstkommerzialisierung als Legitimationsverlust, 2005, S. 145; *Ott*, Süddeutsche Zeitung Nr. 225/2005 vom 29.09.2005, Die Tessin-Connection, S. 17.
[152] *Lilienthal*, in: Werneke, Die bedrohte Instanz, Selbstkommerzialisierung als Legitimationsverlust, 2005, S. 145.
[153] *Castendyk*, ZUM 2005, 857; *Lilienthal*, in: Werneke, Die bedrohte Instanz, Selbstkommerzialisierung als Legitimationsverlust, 2005, S. 145.
[154] *Castendyk*, ZUM 2005, 857; *Lilienthal*, netzwerk recherche Nr. 14/2009 vom 01.05.2009, Schwarze PR im TV, S. 117.

Geräusche, sieht tadellos aus und erleichtert unserem Nachwuchs die ersten Gehversuche", sagte der Hauptdarsteller im Rahmen der Handlung zu seiner schwangeren Frau. Diese Form der Werbeintegration im Programm wurde von der *Arbeitsgemeinschaft Textiler Bodenbelag* finanziell gefördert.[155]

Auch in anderen Serien der *ARD*, wie z.B. „In aller Freundschaft",[156] wurde Schleichwerbung aufgedeckt und in der Öffentlichkeit gerügt.[157] Hier kam es in mindestens neun Fällen zu einer unerlaubt bezahlten Unterbringung von Pharmawerbung.[158]

Private Sender blieben in der Folgezeit ebenfalls nicht frei von Anfechtungen.[159] Journalistische Recherchen der *Süddeutschen Zeitung* brachten beispielsweise jahrelang betriebene Schleichwerbung bei *Sat.1* ans Licht.[160] Die im „Frühstücksfernsehen"[161] und „17.30 Uhr Live aus Berlin" von den vermeintlich unabhängigen Moderatoren dargestellten Empfehlungen erwiesen sich als bezahlte Werbebotschaften, die ihre Zuschauer dazu verleiten sollten, bestimmte Medikamente zu nehmen, Versicherungen abzuschließen oder Finanzdienstleister zu kontaktieren. Pharma-, Versicherungs- und Finanzkonzerne zahlten regelmäßig für redaktionell getarnte Werbebeiträge im Frühstücks- und Vorabendprogramm des Privatsenders *Sat.1*.[162] Der Arzneimittel-Hersteller *Klosterfrau*, die Versicherungsgruppe *WWK* oder das Finanzinstitut *AWD* waren beispielsweise involviert.[163] Eine Schweizer Agentur namens *Connect-TV* stellte die Verbindung zwischen dem Sender und den Werbeinteressenten her und sorgte mindestens fünf Jahre lang für eine unbemerkte Abwicklung der Schleichwerbung.[164] *Sat.1* stellte offiziell Rechnungen an die Agentur für „Austauschleisten" und *Connect-TV* verlangte von den Unternehmen wiederum „Kosten für Rechteerwerb."[165] Insgesamt soll der Sender jähr-

---

[155] *Castendyk*, ZUM 2005, 857; *Lilienthal*, netzwerk recherche Nr. 14/2009 vom 01.05.2009, Schwarze PR im TV, S. 117.
[156] Erstausstrahlung am 26.10.1998 (Das Erste).
[157] *Blaue*, Werbung wird Programm, 2011, S. 22, 113; *Lilienthal*, epd medien Nr. 42/2005 vom 01.06.2005, Die Bavaria Connection. Zehn Jahre Schleichwerbung im ARD-„Marienhof" & Co, S. 3; *Lilienthal*, in: Werneke, Die bedrohte Instanz, Selbstkommerzialisierung als Legitimationsverlust, 2005, S. 144; *Treffer/Baden*, Süddeutsche Zeitung Nr. 124/2005 vom 02.06.2005, In aller Freundschaft: Schleichwerbung im öffentlich-rechtlichen Fernsehen, S. 35.
[158] *Lilienthal*, epd medien Nr. 42/2005 vom 01.06.2005, Die Bavaria Connection. Zehn Jahre Schleichwerbung im ARD-„Marienhof" & Co, S. 3.
[159] *Castendyk*, ZUM 2005, 857; *Feldmeier*, Werben & Verkaufen Nr. 37/2005 vom 15.09.2005, S. 52; *Ott*, Süddeutsche Zeitung Nr. 225/2005 vom 29.09.2005, Die Tessin-Connection, S. 17; *Ott*, Süddeutsche Zeitung Nr. 230/2005 vom 06.10.2005, Die Spezialisten, S. 35; *Lilienthal*, epd medien Nr. 78/2005 vom 08.10.2005, Die Grenzen der Glaubwürdigkeit, S. 3f.
[160] *Ott*, Süddeutsche Zeitung Nr. 225/2005 vom 29.09.2005, Die Tessin-Connection, S. 17.
[161] Erstausstrahlung am 01.10.1987 (Sat.1).
[162] *Ott*, Süddeutsche Zeitung Nr. 225/2005 vom 29.09.2005, Die Tessin-Connection, S. 17.
[163] *o. V.*, SPIEGEL, Schleichwerbung – Sat.1 soll jahrelang kassiert haben, spiegel.de/kultur/gesellschaft/schleichwerbung-sat-1-soll-jahrelang-kassiert-haben-a-377248.html, 08.08.2018.
[164] *Ott*, Süddeutsche Zeitung Nr. 225/2005 vom 29.09.2005, Die Tessin-Connection, S. 17.
[165] *Ott*, Süddeutsche Zeitung Nr. 225/2005 vom 29.9.02005, Die Tessin-Connection, S. 17.

lich mehr als eine Million EUR Umsatz mit illegaler Schleichwerbung auf diese Weise erzielt haben.[166]

Viele andere private Sender betreiben ebenfalls Schleichwerbung im Fernsehen. Verstöße gegen den Trennungsgrundsatz gehörten im privaten Rundfunk fast schon zur alltäglichen Praxis.[167] Routinemäßige Überprüfungen der Landesmedienanstalten im Jahre 2005 ergaben allein zehn Verdachtsfälle verbotener Schleichwerbung innerhalb von zwei Sendetagen im privaten Fernsehen.[168] Die alljährlich konkret beanstandeten Fälle sind in den Jahrbüchern der *Arbeitsgemeinschaft der Landesmedienanstalten (ALM)* dokumentiert. In der Ausgabe für das Jahr 2007 wurde beispielsweise Schleichwerbung bei *ProSieben* in der Sendung „TV-Total Wok WM"[169] festgestellt, da zahlreiche Markennamen oder -zeichen prominent genannt oder ins Bild platziert wurden.[170] Auch kam es zur Beanstandung eines gravierenden Falles von Schleichwerbung bei *N24* im Zusammenhang mit der Sendung „Make Money. Die Markus Frick-Show"[171].[172] Der Börsenexperte Markus Frick wies mehrmals auf eine E-mail-Hotline hin, die im Jahresabonnement 898 EUR kostete.[173]

Laut Ausgabe für das Jahr 2008 wurde beispielsweise beim *Spiegel TV* Schleichwerbung für die Marke *Iglo* im Rahmen eines Beitrags über Spinat festgestellt.[174] Ein Gewinnspiel beim *Deutschen Sportfernsehen (DSF)* wurde als Schleichwerbung für die Marke *Buderus* qualifiziert.[175] In beiden Beanstandungen wurden Markennamen oder -zeichen auffällig oft in den Vordergrund gestellt.[176]

Diese verhältnismäßig wenig aufgeführten Beispiele machen deutlich, dass ab dem Jahr 2000 die (unerlaubte) Vermischung von Werbung und Programm immer häufiger vorkam und die Schleichwerbung praktisch zum festen Bestandteil der Fernsehlandschaft wurde.[177] Um schädliche Auswirkungen für den Ruf des

---

[166] *o. V.*, SPIEGEL, Schleichwerbung brachte Millionenbetrag, spiegel.de/kultur/gesellschaft/sat-1-schleichwerbung-brachte-millionenbetrag-a-391656.html, 08.08.2018.
[167] *Blaue*, Werbung wird Programm, 2011, S. 23; *Ott*, Süddeutsche Zeitung Nr. 225/2005 vom 29.09.2005, Die Tessin-Connection, S. 17; *Lilienthal*, epd medien Nr. 78/2005 vom 08.10.2005, Die Grenzen der Glaubwürdigkeit, S. 3 f.
[168] Es wurden insgesamt 18 private Sender überprüft (*Lilienthal*, epd medien Nr. 24/2005 vom 02.04.2005, Schleichwerbeverdacht gegen Privatsender in zehn Fällen, 02.04.2005; *Blaue*, Werbung wird Programm, 2011, S. 23; *Roether*, epd medien Nr. 69/2004 vom 03.09.2005, Erneut zehn Fälle Schleichwerbung, S. 17).
[169] Erstausstrahlung am 06.11.2003 (ProSieben).
[170] Beispiel: Die Nennung des Wettanbieters „Bet and Win" (Arbeitsgemeinschaft der Landesmedienanstalten, ALM-Jahrbuch 2007, S. 46).
[171] Erstausstrahlung am 10.08.2005 (N24).
[172] Arbeitsgemeinschaft der Landesmedienanstalten, ALM-Jahrbuch 2007, S. 46.
[173] Arbeitsgemeinschaft der Landesmedienanstalten, ALM-Jahrbuch 2007, S. 46.
[174] Arbeitsgemeinschaft der Landesmedienanstalten, ALM-Jahrbuch 2008, S. 42.
[175] Arbeitsgemeinschaft der Landesmedienanstalten, ALM-Jahrbuch 2008, S. 42.
[176] Arbeitsgemeinschaft der Landesmedienanstalten, ALM-Jahrbuch 2008, S. 42.
[177] *Blaue*, Werbung wird Programm, 2011, S. 23; *Diekhof*, Werben & Verkaufen Nr. 12/2003 vom 21.03.2003, Der Gummibärchenmann, S. 75.

öffentlich-rechtlichen Rundfunks zu vermeiden, folgten erneut Selbstverpflichtungserklärungen zur Einhaltung der Trennung von Werbung und Programm.[178] Die Diskrepanz zwischen Anspruch und Wirklichkeit blieb allerdings weiterhin erheblich. Manche Enthüllungen illegaler Schleichwerbepraktiken brachten juristische Gegenwehr mit sich, wobei die Gerichte meist zugunsten der Landesmedienanstalten[179] oder journalistischen Recherchetätigkeiten[180] entschieden. Der Disput um die Rundfunkfinanzierung, Kommerzialisierung der Programminhalte, Senderaufsicht, Liberalisierung des Werberechts und letztlich die Schleichwerbung wurde somit vollständig in Gang gesetzt und hält bis heute an.[181] Hinzu kommen noch die zahlreichen offenen Fragen und Probleme im Hinblick auf das Internet.

VII. Retrospektive Würdigung

Betrachtet man die geschichtliche Entwicklung der Schleichwerbung in ihrer Gesamtheit, so werden im Kern einige im Folgenden zu erläuternde Eigenschaften und Motive des Praxisphänomens deutlich. So handelt es sich in allen Fallkonstellationen allgemein um die Verbreitung von werblichen Informationen mittels Bild, Ton oder Schrift. Dies kann auf ganz unterschiedliche Art und Weise erfolgen und beinhaltet meist die Heranziehung eines oder mehrerer Werbeträger (z. B. Zeitungen, Zeitschriften, Plakate, Verkehrsmittel, Produkte, Verpackungen, Schaufenster, Litfaßsäulen, Radios, Fernsehen oder Kinos).[182] In allen Beispielen, die in diesem Kapitel illustriert wurden, kam es jedenfalls zur Verbreitung von werblichen Informationen unter Heranziehung von audiovisuellen Medien als Werbeträger, d. h. Fernsehen oder Kinos.

Bei näherer Betrachtung der Art und Weise der Informationsverbreitung wird deutlich, dass es sich meist um Markenprodukte oder Themen handelt, die in den Handlungsablauf eines Films oder einer Sendung als (nicht notwendige) Requisite integriert werden. Dabei wird vor allem der Umstand genutzt, dass z. B. Markenprodukte Bestandteil unseres alltäglichen Lebens sind und im Rahmen einer medialen Wiedergabe der Realität nicht künstlich ausgeblendet werden können.[183] Die verbotene Schleichwerbung weist in diesem Zusammenhang eine Irreführungs- oder Verwechslungsgefahr im Hinblick auf den werblichen Charakter und

---

[178] Beispiele: *o. V.*, epd medien Nr. 79/2004 vom 09.10.2004, Leitlinien für die Programmgestaltung der ARD 2005/2006, S. 3 ff.; *Schächter*, epd medien Nr. 79/2004 vom 09.10.2004, Programm-Perspektiven des ZDF 2004–2006, S. 15 ff.
[179] Beispiel: „TV Total Wok-WM" (VG Berlin, ZUM-RD 2009, 292 ff.; Arbeitsgemeinschaft der Landesmedienanstalten, ALM-Jahrbuch 2008, S. 42).
[180] Beispiel: OLG München stärkt das Journalistenrecht auf verdeckte Recherche (OLG München, ZUM 2005, 399 ff.).
[181] *Auer*, BAW Texte 4/2007, Grundlagen: Product Placement, S. 4 ff.; *Blaue*, Werbung wird Programm, 2011, S. 113.
[182] Brockhaus Enzyklopädie, Werbung, brockhaus.de/ecs/enzy/article/werbung-20, 08.08.2018.
[183] *Auer/Kalweit/Nüßler*, Product Placement, 1991, S. 50; *Platho*, MMR 2008, 583.

die werbliche Intention der Darstellung für die Allgemeinheit auf. Daran werden allerdings auch die Komplexität und Unstimmigkeit der Schleichwerbethematik deutlich:

Die beschriebenen Fallkonstellationen beinhalten teilweise ein Element der Tarnung, teilweise eines der exzessiven Bewerbung. Einerseits handelt es sich um eine werbliche Informationsverbreitung unter einem journalistischen, wissenschaftlichen oder künstlerischen Deckmantel,[184] andererseits erfolgt eine auffällige und störende Werbedarstellung. In Nachrichtensendungen, wie z. B. „Tagesschau" der *ARD* oder im „heute-journal" des *ZDF*, stehen die nebenbei und unauffällig vermittelten Vorlieben für Automarken seitens der Politiker im Mittelpunkt der Kritik. Im *Sat.1*-„Frühstücksfernsehen" oder „17.30 Uhr Live aus Berlin" sieht man ebenfalls scheinbar unabhängige, in Wirklichkeit aber gelenkte Empfehlungen als zentralen Aspekt der Rüge. In anderen Sendungen, wie z. B. „Traumschiff", „Tatort", „Li-La-Launebär" oder „TV-Total Wok WM" wird ein extrem häufiges Zeigen oder eine durchgehend positive Anpreisung beanstandet. Bei Betrachtung dieser Differenzen liegt die Annahme nicht fern, dass je nach Genre bzw. Art der Sendung eine Einzelfallbetrachtung erfolgen muss, um die Schleichwerbung zu ermitteln. Dies kann vor allem damit begründet werden, dass die Erwartungshaltung des Zuschauers an die Aufrichtigkeit und Unabhängigkeit der verbreiteten Informationen sehr stark variieren kann. Jedenfalls wird deutlich, dass die Schleichwerbung u. a. deshalb so schwierig einzuordnen ist, da man sich stets irgendwo innerhalb der Grenzen zwischen einer „richtigen" Verschleierung des Werbecharakters und einem geschickt aufgemachten Werbespot mit suggestiver Wirkung bewegt.[185]

Bei der Informationsverbreitung selbst können unterschiedliche Beteiligte eine Rolle spielen. Initiator des Prozesses ist grundsätzlich die werbebetreibende Wirtschaft, d. h. Unternehmen mit dem Ziel einer Umsatz-, Image- und Bekanntheitsgradsteigerung.[186] Diese ziehen häufig, wie die erwähnten Beispiele zeigen, Medienunternehmen im Bereich des Rundfunk- oder Pressewesens heran. Agenturen sind, insbesondere wenn es um die Schleichwerbung geht, ebenfalls als Beteiligte häufiger zu beobachten. Diese drei Akteure sind eng miteinander verzahnt und stehen meist in einem jeweiligen Austauschverhältnis zueinander. Verträge mit unterschiedlichen offiziellen oder inoffiziellen Bezeichnungen[187] und zu erbringenden Leistungen sind hierbei festzustellen. Stets involviert sind zuletzt die Empfänger, wie z. B. Zuschauer, Zuhörer oder Leser, als anvisierte Zielsubjekte der werblichen Aktivität. In der Regel sollen Werbebotschaften unter Einsatz von

---
[184] BGH, NJW 1968, 1419, 1421; *Köhler*, in: Köhler/Bornkamm, UWG, 2018, § 4 Rn. 3.18; *Henning-Bodewig*, GRUR Int. 1991, 859.
[185] *Henning-Bodewig*, GRUR Int. 1991, 859.
[186] Vgl. hierzu Kapitel 1 dieser Arbeit.
[187] Beispiele: „Tie-in-Geschäfte", „Promotion-Gegengeschäfte" oder „Kooperationen mit Dritten".

Massenmedien an „disperse" Empfänger,[188] d. h. an eine unbestimmte Anzahl von Personen, gelangen.

Betrachtet man das Zustandekommen der Schleichwerbung auf Grundlage der Beteiligten, so scheint Geld das stärkste Motiv und Endziel der Machenschaften zu sein.[189] Für Medienunternehmen bzw. Fernsehsender stellen programmintegrierte Werbeformen unmittelbar eine zusätzliche Einnahmequelle dar. Insbesondere können öffentlich-rechtliche Fernsehsender die strengen gesetzlichen Werbezeiten und sonstige Regelungen geschickt umgehen. Agenturen profitieren ebenfalls wirtschaftlich aufgrund ihrer Spezialisierungen in diesem Bereich. Für die werbebetreibende Wirtschaft kann (und soll) letztlich mittelbar die versteckte Werbung im Programm zu Umsatzsteigerungen führen, da sich die Beliebtheit einer Sendung oder eines Schauspielers auf das Markenimage übertragen lässt und die gewünschte Aufmerksamkeit des Zuschauers nahezu garantiert wird.[190] Insbesondere müssen auch diejenigen Fernsehzuschauer, die Werbung komplett zu meiden versuchen, solche Informationen akzeptieren, um nicht auf ein bestimmtes Programm zu verzichten.[191]

Im Übrigen gilt anzumerken, dass sich die Verschleierung des Werbecharakters nicht auf den für diese Arbeit maßgeblichen audiovisuellen Medien- bzw. Fernsehbereich beschränkt. Viel ältere Praktiken bilden beispielsweise die Tarnung von Werbung als redaktioneller Pressebericht,[192] wissenschaftliches Gutachten,[193] Privatbrief,[194] Rechnung[195] oder Telefonanruf.[196] Dabei ist ein ähnlicher Hintergrund zu erkennen: Wenn ein Empfänger nicht weiß, dass ein scheinbarer Privatbrief Werbung enthält, dann wird dieser diesen wahrscheinlich auch nicht sofort ungeöffnet in den Papierkorb werfen.[197]

Diese Praktiken waren (und sind bis heute) nicht immer rechtlich relevant. Der deutsche und europäische Gesetzgeber hat in den vergangenen Jahren nur für bestimmte Medien als Werbeträger ausdrücklich das Trennungsgebot und Schleichwerbeverbot angeordnet. Insbesondere im Bereich des Fernsehens wurde die Entwicklung neuerer, attraktiver programmintegrierter Werbeformen schon immer

---

[188] *Hermann*, Vom Broadcast zum Personalcast, 2002, S. 7; *Maletzke*, Psychologie der Massenkommunikation, 1978, S. 28 f.
[189] *Lilienthal*, in: Werneke, Die bedrohte Instanz, Selbstkommerzialisierung als Legitimationsverlust, 2005, S. 147.
[190] *Henning-Bodewig*, GRUR Int. 1991, 865.
[191] *Henning-Bodewig*, GRUR Int. 1987, 539.
[192] Beispiele: BGH, NJW 1974, 1141 ff.; OLG Düsseldorf, AfP 1973, 530 ff.; OLG Hamm, NJW 1986, 1270 ff.; OLG Karlsruhe, AfP 1989, 462 ff.; OLG Hamburg, WRP 1990, 183 ff.; LG Hamburg, WRP 1991, 198 ff.
[193] Beispiele: RG, GRUR 1937, 60 ff.; BGH, GRUR 1961, 189 ff.
[194] Beispiel: BGH, NJW 1973, 1119 ff.
[195] Beispiele: OLG Hamburg, Magazindienst 1991, 182 ff.; OLG Karlsruhe, Magazindienst 1991, 189 ff.
[196] Beispiele: BGH, GRUR 1970, 523 ff.; BGH, GRUR 1989, 753 ff.
[197] *Henning-Bodewig*, GRUR Int. 1991, 859.

VII. Retrospektive Würdigung 51

als besonders kritisch erachtet. Dies ist darauf zurückzuführen, dass der Berichterstattung im Rundfunk eine wesentliche Bedeutung bei der freien individuellen und öffentlichen Meinungsbildung in einer demokratischen Gesellschaft zukommt und somit die Begrenzung und Offenlegung wirtschaftlicher Einflüsse ein unabdingbares Erfordernis darstellt.[198] Das Recht scheint somit im Hinblick auf die Schleichwerbung stets um eine Grenzziehung bemüht zu sein, während die Wirtschaft und die Medien in eine entgegengesetzte Richtung am selben Strang ziehen. Jedenfalls wird es seitens der werbebetreibenden Unternehmen und ihren Agenturen nicht unbedingt für erforderlich gehalten, Werbung stets mit „offenem Visier" zu präsentieren.[199] Die Schleichwerbung ist ein Ergebnis dieser Entwicklung.

---

[198] *Döpkens*, in: Spindler/Schuster, Recht der elektronischen Medien, 2015, RStV, § 7 Rn. 28; *Holznagel/Stenner*, ZUM 2004, 619; *Martini*, in: Gersdorf/Paal, Informations- und Medienrecht, RStV, § 2 Rn. 28; *Suwelack*, MMR 2017, 661.
[199] *Henning-Bodewig*, GRUR Int. 1991, 859.

Drittes Kapitel

Schleichwerbung im europäischen Medienrecht

Der supranationale Rechtsrahmen bildet den gemeinsamen Mindeststandard für die nationalen Medienrechtsordnungen und ist somit auch in Deutschland von weitreichender Bedeutung.[1] Die Richtlinie über audiovisuelle Mediendienste (AVMD-RL) stellt den zentralen gesetzlichen Rahmen und Schwerpunkt der vorliegenden Untersuchung dar. Diese Richtlinie enthält wichtige Legaldefinitionen und Werbevorschriften für audiovisuelle Medienangebote im europäischen Markt. Bevor allerdings die relevanten Bestimmungen in der AVMD-RL im Einzelnen untersucht werden, ist zunächst im Überblick auf das europäische öffentliche Medienrecht einzugehen.

I. Europäisches Medienrecht im Überblick

1. Rechtsgrundlagen

Ähnlich wie im nationalen Recht existiert im Europarecht eine Normenhierarchie.[2] Die Unterteilung erfolgt im Wesentlichen zwischen dem an der Spitze stehenden Primärrecht und dem davon abgeleiteten Sekundärrecht.[3] Auf Grundlage des Primärrechts werden Rechtsakte von den Organen der Europäischen Union erlassen, die das für audiovisuelle Medien besonders relevante Sekundärrecht bilden.[4]

a) Primärrecht

Das europäische Primärrecht besteht in erster Linie aus den zwei Gründungsverträgen, d. h. dem Vertrag über die Europäische Union (EUV)[5] und dem Vertrag über die Arbeitsweise der Europäischen Union (AEUV)[6].[7] Diese zwischen den da-

---

[1] *Müller-Rüster*, Product Placement im Fernsehen, 2010, S. 85.
[2] *Arndt/Fischer/Fetzer*, Europarecht, 2015, S. 43.
[3] *Arndt/Fischer/Fetzer*, Europarecht, 2015, S. 43; *Bleckmann*, Europarecht, 1997, Rn. 525 ff.
[4] *Fink/Cole/Keber*, Europäisches und Internationales Medienrecht, 2008, Teil 1 Rn. 132.
[5] Vertrag über die Europäische Union (EUV), Fassung aufgrund des am 1.12.2009 in Kraft getretenen Vertrages von Lissabon, ABl. EG Nr. C 115 vom 09.05.2008, S. 13.
[6] Vertrag über die Arbeitsweise der Europäischen Union (AEUV), Fassung aufgrund des am 1.12.2009 in Kraft getretenen Vertrages von Lissabon, ABl. EG Nr. C 115 vom 09.05.2008, S. 47.
[7] Auch „Die Verträge" genannt (Art. 1 Abs. 2 AEUV).

mals 27 Mitgliedstaaten geschlossenen Vertragswerke bilden die rechtliche Grundlage der Europäischen Union (vgl. Art. 1 Abs. 3 S. 1 EUV).[8] Während der EUV die grundlegenden Bestimmungen zu den europäischen Zielen, Werten, Fundamentalprinzipien, Organen, Zuständigkeiten und Ermächtigungen enthält, normiert der AEUV ergänzend die konkrete Art und Weise der Ausführung im institutionellen sowie materiellen Bereich.[9] Beide Verträge sind gem. Art. 1 Abs. 3 S. 2 EUV und Art. 1 Abs. 2 S. 1 AEUV „rechtlich gleichrangig" zu behandeln.

Vom Primärrecht erfasst sind ebenfalls die veröffentlichten Anhänge und Protokolle zu diesen Verträgen.[10] Diese Schriftstücke befassen sich mit eher spezifischen Belangen und sind gem. Art. 51 EUV „Bestandteil der Verträge".

Darüber hinaus gehört zum Primärrecht noch die Charta der Grundrechte der Europäischen Union (GrCh)[11].[12] Seit 2009[13] kodifiziert die Charta rechtsverbindlich die früher lediglich als allgemeine Rechtsgrundsätze geltenden Unionsgrundrechte[14] im Rang des Primärrechts.[15] Erwähnenswert sind beispielsweise die in Art. 11 GrCh niedergelegten europäischen Grundrechte der Meinungs- und Medienfreiheit. Art. 6 Abs. 1 EUV stellt klar, dass die Charta und die Gründungsverträge „rechtlich gleichrangig" sind.

Die vom EuGH entwickelten allgemeinen Rechtsgrundsätze sind als ungeschriebenes Primärrecht ebenfalls von nicht unerheblicher Bedeutung.[16] Im Bereich der Medien kommt diesen jedoch seit dem Inkrafttreten der GrCh weitgehend nur noch eine ergänzende Funktion im Rahmen des europäischen Grundrechtsschutzes zu.[17]

Das europäische Primärrecht selbst weist keine detailliert die Medien betreffenden und bindenden Vorschriften auf. Allerdings wurden auf Grundlage der primärrechtlich verankerten Ermächtigungen eine Reihe von Sekundärrechtsakten

---

[8] Art. 1 Abs. 3 S. 1 EUV bestimmt, dass EUV und AEUV zusammen „die Grundlage der Union" darstellen.
[9] Art. 1 Abs. 1 AEUV; *Brugger*, Einführung in das Wirtschaftsrecht, 2018, S. 6.
[10] *Arndt/Fischer/Fetzer*, Europarecht, 2015, S. 44.
[11] Charta der Grundrechte der Europäischen Union (GrCh), ABl. Nr. C 364 vom 18.12.2000, S. 1 ff.
[12] *Brugger*, Einführung in das Wirtschaftsrecht, 2018, S. 6.
[13] Am 01.12.2009 trat der Vertrag von Lissabon in Kraft.
[14] EuGH Rs. 29/69, Slg. 1969, 419 ff.; EuGH Rs. 11/70, Slg. 1970, 1125 ff.; EuGH Rs. C-144/04, Slg. 2005, I-9981 ff; *Fink/Cole/Keber*, Europäisches und Internationales Medienrecht, 2008, Teil 1 Rn. 58, 132.
[15] Abs. 4 der Präambel der GrCh bestimmt, dass die Grundrechte sichtbarer gemacht werden sollen; *Classen/Nettesheim*, in: Oppermann/Classen/Nettesheim, Europarecht, 2018, § 17 Rn. 7.
[16] *Arndt/Fischer/Fetzer*, Europarecht, 2015, S. 43 f.; *Fink/Cole/Keber*, Europäisches und Internationales Medienrecht, 2008, Teil 1 Rn. 57.
[17] *Lutzhöft*, Eine objektiv-rechtliche Gewährleistung der Rundfunkfreiheit in der Europäischen Union, 2012, S. 85.

erlassen, die gesamtbetrachtend das europäische Medienrecht bilden.[18] Jeder verbindliche Sekundärrechtsakt, wie z. B. eine Richtlinie, bedarf grundsätzlich einer ausdrücklichen, aus den Gründungsverträgen entnommenen Ermächtigung der Europäischen Union.[19] Dies ergibt sich aus dem in Art. 5 Abs. 1 EUV verankerten sog. Prinzip der begrenzten Einzelermächtigung.[20] Die Mitgliedstaaten als „Herren der Verträge"[21] müssen der Europäischen Union die Regelungskompetenz für einen bestimmten Bereich zum gesetzgeberischen Tätigwerden übertragen.[22] Eine umfassende Kompetenz nach Maßgabe der vertraglichen Ziele der Europäischen Union wird nach allgemeiner Ansicht abgelehnt.[23]

Eine klare und ausdrückliche Ermächtigung zur Schaffung eines europäischen Medienrechts enthalten die Verträge (EUV/AEUV) nicht.[24] Allerdings lässt sich zumindest eine punktuelle Kompetenzübertragung an die Europäische Union, insbesondere im Bereich des Rundfunks, aus dem Primärrecht herleiten und wird heute kaum noch bezweifelt.[25] Im Bereich der Presse findet man hingegen mangels Kompetenztitel keine sektorspezifischen Sekundärrechtsakte.[26]

Zentraler Anknüpfungspunkt für die Rundfunkregelung ist die Wirtschaftskompetenz der Europäischen Union.[27] Betrachtet man den Rundfunk als Wirtschaftsgut, so wird eine Ermächtigungsgrundlage für den Erlass von Sekundärrechtsakten zur Koordinierung der nationalen Rechts- und Verwaltungsvorschriften aus Art. 53 Abs. 1 i. V. m. Art. 62 AEUV hergeleitet.[28] Der Rundfunk stellt nämlich eine Dienstleistung i. S. d. Art. 56 AEUV dar,[29] dessen freie Zirkulation im

---

[18] *Fink/Cole/Keber*, Europäisches und Internationales Medienrecht, 2008, Teil 1 Rn. 58, 132.

[19] *Fink/Cole/Keber*, Europäisches und Internationales Medienrecht, 2008, Teil 1 Rn. 58; *Haratsch/Koenig/Pechstein*, Europarecht, 2018, Rn. 168; *Müller-Rüster*, Product Placement im Fernsehen, 2010, S. 90; *Nettesheim*, Oppermann/Classen/Nettesheim, Europarecht, 2018, § 11 Rn. 3 ff.

[20] BVerfGE 89, 155, 189; *Calliess*, in: Calliess/Ruffert, EUV/AEUV, Art. 5 EUV Rn. 8.

[21] BVerfGE 134, 267, 349 ff.; BVerfGE 75, 223, 242.

[22] *Calliess*, in: Calliess/Ruffert, EUV/AEUV, Art. 5 EUV Rn. 6.

[23] BVerfGE 89, 155 ff.; *Calliess*, in: Calliess/Ruffert, EUV/AEUV, Art. 5 EUV Rn. 8; *Haratsch/Koenig/Pechstein*, Europarecht, 2018, Rn. 166; *Oppermann*, DVBl. 2003, 1169; *Wuermeling*, EuR 2004, 224.

[24] *Classen*, in: Oppermann/Classen/Nettesheim, Europarecht, 2018, § 26 Rn. 22; *Dörr*, Internationales Handbuch für Hörfunk und Fernsehen, 1996/1997, S. 35 ff.; *Fink/Cole/Keber*, Europäisches und Internationales Medienrecht, 2008, Teil 1 Rn. 57; *Schladebach/Simantiras*, EuR 2011, 784.

[25] BVerfGE 92, 203 ff.; *Classen*, in: Oppermann/Classen/Nettesheim, Europarecht, 2018, § 26 Rn. 22.

[26] *Fink/Cole/Keber*, Europäisches und Internationales Medienrecht, 2008, Teil 1 Rn. 58.

[27] *Müller-Rüster*, Product Placement im Fernsehen, 2010, S. 88.

[28] *Müller-Rüster*, Product Placement im Fernsehen, 2010, S. 92.

[29] Konkret handelt es sich dabei um eine sog. Korrespondenzdienstleistung; EuGH Rs. 155/73, Slg. 1974, 409, 428; *Fechner*, Medienrecht, 2018, S. 212; *Fink/Cole/Keber*, Europäisches und Internationales Medienrecht, 2008, Teil 1 Rn. 57; *Schladebach/Simantiras*, EuR 2011, 786.

europäischen Markt durch den Abbau nationaler Beschränkungen erleichtert werden soll.[30] Unterstützt wird diese Herangehensweise durch die Rechtsprechung des EuGH im Fall „Sacchi"[31] aus dem Jahre 1974, in der die grenzüberschreitende Ausstrahlung von Fernsehprogrammen und -werbung als Dienstleistung i. S. d. damaligen EG-Vertrags (Art. 49 EG)[32] qualifiziert wurde. Heute bilden die Vorschriften über die Dienstleistungsfreiheit in Art. 56 ff. AEUV den Ausgangspunkt für die wirtschaftsbezogene, europäische Rundfunkregelung.[33]

Der Rundfunk könnte ebenfalls als Kulturgut betrachtet werden und somit wird vereinzelt diskutiert, ob Art. 167 i. V. m. Art. 6 S. 2 lit. c) AEUV eine kulturbezogene Ermächtigungsgrundlage für die europäische Gesetzgebung darstellen kann. Insbesondere sind nach deutschem Recht die Bundesländer deshalb für die Gesetzgebung zuständig, da der Rundfunk dem Begriff der Kultur zugeordnet werden kann.[34] Nach dem sog. Kulturartikel[35] leistet die Europäische Union einen Beitrag zur Entfaltung der Kulturen der Mitgliedstaaten unter Wahrung ihrer nationalen Vielfalt sowie gleichzeitiger Hervorhebung des gemeinsamen kulturellen Erbes (Art. 167 Abs. 1 AEUV). Unionskompetenzen können nach der wohl überwiegenden Auffassung[36] hieraus jedoch nicht abgeleitet werden. Art. 167 Abs. 5 AEUV verbietet zudem ausdrücklich die Harmonisierung des mitgliedstaatlichen Rechts.[37]

Die Grundrechtecharta kann im Übrigen ebenfalls keine Ermächtigung der Europäischen Union für die kulturellen Aspekte des Rundfunks begründen.[38] Insbesondere reicht die in Art. 11 Abs. 2 GrCh verankerte Medienfreiheit nicht für die Schaffung einer Kompetenzgrundlage aus. Zwar könnte die europäische Medien- bzw. Rundfunkfreiheit[39] durchaus im Hinblick auf die Sicherung der Medienvielfalt als Ermächtigungsnorm angedacht werden.[40] Allerdings wurde genau aus diesem Grund der Wortlaut des Art. 11 Abs. 2 GrCh abschwächend geändert und die „Freiheit der Medien und ihre Pluralität" werden nicht mehr „gewährleis-

---

[30] *Müller-Rüster*, Product Placement im Fernsehen, 2010, S. 92; *Selmer*, EuR Beiheft 2002, 32.
[31] EuGH Rs. 155/73, Slg. 1974, 409 ff.
[32] Vertrag zur Gründung der Europäischen Gemeinschaft (EG) in der Fassung vom 02.10.1997, ABl. EG Nr. L 157/11 vom 01.01.2007.
[33] *Fechner*, Medienrecht, 2018, S. 212; *Müller-Rüster*, Product Placement im Fernsehen, 2010, S. 88.
[34] *Scherer*, ZEuS 2002, 375; *Schladebach/Simantiras*, EuR 2011, 785.
[35] *Müller-Rüster*, Product Placement im Fernsehen, 2010, S. 92.
[36] BVerfGE 89, 155, 194; *Dörr*, AfP 2003, 202; *Holznagel*, Rundfunkrecht in Europa, 1996, S. 130 ff.; Müller-Rüster, Product Placement im Fernsehen, 2010, S. 92; Schladebach/Simantiras, EuR 2011, 785.
[37] *Schladebach/Simantiras*, EuR 2011, 785.
[38] *Müller-Rüster*, Product Placement im Fernsehen, 2010, S. 93.
[39] *Stern*, in: Tettinger/Stern, Europäische Grundrechte-Charta, Art. 11 Rn. 42; *Schladebach/Simantiras*, EuR 2011, 789.
[40] *Müller-Rüster*, Product Placement im Fernsehen, 2010, S. 93.

tet", sondern nur noch „geachtet."[41] Somit lässt sich jedenfalls heute nicht mehr anhand des Wortlauts eine Kompetenzerweiterung rechtfertigen. Der explizite Hinweis auf die Achtung der Medienpluralität kann sogar vielmehr als Verpflichtung der Europäischen Union zur gesetzgeberischen Zurückhaltung und Wahrung der kulturellen Vielfalt verstanden werden.[42] Letztlich bestimmt Art. 51 Abs. 2 GrCh ausdrücklich, dass die Charta keine Kompetenzen der Union neu begründen oder abändern kann.[43] Eine entsprechende Klarstellung kann ebenfalls aus Art. 6 Abs. 2 EUV entnommen werden.[44]

Aus dem Primärrecht kann somit nur eine Regelungskompetenz der Europäischen Union im Hinblick auf die wirtschaftlichen Aspekte des Rundfunks begründet werden. Geregelt werden darf somit insbesondere die Werbung, nicht jedoch die Programmgestaltung oder -inhalte.[45]

In diesem Zusammenhang könnte man sich durchaus die Frage stellen, ob die Schleichwerbung konkret tatsächlich dem Begriff der Wirtschaft zu subsumieren ist. Man könnte die Ansicht vertreten, dass die Vorschriften angesichts des Einflusses auf die Programmgestaltung und -inhalte schwerpunktmäßig die kulturellen Dimension des Rundfunks tangieren. Die Schleichwerbung ist eine programmintegrierte Werbeform und die Regelungen könnten die Veranstalter damit auch im Hinblick auf die reine redaktionelle Gestaltung und Auswahl der verbreiteten Inhalte einschränken. Eine Nichtigkeit der Vorschriften wegen Verstoßes gegen die europäische Kompetenzordnung wäre demnach nicht auszuschließen.[46]

Eine solche Annahme überzeugt allerdings nicht. Werbliche Tätigkeiten erfolgen von vornherein und unabhängig vom Einsatzort primär aus wirtschaftlichen Gründen. Auch bei der Schleichwerbung scheint Geld das stärkste Motiv und Endziel der Aktivitäten zu sein.[47] Die Schleichwerbung spricht somit im Schwerpunkt den Rundfunk als Wirtschaftsgut an und die Ermächtigung zum Erlass von Koordinierungsrichtlinien gem. Art. 53 Abs. 1 i. V. m. Art. 62 AEUV bildet die maßgebliche Grundlage für die Ausgestaltung des europäischen medienspezifischen Sekundärrechts.

---

[41] *Stern*, in: Tettinger/Stern, Europäische Grundrechte-Charta, Art. 11 Rn. 5.
[42] *Calliess*, in: Calliess/Ruffert, EUV/AEUV, Art. 11 GRC Rn. 17; *Fink/Cole/Keber*, Europäisches und Internationales Medienrecht, 2008, Teil 1 Rn. 57.
[43] *Krausnick*, Das deutsche Rundfunksystem unter dem Einfluss des EU-Rechts, 2005, S. 224; *Müller-Rüster*, Product Placement im Fernsehen, 2010, S. 94.
[44] *Müller-Rüster*, Product Placement im Fernsehen, 2010, S. 94.
[45] *Schladebach/Simantiras*, EuR 2011, 787.
[46] *Schladebach/Simantiras*, EuR 2011, 786.
[47] Vgl. hierzu Kapitel 2 dieser Arbeit.

b) Sekundärrecht

Auf Grundlage des Primärrechts wurden Rechtsakte zur Rundfunk- und Werberegelung erlassen, die dem Sekundärrecht zuzuordnen sind.

Das Sekundärrecht bzw. die in Betracht kommenden Rechtsakte sind in Art. 288 Abs. 1 AEUV aufgelistet.[48] Den Organen der Europäischen Union stehen demnach grundsätzlich Verordnungen, Richtlinien, Beschlüsse, Empfehlungen und Stellungnahmen für die Ausübung ihrer Kompetenzen zur Verfügung.

Bei einer Verordnung handelt es sich um eine allgemeine Regelung, die unmittelbar innerstaatlich wirkt und für den Einzelnen in allen Teilen verbindlich ist (vgl. Art. 288 Abs. 2 AEUV). Dieser Rechtsakt ist direkt an den Unionsbürger adressiert[49] und entspricht am ehesten einem innerstaatlichen Gesetz.[50]

Eine Richtlinie stellt zwar ebenfalls eine allgemeine Regelung dar, die allerdings von den Mitgliedstaaten innerhalb einer bestimmten Frist in nationales Recht umgesetzt werden muss und somit im Gegensatz zu einer Verordnung nicht unmittelbar innerstaatlich wirkt.[51] Zudem ist dieser Rechtsakt nur hinsichtlich des zu erreichenden Ziels verbindlich und überlässt den Mitgliedstaaten im Hinblick auf die Wahl der Form und Mittel gewisse Spielräume (vgl. Art. 288 Abs. 3 AEUV). Eine Richtlinie ist somit im Unterschied zu einer Verordnung für eine frist- und zielgebundene Umsetzung an die Mitgliedstaaten adressiert.[52] Das europäische Medienrecht ist hauptsächlich durch den Erlass von Richtlinien geprägt.[53] Dieses unionstypische Instrument des Sekundärrechts[54] dient vor allem einer schonenden Rechtsangleichung der nationalen Rechtsordnungen mit dem Ziel der Stärkung des europäischen Marktes und dem Abbau von Wettbewerbshindernissen.[55] Richtlinien werden im Regelfall als Folge entsprechend formulierter Medienpolitik auf Vorschlag der Europäischen Kommission vom Rat der Europäischen Union und dem Europäischen Parlament gemeinsam erlassen.[56]

Beschlüsse, Empfehlungen und Stellungnahmen spielen für das europäische Medienrecht eher eine untergeordnete Rolle. Dies folgt daraus, dass es sich bei einem Beschluss nur um eine Regelung im Einzelfall handelt, die sich oftmals

---

[48] *Arndt/Fischer/Fetzer*, Europarecht, 2015, S. 45; *Eichholz*, Europarecht, 2018, Teil 4 Rn. 90.
[49] *Müller-Rüster*, Product Placement im Fernsehen, 2010, S. 186.
[50] *Ruffert*, in: Calliess/Ruffert, EUV/AEUV, Art. 288 AEUV Rn. 16; *Schweitzer/Hummer/Obwexer*, Europarecht, 2007, Rn. 257.
[51] *Nettesheim*, in: Grabitz/Hilf/Nettesheim, Das Recht der EU, Art. 288 AEUV, Rn. 104; *Ruffert*, in: Calliess/Ruffert, EUV/AEUV, Art. 288 AEUV Rn. 24.
[52] *Götz*, NJW 1992, 1852; *Müller-Rüster*, Product Placement im Fernsehen, 2010, S. 186.
[53] *Fink/Cole/Keber*, Europäisches und Internationales Medienrecht, 2008, Teil 1 Rn. 59; *Schladebach/Simantiras*, EuR 2011, 805.
[54] *Götz*, NJW 1992, 1849 ff.
[55] *Müller-Rüster*, Product Placement im Fernsehen, 2010, S. 186.
[56] *Fink/Cole/Keber*, Europäisches und Internationales Medienrecht, 2008, Teil 1 Rn. 59.

nur an bestimmte Adressaten richtet und diese verpflichtet (vgl. Art. 288 Abs. 4 AEUV). Dieser Rechtsakt ähnelt in seiner Normqualität einem innerstaatlichen Verwaltungsakt.[57] Der Erlass einer Empfehlung oder Stellungnahme löst überhaupt keine rechtliche Verbindlichkeit aus (Art. 288 Abs. 5 AEUV).

Unter Heranziehung einer primärrechtlich verankerten Ermächtigungsnorm (insbes. Art. 53 Abs. 1 i.V.m. Art. 62 AEUV) haben die Unionsorgane somit über die Jahre eine Reihe von Richtlinien erlassen. Neben der AVMD-RL gibt es heute noch weitere sekundärrechtliche Regelungen, die sich zumindest indirekt auch auf die Rundfunkveranstaltung auswirken können.[58] Dies gilt z.B. für die Tabakwerberichtlinie (Tabakwerbe-RL)[59], das EU-Richtlinienpaket für Telekommunikationsdienste (sog. Telekompaket)[60], die Richtlinie über den elektronischen Geschäftsverkehr (E-Commerce-Richtlinie)[61] oder die Kabelweiterverbreitungsrichtlinie (Kabel-/Satelliten-RL)[62].[63] Für die vorliegende Untersuchung, die sich auf die Schleichwerbung konzentriert, sind allerdings nur die rundfunkspezifischen Vorschriften des Unionsrechts relevant.

2. Geschichtliche Entwicklung im Rundfunkbereich

a) Zur Notwendigkeit einer europäischen Rundfunkregelung

Die (sekundär)rechtlichen Aktivitäten auf europäischer Ebene im Medien- bzw. Rundfunkbereich reichen zurück bis in die 1980er Jahre.[64] Damals gab es vor allem zwei Entwicklungen, die eine supranationale Regelung notwendig machten.

---

[57] *Ruffert*, in: Calliess/Ruffert, EUV/AEUV, Art. 288 AEUV Rn. 91; *Schroeder*, in: Streinz, EUV/AEUV, Art. 288 AEUV Rn. 137.

[58] *Dörr/Wiesner*, Media Perspektiven Nr. 10/2009, S. 544; *Müller-Rüster*, Product Placement im Fernsehen, 2010, S. 96.

[59] Richtlinie 2003/33/EG des Europäischen Parlaments und des Rates zur Angleichung der Rechts- und Verwaltungsvorschriften der Mitgliedstaaten über Werbung und Sponsoring zugunsten von Tabakerzeugnissen vom vom 26. Mai 2003 (Tabakwerbe-RL), ABl. Nr. L 152 vom 20.06.2003, S. 16.

[60] Beispiel: Richtlinie 2002/22/EG des Europäischen Parlaments und des Rates über den Universaldienst und Nutzerrecht bei elektronischen Kommunikationsnetzen und -diensten vom 7. März 2002 (Universaldienstrichtlinie), ABl. Nr. L 108 vom 24.04.2002, S. 51.

[61] Richtlinie 2000/31/EG des Europäischen Parlaments und des Rates über bestimmte rechtliche Aspekte der Dienste der Informationsgesellschaft, insbesondere des elektronischen Geschäftsverkehrs, im Binnenmarkt vom 8. Juni 2000 (E-Commerce-Richtlinie), ABl. Nr. L 178 vom 17.07.2000, S. 1.

[62] Richtlinie 93/83/EWG des Rates zur Koordinierung bestimmter urheber- und leistungsschutzrechtlicher Vorschriften betreffend Satellitenrundfunk und Kabelweiterverbreitung vom 29. September 1993 (Kabel-/Satelliten-RL), ABl. Nr. L 248 vom 06.10.1993, S. 15ff.

[63] *Müller-Rüster*, Product Placement im Fernsehen, 2010, S. 96; *Schladebach/Simantiras*, EuR 2011, 805.

[64] *Castendyk*, in: Wandtke, Medienrecht Praxishandbuch, 2011, Band 1, Kap. 3 § 5 Rn. 137; *Fink/Cole/Keber*, Europäisches und Internationales Medienrecht, 2008, Teil 1 Rn. 60; *Müller-Rüster*, Product Placement im Fernsehen, 2010, S. 89.

I. Europäisches Medienrecht im Überblick

Zum einen ermöglichte die neue Satellitentechnik eine europaweit flächendeckende Ausstrahlung von Fernsehsendungen.[65] Zuvor machten Rundfunksignale jahrzehntelang in der Regel an den Staatsgrenzen halt oder waren nur in grenznahen Gebieten zu empfangen.[66]

Des Weiteren kam es allmählich zum Aufkommen des Privatfernsehens in den einzelnen Mitgliedstaaten und die Rundfunklandschaft wurde weniger von öffentlich-rechtlichen Sendern und ihren Monopolstellungen geprägt.[67] Es entstand ein europäischer Fernsehmarkt und die Angebote an Sendungen und Werbezeiten vervielfältigten sich.[68] International vorproduzierte Fernsehsendungen wurden zunehmend durch die typischerweise inländisch eigenproduzierten Live-Sendungen ergänzt bzw. ersetzt. Das Privatfernsehen wurde angesichts der stärkeren Investitionen in die Fernsehwerbung zu einem wichtigen Wirtschaftsfaktor in der Europäischen Union.[69]

Angesichts dieser neuen technischen und wirtschaftlichen Entwicklungen reichte eine lediglich nationale Rundfunkregelung nicht mehr aus.[70] Es kam somit zu den ersten Bemühungen seitens der Unionsorgane zur Schaffung eines einheitlichen europäischen Rechtsrahmens im Medienbereich.

Den Grundstein für die europäische Medienrechtsordnung legte das sog. Grünbuch „Fernsehen ohne Grenzen"[71] aus dem Jahre 1984.[72] Auf Initiative des Europäischen Parlaments kam es seitens der Europäischen Kommission zu offiziellen Vorschlägen für eine Rechtsangleichung im Rundfunkbereich.[73]

Ziel war dabei die Schaffung eines einheitlichen europäischen Rundfunkmarktes innerhalb des Binnenmarktes für Dienstleistungen mit eigenen europäischen Fernsehprogrammen und gemeinsamen rechtlichen Mindeststandards.[74] Ein sich an das gesamte europäische Publikum richtende Fernsehprogramm wurde trotz der sprachlichen Barrieren und unterschiedlichen Konsumgewohnheiten inner-

---

[65] *Dörr/Wiesner*, Media Perspektiven Nr. 10/2009, S. 544; *Müller-Rüster*, Product Placement im Fernsehen, 2010, S. 89; *Oster/Wagner*, in: Dauses/Ludwigs, Handbuch des EU-Wirtschaftsrechts, 2018, Band 1, Teil E, Kommunikation und Medien, Rn. 42.

[66] *Dörr*, Internationales Handbuch für Hörfunk und Fernsehen, 1996/1997, S. 35; *Müller-Rüster*, Product Placement im Fernsehen, 2010, S. 89.

[67] *Castendyk*, in: Wandtke, Medienrecht Praxishandbuch, 2011, Band 1, Kap. 3 § 5 Rn. 137; *Fink/Cole/Keber*, Europäisches und Internationales Medienrecht, 2008, Teil 1 Rn. 60; *Müller-Rüster*, Product Placement im Fernsehen, 2010, S. 89.

[68] *Müller-Rüster*, Product Placement im Fernsehen, 2010, S. 89.

[69] *Müller-Rüster*, Product Placement im Fernsehen, 2010, S. 89.

[70] *Castendyk*, in: Wandtke, Medienrecht Praxishandbuch, 2011, Band 1, Kap. 3 § 5 Rn. 137.

[71] Grünbuch der Kommission der Europäischen Gemeinschaft über die Errichtung eines Gemeinsamen Marktes für den Rundfunk, insbesondere über Satellit und Kabel, KOM (84) 300 endg. vom 14.06.1984.

[72] *Kötter*, Die Umsetzung der AVMD-RL, 2016, S. 48.

[73] *Müller-Rüster*, Product Placement im Fernsehen, 2010, S. 94.

[74] *Castendyk*, in: Wandtke, Medienrecht Praxishandbuch, 2011, Band 1, Kap. 3 § 5 Rn. 138.

halb der Mitgliedstaaten beispielsweise durch die Etablierung von „Euronews"[75] Realität.[76] Ein gemeinsamer Mindeststandard sollte durch eine Richtlinie realisiert werden und das Grünbuch erfasste in diesem Zusammenhang die Kategorien Werbung, Jugendschutz, Gegendarstellung und Urheberrecht.[77]

In den darauffolgenden Jahren kam es dann zum Erlass der Richtlinie des Rates zur Koordinierung bestimmter Rechts- und Verwaltungsvorschriften der Mitgliedstaaten über die Ausübung der Fernsehtätigkeit (Fernseh-RL)[78]. Diese Richtlinie wurde kurz darauf novelliert und anschließend durch die gegenwärtig besonders relevante AVMD-RL abgelöst.[79]

aa) Die Fernseh-RL von 1989/1997

Die erstmals nach langen und intensiven Diskussionen am 3. Oktober 1989 erlassene Fernseh-RL stellte als erstes supranationales medienspezifisches Regelungskonstrukt[80] einen Meilenstein für das europäische Medienrecht dar.[81] Den ersten Entwurf[82] legte die Europäische Kommission bereits zwei Jahre nach dem Grünbuch vor. Insbesondere leisteten einige Mitgliedstaaten erheblichen Widerstand gegen die Richtlinie, da eine Aushöhlung der Kompetenzen im Rundfunkbereich befürchtet wurde.[83] In Deutschland führte dieser Rechtsstandpunkt der Bundesländer sogar zur Anrufung des Bundesverfassungsgerichts (BVerfG), was allerdings ohne weitere Folgen blieb.[84] Die Fernseh-RL wurde letztlich auf Grundlage der Art. 55 i.V.m. Art. 47 Abs. 2 EG (heute: Art. 53 Abs. 1 i.V.m. Art. 62 AEUV) erlassen[85] und schuf erstmals einheitliche Mindeststandards zwischen den Mitgliedstaaten für die Bereiche Werbung, Jugendschutz und Gegendarstellung.[86]

---

[75] Erstausstrahlung am 01.01.1993 auf Englisch, Französisch, Deutsch, Spanisch, Italienisch, Portugiesisch, Griechisch, Russisch, Ukrainisch, Ungarisch, Arabisch, Türkisch und Persisch.
[76] *Fink/Cole/Keber*, Europäisches und Internationales Medienrecht, 2008, Teil 1 Rn. 60.
[77] *Castendyk*, in: Wandtke, Medienrecht Praxishandbuch, 2011, Band 1, Kap. 3 § 5 Rn. 138.
[78] Richtlinie 89/552/EWG des Rates zur Koordinierung bestimmter Rechts- und Verwaltungsvorschriften der Mitgliedstaaten über die Ausübung der Fernsehtätigkeit vom 3. Oktober 1989 (Fernseh-RL), ABl. Nr. L 298 vom 17.10.1989, S. 23 ff.
[79] *Kreile*, in: Dörr/Kreile/Cole, Handbuch Medienrecht, 2011, Teil J Rn. 11.
[80] *Dörr/Wiesner*, Media Perspektiven Nr. 10/2009, S. 544.
[81] *Möwes/Schmitt-Vockenhausen*, EuGRZ 1990, 121 ff.; *Seidel*, NVwZ 1991, 120 ff.
[82] Vorschlag für eine Richtlinie des Rates zur Koordinierung bestimmter Rechts- und Verwaltungsvorschriften der Mitfliedstaaten über die Ausübung der Rundfunktätigkeit, KOM (86) 146 endg. vom 29.04.1986.
[83] *Castendyk*, in: Wandtke, Medienrecht Praxishandbuch, 2011, Band 1, § 5 Rn. 140; *Fink/Cole/Keber*, Europäisches und Internationales Medienrecht, 2008, Teil 1 Rn. 60.
[84] BVerfGE 83, 238, 295 ff.; *Hess*, AfP 1990, 95.
[85] *Fink/Cole/Keber*, Europäisches und Internationales Medienrecht, 2008, Teil 1 Rn. 60; *Kötter*, Die Umsetzung der AVMD-RL, 2016, S. 48; *Müller-Rüster*, Product Placement im Fernsehen, 2010, S. 92; *Stender-Vorwachs/Theißen*, ZUM 2007, 614.
[86] *Fechner*, Medienrecht, 2018, S. 212; *Fink/Cole/Keber*, Europäisches und Internationales Medienrecht, 2008, Teil 1 Rn. 132; *Kötter*, Die Umsetzung der AVMD-RL, 2016, S. 48.

Aufgrund der erkennbaren Regelungslücken und eines damit verbundenen Präzisierungsbedarfs kam es bereits am 30. Juni 1997 durch eine Änderungsrichtlinie[87] zu einer überarbeiteten Fassung der Fernseh-RL.[88] So wurde beispielsweise das Teleshopping als Werbeform gesondert geregelt und ausdrücklich zugelassen.[89] Im Wesentlichen blieb die ursprüngliche Richtlinie allerdings unverändert.[90]

bb) Zielsetzung

Die Fernseh-RL von 1989/1997 hatte zum Ziel, einen Beitrag zur Schaffung eines einheitlichen europäischen Rundfunkmarktes innerhalb des Binnenmarktes für Dienstleistungen durch gemeinsame Mindeststandards in den nationalen Rechtsordnungen zu leisten.[91] Zur Verbesserung der Wettbewerbsfähigkeit der audiovisuellen Industrie sollten in zentralen Bereichen einheitliche Rahmenbedingungen für die Ausübung der Fernsehtätigkeit etabliert werden.[92]

Insbesondere sollte die Entwicklung des damals noch sehr jungen Privatfernsehens stärker vorangetrieben werden.[93] Ein Fernsehveranstalter müsste sich mit einer Richtlinie nur nach den Vorschriften eines Mitgliedstaates richten, um eine grenzüberschreitende Ausstrahlung vornehmen zu können (sog. Herkunftslandprinzip).[94] Die politische Durchsetzung einer lediglich einmal durchzuführenden Kontrolle erforderte allerdings die Anerkennung der Regelungsstandards aller Mitgliedstaaten untereinander und somit die Schaffung einheitlicher Mindest-

---

[87] Richtlinie 97/36/EG des Europäischen Parlaments und des Rates zur Änderung der Richtlinie 89/552/EWG des Rates zur Koordinierung bestimmter Rechts- und Verwaltungsvorschriften der Mitgliedstaaten über die Ausübung der Fernsehtätigkeit vom 30. Juni 1997 (Fernseh-RL), ABl. Nr. L 202 vom 30.07.1997, S. 60 ff.
[88] *Berger*, ZUM 1996, 119; *Fink/Cole/Keber*, Europäisches und Internationales Medienrecht, 2008, Teil 1 Rn. 60; *Kötter*, Die Umsetzung der AVMD-RL, 2016, S. 49; *Knothe/Bashayan*, AfP 1997, 849 ff.; *Oster/Wagner*, in: Dauses/Ludwigs, Handbuch des EU-Wirtschaftsrechts, 2018, Band 1, Teil E, Kommunikation und Medien, Rn. 42; *Schmitt-Vockenhausen*, ZUM 1998, 377 ff.
[89] *Castendyk*, in: Wandtke, Medienrecht Praxishandbuch, 2011, Band 1, Kap. 3 § 5 Rn. 141; *Kötter*, Die Umsetzung der AVMD-RL, 2016, S. 49.
[90] *Kötter*, Die Umsetzung der AVMD-RL, 2016, S. 49; *Stender-Vorwachs/Theißen*, ZUM 2006, 363.
[91] Erwägungsgrund Nr. 1 und Nr. 7 der Fernsehrichtlinie 97/36/EG; *Dörr/Wiesner*, Media Perspektiven Nr. 10/2009, S. 544; *Fink/Cole/Keber*, Europäisches und Internationales Medienrecht, 2008, Teil 1 Rn. 61; *Müller-Rüster*, Product Placement im Fernsehen, 2010, S. 95; *Neukamm/Brinkmann*, in: Binder/Vesting, Beck'scher Kommentar zum Rundfunkrecht, § 5 RStV, Rn. 62.
[92] Erwägungsgrund Nr. 1 und Nr. 5 der Fernsehrichtlinie 97/36/EG; *Dörr/Wiesner*, Media Perspektiven Nr. 10/2009, S. 544; *Müller-Rüster*, Product Placement im Fernsehen, 2010, S. 95.
[93] *Fink/Cole/Keber*, Europäisches und Internationales Medienrecht, 2008, Teil 1 Rn. 61.
[94] *Fechner*, Medienrecht, 2018, S. 214.

normen für das Verfahren.⁹⁵ Nur dann konnte man die Mitgliedstaaten auch dazu verpflichten, den freien Empfang und die Weiterverbreitung internationaler Rundfunkprogramme im Inland nicht durch einseitige Maßnahmen zu beeinträchtigen.

Für die Verwirklichung einer freien Zirkulation von Programmen im europäischen Markt spielte insbesondere die Harmonisierung der Werbevorschriften eine große Rolle.⁹⁶ Die divergierenden Vorschriften zur Fernsehwerbung stellten aus Sicht der Unionsorgane eine erhebliche Behinderung für den europäischen Rundfunkmarkt dar.⁹⁷ Somit war im Rahmen der Zielsetzung ein einheitlicher Werberahmen für grenzüberschreitende Fernsehsendungen in Europa von zentraler Bedeutung.⁹⁸

cc) Regelungsbereiche

Die Fernseh-RL von 1989/1997 regelte, dem Namen getreu, ausschließlich die Fernsehveranstaltung.⁹⁹

Es musste sich für die Eröffnung des Anwendungsbereichs stets um eine Fernsehsendung i. S. d. Art. 1 lit. a.) Fernseh-RL handeln.¹⁰⁰ Wegen der potentiellen Handelsbeeinträchtigung war es unerheblich, ob es um eine grenzüberschreitende oder inländische Sendung ging. Entscheidend war nur, ob die Sendung ein Handelsgut im zwischenstaatlichen Verkehr darstellen könnte.¹⁰¹

Die ursprüngliche Absicht auch den Hörfunk zu erfassen, wurde nicht realisiert. Somit fiel ein Hörfunkprogramm nicht unter die Vorschriften der Richtlinie.¹⁰² Unter Anknüpfung an die überwiegend terrestrische Übertragungstechnik wurde in einem solchen Programm kein potentielles Handelsgut im zwischenstaatlichen Verkehr gesehen.¹⁰³

---

⁹⁵ *Fink/Cole/Keber*, Europäisches und Internationales Medienrecht, 2008, Teil 1 Rn. 61; *Müller-Rüster*, Product Placement im Fernsehen, 2010, S. 95.
⁹⁶ *Müller-Rüster*, Product Placement im Fernsehen, 2010, S. 95.
⁹⁷ *Holznagel*, Rundfunkrecht in Europa, 1996, S. 330; *Müller-Rüster*, Product Placement im Fernsehen, 2010, S. 95.
⁹⁸ *Kreile*, in: Dörr/Kreile/Cole, Handbuch Medienrecht, 2011, Teil J Rn. 11.
⁹⁹ *Castendyk*, in: Wandtke, Medienrecht Praxishandbuch, 2011, Band 1, Kap. 3 § 5 Rn. 139; *Fink/Cole/Keber*, Europäisches und Internationales Medienrecht, 2008, Teil 1 Rn. 61; *Müller-Rüster*, Product Placement im Fernsehen, 2010, S. 95.
¹⁰⁰ EuGH Rs. C-89/04, Slg. 2005, I-14891 ff.; *Müller-Rüster*, Product Placement im Fernsehen, 2010, S. 95.
¹⁰¹ *Fink/Cole/Keber*, Europäisches und Internationales Medienrecht, 2008, Teil 1 Rn. 61.
¹⁰² *Fink/Cole/Keber*, Europäisches und Internationales Medienrecht, 2008, Teil 1 Rn. 61; *Müller-Rüster*, Product Placement im Fernsehen, 2010, S. 95.
¹⁰³ *Fink/Cole/Keber*, Europäisches und Internationales Medienrecht, 2008, Teil 1 Rn. 61; *Müller-Rüster*, Product Placement im Fernsehen, 2010, S. 95.

Die Fernseh-RL enthielt für Fernsehsendungen sodann umfassende Bestimmungen für die Bereiche Werbung, Jugendschutz und Gegendarstellung. Insbesondere haben die im Zentrum der Untersuchung stehenden Vorschriften zur Werbung die nationalen Rundfunkordnungen nachhaltig geprägt.[104] Die Richtlinie enthielt konkrete und detaillierte Bestimmungen im Hinblick auf die Fernsehwerbung, das Teleshopping und Sponsoring, die praktisch unverändert übernommen und somit zum Bestandteil des nationalen Rundfunkrechts wurden.[105]

Grundsätzlich musste die Fernsehwerbung „als solche klar erkennbar und durch optische und/oder akustische Mittel eindeutig von anderen Programmteilen getrennt sein" (Art. 10 Abs. 1 Fernseh-RL). Der damit verbundene Grundsatz über die Trennung von Werbung und Programm (sog. Trennungsgebot) wurde auch in Deutschland wortgleich übernommen.[106] Die Schleichwerbung war in der gleichen Vorschrift ausnahmslos verboten (Art. 10 Abs. 4 Fernseh-RL). Die Fernsehwerbung durfte darüber hinaus nicht die Menschenwürde verletzen, Diskriminierungen enthalten, bestimmte Überzeugungen verletzen oder die Gesundheit, Sicherheit und Umwelt gefährden (Art. 12 Fernseh-RL). Die Fernsehwerbung für Zigaretten, Tabakerzeugnisse und verschreibungspflichtige Medikamente war verboten (Art. 13, 14 Fernseh-RL) und die Fernsehwerbung für alkoholische Getränke nur bedingt erlaubt (Art. 15 Fernseh-RL). Quantitativ durfte die Werbung grundsätzlich maximal 15 % der täglichen Sendezeit und maximal 20 % pro Stunde betragen (Art. 18 Fernseh-RL).

b) Zur Notwendigkeit einer Fortentwicklung der Fernseh-RL

Die Diskussion über eine Fortentwicklung bzw. Ausweitung der Fernseh-RL auf andere Medienbereiche reicht zurück bis in die 1990er Jahre.[107] Erneut machten technische und wirtschaftliche Entwicklungen ein gesetzgeberisches Tätigwerden auf europäischer Ebene notwendig.[108]

Zusammenfassen lassen sich die entscheidenden Veränderungen unter dem wissenschaftlich bis heute stark diskutierten Stichwort der „Medienkonvergenz."[109] Als Medienkonvergenz bezeichnet man allgemein das Zusammenwachsen der

---

[104] *Dörr*, in: Hartstein/Ring/Kreile/Dörr/Stettner/Cole/Wagner, RStV, Band 2, Teil B 5, § 7 Rn. 1; *Müller-Rüster*, Product Placement im Fernsehen, 2010, S. 95.
[105] *Engels/Giebel*, ZUM 2000, 266.
[106] *Müller-Rüster*, Product Placement im Fernsehen, 2010, S. 95.
[107] Im ersten Revisionsverfahren zur Fernseh-RL wurde aus den Reihen des Europäischen Parlaments bereits die Forderung deutlich, neben dem Fernsehen auch neue „Abrufmedien" in den Geltungsbereich der Richtlinie einzuziehen; *Kleist/Scheurer*, MMR 2006, 127; *Müller-Rüster*, Product Placement im Fernsehen, 2010, S. 99.
[108] *Dörr/Wiesner*, Media Perspektiven Nr. 10/2009, S. 544.
[109] *Fink/Cole/Keber*, Europäisches und Internationales Medienrecht, 2008, Teil 1 Rn. 58; *Holznagel*, NJW 2002, 2351 ff.; *Kötter*, Die Umsetzung der AVMD-RL, 2016, S. 50.

Medien bzw. Kommunikationskanäle.[110] Dieser Prozess wurde durch technische Entwicklungen, d. h. Internet und Digitalisierung, ausgelöst und wird bis heute durch eine wirtschaftliche Eigendynamik vorangetrieben.[111]

Auf der technischen Seite gewann zum einen das Internet in der Massenanwendung zunehmend an Bedeutung.[112] Insbesondere war die Verbreitung audiovisueller Inhalte außerhalb des klassischen Rundfunks bzw. Fernsehens immer häufiger zu beobachten.[113] Neue Dienste im Internet, wie z. B. Video-on-Demand[114] oder Pay-TV[115], wiesen eine starke Ähnlichkeit zu den bisherigen Fernsehformen auf.[116] Zum anderen kam es unter dem Blickwinkel der Digitalisierung zu einer Verbreitung von Breitbandnetzen, die eine schnelle kabelgebundene Versorgung mit Fernseh- und Internetprogrammen ermöglichte.[117] „Traditionelles" Fernsehen und neue Abrufdienste im Internet trafen zusammen, wurden über das gleiche Netz übertragen und dem Zuschauer auf einer Plattform gebündelt zur Verfügung gestellt.[118] Aufwändigere Inhalte, wie z. B. Bewegtbilder, konnten bald anhand der Übertragungstechnik und -geschwindigkeit in fernsehähnlicher Qualität im Internet verbreitet werden.[119]

Auf der wirtschaftlichen Seite kam es zu tiefgreifenden Veränderungen im Hinblick auf die finanziellen Grundlagen der Medien. Im Rundfunkbereich wurde es erheblich schwerer, hinreichende Werbeeinnahmen als zentrale Finanzierungsquelle zu generieren.[120] Dies hing vor allem damit zusammen, dass die neuen fernähnlichen Dienste im Internet eine zunehmende Konkurrenz auf dem Werbemarkt und eine gewisse Abwanderung der Werbekunden bemerkbar machten.[121]

---

[110] Bundeszentrale für politische Bildung, Deutsche Fernsehgeschichte in Ost und West vom 28.08.2017, Medienkonvergenz: Zusammenwachsen von Fernsehen, Internet, Telekommunikation, S. 1.
[111] *Holznagel*, NJW 2002, 2351 f.
[112] *Fink/Cole/Keber*, Europäisches und Internationales Medienrecht, 2008, Teil 1 Rn. 82; *Kötter*, Die Umsetzung der AVMD-RL, 2016, S. 50.
[113] *Müller-Rüster*, Product Placement im Fernsehen, 2010, S. 103.
[114] Damit ist der Videoabruf zu einer beliebigen Zeit gemeint (Brockhaus Enzyklopädie, Video-on-Demand, brockhaus.de/ecs/enzy/article/video-on-demand, 18.10.2018).
[115] Damit ist das „Bezahlfernsehen" gemeint. Eine zeitversetzte Ausstrahlung kann jedoch ebenfalls im Einzelfall erfolgen (Brockhaus Enzyklopädie, Pay-TV, brockhaus.de/ecs/enzy/article/pay-tv, 18.10.2018).
[116] *Dörr/Wiesner*, Media Perspektiven Nr. 10/2009, S. 545; *Fink/Cole/Keber*, Europäisches und Internationales Medienrecht, 2008, Teil 1 Rn. 82.
[117] *Fink/Cole/Keber*, Europäisches und Internationales Medienrecht, 2008, Teil 1 Rn. 82; *Holznagel*, NJW 2002, 2352.
[118] *Dörr/Wiesner*, Media Perspektiven Nr. 10/2009, S. 544; *Holznagel*, NJW 2002, 2351 f.
[119] *Fink/Cole/Keber*, Europäisches und Internationales Medienrecht, 2008, Teil 1 Rn. 82; *Müller-Rüster*, Product Placement im Fernsehen, 2010, S. 103.
[120] *Holznagel*, in: Hoeren/Sieber/Holznagel, Multimedia-Recht, 2018, Teil 3 Rn. 153 f.
[121] *Holznagel*, in: Hoeren/Sieber/Holznagel, Multimedia-Recht, 2018, Teil 3 Rn. 153 f.; *Müller-Rüster*, Product Placement im Fernsehen, 2010, S. 103.

Angesichts dieser technischen und wirtschaftlichen Entwicklungen wurde eine erneute Anpassung des europäischen Rechtsrahmens im Medienbereich erforderlich. Das Ergebnis der Fortentwicklung der Fernseh-RL stellt die Schaffung der AVMD-RL dar.

aa) Die AVMD-RL von 2007/2010/2018

Die nach langen und zähen Verhandlungen am 19. Dezember 2007 in Kraft getretene AVMD-RL[122] wurde seitens der Unionsorgane weitgehend als Durchbruch für die europäische Rundfunkregelung gefeiert.[123] Die Richtlinie gilt bis heute als „Eckpfeiler der Politik der Europäischen Union im audiovisuellen Bereich."[124] Bereits am 3. Dezember 1997, d.h. weniger als ein halbes Jahr nach dem Inkrafttreten der neuen Fernseh-RL, veröffentlichte die Europäische Kommission im sog. Grünbuch „Konvergenz der Branchen Telekommunikation, Medien und Informationstechnologien"[125] Vorschläge für eine Anpassung des europäischen Rechtsrahmens und legte damit den Grundstein für eine Reformierung.[126] Bei dem daraufhin allmählich in Gang gesetzten Rechtsetzungsverfahren wurden zunächst wissenschaftliche Fachkreise und Vertreter bestimmter Wirtschaftsbereiche für Beratungen oder Stellungnahmen herangezogen.[127] Die daraus gewonnenen Erkenntnisse wurden anschließend auf der „Liverpooler Konferenz" zur audiovisuellen Politik eingehend diskutiert und führten am 13. Dezember 2005 zu einem offiziellen Richtlinienentwurf (RE)[128] der Europäischen Kommission.[129]

---

[122] Richtlinie 2007/65/EG des Europäischen Parlaments und des Rates zur Änderung der Richtlinie 89/65/EG des Rates zur Koordinierung bestimmter Rechts- und Verwaltungsvorschriften der Mitgliedstaaten über die Ausübung der Fernsehtätigkeit vom 11. Dezember 2007 (Richtlinie über audiovisuelle Mediendienste), ABl. Nr. L 332 vom 18.12.2007, S. 27 ff.

[123] Dies bezieht sich insbesondere auf die damalige deutsche Ratspräsidentschaft (*Castendyk*, in: Wandtke, Medienrecht Praxishandbuch, 2011, Band 1, Kap. 3 § 5 Rn. 167; *Schulz*, EuZW 2008, 107).

[124] *Kröber*, in: Binder/Vesting, Beck'scher Kommentar zum Rundfunkrecht, § 6 RStV, Rn. 38.

[125] Grünbuch zur Konvergenz der Branchen Telekommunikation, Medien und Informationstechnologie und ihren ordnungspolitischen Auswirkungen – Ein Schritt in Richtung Informationsgesellschaft, KOM (97) 623 endg. vom 03.12.1997.

[126] *Müller-Rüster*, Product Placement im Fernsehen, 2010, S. 99.

[127] *Holtz-Bacha*, Media Perspektiven Nr. 2/2007, S. 113 ff.; *Hörrmann*, ZEuS 2005, 598 ff.; *Kleist/Scheurer*, MMR 2006, 127 f.; *Laitenberger*, Institut für Europäisches Medienrecht, Die Zukunft der Fernsehrichtlinie, 2005, S. 15 ff.; *Mückl*, DVBl. 2006, 1204 f.; *Müller-Rüster*, Product Placement im Fernsehen, 2010, S. 100.

[128] Vorschlag für eine Richtlinie des Europäischen Parlaments und des Rates zur Änderung der Richtlinie 89/552/EWG des Rates zur Koordinierung bestimmter Rechts- und Verwaltungsvorschriften der Mitgliedstaaten über die Ausübung der Fernsehtätigkeit, KOM (2005) 646 endg. vom 03.12.2005.

[129] *Castendyk*, in: Wandtke, Medienrecht Praxishandbuch, 2011, Band 1, Kap. 3 § 5 Rn. 142; *Leitgeb*, Product-Placement, 2010, S. 349; *Müller-Rüster*, Product Placement im Fernsehen, 2010, S. 100.

Im Bereich der Werbung war nach dem Richtlinienentwurf das sog. Trennungsgebot weiterhin der Ausgangspunkt für die Werbeintegration im Programm.[130] Die Schleichwerbung war in Art. 3g RE somit weiterhin ausnahmslos verboten. Allerdings beinhaltete der Entwurf ebenfalls eine eindeutig bemerkbare Liberalisierung der Werbevorschriften für das Fernsehen.[131] Erstmalig wurde eine Legaldefinition der bislang rechtsneutralen Begrifflichkeit „Product-Placement" geschaffen.[132] Der in Art. 1 RE verankerte Begriffsbestimmungskatalog machte deutlich, dass künftig eine Differenzierung zwischen Schleichwerbung und Produktplatzierung erfolgen sollte.[133] In Art. 3h RE waren zudem die Zulässigkeitsvoraussetzungen für die Produktplatzierung geregelt.[134] Der Entwurf sah im Grundsatz die Zulässigkeit von Produktplatzierung vor und enthielt lediglich eine Negativliste für ein Verbot.[135]

Dem von der Kommission vorgelegten Richtlinienentwurf wurden 150 Änderungsanträge im Europäischen Parlament entgegengebracht.[136] Am 13. Dezember 2006 hatte man sich unter Berücksichtigung der Änderungsvorschläge in erster Lesung zusammen mit dem Rat der Europäischen Union auf einen sog. Gemeinsamen Standpunkt geeinigt.[137] Insbesondere waren erheblich vorzunehmende Einschränkungen im Hinblick auf die vom Kommissionsvorschlag vorgesehene Zulassung der Produktplatzierung das Ergebnis der Verhandlungen.[138] Am 29. März 2007 wurden diese Einschränkungen zumindest teilweise in einen geänderten Richtlinienentwurf[139] der Europäischen Kommission übernommen.[140] Der neue Entwurf enthielt jedenfalls ein grundsätzliches Verbot mit Ausnahmevorbehalt im Hinblick auf die Produktplatzierung und fügte eine Positivliste für die Zulassung

---

[130] *Leitgeb*, Product-Placement, 2010, S. 351.
[131] *Leitgeb*, Product-Placement, 2010, S. 350 ff.
[132] *Gounalakis/Wege*, K&R 2006, 97; *Leitgeb*, Product-Placement, 2010, S. 351.
[133] Art. 1 lit. h.) RE (Schleichwerbung) und Art. 1 lit. k.) RE (Produktplatzierung).
[134] *Leitgeb*, Product-Placement, 2010, S. 351 f.
[135] Ein Verbot der Produktplatzierung sollte für Nachrichtensendungen, Sendungen zum aktuellen Zeitgeschehen, Dokumentarfilme und audiovisuelle Mediendienste für Kinder gelten (*Kötter*, Die Umsetzung der AVMD-RL, 2016, S. 115; *Leitgeb*, Product-Placement, 2010, S. 352; *Müller-Rüster*, Product Placement im Fernsehen, 2010, S. 128).
[136] *Castendyk*, in: Wandtke, Medienrecht Praxishandbuch, 2011, Band 1, Kap. 3 § 5 Rn. 142.
[137] Europäisches Parlament, Entwurf einer Empfehlung für die zweite Lesung, 2005/0260 (COD) vom 23.10.2007; *Fink/Cole/Keber*, Europäisches und Internationales Medienrecht, 2008, Teil 1 Rn. 82.
[138] Europäisches Parlament, Entwurf einer Empfehlung für die zweite Lesung, 2005/0260 (COD) vom 23.10.2007; *Leitgeb*, Product-Placement, 2010, S. 352 ff.; *Müller-Rüster*, Product Placement im Fernsehen, 2010, S. 101.
[139] Geänderter Vorschlag für eine Richtlinie des Europäischen Parlaments und des Rates zur Änderung der Richtlinie 89/552/EWG des Rates zur Koordinierung bestimmter Rechts- und Verwaltungsvorschriften der Mitgliedstaaten über die Ausübung der Fernsehtätigkeit, KOM (2007) 170 endg. vom 29.03.2007.
[140] *Leitgeb*, Product-Placement, 2010, S. 356 f.; *Müller-Rüster*, Product Placement im Fernsehen, 2010, S. 101.

ein.[141] Im Rat wurde damit am 24. Mai 2007 eine politische Einigung erreicht[142] und der endgültige Richtlinientext wurde vom Parlament in zweiter Lesung am 29. November 2007 unverändert angenommen.[143] Das Richtlinienverfahren wurde letztlich mit der Kodifizierung der AVMD-RL erfolgreich abgeschlossen.[144]

Wie bereits die Fernseh-RL wurde die AVMD-RL auf Grundlage der in Art. 55 i. V. m. Art. 47 Abs. 2 EG (heute: Art. 53 Abs. 1 i. V. m. Art. 62 AEUV) verankerten Kompetenz zur Dienstleistungsliberalisierung der Europäischen Union erlassen[145] und schuf erneut harmonisiertes Recht für den Bereich Werbung, Jugendschutz und Gegendarstellung.[146]

Die am 19. Dezember 2007 in Kraft getretene AVMD-RL wurde am 10. März 2010 ohne wesentliche Änderungen erneut reformiert.[147]

Darüber hinaus kam es, nach über zwei Jahren seit der Veröffentlichung des ersten Änderungsvorschlags der Europäischen Kommission,[148] am 14. November 2018 zu einer weiteren Novellierung der Richtlinie.[149] Mit dieser AVMD-RL haben sich die rechtlichen Vorgaben zur Produktplatzierung erneut geändert und im audiovisuellen Medienbereich wurde diese Werbeform für grundsätzlich zulässig erklärt.[150]

---

[141] *Leitgeb*, Product-Placement, 2010, S. 356; *Müller-Rüster*, Product Placement im Fernsehen, 2010, S. 128.
[142] Europäische Kommission, Pressemitteilung Nr. IP/07/706 vom 24.05.2007; Europäische Kommission, Pressemitteilung Nr. MEMO/07/206 vom 24.05.2007.
[143] *Fink/Cole/Keber*, Europäisches und Internationales Medienrecht, 2008, Teil 1 Rn. 82; *Leitgeb*, Product-Placement, 2010, S. 357.
[144] *Müller-Rüster*, Product Placement im Fernsehen, 2010, S. 101.
[145] *Holznagel*, in: Hoeren/Sieber/Holznagel, Multimedia-Recht, 2018, Teil 3 Rn. 29; *Kötter*, Die Umsetzung der AVMD-RL, 2016, S. 62.
[146] *Fink*, in: Spindler/Schuster, Recht der elektronischen Medien, 2015, Teil B Rn. 57; *Rees/Ukrow*, in: Grabitz/Hilf/Nettesheim, Das Recht der EU, Art. 167 AEUV, Rn. 216.
[147] Richtlinie 2010/13/EU des Europäischen Parlaments und des Rates zur Koordinierung bestimmter Rechts- und Verwaltungsvorschriften der Mitgliedstaaten über die Bereitstellung audiovisueller Mediendienste vom 10. März 2010 (Richtlinie über audiovisuelle Mediendienste), ABl. Nr. L 95 vom 15.04.2010, S. 1 ff.; *Buch/Assion*, in: Binder/Vesting, Beck'scher Kommentar zum Rundfunkrecht, § 51b Rn. 12d; *Fechner*, Medienrecht, 2018, S. 213; *Oster/Wagner*, in: Dauses/Ludwigs, Handbuch des EU-Wirtschaftsrechts, 2018, Band 1, Teil E, Kommunikation und Medien, Rn. 42.
[148] Vorschlag für eine Richtlinie des Europäischen Parlaments und des Rates zur Änderung der Richtlinie 2010/13/EU zur Koordinierung bestimmter Rechts- und Verwaltungsvorschriften der Mitgliedstaaten über die Bereitstellung audiovisueller Mediendienste im Hinblick auf sich verändernde Marktgegebenheiten, COM (2016) 287 endg. vom 25.05.2016.
[149] Richtlinie 2018/1808/EU des Europäischen Parlaments und des Rates zur Änderung der Richtlinie 2010/13/EU zur Koordinierung bestimmter Rechts- und Verwaltungsvorschriften der Mitgliedstaaten über die Bereitstellung audiovisueller Mediendienste vom 14. November 2018 (Richtlinie über audiovisuelle Mediendienste) im Hinblick auf sich verändernde Marktgegebenheiten, ABl. Nr. L 303 vom 28.11.2018, S. 69 ff.
[150] Vgl. Art. 11 Abs. 2 AVMD-RL; *Jäger*, ZUM 2019, 486 ff.

bb) Zielsetzung

Die AVMD-RL hat zum Ziel, einen funktionierenden Binnenmarkt[151] und einheitlichen Rechtsrahmen für alle audiovisuellen Mediendienste in Europa zu schaffen.[152] Die Einführung gemeinsamer Mindestnormen[153] für sämtliche Anbieter audiovisueller Mediendienste soll wiederum dazu dienen, einheitliche Wettbewerbsbedingungen zu schaffen und ein hohes Maß an Rechtssicherheit zu gewährleisten.[154]

Durch eine Ausweitung der Rundfunkregelung auf fernsehähnliche Internetdienste und eine Reformierung der Bestimmungen für das Fernsehen kann der europäische Rechtsrahmen an den Strukturwandel der modernen Kommunikationsgesellschaft angepasst werden.[155]

Die Richtlinie soll unter Berücksichtigung der Medienkonvergenz nicht mehr nur klassische Fernsehprogramme bzw. „Fernsehsendungen", sondern auch audiovisuelle Mediendienste auf Abruf erfassen.[156] Mit der Ausweitung des Anwendungsbereichs der Fernseh-RL werden nicht nur die von einem Fernsehsender an eine Vielzahl von Empfängern gleichzeitig zugeleiteten Übertragungen (sog. lineare Dienste), sondern auch die individuell aus einem Programmkatalog nutzbaren bzw. abrufbaren Übertragungen (sog. nicht-lineare Dienste) erstmalig einem kohärenten sekundärrechtlichen Regelungsregime unterworfen.[157] Der Unionsgesetzgeber geht in diesem Zusammenhang davon aus, dass audiovisuelle Medien-

---

[151] EuGH Rs. 229/83, Slg. 1985, 1, 33; *Kötter*, Die Umsetzung der AVMD-RL, 2016, S. 60; *Rees/Ukrow*, in: Grabitz/Hilf/Nettesheim, Das Recht der EU, Art. 167 AEUV, Rn. 214.

[152] *Holznagel*, in: Hoeren/Sieber/Holznagel, Multimedia-Recht, 2018, Teil 3 Rn. 29; *Müller-Rüster*, Product Placement im Fernsehen, 2010, S. 103; *Stender-Vorwachs/Theißen*, ZUM 2007, 613, 615.

[153] *Kröber*, in: Binder/Vesting, Beck'scher Kommentar zum Rundfunkrecht, § 6 RStV, Rn. 38; *Rees/Ukrow*, in: Grabitz/Hilf/Nettesheim, Das Recht der EU, Art. 167 AEUV, Rn. 217.

[154] Erwägungsgrund Nr. 1 der AVMD-RL 2007/65/EG; *Holtz-Bacha*, Media Perspektiven Nr. 2/2007, S. 117; *Holznagel*, in: Hoeren/Sieber/Holznagel, Multimedia-Recht, 2018, Teil 3 Rn. 29; *Leitgeb*, ZUM 2006, 837f.; *Leitgeb*, Product-Placement, 2010, S. 348; *Müller-Rüster*, Product Placement im Fernsehen, 2010, S. 103; *Nobel/Kaempf*, EuZ 2008, 59; *Rees/Ukrow*, in: Grabitz/Hilf/Nettesheim, Das Recht der EU, Art. 167 AEUV, Rn. 217.

[155] Erwägungsgrund Nr. 1 der AVMD-RL 2007/65/EG; *Leitgeb*, Product-Placement, 2010, S. 348; *Mückl*, DVBl. 2006, 1205; *Müller-Rüster*, Product Placement im Fernsehen, 2010, S. 103.

[156] *Fechner*, Medienrecht, 2018, S. 213; *Fink*, in: Spindler/Schuster, Recht der elektronischen Medien, 2015, Teil B Rn. 58; *Fink/Cole/Keber*, Europäisches und Internationales Medienrecht, 2008, Teil 1 Rn. 83; *Kröber*, in: Binder/Vesting, Beck'scher Kommentar zum Rundfunkrecht, § 6 RStV, Rn. 38; *Ladeur*, in: Binder/Vesting, Beck'scher Kommentar zum Rundfunkrecht, § 7 Rn. 11; *Schladebach/Simantiras*, EuR 2011, 805.

[157] *Leitgeb*, Product-Placement, 2010, S. 350; *Müller-Rüster*, Product Placement im Fernsehen, 2010, S. 103; *Oster/Wagner*, in: Dauses/Ludwigs, Handbuch des EU-Wirtschaftsrechts, 2018, Band 1, Teil E, Kommunikation und Medien, Rn. 43; *Rees/Ukrow*, in: Grabitz/Hilf/Nettesheim, Das Recht der EU, Art. 167 AEUV, Rn. 214.

dienste auf Abruf das Potenzial besitzen, herkömmliche Fernsehprogramme in Zukunft „teilweise zu ersetzen."[158]

Darüber hinaus wird mit der Richtlinie angestrebt, die bisher bestehenden Regelungen im Bereich des Fernsehens zu reformieren.[159] Der ohnehin durch die Konkurrenz mit neuen fernähnlichen Internetdiensten verstärkte Wettbewerb für klassische Rundfunkanbieter verschärft sich aus Unionssicht dadurch, dass Fernsehanbieter durch eine hohe Regelungsdichte des Rundfunkrechts eine Benachteiligung erfahren.[160] Insbesondere soll im Bereich der Finanzierung des kommerziellen Rundfunks eine sektorale Deregulierung im Hinblick auf die Werbevorschriften zu einer Verbesserung der wirtschaftlichen Situation der klassischen Fernsehanbieter führen.[161]

Der AVMD-RL liegt in diesem Zusammenhang die Erwägung zugrunde, dass Werbeintegrationen in Kinofilmen und Fernsehproduktionen bereits faktisch etabliert sind.[162] Angesichts des divergierenden rechtlichen Umgangs der Mitgliedstaaten mit dem „Product Placement" ist die Harmonisierung des Rechts gerade in diesem Bereich von großer Bedeutung. Dabei sieht die Union zugleich ein erhebliches wirtschaftliches Wachstumspotenzial für den programmintegrierten Werbemarkt.[163] Durch die Liberalisierung der Werbevorschriften im Rundfunkbereich und die damit verbundene Stärkung der audiovisuellen Industrie soll zudem eine Achtung und Förderung der kulturellen Vielfalt in Europa gewährleistet werden.[164]

cc) Regelungsbereiche

(1) Anwendungsbereich

Die AVMD-RL versucht sämtliche audiovisuelle Mediendienste in den Anwendungsbereich einzubeziehen.[165] Damit wird der europäische Rechtsrahmen im Mediensektor erheblich ausgeweitet und der veränderte Geltungsbereich stellt somit zunächst die wichtigste sekundärrechtliche Neuerung dar.[166]

---

[158] Erwägungsgrund Nr. 48 der AVMD-RL 2007/65/EG; *Kleist/Scheurer*, MMR 2006, 127.
[159] *Müller-Rüster*, Product Placement im Fernsehen, 2010, S. 103.
[160] Begründung Nr. 1 des Kommissionsvorschlags, KOM (2005) 646 endg. vom 03.12.2005; *Müller-Rüster*, Product Placement im Fernsehen, 2010, S. 103.
[161] Erwägungsgrund Nr. 1 der AVMD-RL 2007/65/EG.
[162] Erwägungsgrund Nr. 61 der AVMD-RL 2007/65/EG; *Müller-Rüster*, Product Placement im Fernsehen, 2010, S. 103.
[163] Europäische Kommission, Information-Sheet zum Thema Informationsgesellschaft und Medien vom 01.01.2005, Moderne Werbebestimmungen, S. 2; *Burri-Nenova*, Common Market Law Review Nr. 44/2007, S. 1714; *Müller-Rüster*, Product Placement im Fernsehen, 2010, S. 104.
[164] Erwägungsgrund Nr. 1 der AVMD-RL 2007/65/EG; *Leitgeb*, Product-Placement, 2010, S. 349; *Müller-Rüster*, Product Placement im Fernsehen, 2010, S. 104.
[165] *Burri-Nenova*, CMLRev. 44 (2007), 1702; *Castendyk*, in: Wandtke, Medienrecht Praxishandbuch, 2011, Band 1, Kap. 3 § 5 Rn. 145; *Mückl*, DVBl. 2006, 1206.
[166] *Müller-Rüster*, Product Placement im Fernsehen, 2010, S. 104.

Für die Anwendbarkeit der AVMD-RL ist demnach entscheidend, ob ein audiovisueller Mediendienst vorliegt.[167] Unter einem audiovisuellen Mediendienst versteht die Richtlinie nach der Legaldefinition des Art. 1 lit. a.) AVMD-RL „eine Dienstleistung im Sinne der Artikel 56 und 57 des Vertrags über die Arbeitsweise der Europäischen Union, bei der der Hauptzweck der Dienstleistung oder ein trennbarer Teil der Dienstleistung darin besteht, unter der redaktionellen Verantwortung eines Mediendiensteanbieters der Allgemeinheit Sendungen zur Information, Unterhaltung oder Bildung über elektronische Kommunikationsnetze im Sinne des Artikels 2 Buchstabe a der Richtlinie 2002/21/EG bereitzustellen; bei diesen audiovisuellen Mediendiensten handelt es sich entweder um Fernsehprogramme gemäß der Definition unter Buchstabe e des vorliegenden Absatzes oder um audiovisuelle Mediendienste auf Abruf gemäß der Definition unter Buchstabe g des vorliegenden Absatzes".

Die alle gleichzeitig zu erfüllenden[168] Tatbestandsmerkmale in Art. 1 lit. a.) Hs. 1 AVMD-RL lassen sich wie folgt chronologisch im Einzelnen unterscheiden:[169]

– Dienstleistung i. S. d. Art. 56, 57 AEUV,

– Redaktionelle Verantwortung eines Mediendiensteanbieters,

– Hauptzweck der Bereitstellung von Sendungen,

– Zweck der Information, Unterhaltung oder Bildung,

– Angebot an die Allgemeinheit,

– Übertragung über elektronische Kommunikationsnetze.

Die AVMD-RL beschränkt sich im Hinblick auf die Anwendbarkeit der sekundärrechtlichen Vorschriften somit zunächst auf Dienstleistungen i. S. d. des Primärrechts. Nach Art. 57 Abs. 1 AEUV sind Dienstleistungen nur „Leistungen, die in der Regel gegen Entgelt erbracht werden […]." Aus dieser Definition ergibt sich, dass grundsätzlich nur kommerzielle Leistungen bzw. Angebote erfasst sind, die regelmäßig, aber nicht in jedem Einzelfall, gegen Entgelt erfolgen.[170] Dies schließt grundsätzlich alle wirtschaftlichen Tätigkeiten ein und somit können Angebote privater oder öffentlich-rechtlicher Unternehmen gleichermaßen dieses Tatbestandsmerkmal erfüllen.[171] Das werbefinanzierte private

---

[167] *Castendyk*, in: Wandtke, Medienrecht Praxishandbuch, 2011, Band 1, Kap. 3 § 5 Rn. 145; *Kötter*, Die Umsetzung der AVMD-RL, 2016, S. 64; *Müller-Rüster*, Product Placement im Fernsehen, 2010, S. 104.

[168] Erwägungsgrund Nr. 29 der AVMD-RL 2010/13/EU.

[169] *Holznagel*, in: Hoeren/Sieber/Holznagel, Multimedia-Recht, 2018, Teil 3 Rn. 32.

[170] *Haratsch/Koenig/Pechstein*, Europarecht, 2018, Rn. 850; *Holznagel*, in: Hoeren/Sieber/Holznagel, Multimedia-Recht, 2018, Teil 3 Rn. 33; *Müller-Rüster*, Product Placement im Fernsehen, 2010, S. 105; *Schulz*, EuZW 2008, 108.

[171] Erwägungsgrund Nr. 16 der AVMD-RL 2007/65/EG; *Castendyk*, in: Wandtke, Medienrecht Praxishandbuch, 2011, Band 1, Kap. 3 § 5 Rn. 145; *Holznagel*, in: Hoeren/Sieber/Holznagel, Multimedia-Recht, 2018, Teil 3 Rn. 33.

Fernsehen[172] und der gebührenfinanzierte öffentlich-rechtliche Rundfunk[173] sind demnach ohne Weiteres als Dienstleistungen zu qualifizieren.

Dienstleistungen i. S. d. Primärrechts sind dann zu verneinen, wenn es sich vorwiegend um nicht-wirtschaftliche Tätigkeiten handelt, die nicht mit Fernsehsendungen im Wettbewerb stehen.[174] Als Beispiele gelten etwa private Internetseiten,[175] nicht-kommerzielle Blogs[176] oder Plattformen zum Austausch privater Filme.[177]

Im Falle einer Vermischung von kommerziellen und nicht-kommerziellen Diensten kann es allerdings zu Grenzfällen kommen.[178] Die Einordnung ist bei werbefinanzierten privaten Internetseiten beispielsweise problematisch.[179] Oftmals finanzieren Private nebenbei ihre Internetseiten durch den Einsatz von Bannerwerbung oder Pop-up-Werbung.[180] Bei solchen „hybriden" Angeboten ist nach Vorstellung des Unionsgesetzgebers stets die Schwerpunktbildung maßgeblich.[181] Dies ergibt sich auch aus dem Wortlaut des Erwägungsgrundes Nr. 21 der AVMD-RL 2010/13/EU, worin ausdrücklich eine „vorwiegend" nicht-wirtschaftliche Tätigkeit für die Ablehnung des Dienstleistungscharakters verlangt wird.[182]

Das zweite Tatbestandsmerkmal eines audiovisuellen Mediendienstes stellt die redaktionelle Verantwortung eines Mediendienstanbieters dar.[183] Der Richtlinie zufolge ist unter redaktioneller Verantwortung „die Ausübung einer wirksamen Kontrolle sowohl hinsichtlich der Zusammenstellung der Sendungen als auch hin-

---

[172] *Kleist/Scheurer*, MMR 2006, 129; *Müller-Rüster*, Product Placement im Fernsehen, 2010, S. 105.
[173] Erwägungsgrund Nr. 16 der AVMD-RL 2007/65/EG; *Müller-Rüster*, Product Placement im Fernsehen, 2010, S. 105.
[174] Erwägungsgrund Nr. 21 der AVMD-RL 2010/13/EU; *Fink/Cole/Keber*, Europäisches und Internationales Medienrecht, 2008, Teil 1 Rn. 85; *Holznagel*, in: Hoeren/Sieber/Holznagel, Multimedia-Recht, 2018, Teil 3 Rn. 33; *Kötter*, Die Umsetzung der AVMD-RL, 2016, S. 64.
[175] Erwägungsgrund Nr. 21 der AVMD-RL 2010/13/EU; *Castendyk*, in: Wandtke, Medienrecht Praxishandbuch, 2011, Band 1, Kap. 3 § 5 Rn. 145; *Fink/Cole/Keber*, Europäisches und Internationales Medienrecht, 2008, Teil 1 Rn. 85; *Kötter*, Die Umsetzung der AVMD-RL, 2016, S. 64; *Müller-Rüster*, Product Placement im Fernsehen, 2010, S. 105.
[176] *Castendyk*, in: Wandtke, Medienrecht Praxishandbuch, 2011, Band 1, Kap. 3 § 5 Rn. 145.
[177] Erwägungsgrund Nr. 6 AVMD-RL 2018/1808/EU; Erwägungsgrund Nr. 21 der AVMD-RL 2010/13/EU; *Fink/Cole/Keber*, Europäisches und Internationales Medienrecht, 2008, Teil 1 Rn. 85.
[178] *Holznagel*, in: Hoeren/Sieber/Holznagel, Multimedia-Recht, 2018, Teil 3 Rn. 33; *Kötter*, Die Umsetzung der AVMD-RL, 2016, S. 64; *Müller-Rüster*, Product Placement im Fernsehen, 2010, S. 105; *Schulz*, EuZW 2008, 108 f.
[179] *Holznagel*, in: Hoeren/Sieber/Holznagel, Multimedia-Recht, 2018, Teil 3 Rn. 33.
[180] *Nobel/Kaempf*, EuZ 2008, 59.
[181] Erwägungsgrund Nr. 21 der AVMD-RL 2010/13/EU; *Holznagel*, in: Hoeren/Sieber/Holznagel, Multimedia-Recht, 2018, Teil 3 Rn. 33; *Kötter*, Die Umsetzung der AVMD-RL, 2016, S. 65; *Müller-Rüster*, Product Placement im Fernsehen, 2010, S. 105.
[182] *Holznagel*, in: Hoeren/Sieber/Holznagel, Multimedia-Recht, 2018, Teil 3 Rn. 33; *Kötter*, Die Umsetzung der AVMD-RL, 2016, S. 65; *Müller-Rüster*, Product Placement im Fernsehen, 2010, S. 105.
[183] *Holznagel*, in: Hoeren/Sieber/Holznagel, Multimedia-Recht, 2018, Teil 3 Rn. 34.

sichtlich ihrer Bereitstellung [...]" zu verstehen (Art. 1 lit. c.) AVMD-RL). Das Kriterium der redaktionellen Verantwortung stellt klar, dass nur solche Dienste erfasst sind, bei denen ein Anbieter die redaktionelle Gestaltung und Zusammenstellung der Sendung auch verantwortet.[184] Dabei kommt es entgegen des Wortlauts nicht auf die tatsächliche Ausübung, sondern vielmehr auf die abstrakte Möglichkeit einer wirksamen Kontrolle bzw. effektiven Einflussnahme an.[185] Anderenfalls würde jedes Mal die tatsächliche Kontrolltätigkeit des Mediendiensteanbieters über die Klassifizierung des Angebots als audiovisueller Mediendienst entscheiden.[186] Die redaktionelle Verantwortung ist in der Regel bei rein privaten Angeboten nicht gegeben, da es bereits an einer redaktionellen Gestaltung fehlt.[187]

Der Hauptzweck eines audiovisuellen Mediendienstes muss in der Bereitstellung von Sendungen bestehen.[188] Der Begriff „Sendungen" ist in Art. 1 lit. b.) AVMD-RL definiert und erfordert zunächst eine „Abfolge von bewegten Bildern mit oder ohne Ton [...]." Damit können beispielsweise Stummfilme,[189] nicht jedoch Tonübertragungen oder Hörfunkprogramme[190] in den Anwendungsbereich der Richtlinie fallen. Außerdem verlangt die AVMD-RL, dass Sendungen „unabhängig von ihrer Länge Einzelbestandteil eines von einem Mediendiensteanbieter erstellten Sendeplans oder Katalogs sind" (Art. 1 lit. b.) AVMD-RL). Beispiele für Sendungen befinden sich ebenfalls in Art. 1 lit. b.) AVMD-RL: Spielfilme, Videoclips, Sportberichte, Sitcoms, Dokumentationen, Kindersendungen und Originalproduktionen. Auch wenn damit derzeit überwiegend nur typische Fernsehsendungen aufgeführt werden,[191] soll der Sendungsbegriff unter Berücksichtigung der aktuellen Entwicklungen auf dem Fernsehmarkt insgesamt einer dynamischen Auslegung unterliegen.[192]

---

[184] *Castendyk*, in: Wandtke, Medienrecht Praxishandbuch, 2011, Band 1, Kap. 3 § 5 Rn. 146; *Holznagel*, in: Hoeren/Sieber/Holznagel, Multimedia-Recht, 2018, Teil 3 Rn. 34.
[185] *Holznagel*, in: Hoeren/Sieber/Holznagel, Multimedia-Recht, 2018, Teil 3 Rn. 34; *Kleist/Scheurer*, MMR 2006, 136.
[186] *Kleist/Scheurer*, MMR 2006, 136; *Müller-Rüster*, Product Placement im Fernsehen, 2010, S. 107.
[187] *Müller-Rüster*, Product Placement im Fernsehen, 2010, S. 107.
[188] *Castendyk*, in: Wandtke, Medienrecht Praxishandbuch, 2011, Band 1, Kap. 3 § 5 Rn. 147; *Holznagel*, in: Hoeren/Sieber/Holznagel, Multimedia-Recht, 2018, Teil 3 Rn. 35; *Kötter*, Die Umsetzung der AVMD-RL, 2016, S. 66; *Müller-Rüster*, Product Placement im Fernsehen, 2010, S. 106.
[189] *Müller-Rüster*, Product Placement im Fernsehen, 2010, S. 105.
[190] *Fechner*, Medienrecht, 2018, S. 213; *Holznagel*, in: Hoeren/Sieber/Holznagel, Multimedia-Recht, 2018, Teil 3 Rn. 35; *Kleist/Scheurer*, MMR 2006, 129; *Kötter*, Die Umsetzung der AVMD-RL, 2016, S. 66; *Müller-Rüster*, Product Placement im Fernsehen, 2010, S. 105.
[191] *Castendyk*, in: Wandtke, Medienrecht Praxishandbuch, 2011, Band 1, Kap. 3 § 5 Rn. 148; *Holznagel*, in: Hoeren/Sieber/Holznagel, Multimedia-Recht, 2018, Teil 3 Rn. 38; *Nobel/Kaempf*, EuZ 2008, 59.
[192] Erwägungsgrund Nr. 17 der AVMD-RL 2007/65/EG; *Holznagel*, in: Hoeren/Sieber/Holznagel, Multimedia-Recht, 2018, Teil 3 Rn. 38; *Kötter*, Die Umsetzung der AVMD-RL, 2016, S. 67; *Oster/Wagner*, in: Dauses/Ludwigs, Handbuch des EU-Wirtschaftsrechts, 2018, Band 1, Teil E, Kommunikation und Medien, Rn. 46.

Die Bereitstellung von Sendungen als „Hauptzweckkriterium"[193] soll solche Angebote ausschließen, bei denen audiovisuelle Inhalte lediglich eine Ergänzung oder Nebenerscheinung darstellen.[194] Generell sind damit Internetseiten, die lediglich zu Ergänzungszwecken audiovisuelle Elemente, wie z. B. kurze Werbespots oder Bewegtbild-Dekorationen, enthalten, vom Anwendungsbereich der Richtlinie ausgenommen.[195] Suchmaschinen werden in diesem Zusammenhang vom Unionsgesetzgeber ausdrücklich als Negativbeispiel genannt.[196] Gleiches gilt für Glücksspiele mit Geldeinsatz, wie z. B. Lotterien und Wetten, oder Online-Spiele.[197] Außerdem soll es bei elektronischen Ausgaben von Zeitungen und Zeitschriften am Hauptzweck der Bereitstellung von Sendungen fehlen.[198] Die sog. elektronische Presse ist in der Regel textbasiert und das Angebot besteht primär im geschriebenen Wort.[199]

Angesichts des zunehmenden Umfangs der Bereitstellung audiovisueller Inhalte dürfte es allerdings bei Online-Auftritten von Zeitungen und Zeitschriften häufiger zu Grenzfällen kommen.[200] Im Internet werden heute regelmäßig neben einer reinen Online-Kopie der Printausgabe als nur zusätzlicher Service der Verlagshäuser auch weit darüberhinausgehende audiovisuelle Inhalte wie, z. B. Videos, bereitgestellt.[201] Auch die Online-Auftritte von Fernsehanbietern könnten im Hinblick auf die Ermittlung des Hauptzwecks künftig zu Problemen führen, da diese eine ähnliche Kombination von textlichen und audiovisuellen Inhalten enthalten und ein Schwerpunkt nur unter Schwierigkeiten festzustellen ist.[202] Zu dieser Thematik führt der europäische Gesetzgeber neuerdings in Erwägungsgrund Nr. 3 AVMD-

---

[193] *Castendyk*, in: Wandtke, Medienrecht Praxishandbuch, 2011, Band 1, Kap. 3 § 5 Rn. 147.
[194] Erwägungsgrund Nr. 22 AVMD-RL der AVMD-RL 2010/13/EU; *Kötter*, Die Umsetzung der AVMD-RL, 2016, S. 66; *Oster/Wagner*, in: Dauses/Ludwigs, Handbuch des EU-Wirtschaftsrechts, 2018, Band 1, Teil E, Kommunikation und Medien, Rn. 47.
[195] *Castendyk*, in: Wandtke, Medienrecht Praxishandbuch, 2011, Band 1, Kap. 3 § 5 Rn. 147; *Holznagel*, in: Hoeren/Sieber/Holznagel, Multimedia-Recht, 2018, Teil 3 Rn. 35; *Oster/Wagner*, in: Dauses/Ludwigs, Handbuch des EU-Wirtschaftsrechts, 2018, Band 1, Teil E, Kommunikation und Medien, Rn. 47.
[196] Erwägungsgrund Nr. 18 der AVMD-RL 2007/65/EG; *Fink/Cole/Keber*, Europäisches und Internationales Medienrecht, 2008, Teil 1 Rn. 85; *Holznagel*, in: Hoeren/Sieber/Holznagel, Multimedia-Recht, 2018, Teil 3 Rn. 35; *Kötter*, Die Umsetzung der AVMD-RL, 2016, S. 67; *Oster/Wagner*, in: Dauses/Ludwigs, Handbuch des EU-Wirtschaftsrechts, 2018, Band 1, Teil E, Kommunikation und Medien, Rn. 47.
[197] Erwägungsgrund Nr. 22 der AVMD-RL 2010/13/EU.
[198] Erwägungsgrund Nr. 28 der AVMD-RL 2010/13/EU; *Fechner*, Medienrecht, 2018, S. 213; *Holznagel*, in: Hoeren/Sieber/Holznagel, Multimedia-Recht, 2018, Teil 3 Rn. 36; *Kötter*, Die Umsetzung der AVMD-RL, 2016, S. 66; *Müller-Rüster*, Product Placement im Fernsehen, 2010, S. 106; *Oster/Wagner*, in: Dauses/Ludwigs, Handbuch des EU-Wirtschaftsrechts, 2018, Band 1, Teil E, Kommunikation und Medien, Rn. 47; *Stender-Vorwachs/Theißen*, ZUM 2007, 615.
[199] *Holznagel*, in: Hoeren/Sieber/Holznagel, Multimedia-Recht, 2018, Teil 3 Rn. 36; *Möllers*, AfP 2008, 241 ff.; *Müller-Rüster*, Product Placement im Fernsehen, 2010, S. 106.
[200] *Fink/Cole/Keber*, Europäisches und Internationales Medienrecht, 2008, Teil 1 Rn. 85; *Holznagel*, in: Hoeren/Sieber/Holznagel, Multimedia-Recht, 2018, Teil 3 Rn. 36; *Müller-Rüster*, Product Placement im Fernsehen, 2010, S. 106.
[201] *Fink/Cole/Keber*, Europäisches und Internationales Medienrecht, 2008, Teil 1 Rn. 85.
[202] *Müller-Rüster*, Product Placement im Fernsehen, 2010, S. 106; *Schulz*, EuZW 2008, 109.

RL 2018/1808/EU aus, dass im Einzelfall auch selbstständige Unterbereiche von Online-Angeboten mit Video-Inhalten als eigenständige audiovisuelle Mediendienste angesehen werden können.[203] Es kommt somit nicht immer nur auf den Hauptzweck der Webseite als Ganzes an, sondern es können auch nur Teile einer Webseite, wie etwa Subdomains, vom Anwendungsbereich der Richtlinie erfasst sein. Dies ergibt sich auch unmittelbar aus dem Wortlaut der Definition in Art. 1 Abs. 1 lit. a.) AVMD-RL, der es für die Qualifizierung eines Angebots als audiovisuellen Mediendienst genügen lässt, wenn lediglich der Hauptzweck eines „trennbaren Teils der Dienstleistung" in der Bereitstellung von Sendungen liegt.

Des Weiteren muss nach Art. 1 lit. a.) AVMD-RL der Zweck der Sendung in Information, Unterhaltung oder Bildung liegen. Diese klassischen Aufgaben sollen insbesondere dazu dienen, nur Angebote mit redaktionellen Elementen in den Anwendungsbereich der Richtlinie fallen zu lassen.[204] Somit sind z. B. Verkehrs-Webcams nicht als audiovisuelle Mediendienste zu qualifizieren.[205]

Ein audiovisueller Mediendienst i. S. d. AVMD-RL muss zudem an die Allgemeinheit gerichtet sein.[206] Dabei wird der unabdingbar massenmediale Charakter des Angebots deutlich.[207] Der Anwendungsbereich soll nur Massenmedien, d. h. Dienste, die für den Empfang durch einen wesentlichen Teil der Allgemeinheit bestimmt sind, erfassen.[208] Für die Auslegung des Begriffs der Allgemeinheit kann mangels Legaldefinition in der AVMD-RL die Entscheidung des EuGH in der Rechtssache „Mediakabel"[209] herangezogen werden.[210] Unter Allgemeinheit versteht der Gerichtshof eine unbestimmte Zahl möglicher Fernsehzuschauer, an die dieselben Bilder gleichzeitig übertragen werden.[211] Somit ist bei einem audiovisuellen Mediendienst stets klärungsbedürftig, ob der Anbieter die Intention besitzt, eine unbestimmte Zahl möglicher Zuschauer zu erreichen.[212] Angebote, wie z. B. Pay-TV, die von einer geschlossenen Benutzergruppe entgeltlich benutzt werden, jedoch grundsätzlich jedem Interessenten zugänglich sind, gelten nach

---

[203] *Jäger*, ZUM 2019, 478.
[204] *Holznagel*, in: Hoeren/Sieber/Holznagel, Multimedia-Recht, 2018, Teil 3 Rn. 39.
[205] *Castendyk/Böttcher*, MMR 2008, 14; *Kötter*, Die Umsetzung der AVMD-RL, 2016, S. 68.
[206] *Holznagel*, in: Hoeren/Sieber/Holznagel, Multimedia-Recht, 2018, Teil 3 Rn. 40; *Kötter*, Die Umsetzung der AVMD-RL, 2016, S. 69; *Müller-Rüster*, Product Placement im Fernsehen, 2010, S. 107.
[207] Erwägungsgrund Nr. 16 der AVMD-RL 2007/65/EG; *Kleist/Scheurer*, MMR 2006, 130; *Müller-Rüster*, Product Placement im Fernsehen, 2010, S. 107.
[208] Erwägungsgrund Nr. 21 der AVMD-RL 2010/13/EU; *Castendyk*, in: Wandtke, Medienrecht Praxishandbuch, 2011, Band 1, Kap. 3 § 5 Rn. 149; *Oster/Wagner*, in: Dauses/Ludwigs, Handbuch des EU-Wirtschaftsrechts, 2018, Band 1, Teil E, Kommunikation und Medien, Rn. 46.
[209] EuGH Rs. 89/04, Slg. 2005, 4891.
[210] *Castendyk/Böttcher*, MMR 2008, 15; *Holznagel*, in: Hoeren/Sieber/Holznagel, Multimedia-Recht, 2018, Teil 3 Rn. 40.
[211] EuGH Rs. 89/04, Slg. 2005, 4891; *Holznagel*, in: Hoeren/Sieber/Holznagel, Multimedia-Recht, 2018, Teil 3 Rn. 40; *Kötter*, Die Umsetzung der AVMD-RL, 2016, S. 69.
[212] *Castendyk*, in: Wandtke, Medienrecht Praxishandbuch, 2011, Band 1, Kap. 3 § 5 Rn. 149.

I. Europäisches Medienrecht im Überblick 75

der überwiegenden Ansicht[213] als an die allgemeine Öffentlichkeit gerichtet. E-Mail-Dienste als Angebote der Individualnutzung bzw. privaten Kommunikation sind hingegen mangels massenmedialen Charakters vom Anwendungsbereich der Richtlinie ausgenommen.[214]

Schießlich muss ein audiovisueller Mediendienst mittels elektronischer Kommunikationsnetze i. S. d. Art. 2 lit. a.) der Richtlinie 2002/21/EG (Rahmen-RL)[215] übertragen werden.[216] Erfasst werden damit alle denkbaren elektronischen Übertragungswege für audiovisuelle Inhalte wie z. B. Kabel, Satellit, Terrestrik, DSL, LTE oder UMTS.[217] Dieses Tatbestandsmerkmal ist folglich fast immer erfüllt und entspricht dem intendierten Richtlinienansatz der Technologieneutralität. Die gewählte Art oder physische Struktur des Übertragungswegs soll keine Auswirkungen auf die Regelung der Inhalte haben.[218]

Ausgehend von der allgemeinen Klassifizierung eines Angebots als audiovisueller Mediendienst kennt die Richtlinie zwei mögliche Arten (vgl. Art. 1 lit. a.) Hs. 2 AVMD-RL). Entweder es handelt sich um „lineare" oder „nicht-lineare" audiovisuelle Mediendienste.[219] Art. 1 lit. a.) Hs. 2 AVMD-RL differenziert in diesem Zusammenhang zwischen Fernsehprogrammen einerseits und audiovisuellen Mediendiensten auf Abruf andererseits.[220]

Einen linearen audiovisuellen Mediendienst stellt ein Fernsehprogramm dar.[221] Nach der Legaldefinition des Art. 1 lit. e.) AVMD-RL handelt es sich bei einem Fernsehprogramm nämlich um „einen audiovisuellen Mediendienst, der von

---

[213] *Holznagel*, in: Hoeren/Sieber/Holznagel, Multimedia-Recht, 2018, Teil 3 Rn. 40; *Kleist/Scheurer*, MMR 2006, 129; *Kötter*, Die Umsetzung der AVMD-RL, 2016, S. 69; *Müller-Rüster*, Product Placement im Fernsehen, 2010, S. 107; *Schulz*, EuZW 2008, 109.
[214] *Fechner*, Medienrecht, 2018, S. 213; *Fink/Cole/Keber*, Europäisches und Internationales Medienrecht, 2008, Teil 1 Rn. 85; *Müller-Rüster*, Product Placement im Fernsehen, 2010, S. 107.
[215] Richtlinie 2002/21/EG des europäischen Parlaments und des Rates über einen gemeinsamen Rahmen für elektronische Kommunikationsnetze und -dienst vom 7. März 2002 (Rahmen-RL), Abl. Nr. L 108 vom 24.04.2002, S. 3.
[216] *Holznagel*, in: Hoeren/Sieber/Holznagel, Multimedia-Recht, 2018, Teil 3 Rn. 41; *Müller-Rüster*, Product Placement im Fernsehen, 2010, S. 107.
[217] *Holznagel*, in: Hoeren/Sieber/Holznagel, Multimedia-Recht, 2018, Teil 3 Rn. 41; *Kötter*, Die Umsetzung der AVMD-RL, 2016, S. 48.
[218] *Castendyk/Böttcher*, MMR 2008, 15; *Dörr/Wiesner*, Media Perspektiven Nr. 10/2009, S. 545; *Kleist/Scheurer*, MMR 2006, 130; *Kötter*, Die Umsetzung der AVMD-RL, 2016, S. 63.
[219] *Fink/Cole/Keber*, Europäisches und Internationales Medienrecht, 2008, Teil 1 Rn. 85; *Holznagel*, in: Hoeren/Sieber/Holznagel, Multimedia-Recht, 2018, Teil 3 Rn. 42; *Müller-Rüster*, Product Placement im Fernsehen, 2010, S. 108; *Oster/Wagner*, in: Dauses/Ludwigs, Handbuch des EU-Wirtschaftsrechts, 2018, Band 1, Teil E, Kommunikation und Medien, Rn. 44; *Schladebach/Simantiras*, EuR 2011, 805; *Schulz*, EuZW 2008, 108.
[220] *Castendyk*, in: Wandtke, Medienrecht Praxishandbuch, 2011, Band 1, Kap. 3 § 5 Rn. 150; *Fechner*, Medienrecht, 2018, S. 213.
[221] Art. 1 lit. e.) AVMD-RL; *Castendyk*, in: Wandtke, Medienrecht Praxishandbuch, 2011, Band 1, Kap. 3 § 5 Rn. 150; *Fechner*, Medienrecht, 2018, S. 213; *Kötter*, Die Umsetzung der AVMD-RL, 2016, S. 71.

einem Mediendiensteanbieter für den zeitgleichen Empfang von Sendungen auf der Grundlage eines Sendeplans bereitgestellt wird." Technisch bedingte, zeitliche Verzögerungen bei der Übertragung sind hierbei unerheblich, da der zeitgleiche Empfang dem quasi-zeitlichen Empfang gleichstehen soll.[222] Damit fallen vor allem jene Angebote, die bisher als „Fernsehsendung" i. S. d. alten Fernseh-RL galten, unter den Begriff eines linearen audiovisuellen Mediendienstes.[223] Ausdrückliche Beispiele für Fernsehprogramme befinden sich zudem in Erwägungsgrund Nr. 27 AVMD-RL 2010/13/EU und stellen derzeit insbesondere das analoge und digitale Fernsehen (Klassische Fernsehdienste, Pay-TV), Live-Streaming[224], Webcasting[225] und der Videoabruf zu fest vorgegeben Anfangszeiten (Near-Video-on-Demand) dar.[226] Mit Blick auf die zukünftigen Entwicklungen liegt der Richtlinie jedoch insgesamt ein dynamisches Begriffsverständnis des Fernsehprogramms zugrunde und diese Aufzählung ist demnach nicht als abschließend zu werten.[227]

Bei einem nicht-linearen audiovisuellen Mediendienst handelt es sich wiederum um einen audiovisuellen Mediendienst auf Abruf.[228] Die in Art. 1 lit. g.) AVMD-RL verankerte Begriffsbestimmung verlangt konkret „einen audiovisuellen Mediendienst, der von einem Mediendiensteanbieter für den Empfang zu dem vom Nutzer gewählten Zeitpunkt und auf dessen individuellen Abruf hin aus einem vom Mediendiensteanbieter festgelegten Programmkatalog bereitgestellt wird." Der Videoabruf zu einer beliebigen Zeit (Video-on-Demand)[229] gilt als konkretes Beispiel für einen solchen Dienst.[230]

---

[222] Erwägungsgrund Nr. 30 der AVMD-RL 2010/13/EU; *Holznagel*, in: Hoeren/Sieber/Holznagel, Multimedia-Recht, 2018, Teil 3 Rn. 42; *Müller-Rüster*, Product Placement im Fernsehen, 2010, S. 108.

[223] *Müller-Rüster*, Product Placement im Fernsehen, 2010, S. 108; *Schulz*, Arbeitspapiere des Hans-Bredow-Instituts Nr.17/2006, S. 9.

[224] Damit ist die Echtzeitübertragung eines Videos über das Internet gemeint (Brockhaus Enzyklopädie, Streaming Media, brockhaus.de/ecs/enzy/article/streaming-media, 18.10.2018; Duden, Livestream, duden.de/rechtschreibung/Livestream, 18.10.2018).

[225] Damit ist eine ausschließlich für das Internet produzierte Sendung gemeint. Dabei kann eine Echtzeitübertragung oder eine zeitversetzte Ausstrahlung erfolgen (Duden, Webcast, duden.de/rechtschreibung/Webcast, 18.10.2018).

[226] *Holznagel*, in: Hoeren/Sieber/Holznagel, Multimedia-Recht, 2018, Teil 3 Rn. 42; *Kötter*, Die Umsetzung der AVMD-RL, 2016, S. 71; *Müller-Rüster*, Product Placement im Fernsehen, 2010, S. 108; *Oster/Wagner*, in: Dauses/Ludwigs, Handbuch des EU-Wirtschaftsrechts, 2018, Band 1, Teil E, Kommunikation und Medien, Rn. 45; *Rees/Ukrow*, in: Grabitz/Hilf/Nettesheim, Das Recht der EU, Art. 167 AEUV, Rn. 214; *Schladebach/Simantiras*, EuR 2011, 805.

[227] Erwägungsgrund Nr. 17 der AVMD-RL 2007/65/EG; *Stender-Vorwachs/Theißen*, ZUM 2007, 616.

[228] Art. 1 lit. g.) AVMD-RL; *Fechner*, Medienrecht, 2018, S. 213; *Müller-Rüster*, Product Placement im Fernsehen, 2010, S. 108; *Oster/Wagner*, in: Dauses/Ludwigs, Handbuch des EU-Wirtschaftsrechts, 2018, Band 1, Teil E, Kommunikation und Medien, Rn. 45.

[229] Beispiele: Amazon-Portal „LOVEFiLM", Online-Videothek „maxdome", „Select Video" von Kabel Deutschland, „Videothek" von Vodafone TV (*Oster/Wagner*, in: Dauses/Ludwigs, Handbuch des EU-Wirtschaftsrechts, 2018, Band 1, Teil E, Kommunikation und Medien, Rn. 50).

[230] *Kötter*, Die Umsetzung der AVMD-RL, 2016, S. 72; *Oster/Wagner*, in: Dauses/Ludwigs, Handbuch des EU-Wirtschaftsrechts, 2018, Band 1, Teil E, Kommunikation und Medien, Rn. 45.

I. Europäisches Medienrecht im Überblick

Den linearen audiovisuellen Mediendiensten als „Fernsehprogramme" stehen somit die nicht-linearen audiovisuellen Mediendienste als „audiovisuelle Mediendienste auf Abruf" gegenüber.[231] Allerdings bleibt klärungsbedürftig, anhand welcher Kriterien die Richtlinie im Einzelfall eine Zuordnung vornehmen will. Trotz der mehrfach hervorgehobenen Technologieneutralität der AVMD-RL kann zum einen die Übertragungsart, ähnlich wie zu Zeiten der Fernseh-RL, als Kriterium herangezogen werden.[232] Die an eine Vielzahl von Empfängern gleichzeitig zugeleitete „point-to-multipoint" Übertragung (Fernsehprogramm) ist dabei von der individuellen „point-to-point" Übertragung (Audiovisueller Mediendienst auf Abruf) zu unterscheiden.[233] Zum anderen soll jedoch vor allem die Auswahl- und Steuerungsmöglichkeit des Nutzers als Kriterium eine zentrale Rolle spielen.[234] Entweder ist das Angebot in ein festes Programmschema eingebunden (Fernsehprogramm) oder aus einem Programmkatalog zu einem beliebigen Zeitpunkt von dem Rezipienten einzeln abrufbar (Audiovisueller Mediendienst auf Abruf).[235] Bei einem Abrufdienst kann somit im Gegensatz zu einem Fernsehprogramm der Zugriff unabhängiger von Zeit und Ort erfolgen. Die im deutschen Recht bevorzugten Kriterien der Meinungsrelevanz, Aktualität, Suggestivkraft, Interaktivität und Breitenwirkung werden im Rahmen einer Differenzierung damit nicht herangezogen.[236]

Gesamtbetrachtend kann im Hinblick auf den Anwendungsbereich festgestellt werden, dass die AVMD-RL im Wesentlichen nur auf fernsehähnliche („audiovisuelle") Massenmedien in ihrer informierenden, unterhaltenden und bildenden Funktion für die Allgemeinheit anwendbar ist.[237] Weder der Hörfunk-, noch der private Kommunikationsbereich gehören somit zum Regelungsbereich der Richtlinie. Im Rahmen einer kategorischen Unterteilung der audiovisuellen Mediendienste als Oberbegriff kennt die AVMD-RL „lineare" Fernsehprogramme und „nicht-lineare" audiovisuelle Mediendienste auf Abruf.[238]

---

[231] *Holznagel*, in: Hoeren/Sieber/Holznagel, Multimedia-Recht, 2018, Teil 3 Rn. 43.
[232] *Castendyk/Böttcher*, MMR 2008, 14; *Müller-Rüster*, Product Placement im Fernsehen, 2010, S. 109; *Stender-Vorwachs/Theißen*, ZUM 2007, 616.
[233] *Müller-Rüster*, Product Placement im Fernsehen, 2010, S. 109; *Oster/Wagner*, in: Dauses/Ludwigs, Handbuch des EU-Wirtschaftsrechts, 2018, Band 1, Teil E, Kommunikation und Medien, Rn. 44; *Rees/Ukrow*, in: Grabitz/Hilf/Nettesheim, Das Recht der EU, Art. 167 AEUV, Rn. 214.
[234] Erwägungsgrund Nr. 58 der AVMD-RL 2010/13/EU; *Holznagel*, in: Hoeren/Sieber/Holznagel, Multimedia-Recht, 2018, Teil 3 Rn. 43.
[235] *Müller-Rüster*, Product Placement im Fernsehen, 2010, S. 109.
[236] *Castendyk/Böttcher*, MMR 2008, 13 ff.; *Schladebach/Simantiras*, EuR 2011, 805; *Schütz*, MMR 2009, 228 ff.
[237] *Fechner*, Medienrecht, 2018, S. 213.
[238] Die neue AVMD-RL 2018/1808/EU sieht noch besondere Vorschriften für Video-Sharing-Plattform-Dienste vor (Kapitel IXa). Damit gilt die Richtlinie streng genommen nicht mehr nur für audiovisuelle Mediendienste. Da allerdings in diesem Bereich die Schleichwerberegelungen keine Relevanz aufweisen (dazu *Jäger*, ZUM 2019, 489), wird in dieser Arbeit auf eine vertiefte Untersuchung verzichtet.

(2) Regelungskonzept

Aus der Klassifizierung eines Angebots als linearer oder nicht-linearer audiovisueller Mediendienst folgen je nach Zuordnung mehr oder minder strenge Vorschriften.[239] Die AVMD-RL weist dabei ein sog. Konzept der abgestuften Regelungsdichte auf.[240] Die Auswahl- und Steuerungsmöglichkeit des Nutzers ist dabei von großer Bedeutung, da es die Grundlage für dieses zweistufige Regelungskonzept darstellt.[241] Für lineare audiovisuelle Mediendienste gelten angesichts dieses Kriteriums wesentlich strengere Vorschriften als für nicht-lineare audiovisuelle Mediendienste.[242] Der AVMD-RL liegt die Annahme zugrunde, dass Abrufdienste angesichts der höheren Auswahl- und Steuerungsmöglichkeit des Nutzers eine geringere Auswirkung auf die Gesellschaft haben.[243] Mit der Möglichkeit einer Individualisierung des Medienkonsums geht ein deutlich niedrigerer Einfluss auf die freie gesellschaftliche Meinungsbildung einher.[244] Aus diesem Regelungskonzept wird auch eine allgemeine Schwierigkeit im Hinblick auf die Medienregelung in einer modernen Kommunikationsgesellschaft deutlich: Man versucht als Gesetzgeber einen Spagat zwischen der notwendigen Anpassung des Rechtsrahmens an die veränderten Kommunikationsbedingungen einerseits und der Wahrung eines hohen Schutzniveaus für den klassischen Rundfunk andererseits zu bewältigen.[245]

Die AVMD-RL schafft somit im Grundsatz zunächst einen einheitlichen Rechtsrahmen für alle audiovisuellen Mediendienste in den Bereichen Werbung, Jugendschutz und Gegendarstellung. Die sich am Anfang befindenden allgemeinen Vorschriften (Art. 1–12 AVMD-RL) gelten gleichermaßen für lineare und nicht-lineare Dienste. Diese Vorschriften erfassen etwa das Herkunftsland- bzw. Sendestaats-

---

[239] *Müller-Rüster*, Product Placement im Fernsehen, 2010, S. 109 f.

[240] Erwägungsgrund Nr. 7 der AVMD-RL 2007/65/EG; *Fink/Cole/Keber*, Europäisches und Internationales Medienrecht, 2008, Teil 1 Rn. 85; *Holtz-Bacha*, Media Perspektiven Nr. 2/2007, S. 117; *Holznagel*, in: Hoeren/Sieber/Holznagel, Multimedia-Recht, 2018, Teil 3 Rn. 30; *Oster/Wagner*, in: Dauses/Ludwigs, Handbuch des EU-Wirtschaftsrechts, 2018, Band 1, Teil E, Kommunikation und Medien, Rn. 44; *Schulz*, EuZW 2008, 110; *Strohmeier*, Institut für Rechtspolitik an der Universität Trier, Bitburger Gespräche Jahrbuch Nr. I/2007, S. 74 f.

[241] *Burri-Nenova*, Common Market Law Review Nr. 44/2007, S. 1703; *Müller-Rüster*, Product Placement im Fernsehen, 2010, S. 110; *Schladebach/Simantiras*, EuR 2011, 806.

[242] *Fink*, in: Spindler/Schuster, Recht der elektronischen Medien, 2015, Teil B Rn. 59; *Fink/Cole/Keber*, Europäisches und Internationales Medienrecht, 2008, Teil 1 Rn. 85; *Holznagel*, in: Hoeren/Sieber/Holznagel, Multimedia-Recht, 2018, Teil 3 Rn. 30; *Müller-Rüster*, Product Placement im Fernsehen, 2010, S. 110; *Oster/Wagner*, in: Dauses/Ludwigs, Handbuch des EU-Wirtschaftsrechts, 2018, Band 1, Teil E, Kommunikation und Medien, Rn. 50; *Schladebach/Simantiras*, EuR 2011, 806.

[243] Erwägungsgrund Nr. 42 der AVMD-RL 2010/13/EU; *Holznagel*, in: Hoeren/Sieber/Holznagel, Multimedia-Recht, 2018, Teil 3 Rn. 30; *Müller-Rüster*, Product Placement im Fernsehen, 2010, S. 110; *Schladebach/Simantiras*, EuR 2011, 806.

[244] Erwägungsgrund Nr. 42 der AVMD-RL 2007/65/EG; *Holznagel*, in: Hoeren/Sieber/Holznagel, Multimedia-Recht, 2018, Teil 3 Rn. 30; *Müller-Rüster*, Product Placement im Fernsehen, 2010, S. 110; *Stender-Vorwachs/Theißen*, ZUM 2007, 615.

[245] *Müller-Rüster*, Product Placement im Fernsehen, 2010, S. 110.

prinzip (Art. 2 AVMD-RL), den Grundsatz des freien Empfangs und der Weiterverbreitung (Art. 3 AVMD-RL), die Impressumspflicht (Art. 5 AVMD-RL), das Diskriminierungsverbot (Art. 6 AVMD-RL) und die Schutzmaßnahmen für Minderjährige (Art. 6a AVMD-RL).[246] Die für diese Arbeit besonders relevanten allgemeinen Werbebestimmungen (Art. 9–11 AVMD-RL)[247] betreffen die kommerzielle Kommunikation allgemein (Art. 9 AVMD-RL), das Sponsoring (Art. 10 AVMD-RL), die Produktplatzierung (Art. 11 AVMD-RL) und letztlich die Schleichwerbung (Art. 9, 11 AVMD-RL).[248]

Den darauffolgenden Bestimmungen (Art. 14–28 AVMD-RL) müssen nur die linearen audiovisuellen Mediendienste gerecht werden. Weitergehende detaillierte Regelungen im Bereich der Werbung (Art. 19–26 AVMD-RL) betreffen etwa das Trennungsgebot (Art. 19 AVMD-RL),[249] die Inhaltsbeschränkungen im Hinblick auf Arzneimittel oder alkoholische Getränke (Art. 21, 22 AVMD-RL) oder die tägliche Werbezeit (Art. 23 AVMD-RL). Das Recht auf Gegendarstellung bei Fernsehprogrammen ist im Übrigen ebenfalls explizit geregelt (Art. 28 AVMD-RL).

Trotz der relativ „klaren" Systematik kann das Regelungskonzept der AVMD-RL in einigen Konstellationen jedoch an seine Grenzen stoßen. Dies ist insbesondere dann der Fall, wenn lineare und nicht-lineare audiovisuelle Mediendienste in einem Gesamtangebot zusammengefasst werden.[250] Das auf ein solches Angebot anzuwendende Regelungsregime ist beispielsweise im Bereich des Fernsehens über das Internet (sog. IPTV) von erheblichen Schwierigkeiten geprägt. Im Falle einer Verknüpfung von linearen und nicht-linearen Elementen sollte man im Ergebnis jedoch tendenziell den strengeren Vorschriften den Vorzug geben.[251] Eine Ausnahme könnte sich daraus ergeben, dass die Zusammensetzung des nicht-linearen Bestandteils die Anwendung der Vorschriften nicht zulässt.[252] Jedenfalls sind die linearen Bestandteile des Angebots auch rechtlich als solche zu behandeln.[253]

---

[246] *Oster/Wagner*, in: Dauses/Ludwigs, Handbuch des EU-Wirtschaftsrechts, 2018, Band 1, Teil E, Kommunikation und Medien, Rn. 50.
[247] *Kreile*, in: Dörr/Kreile/Cole, Handbuch Medienrecht, 2011, Teil J Rn. 11.
[248] *Oster/Wagner*, in: Dauses/Ludwigs, Handbuch des EU-Wirtschaftsrechts, 2018, Band 1, Teil E, Kommunikation und Medien, Rn. 50.
[249] *Fechner*, Medienrecht, 2018, S. 217; *Müller-Rüster*, Product Placement im Fernsehen, 2010, S. 116, 147 f.
[250] *Müller-Rüster*, Product Placement im Fernsehen, 2010, S. 109.
[251] *Fink/Cole/Keber*, Europäisches und Internationales Medienrecht, 2008, Teil 1 Rn. 85; *Müller-Rüster*, Product Placement im Fernsehen, 2010, S. 109.
[252] *Fink/Cole/Keber*, Europäisches und Internationales Medienrecht, 2008, Teil 1 Rn. 85.
[253] *Müller-Rüster*, Product Placement im Fernsehen, 2010, S. 109.

dd) Auswirkung auf das nationale Recht

Die AVMD-RL von 2007 musste innerhalb von 24 Monaten von den Mitgliedstaaten in das nationale Recht umgesetzt werden. Nach dem sog. Effet utile-Prinzip[254] müssen Richtlinien effektiv umgesetzt werden und es dürfen über die Geltung und den Inhalt des Richtlinienrechts im nationalen Recht für den Einzelnen und die staatlichen Behörden keine Zweifel bestehen. In Deutschland kam es im Jahre 2009 zur ersten Umsetzung der AVMD-RL[255] nach Maßgabe des Art. 288 Abs. 3 AEUV i. V. m. Art. 4 Abs. 3 EUV und die zentralen Vorschriften sind z. B. im RStV, JMStV oder UWG kodifiziert worden.[256] Nationale Gesetzesänderungen korrelieren seitdem fortlaufend mit den europäischen Richtlinienänderungen. Die AVMD-RL von 2018 muss innerhalb von 21 Monaten in das deutsche Recht umgesetzt werden.[257]

Das europäische öffentliche Medienrecht hat somit insgesamt erhebliche Auswirkungen auf das nationale öffentliche Medienrecht. Einerseits sind die Vorschriften der AVMD-RL wichtig für das Verständnis des RStV. Regelungen im RStV, die etwa Großereignisse, Kurzberichterstattungen oder Werbung betreffen, entstammen aus europäischen Vorgaben in der AVMD-RL und sind von großem Einfluss auf die deutsche Rundfunkordnung.[258] Andererseits müssen die nationalen Normen im RStV stets richtlinienkonform ausgelegt werden.[259] Das Ziel der Richtlinie darf durch die Auslegung des nationalen Rechts nicht gefährdet sein.[260] Die Rechtsgedanken der Richtlinie werden, sofern möglich, in das nationale Recht hineingelesen und angewendet wird im Zweifel die Interpretation der Norm, die mit dem Europarecht vereinbar ist.

II. Werbevorschriften in der AVMD-RL

Werbung stellt für private Medienunternehmen meist die Haupteinnahmequelle dar.[261] Die Werbevorschriften in der AVMD-RL haben somit in den letzten Jahren erheblich an praktischer Bedeutung gewonnen.[262] Die Werberegelungen im RStV

---

[254] Das Effet utile-Prinzip ergibt sich aus Art. 4 Abs. 3 EUV.
[255] In Deutschland sind die Bundesländer für die Richtlinienumsetzung im Rundfunkbereich zuständig; BVerfGE 12, 205 ff.; *Müller-Rüster*, Product Placement im Fernsehen, 2010, S. 186.
[256] *Castendyk*, in: Wandtke, Medienrecht Praxishandbuch, 2011, Band 1, Kap. 3 § 5 Rn. 135; *Kreile*, in: Dörr/Kreile/Cole, Handbuch Medienrecht, 2011, Teil J Rn. 10.
[257] Europäisches Parlament, Pressemitteilung Nr. 20180925IPR14307 vom 02.10.2018, Mehr EU-Filme: Neue Regeln für audiovisuelle Mediendienste.
[258] *Fechner*, Medienrecht, 2018, S. 216.
[259] *Bornemann*, ZUM 2018, 401.
[260] EuGH Rs. 14/83 Slg. 1984, 1891 ff.
[261] *Oster/Wagner*, in: Dauses/Ludwigs, Handbuch des EU-Wirtschaftsrechts, 2018, Band 1, Teil E, Kommunikation und Medien, Rn. 58.
[262] *Oster/Wagner*, in: Dauses/Ludwigs, Handbuch des EU-Wirtschaftsrechts, 2018, Band 1, Teil E, Kommunikation und Medien, Rn. 58.

II. Werbevorschriften in der AVMD-RL

beruhen, wie bereits erwähnt, überwiegend auf europäischen Harmonisierungsvorgaben und die zentralen Vorschriften der AVMD-RL sind Bestandteil des deutschen Regelungswerks geworden.[263] Für diese Arbeit ist es damit von essentieller Notwendigkeit, die Werbevorschriften in der AVMD-RL, insbesondere im Hinblick auf die Schleichwerbung, eingehend zu untersuchen.

Die AVMD-RL enthält, ähnlich wie die damalige Fernseh-RL, sowohl quantitative als auch qualitative Werbevorschriften.[264] Die Unterscheidung zwischen linearen und nicht-linearen audiovisuellen Mediendiensten spielt in der AVMD-RL allerdings eine maßgebliche Rolle: Für Fernsehsendungen als lineare audiovisuelle Mediendienste weist die Richtlinie sowohl quantitative als auch qualitative Werbebestimmungen auf.[265] Für die nicht-linearen audiovisuellen Mediendienste auf Abruf gibt es hingegen überhaupt keine quantitativen Werbebeschränkungen.[266] Dennoch kann im Vergleich zur Fernseh-RL insgesamt eine reduzierte Regelungsdichte für lineare Angebote und eine wiederum deutlich erhöhte Regelungsdichte für nicht-lineare Angebote im Bereich der Werbung beobachtet werden.[267]

Dem Konzept der abgestuften Regelungsdichte entsprechend[268] stellt die Richtlinie für alle audiovisuellen Mediendienste allgemeine Werbebestimmungen in qualitativer Hinsicht auf (Art. 9–11 AVMD-RL).[269] Für alle (zulässigen) Werbeformen in den linearen und nicht-linearen audiovisuellen Mediendiensten wird zunächst ein gemeinsamer Oberbegriff der „audiovisuellen kommerziellen Kommunikation" verwendet (vgl. Art. 1 Abs. 1 lit. h), 9 AVMD-RL).[270] Die audiovisuelle Kommunikation soll, unbeschadet der Sondervorschriften, gewissen Mindestanforderungen unterliegen. Alle daraufolgend speziell definierten und genannten Werbeformen, wie z. B. die Fernsehwerbung, das Teleshopping, das Sponsoring oder die Produktplatzierung, stellen Unterfälle der audiovisuellen kommerziellen Kommunikation dar.[271] In dem allgemeinen Abschnitt befinden sich noch Rege-

---

[263] *Castendyk*, in: Wandtke, Medienrecht Praxishandbuch, 2011, Band 1, Kap. 3 § 5 Rn. 135.
[264] *Fink/Cole/Keber*, Europäisches und Internationales Medienrecht, 2008, Teil 1 Rn. 90 ff.; *Müller-Rüster*, Product Placement im Fernsehen, 2010, S. 111 ff.; *Oster/Wagner*, in: Dauses/Ludwigs, Handbuch des EU-Wirtschaftsrechts, 2018, Band 1, Teil E, Kommunikation und Medien, Rn. 59 ff.; *Rees/Ukrow*, in: Grabitz/Hilf/Nettesheim, Das Recht der EU, Art. 167 AEUV, Rn. 222 ff.
[265] *Müller-Rüster*, Product Placement im Fernsehen, 2010, S. 111.
[266] *Kleist/Scheurer*, MMR 2006, 207; *Müller-Rüster*, Product Placement im Fernsehen, 2010, S. 111; *Stender-Vorwachs/Theißen*, ZUM 2007, 617.
[267] *Burri-Nenova*, CMLRev. 44 (2007), 1719; *Müller-Rüster*, Product Placement im Fernsehen, 2010, S. 111.
[268] *Müller-Rüster*, Product Placement im Fernsehen, 2010, S. 112.
[269] *Kreile*, in: Dörr/Kreile/Cole, Handbuch Medienrecht, 2011, Teil J Rn. 11.
[270] *Müller-Rüster*, Product Placement im Fernsehen, 2010, S. 112.
[271] Die „audiovisuelle kommerzielle Kommunikation" erfasst vor allem zulässige und neue, nicht vorhersehbare Werbeformen (*Oster/Wagner*, in: Dauses/Ludwigs, Handbuch des EU-Wirtschaftsrechts, 2018, Band 1, Teil E, Kommunikation und Medien, Rn. 58; *Schulz*, EuZW 2008, 110; *Stender-Vorwachs/Theißen*, ZUM 2007, 617).

lungen im Hinblick auf das Sponsoring und die Produktplatzierung. Nicht zuletzt findet auch die Schleichwerbung hier ihre Kodifikation.

Für nicht-lineare audiovisuelle Mediendienste existieren noch zusätzliche Werbebeschränkungen in quantitativer und qualitativer Hinsicht (Art. 19–26 AVMD-RL).[272] Insbesondere sind die Fernsehwerbung und das Teleshopping in diesem Abschnitt explizit geregelt.

1. Quantitative Werbevorschriften

Im Bereich der quantitativen Werbebeschränkungen, die nur für Fernsehsendungen gelten,[273] schlägt die Richtlinie den Weg einer moderaten Liberalisierung ein.[274] Thematisch tangieren diese Bestimmungen, wie bereits dargestellt, die Fernsehwerbung und das Teleshopping als Unterfall der audiovisuellen kommerziellen Kommunikation.

Die AVMD-RL enthält, im Gegensatz zur ursprünglichen Fernseh-RL, keine Begrenzung der täglichen Werbezeit mehr.[275] Diese Aufhebung ist darauf zurückzuführen, dass sich die vorgeschriebene Begrenzung in der Praxis als weitgehend bedeutungslos erwies.[276] Eine seitens der Europäischen Kommission in Auftrag gegebene Studie kam zu dem Ergebnis, dass sich kein einziger Fernsehsender an die damals geltende 15%-Grenze[277] hielt.[278] Die Begrenzung der stündlichen Werbezeit ist allerdings nach wie vor geblieben.[279] Der Anteil von Fernsehwerbe- und Teleshoppingspots darf im Zeitraum von 6:00–18:00 Uhr und 18:00–24:00 Uhr jeweils nicht mehr als 20% der Sendezeit betragen (Art. 23 Abs. 1 AVMD-RL). Nicht berücksichtigt werden im Rahmen der Berechnung der Werbezeit die Hinweise des Fernsehveranstalters auf eigene Sendungen oder davon abgeleitete Be-

---

[272] *Kreile*, in: Dörr/Kreile/Cole, Handbuch Medienrecht, 2011, Teil J Rn. 11.
[273] *Fink/Cole/Keber*, Europäisches und Internationales Medienrecht, 2008, Teil 1 Rn. 93.
[274] *Oster/Wagner*, in: Dauses/Ludwigs, Handbuch des EU-Wirtschaftsrechts, 2018, Band 1, Teil E, Kommunikation und Medien, Rn. 58.
[275] *Fink/Cole/Keber*, Europäisches und Internationales Medienrecht, 2008, Teil 1 Rn. 93; *Müller-Rüster*, Product Placement im Fernsehen, 2010, S. 114; *Oster/Wagner*, in: Dauses/Ludwigs, Handbuch des EU-Wirtschaftsrechts, 2018, Band 1, Teil E, Kommunikation und Medien, Rn. 63; *Rees/Ukrow*, in: Grabitz/Hilf/Nettesheim, Das Recht der EU, Art. 167 AEUV, Rn. 222.
[276] Erwägungsgrund Nr. 59 der AVMD-RL 2007/65/EG; *Castendyk*, in: Wandtke, Medienrecht Praxishandbuch, 2011, Band 1, Kap. 3 § 5 Rn. 171; *Müller-Rüster*, Product Placement im Fernsehen, 2010, S. 114.
[277] Art. 18 Fernseh-RL.
[278] Carat/KOAN, Gutachten von 2005, Comparative study on the impact of control measures on the televisual advertising markets in European Union Member States and certain other countries.
[279] *Fink/Cole/Keber*, Europäisches und Internationales Medienrecht, 2008, Teil 1 Rn. 93; *Oster/Wagner*, in: Dauses/Ludwigs, Handbuch des EU-Wirtschaftsrechts, 2018, Band 1, Teil E, Kommunikation und Medien, Rn. 63; *Rees/Ukrow*, in: Grabitz/Hilf/Nettesheim, Das Recht der EU, Art. 167 AEUV, Rn. 222.

gleitmaterialien, Sponsorenhinweise, Produktplatzierungen und neutrale Einzelbilder (Art. 23 Abs. 2 AVMD-RL).

Neben den Bestimmungen zur Werbezeit stellt die AVMD-RL auch neue Vorschriften für die Unterbrechung von Sendungen auf (Art. 20 AVMD-RL).[280] Fernsehfilme, Kinospielfilme und Nachrichtensendungen dürfen für jeden programmierten Zeitraum von mindestens 30 Minuten einmal für Fernsehwerbung und/oder Teleshopping unterbrochen werden (Art. 20 Abs. 2 S. 1 AVMD-RL). Somit gibt es für bestimmte Sendungen eine Mindestzeit von 30 Minuten,[281] innerhalb derer keine Unterbrechung erfolgen darf.[282] Bei Kindersendungen ist insgesamt nur eine Unterbrechung gestattet, jedoch auch nur, wenn die Gesamtdauer der Sendung mehr als 30 Minuten beträgt.[283] Keine Anwendung findet diese Abstandsregel auf Serien, Reihen und Dokumentationen (Art. 20 Abs. 2 S. 1 AVMD-RL).[284] Auch die Unterbrechung aller übrigen Sendeformate ist weitgehend freigestellt.[285]

Die nicht unter Art. 20 Abs. 2 AVMD-RL fallenden Formate unterliegen allerdings im Hinblick auf die Unterbrechung von Sendungen nach wie vor einem sog. Blockwerbegebot.[286] Einzeln gesendete Fernsehwerbe- und Teleshoppingspots müssen demnach die Ausnahme bleiben (Art. 19 Abs. 2 S. 2 AVMD-RL),[287] um eine übermäßige Programmzersplitterung zu verhindern.[288] Das Blockwerbegebot gilt nicht für die Übertragung von Sportveranstaltungen und somit wird der verstärkte Einsatz von Einzelspots in diesem Bereich als zulässig erachtet.[289] Die Frage, wie viele Einzelspots noch die „Ausnahme" bilden, kann in Zukunft noch von entscheidender Bedeutung sein.[290] Für private Fernsehveranstalter sind Einzelspots im Gegensatz zu Werbeblöcken nämlich äußerst lukrativ und generieren zusätzliche Einnahmen.[291]

---

[280] *Müller-Rüster*, Product Placement im Fernsehen, 2010, S. 114.
[281] In der Fernseh-RL betrug die Mindestsendezeit 20 Minuten und in der früheren AVMD-RL 45 Minuten (*Müller-Rüster*, Product Placement im Fernsehen, 2010, S. 115; *Oster/Wagner*, in: Dauses/Ludwigs, Handbuch des EU-Wirtschaftsrechts, 2018, Band 1, Teil E, Kommunikation und Medien, Rn. 63).
[282] *Fechner*, Medienrecht, 2018, S. 213.
[283] Art. 20 Abs. 2 S. 2 AVMD-RL; *Oster/Wagner*, in: Dauses/Ludwigs, Handbuch des EU-Wirtschaftsrechts, 2018, Band 1, Teil E, Kommunikation und Medien, Rn. 63.
[284] *Fechner*, Medienrecht, 2018, S. 217.
[285] *Müller-Rüster*, Product Placement im Fernsehen, 2010, S. 115.
[286] *Fink/Cole/Keber*, Europäisches und Internationales Medienrecht, 2008, Teil 1 Rn. 93.
[287] *Fechner*, Medienrecht, 2018, S. 217; *Oster/Wagner*, in: Dauses/Ludwigs, Handbuch des EU-Wirtschaftsrechts, 2018, Band 1, Teil E, Kommunikation und Medien, Rn. 63.
[288] *Müller-Rüster*, Product Placement im Fernsehen, 2010, S. 115.
[289] Art. 19 Abs. 2 S. 1 AVMD-RL; *Fink/Cole/Keber*, Europäisches und Internationales Medienrecht, 2008, Teil 1 Rn. 93; *Müller-Rüster*, Product Placement im Fernsehen, 2010, S. 115 f.; *Oster/Wagner*, in: Dauses/Ludwigs, Handbuch des EU-Wirtschaftsrechts, 2018, Band 1, Teil E, Kommunikation und Medien, Rn. 63.
[290] *Müller-Rüster*, Product Placement im Fernsehen, 2010, S. 116.
[291] *Wengenroth*, Neue Erlösformen im deutschen Fernsehen, 2006, S. 4.

2. Qualitative Werbevorschriften

Die qualitativen Werbebeschränkungen, die für Fernsehsendungen und audiovisuelle Mediendienste auf Abruf gleichermaßen gelten, betreffen der Richtlinie zufolge die audiovisuelle kommerzielle Kommunikation einschließlich des Sponsorings und der Produktplatzierung (Art. 9–11 AVMD-RL). Innerhalb der allgemeinen Vorschriften zur audiovisuellen kommerziellen Kommunikation sind insbesondere das Trennungsgebot und die Schleichwerbung geregelt (Art. 9 AVMD-RL). Ergänzende qualitative Werbevorschriften, die nur für Fernsehsendungen gelten und die Fernsehwerbung und das Teleshopping betreffen, sind gesondert zu berücksichtigen (Art. 19, 21, 22 AVMD). Vor allem ist dort das Trennungsgebot noch einmal explizit normiert (Art. 19 AVMD-RL). Insgesamt weist die AVMD-RL bei den qualitativen Werbevorschriften im Vergleich zur Fernseh-RL einen stärkeren Grad der Liberalisierung auf, da das Trennungsgebot durch die Vorschriften zur Produktplatzierung erheblich gelockert wurde.[292]

a) Allgemeine Anforderungen an die audiovisuelle kommerzielle Kommunikation

In weitgehender Übereinstimmung mit der Fernseh-RL[293] darf die audiovisuelle kommerzielle Kommunikation bzw. die Werbung allgemein zunächst nicht die Menschenwürde verletzen, Diskriminierungen enthalten und die Gesundheit, Sicherheit oder Umwelt gefährden (Art. 9 Abs. 1 lit. c.) AVMD-RL). Des Weiteren ist die Werbung für Zigaretten, Tabakerzeugnisse nebst Zubehör und verschreibungspflichtige Medikamente vollständig untersagt (Art. 9 Abs. 1 lit. d.), f.) AVMD-RL). Die Werbung für alkoholische Getränke ist nur bedingt erlaubt und darf sich insbesondere nicht an Minderjährige richten (Art. 9 Abs. 1 lit. e.) AVMD-RL).[294] Die audiovisuelle kommerzielle Kommunikation darf in Bezug auf Minderjährige zudem nicht das körperliche, geistige oder sittliche Wohl beeinträchtigen oder die Unerfahrenheit ausnutzen (Art. 9 Abs. 1 lit. g.) AVMD-RL). Die Richtlinie spricht sich sogar weitergehend für die Entwicklung eines Verhaltenskodexes aus, um unangemessene Werbung in Kindersendungen, die „Junk-Food" bzw. ungesundes Essen propagieren, zu vermeiden (Art. 9 Abs. 4 AVMD-RL).[295] Im Übrigen ist in

---

[292] *Blaue*, Werbung wird Programm, 2011, S. 206; *Glockzin*, MMR 2010, 161; *Müller-Rüster*, Product Placement im Fernsehen, 2010, S. 116, 147.

[293] Art. 12 Fernseh-RL.

[294] Die Arzneimittel- und Alkoholwerbung werden noch durch besondere Vorschriften für die Fernsehwerbung und das Teleshopping ergänzt (Art. 21, 22 AVMD-RL). Im Wesentlichen laufen diese Bestimmungen jedoch inhaltlich auf das gleiche hinaus.

[295] *Fink/Cole/Keber*, Europäisches und Internationales Medienrecht, 2008, Teil 1 Rn. 91; *Kötter*, Die Umsetzung der AVMD-RL, 2016, S. 114; *Müller-Rüster*, Product Placement im Fernsehen, 2010, S. 113, 147.

der gesamten audiovisuellen Kommunikation der Einsatz subliminarer Techniken verboten.[296]

b) Trennungsgebot

Das Trennungsgebot als wichtiger Grundsatz der Fernseh-RL ist trotz der Lockerung durch die Produktplatzierungsregelungen in den allgemeinen Bestimmungen der AVMD-RL nicht vollständig aufgehoben worden.[297] Art. 9 Abs. 1 lit. a.) Hs. 1 AVMD-RL besagt, dass die audiovisuelle kommerzielle Kommunikation „*leicht* als solche zu *erkennen*" sein muss. Die leichte Erkennbarkeit von Werbung wird damit für alle Formen audiovisueller Kommunikation, die in den Anwendungsbereich der Richtlinie fallen, postuliert.[298] Ein formales Trennungs- und Kennzeichnungsgebot ergibt sich aus den allgemeinen Vorschriften allerdings nicht.[299] Eine Pflicht zum bloßen Erkennbarmachen ohne technische Einzelanforderungen an eine Abtrennung oder Kennzeichnung kann allenfalls, insbesondere angesichts der gleichen Zielrichtung, als Trennungsprinzip im weiteren Sinne verstanden werden.[300] Somit findet das Trennungsgebot für alle relevanten audiovisuellen Mediendienste seine Ausprägung in Art. 9 Abs. 1 lit. a.) Hs. 1 AVMD-RL in Form eines leichten Erkennbarkeitsgebots.[301] Eine Vermischung von audiovisueller kommerzieller Kommunikation und Programm ist damit grundsätzlich möglich.[302]

Für die Fernsehwerbung und das Teleshopping als Unterfälle der audiovisuellen Kommunikation gilt ein gesondert zu beachtendes und strengeres Trennungsgebot.[303] Art. 19 Abs. 1 AVMD-RL formuliert den Grundsatz, dass Fernsehwerbung und Teleshopping „als solche *leicht erkennbar* und vom redaktionellen Inhalt *unterscheidbar*" sein müssen. Unbeschadet des Einsatzes neuer Werbetechniken müssen diese Werbeformen „durch optische und/oder akustische und/oder räumliche Mittel eindeutig von anderen Sendungsteilen *abgesetzt* sein." Aus dieser Formulierung wird deutlich, dass es im Bereich der Fernsehsendungen neben einer leichten Erkennbarkeit noch eines Absetzens bzw. einer Abtrennung

---

[296] Art. 9 Abs. 1 lit. b.) AVMD-RL.
[297] *Fink/Cole/Keber*, Europäisches und Internationales Medienrecht, 2008, Teil 1 Rn. 91; *Oster/Wagner*, in: Dauses/Ludwigs, Handbuch des EU-Wirtschaftsrechts, 2018, Band 1, Teil E, Kommunikation und Medien, Rn. 59.
[298] *Fink/Cole/Keber*, Europäisches und Internationales Medienrecht, 2008, Teil 1 Rn. 91.
[299] *Kötter*, Die Umsetzung der AVMD-RL, 2016, S. 111; *Müller-Rüster*, Product Placement im Fernsehen, 2010, S. 112.
[300] *Castendyk*, in: Wandtke, Medienrecht Praxishandbuch, 2011, Band 1, Kap. 3 § 5 Rn. 164.
[301] *Kötter*, Die Umsetzung der AVMD-RL, 2016, S. 111; *Müller-Rüster*, Product Placement im Fernsehen, 2010, S. 148.
[302] *Müller-Rüster*, Product Placement im Fernsehen, 2010, S. 112 f.
[303] *Castendyk*, in: Wandtke, Medienrecht Praxishandbuch, 2011, Band 1, Kap. 3 § 5 Rn. 163; *Fechner*, Medienrecht, 2018, S. 217; *Kötter*, Die Umsetzung der AVMD-RL, 2016, S. 130; *Müller-Rüster*, Product Placement im Fernsehen, 2010, S. 116, 147 f.; *Rees/Ukrow*, in: Grabitz/Hilf/Nettesheim, Das Recht der EU, Art. 167 AEUV, Rn. 223.

bedarf.[304] Während das Erkennbarkeitsgebot eine bloße Identifizierbarkeit verlangt, kommt es bei einer Abtrennung zusätzlich auf den technischen Einsatz optischer, akustischer und/oder räumlicher Mittel an. Eine Vermischung von Fernsehwerbung oder Teleshopping mit anderen Programmteilen ist damit grundsätzlich verboten.[305] Die Pflicht zur Abtrennung gilt allerdings „unbeschadet neuer Werbetechniken" (Art. 19 Abs. 1 S. 2 AVMD-RL). Dieser Zusatz verfolgt das Ziel, neue Werbeformen, die angesichts der ständigen Weiterentwicklung im Werbebereich entstehen, nicht von vornherein übermäßig zu behindern.[306] Insbesondere ist die Produktplatzierung als programmintegrierte Werbeform im Fernsehen als „neue Werbetechnik" zu verstehen, die nach Maßgabe der für sie geltenden Sonderbestimmungen vom Trennungsgebot im engeren Sinne Abstand nehmen kann.[307] Allerdings sollen auch andere neue Werbetechniken, die etwa im internetbasierten Fernsehen aufzufinden sind, eine Erleichterung beim Trennungsgrundsatz erfahren.[308]

Zusammenfassend kann festgestellt werden, dass das allgemeine Trennungsgebot in der AVMD-RL dem Grunde nach bestehen bleibt. Trotz der unterschiedlichen Formulierungen und Ausprägungen in der Richtlinie wird jedenfalls eines der Hauptziele des allgemeinen Trennungsgebots, nämlich die Gewährleistung der Erkennbarkeit des Werbecharakters, nach wie vor verfolgt.[309] Für alle Werbeformen, mit Ausnahme der Fernsehwerbung und des Teleshoppings, kann man jedenfalls von einem „Trennungsgebot im weiteren Sinne" in Form eines Erkennbarkeitsgebots sprechen. Die Werbung muss für die Allgemeinheit demnach stets identifizierbar sein. Für Fernsehsendungen gilt neben dem Erkennbarkeitsgebot noch ggf. eine technische Abtrennungspflicht, weshalb in diesem Zusammenhang somit von einem „Trennungsgebot im engeren Sinne" gesprochen werden kann. Zumindest nähert sich dieses Konzept dem klassischen Verständnis eines sog. Trennungsgebots. Auch die Vorschriften zur Schleichwerbung und zur Produktplatzierung machen deutlich, dass das allgemeine Trennungsgebot als wichtiger Grundsatz im Bereich der Medienwerbung weiterhin aufrechterhalten wird. Beide Werbeformen konkretisieren dieses Gebot, machen es zeitgemäß und unterscheiden sich vor allem in der Erkennbarkeit für den Rezipienten.[310] Angesichts dieses Kriteriums ist die Schleichwerbung verboten und die Produktplatzierung erlaubt.[311]

---

[304] *Kötter*, Die Umsetzung der AVMD-RL, 2016, S. 132; *Müller-Rüster*, Product Placement im Fernsehen, 2010, S. 147 f.

[305] *Castendyk*, in: Wandtke, Medienrecht Praxishandbuch, 2011, Band 1, Kap. 3 § 5 Rn. 164.

[306] Erwägungsgrund Nr. 81 der AVMD-RL 2010/13/EU; *Castendyk*, in: Wandtke, Medienrecht Praxishandbuch, 2011, Band 1, Kap. 3 § 5 Rn. 165.

[307] *Müller-Rüster*, Product Placement im Fernsehen, 2010, S. 148.

[308] Beispiel: Beim sog. „Enhanced advertising" ist es möglich, Requisiten in Fernsehfilmen anzuklicken und kommerzielle Informationen aufzurufen (*Castendyk*, in: Wandtke, Medienrecht Praxishandbuch, 2011, Band 1, Kap. 3 § 5 Rn. 165).

[309] Vgl. hierzu Kapitel 1 dieser Arbeit.

[310] *Oster/Wagner*, in: Dauses/Ludwigs, Handbuch des EU-Wirtschaftsrechts, 2018, Band 1, Teil E, Kommunikation und Medien, Rn. 61.

[311] *Oster/Wagner*, in: Dauses/Ludwigs, Handbuch des EU-Wirtschaftsrechts, 2018, Band 1, Teil E, Kommunikation und Medien, Rn. 61.

c) Schleichwerbung

Mit der AVMD-RL liegt nun erstmals eine einheitliche unionsrechtliche Regelung im Hinblick auf den Einsatz von Schleichwerbung in allen audiovisuellen Mediendiensten, d.h. Fernsehsendungen und Abrufdiensten, vor. In den allgemeinen Werbevorschriften zur audiovisuellen kommerziellen Kommunikation befindet sich direkt im Anschluss an das Trennungs- bzw. Erkennbarkeitsgebot in Art. 9 Abs. 1 lit. a.) Hs. 2 AVMD-RL folgende Bestimmung: „Audiovisuelle kommerzielle Kommunikation in Form von Schleichwerbung ist verboten." Eine Legaldefinition dieser unzulässigen Werbeform ist außerdem in Art. 1 Abs. 1 lit. j.) AVMD-RL verankert.

aa) Verbot

Das Verbot von Schleichwerbung in der audiovisuellen kommerziellen Kommunikation nach Art. 9 Abs. 1 lit. a.) Hs. 2 AVMD-RL verfolgt zum einen das Ziel, nachteilige Auswirkungen auf die Verbraucher zu verhindern.[312] Von zentraler Bedeutung ist dabei, dass der Rezipient grundsätzlich in der Lage sein muss, werbliche Aussagen als solche zu erkennen.[313] Die Richtlinienbestimmung soll den Verbraucher somit in erster Linie vor einer mit der getarnten Werbung einhergehenden Irreführung schützen.

Zum anderen soll mit dem Verbot das allgemeine medienrechtliche Ziel einer Abwehr von Gefahren für die redaktionelle Unabhängigkeit angestrebt werden.[314] Auch im Unionsrecht ist die Freiheit vor instrumentalisierender Einflussnahme Dritter auf die Programminhalte für die demokratische Meinungsbildungsfunktion der Medien von essentieller Bedeutung.[315] Die meinungsbildende Rolle der Medien hängt wiederum unmittelbar mit einem Vertrauen der Zuschauer in die Unabhängigkeit der Programmgestaltung zusammen als Grundvoraussetzung eines freien Kommunikationsprozesses.[316]

bb) Legaldefinition

Unter „Schleichwerbung in der audiovisuellen kommerziellen Kommunikation" versteht die Richtlinie in ihrem Begriffsbestimmungskatalog eine „Erwähnung oder Darstellung von Waren, Dienstleistungen, dem Namen, der Marke oder den

---

[312] Erwägungsgrund Nr. 90 der AVMD-RL 2010/13/EU.
[313] *Müller-Rüster*, Product Placement im Fernsehen, 2010, S. 144.
[314] *Gounalakis/Wege*, K&R 2006, 100; *Müller-Rüster*, Product Placement im Fernsehen, 2010, S. 145.
[315] *Gounalakis/Wege*, K&R 2006, 100.
[316] *Müller-Rüster*, Product Placement im Fernsehen, 2010, S. 146.

Tätigkeiten eines Herstellers von Waren oder eines Erbringers von Dienstleistungen in Sendungen, wenn sie vom Mediendiensteanbieter absichtlich zu Werbezwecken vorgesehen ist und die Allgemeinheit über ihren eigentlichen Zweck irreführen kann. Eine Erwähnung oder Darstellung gilt insbesondere dann als beabsichtigt, wenn sie gegen Entgelt oder eine ähnliche Gegenleistung erfolgt" (Art. 1 Abs. 1 lit. j.) AVMD-RL).

Zunächst ist darauf hinzuweisen, dass die deutsche Sprachfassung der AVMD-RL mit dieser Legaldefinition etwas unpräzise ist.[317] Die europarechtliche „Schleichwerbung in der audiovisuellen kommerziellen Kommunikation" ist nach deutschem Rechtsverständnis schlicht als „Schleichwerbung" zu interpretieren. Im allgemeinen nationalen Rechtsbewusstsein ist tief verwurzelt, dass es sich bei der Schleichwerbung um eine programmintegrierte Werbeform handelt und nicht um eine schleichende Werbung innerhalb der kommerziellen Kommunikation.[318] Bei der Umsetzung der Richtlinie in das nationale Recht wurde dieser „offensichtliche Fehler"[319] im RStV stillschweigend korrigiert.[320]

Im Hinblick auf die Schleichwerbung sind nun die europäischen Aspekte der Richtlinienbestimmung zu ermitteln. Die Legaldefinition in Art. 1 Abs. 1 lit. j.) AVMD-RL verlangt *expressis verbis* zunächst eine „Erwähnung oder Darstellung in Sendungen" und verweist damit auf eine notwendige Integrationshandlung. Schleichwerbung liegt nur dann vor, wenn ein bestimmtes Werbeobjekt innerhalb von Sendungen i. S. d. Art. 1 lit. b.) AVMD-RL verbal oder visuell erscheint. Eine Platzierung im redaktionellen Programm muss demnach für den Rezipienten zumindest wahrnehmbar sein, da anderenfalls mit Blick auf den Schutzzweck des Verbots auch kein Risiko einer Irreführung des Verbrauchers besteht.[321]

Als Werbeobjekte kommen der Legaldefinition zufolge Waren, Dienstleistungen, Namen, Marken oder Tätigkeiten eines Herstellers von Waren oder eines Erbringers von Dienstleistungen in Betracht. Bei den genannten Kategorien handelt es sich stets um produkt- oder herstellerspezifische Merkmale, die beim Rezipienten eine Assoziation mit einem bestimmten Unternehmen hervorrufen.[322]

Die Integration der produkt- oder herstellerspezifischen Merkmale in Sendungen muss zudem „absichtlich zu Werbezwecken" bzw. mit Werbeabsicht erfolgen. Somit ist nicht jede identifizierbare Requisite im programmlichen Umfeld unabhängig von der subjektiven Zielsetzung ihrer Verwendung als Schleichwerbung zu qualifizieren.[323]

---

[317] *Bornemann*, ZUM 2018, 401.
[318] *Bornemann*, ZUM 2018, 401.
[319] *Bornemann*, ZUM 2018, 401.
[320] Die „Schleichwerbung in der audiovisuellen kommerziellen Kommunikation" heißt im RStV schlicht „Schleichwerbung" (§ 2 Abs. 2 Nr. 8 S. 1 RStV).
[321] *Müller-Rüster*, Product Placement im Fernsehen, 2010, S. 120.
[322] *Jäger*, Trennungs- und Kennzeichnungsgebot, 2017, S. 129.
[323] *Müller-Rüster*, Product Placement im Fernsehen, 2010, S. 118.

Zur Feststellung der Werbeabsicht hat der EuGH[324] folgende Erwägungen getroffen: Die Erbringung einer Gegenleistung legt bei lebensnaher Auslegung den Rückschluss auf eine Werbeabsicht nahe. Somit stellt die Existenz eines Entgelts oder einer ähnlichen Gegenleistung ein Kriterium oder Indiz dar, anhand dessen sich die Werbeabsicht eines Mediendiensteanbieters feststellen lässt (vgl. auch Art. 1 Abs. 1 lit. j.) S. 2 AVMD-RL). Allerdings kann ein Umkehrschluss dahingehend, dass bei Fehlen einer Gegenleistung die Werbeabsicht ausgeschlossen ist, nicht gezogen werden. In der Praxis ist es oftmals schwierig oder gar unmöglich, im Zusammenhang mit der Werbeintegration die Existenz eines Entgelts oder einer ähnlichen Gegenleistung festzustellen. Aufgrund der praktischen Wirksamkeit des Schleichwerbeverbots kann die Bestimmung der Werbeabsicht somit grundsätzlich unabhängig von einer Gegenleistung erfolgen.[325] Die positive Feststellung einer Werbeabsicht ist allerdings deshalb zwingend, da unter Berücksichtigung des Schutzzwecks des Schleichwerbeverbots anderenfalls auch keine Irreführung des Zuschauers über den Werbezweck erfolgen kann. Auch ist eine unzulässige Programmbeeinflussung bzw. eine Gefahr für die redaktionelle Unabhängigkeit kaum gegeben, da es sich ohne Werbeabsicht um eine primär redaktionell-dramaturgische Integrationsentscheidung handelt.[326]

Die Schleichwerbung beinhaltet letztlich nach ihrer Definition die Gefahr einer Irreführung der Allgemeinheit. Der Zuschauer wird über die Motivation der konkreten Präsentation, d. h. die Integration der produkt- oder herstellerspezifischen Merkmale in Sendungen zu Werbezwecken, getäuscht.[327] Anhand welcher Kriterien dieses Irreführungspotenzial über den zugrunde liegenden Werbezweck zu bestimmen ist, wird in der Legaldefinition nicht weiter konkretisiert. Mit Blick auf den Schutzzweck liegt allerdings die Annahme nahe, dass einer der hauptsächlichen Gründe für das strikte Verbot dieser Werbetechnik gerade in diesem entscheidenden Merkmal liegt.

d) Schleichwerbung und Produktplatzierung

Als Konkretisierungen des Trennungsgebots steht die unzulässige Schleichwerbung der zulässigen Produktplatzierung gegenüber. Die unionsrechtlichen Zulassungsvoraussetzungen der Produktplatzierung in Art. 11 AVMD-RL gelten für den gesamten Bereich der audiovisuellen kommerziellen Kommunikation und damit für lineare und nicht-lineare Dienste gleichermaßen. Die Produktplatzierung ist außerdem in Art. 1 lit. m.) AVMD-RL als „jede Form audiovisueller kommerzieller Kommunikation, die darin besteht, gegen Entgelt oder eine ähnliche Gegenleistung

---

[324] EuGH Rs. C-52/10, Slg. 2011, I-4973.
[325] *Oster/Wagner*, in: Dauses/Ludwigs, Handbuch des EU-Wirtschaftsrechts, 2018, Band 1, Teil E, Kommunikation und Medien, Rn. 59.
[326] *Müller-Rüster*, Product Placement im Fernsehen, 2010, S. 119.
[327] *Jäger*, Trennungs- und Kennzeichnungsgebot, 2017, S. 136.

ein Produkt, eine Dienstleistung oder die entsprechende Marke einzubeziehen bzw. darauf Bezug zu nehmen, sodass diese innerhalb einer Sendung oder eines nutzergenerierten Videos erscheinen" definiert.

Die Schleichwerbung und Produktplatzierung i. S. d. AVMD-RL haben damit zweifellos tatbestandliche Überschneidungen.[328] Die enge Verwandtschaft der beiden Werbeformen ergibt sich auch aus der in Erwägungsgrund Nr. 81 AVMD-RL 2010/13/EU verankerten Erkenntnis, dass die Produktplatzierung den Charakter von Schleichwerbung haben kann. Allerdings wäre die Differenzierung der Legaldefinitionen und damit die Systematik der Richtlinie widersprüchlich, wenn der Produktplatzierungsbegriff vollständig im Schleichwerbebegriff aufgehen würde. Dann käme es nur auf die Erfüllung der Voraussetzungen (Art. 11 Abs. 3, 4 AVMD-RL) an und ein Verstoß gegen das Schleichwerbeverbot wäre damit stets ausgeschlossen. Außerdem wäre dann zu bezweifeln, ob der Schutzzweck bzw. die Schutzgüter des Schleichwerbeverbots bei einer weitgehenden Ausfüllung des Verbotstatbestands der Schleichwerbung durch den Erlaubnistatbestand der Produktplatzierung ausreichend gesichert wären.[329] Um die verbotene Schleichwerbung klarer konturieren zu können, erscheint es geboten, einen Vergleich der beiden Werbeformen nach dem europäischen Rechtsverständnis vorzunehmen.

aa) Zulässigkeitsvoraussetzungen

Die Produktplatzierung ist zunächst, anders als die Schleichwerbung, nicht untersagt. Allerdings sieht die Richtlinie in den Folgeabsätzen Ausnahmen von der grundsätzlichen Zulassung der Produktplatzierung vor, sofern die Mitgliedstaaten nichts anderes bestimmen. Um einen effektiven Vergleich der verbotenen Schleichwerbung und der erlaubten Produktplatzierung vorzunehmen, sind zunächst die Voraussetzungen in groben Zügen herauszuarbeiten.

Produktplatzierungen sind in allen audiovisuellen Mediendiensten grundsätzlich erlaubt (Art. 11 Abs. 2 AVMD-RL). Product Placements in Nachrichten-, Kinder-, Verbraucher-, Politik- oder Religionssendungen, sowie für Zigaretten, Tabakerzeugnisse und Arzneimittel sind allerdings generell verboten (Art. 11 Abs. 2, 4 AVMD-RL). Enthält ein Programmformat Produktplatzierungen darf darüber hinaus die redaktionelle Unabhängigkeit und Verantwortung des Mediensteanbieters nicht beeinträchtigt werden (Art. 11 Abs. 3 lit. a.) AVMD-RL).[330] Die Richtlinie weist in diesem Zusammenhang beispielhaft auf die verbotene Themen-

---

[328] *Gounalakis/Wege*, K&R 2006, 98 f.; *Leitgeb*, Product-Placement, 2010, S. 392; *Müller-Rüster*, Product Placement im Fernsehen, 2010, S. 143 f.
[329] *Leitgeb*, Product-Placement, 2010, S. 391; *Müller-Rüster*, Product Placement im Fernsehen, 2010, S. 144 ff.
[330] *Fechner*, Medienrecht, 2018, S. 216; *Oster/Wagner*, in: Dauses/Ludwigs, Handbuch des EU-Wirtschaftsrechts, 2018, Band 1, Teil E, Kommunikation und Medien, Rn. 60; *Rees/Ukrow*, in: Grabitz/Hilf/Nettesheim, Das Recht der EU, Art. 167 AEUV, Rn. 224.

platzierung hin.[331] Die Angebote dürfen außerdem nicht unmittelbar zum Kauf, Miete oder Pacht von Waren und Dienstleistungen auffordern oder das Produkt zu stark herausstellen (Art. 11 Abs. 3 lit. b.), c.) AVMD-RL). Im Übrigen muss die Produktplatzierung am Anfang und am Ende eines Programms sowie nach einer Werbeunterbrechung angemessen gekennzeichnet sein, um eine Irreführung des Verbrauchers zu verhindern (Art. 11 Abs. 3 lit. d.) AVMD-RL). Die Voraussetzungen der zulässigen Produktplatzierung machen deutlich, dass die Richtlinie, ähnlich wie beim Schleichwerbeverbot, sowohl dem Verbraucherschutz als auch der Abwehr von Gefahren für die redaktionelle Unabhängigkeit Rechnung tragen will. Insbesondere sind in diesem Zusammenhang die verankerte Kennzeichnungspflicht (Art. 11 Abs. 3 lit. d.) AVMD-RL) und das Beeinflussungsverbot (Art. 11 Abs. 3 lit. a.) AVMD-RL) zu nennen.

bb) Vergleich der Legaldefinitionen

Eine Gegenüberstellung der Legaldefinitionen erscheint notwendig, um die Systematik der Richtlinie nachvollziehen und die Schleichwerbung klarer bestimmen zu können. Wie bereits erwähnt ist die Begrifflichkeit der Produktplatzierung zwar anders definiert, im Ergebnis erweisen sich die Unterschiede jedoch als relativ gering. Die Abgrenzung ist dennoch von Bedeutung, da sie die (Un)zulässigkeit programmintegrierter Werbeformen determiniert.

Eine Überschneidung ergibt sich in jedem Fall im Hinblick auf die tatbestandlich erfassten Integrationshandlungen.[332] Die Schleichwerbung liegt bei einer Erwähnung oder Darstellung in Sendungen vor (vgl. Art. 1 Abs. 1 lit. j.) AVMD-RL). Die Produktplatzierung ist wiederum gegeben, wenn ein Werbeobjekt einbezogen bzw. darauf Bezug genommen wird, so dass dieses innerhalb einer Sendung erscheint (vgl. Art. 1 Abs. 1 lit. m.) AVMD-RL). Somit handelt es sich in beiden Konstellationen um werbliche Elemente im redaktionellen Programm.

Die Werbeobjekte der Schleichwerbung erfassen Waren, Dienstleistungen, Namen, Marken oder Tätigkeiten eines Herstellers von Waren oder eines Erbringers von Dienstleistungen (Art. 1 Abs. 1 lit. j.) AVMD-RL). Gegenstände von Produktplatzierungen können Produkte, Dienstleistungen und entsprechende Marken sein (Art. 1 Abs. 1 lit. m.) AVMD-RL). Der gegenständliche Anwendungsbereich der Schleichwerbung scheint somit etwas weiter zu sein, da die Definition der Produktplatzierung keinen Bezug auf Namen oder Tätigkeiten eines Herstellers und Dienstleisters nimmt. Die Produktplatzierung ist auf den Bereich konkreter Waren oder Dienstleistungen im Sinne eines klassischen Verständnisses der Begrifflich-

---

[331] Erwägungsgrund Nr. 93 der AVMD-RL 2010/13/EU; *Oster/Wagner*, in: Dauses/Ludwigs, Handbuch des EU-Wirtschaftsrechts, 2018, Band 1, Teil E, Kommunikation und Medien, Rn. 62; *Rees/Ukrow*, in: Grabitz/Hilf/Nettesheim, Das Recht der EU, Art. 167 AEUV, Rn. 224.
[332] *Müller-Rüster*, Product Placement im Fernsehen, 2010, S. 143 f.

keit „Product-Placement" beschränkt.³³³ Lediglich die Einbeziehung oder Nennung des Namens eines Herstellers oder Dienstleisters reicht somit nicht aus.

Sowohl die Schleichwerbung als auch die Produktplatzierung erfordern eine Werbeabsicht. Die erstgenannte Werbeform setzt ausweislich ihrer Definition ein absichtliches Handeln zu Werbezwecken voraus (Art. 1 Abs. 1 lit. j.) AVMD-RL), welches im Falle der Existenz einer Gegenleistung vermutet wird. Auch zur Bejahung des Vorliegens von Product Placement ist nach überwiegender Ansicht³³⁴ eine Werbeabsicht erforderlich. Zwar verlangt die Legaldefinition eine Werbeabsicht nicht *expressis verbis*. Product Placement kann allerdings gem. Art. 1 Abs. 1 lit. m.) AVMD-RL „jede Form audiovisueller kommerzieller Kommunikation" sein und beinhaltet damit bereits ihrem Wesen nach eine finale Ausrichtung im Hinblick auf eine Werbewirkung.³³⁵ Der Unionsgesetzgeber wollte eine generelle Regelung für sämtliche audiovisuelle Kommunikationsformen mit einer naturgemäß kommerziellen Zielrichtung schaffen und somit auch die Werbeabsicht zur notwendigen Bedingung machen.³³⁶ Letztlich spricht für diese Auslegung, dass Art. 1 Abs. 1 lit. m.) AVMD-RL die Zahlung eines Entgelts oder die Erbringung einer ähnlichen Gegenleistung in den Tatbestand mitaufgenommen hat.³³⁷ Bei der Schleichwerbung steht das Vorliegen einer Gegenleistung mit der Werbeabsicht in einem ausdrücklichen Zusammenhang (vgl. Art. 1 Abs. 1 lit. j.) S. 2 AVMD-RL).

Letztlich ist die Schleichwerbung dem Wortlaut der Definition zufolge dazu geeignet, die Allgemeinheit über den eigentlichen Werbezweck irrezuführen. Dieses Merkmal enthält die Legaldefinition der Produktplatzierung nicht. Allerdings gilt anzumerken, dass es sich bei der Produktplatzierung ebenfalls um eine programmintegrierte Werbeform handelt, die im Vergleich zur herkömmlichen Werbung schwieriger zu erkennen ist.³³⁸ Die Verdeckung der Werbeabsicht stellt damit ein charakteristisches Merkmal der Produktplatzierung dar und die spezifische Werbewirkung basiert gerade auf dieser Tarnung. Dass auch der Unionsgesetzgeber davon ausgegangen ist, dass Produktplatzierungen prinzipiell geeignet sind, die Allgemeinheit über den zugrundeliegenden Werbezweck irrezuführen, ergibt sich aus der statuierten Kennzeichnungspflicht, die ausdrücklich auf eine Verhinderung der Irreführung hinauslaufen soll (Art. 11 Abs. 3 lit. d.) AVMD-RL).³³⁹ Somit ergeben sich aus den Legaldefinitionen erneut gewisse tatbestandliche Überschnei-

---

³³³ *Leitgeb*, Product-Placement, 2010, S. 392.
³³⁴ *Bente*, Product Placement, 1990, S. 23; *Gounalakis*, K&R 2006, 98; *Leitgeb*, Product-Placement, 2010, S. 393; *Müller-Rüster*, Product Placement im Fernsehen, 2010, S. 119.
³³⁵ Die englische Version der AVMD-RL spricht im Rahmen der Begriffsbestimmung der audiovisuellen kommerziellen Kommunikation von „designed to promote" (Art. 1 Nr. 1 lit. h.) AVMD-RL).
³³⁶ *Müller-Rüster*, Product Placement im Fernsehen, 2010, S. 118.
³³⁷ *Müller-Rüster*, Product Placement im Fernsehen, 2010, S. 119.
³³⁸ *Oster/Wagner*, in: Dauses/Ludwigs, Handbuch des EU-Wirtschaftsrechts, 2018, Band 1, Teil E, Kommunikation und Medien, Rn. 61.
³³⁹ *Müller-Rüster*, Product Placement im Fernsehen, 2010, S. 144.

dungen, da das *unzulässige* Product Placement offenbar ein ähnliches Irreführungspotenzial besitzt. Die *zulässige* Produktplatzierung ist allerdings nach der Logik der Richtlinie in der Lage, die an sich bestehende Irreführungsgefahr für die Allgemeinheit zu beseitigen.[340] Ausweislich Erwägungsgrund Nr. 90 AVMD-RL 2010/13/EU soll diese Gefahr nämlich bei der „rechtmäßigen Produktplatzierung" nicht bestehen, dessen Anforderungen sich aus Art. 11 AVMD-RL ergeben. Insbesondere sollen angemessene Hinweise zu Beginn und am Ende eines Programms sowie nach einer Werbeunterbrechung geeignet sein, die Irreführungsgefahr für die Allgemeinheit zu vermeiden.[341] Jedenfalls unterscheiden sich der Richtlinie zufolge unter dem Blickwinkel des Irreführungspotenzials die zulässige Produktplatzierung und die Schleichwerbung erheblich.

3. Analyse und Kritik

Betrachtet man die qualitativen Werbevorschriften zum Trennungsgebot, zur Schleichwerbung und zum Product Placement als Gesamtkonzept, werden die Kernelemente der Werbeformen und -grundsätze auf europäischer Ebene weitgehend deutlich. Für eine Analyse dieser Bestimmungen in der AVMD-RL können die Regelungsziele, die Systematik, der jeweilige Wortlaut und die geschichtliche Entwicklung herangezogen werden.

Die in Rede stehenden qualitativen Werbebestimmungen finden ihren gemeinsamen Nenner in den weitgehend übereinstimmenden Regelungszielen. Der Verbraucherschutz und die Abwehr von Gefahren für die redaktionelle Unabhängigkeit scheinen dabei die entscheidenden Determinanten für die Zulassung von Werbung zu sein. Werbung darf objektiv nicht irreführen oder subjektiv die redaktionelle Tätigkeit zulasten der Meinungsvielfalt beeinflussen. Beim Trennungsgebot wird ausdrücklich die Erkennbarkeit des Werbecharakters angeordnet. Auch liegt als Konkretisierung der Unterschied zwischen einer illegalen Schleichwerbung und einer legalen Produktplatzierung in der Erkennbarkeit für den Rezipienten angesichts der vorzunehmenden irreführungsausschließenden Kennzeichnung.[342] Ob eine Kennzeichnung tatsächlich in der Lage ist, die Erkennbarkeit der Werbung zu gewährleisten und damit eine Irreführung auszuschließen, soll hier nicht weiter erörtert werden, da es nur auf den Grundgedanken der Richtlinie ankommt.

Das Trennungsgebot, die Untersagung von Schleichwerbung und die Zulassung von Produktplatzierung werden systematisch jeweils durch unterschiedliche Begriffsbestimmungen (Art. 1 AVMD-RL) und Regelungen (z. B. Verbot oder Zulas-

---

[340] *Leitgeb*, Product-Placement, 2010, S. 394.
[341] Art. 11 Abs. 3 lit. d) AVMD-RL; Erwägungsgrund Nr. 90 der AVMD-RL 2010/13/EU; *Leitgeb*, Product-Placement, 2010, S. 394.
[342] *Oster/Wagner*, in: Dauses/Ludwigs, Handbuch des EU-Wirtschaftsrechts, 2018, Band 1, Teil E, Kommunikation und Medien, Rn. 61.

sung) in der Richtlinie zusammengesetzt. So sind die Begriffe der audiovisuellen kommerziellen Kommunikation, Fernsehwerbung, Teleshopping, Schleichwerbung oder Produktplatzierung alle legaldefiniert und haben bestimmte Anforderungen zu erfüllen. Allerdings ergeben sich auch systematische Widersprüche dahingehend, dass die audiovisuelle kommerzielle Kommunikation als Oberbegriff für alle Werbeformen gelten soll, die Produktplatzierung als Unterfall erfasst und die nahezu identische Schleichwerbung wiederum nicht.[343] Auch ist das Trennungsgebot als tragendes Prinzip, anders als das allgemein und einheitlich geregelte Schleichwerbeverbot und die Zulassung der Produktplatzierung, in zwei unterschiedlichen Abschnitten geregelt und trägt zu einer systematischen Unübersichtlichkeit der Richtlinie bei. Die audiovisuelle kommerzielle Kommunikation verkörpert eine allgemeine Werbetätigkeit und das Trennungsgebot stellt einen allgemeinen Werbegrundsatz dar, während die Produktplatzierung und die Schleichwerbung im Wesentlichen dazugehörige inhaltliche Konkretisierungen darstellen. Dies lässt sich der Richtliniensystematik auf den ersten Blick jedoch nicht eindeutig entnehmen.

Die Richtlinie stellt sich zudem im Hinblick auf den Wortlaut insgesamt als unpräzise dar. Die auf Exaktheit angewiesene rechtswissenschaftliche Fachsprache leidet angesichts der teilweise unzureichend durchdachten Übersetzungen in die jeweiligen Sprachen der Mitgliedstaaten. Als Beispiel ist die Legaldefinition der Schleichwerbung als „Schleichwerbung in der audiovisuellen kommerziellen Kommunikation" zu nennen. Auch ein Vergleich der legaldefinierten Schleichwerbung und Produktplatzierung kommt zum Ergebnis einer minimalen Unterscheidbarkeit. Dies kann im Einzelfall zu schwierigen Abgrenzungsproblemen führen und es bleibt diskussionswürdig, ob der Unionsgesetzgeber nach dem Sinngehalt der Definitionen wirklich eine ausreichend differenzierbare Form der Werbeintegration erreicht. Als weniger gravierend erweisen sich die unklaren Formulierungen der Richtlinie jedoch unter dem Aspekt, dass für die konkrete Interpretation der Tatbestandsmerkmale im Hinblick auf die Schleichwerbung angesichts der Rechtsnatur des europäischen Regelungswerks als Richtlinie weitgehend immer noch das nationale Recht maßgeblich ist.[344] Die deutschen audiovisuellen Mediendiensteanbieter unterliegen somit nach wie vor in erster Linie dem unmittelbar innerstaatlich geltenden Recht des RStV.

Abschließend kann noch eine geschichtliche Betrachtung für ein Verständnis der europäischen Gesetzgebung genutzt werden. Die Fernseh-RL als Vorgänger der AVMD-RL wies bereits das allgemeine Trennungsgebot und das damit korrelierende Schleichwerbeverbot auf. Werbung im Programm des Fernsehens war demnach schlichtweg verboten. Dass sich diese Regel mit Blick auf die Werbepraxis jedoch als utopisch erwies, findet in der nachträglich hinzugefügten Produkt-

---

[343] *Oster/Wagner*, in: Dauses/Ludwigs, Handbuch des EU-Wirtschaftsrechts, 2018, Band 1, Teil E, Kommunikation und Medien, Rn. 58; *Kötter*, Die Umsetzung der AVMD-RL, 2016, S. 105.
[344] *Blaue*, Werbung wird Programm, 2011, S. 206.

platzierungszulassung ihren Ausdruck. Vom Schleichwerbeverbot wurde auch in der jüngsten Novellierung der AVMD-RL nicht abgewichen. Die Schleichwerbung verkörpert damit nach wie vor das klassische Negativbeispiel für die Werbeintegration im redaktionellen Programm.

III. Zwischenergebnis

Die gesetzgeberischen und judikativen Tätigkeiten der Europäischen Union haben zu einem Rechtsbestand geführt, der es gestattet, von einem eigenständigen Rechtsgebiet des europäischen Medienrechts zu sprechen.[345] Die Grundstrukturen des unionalen Medienrechts basieren auf der Idee, dass der Rundfunk als Wirtschafts- und/oder Kulturgut betrachtet werden kann und sich die Kompetenzverteilung zwischen der Europäischen Union und den Mitgliedstaaten je nach betroffener Komponente richten soll. Somit besteht eine Berechtigung zur europäischen Rechtsetzung bzw. zum Richtlinienerlass, sofern die Maßnahme zumindest überwiegend wirtschaftliche und keine kulturellen Aspekte des Rundfunks betrifft.[346] Zu diesen wirtschaftlichen Aspekten gehört zweifellos die Werbung und damit, nach entsprechender Argumentation, auch die Schleichwerbung im Rundfunk.

Die AVMD-RL stellt eine Neuordnung des europäischen Rechtsrahmens im Mediensektor dar. Neben klassischen Fernsehsendungen erfasst die Richtlinie erstmals auch audiovisuelle Mediendienste auf Abruf und nimmt eine Differenzierung anhand der Übertragungsart und Auswahl- und Kontrollmöglichkeit des Nutzers vor. Das in der AVMD-RL verankerte Prinzip der abgestuften Regelungsdichte beruht sodann auf der Annahme, dass eine niedrigere Auswahl- und Kontrollmöglichkeit des Rezipienten mit einem höheren Regelungsbedarf einhergeht. Somit gelten für lineare Fernsehsendungen insgesamt strengere Regeln als für nicht-lineare Abrufdienste.

Die Richtlinie verbietet den Einsatz von Schleichwerbung auf unionsrechtlicher Ebene für alle audiovisuellen Mediendienste. Zudem befindet sich die dazugehörige Legaldefinition der Schleichwerbung in einem Begriffsbestimmungskatalog. Die Schleichwerbung i. S. d. Richtlinie enthält eine visuelle oder verbale Integrationshandlung (Werbeobjekte im redaktionellen Programm), eine im Falle der Existenz einer Gegenleistung vermutete Werbeabsicht und ein Irreführungspotenzial für die Allgemeinheit. Die Abgrenzung zur zulässigen Produktplatzierung erfolgt im Wesentlichen durch das Kriterium der Irreführung,[347] welches in jedem Fall noch einer weiteren nationalen Präzisierung bedarf.

Trotz der europarechtlichen Unklarheiten und -gereimtheiten ist jedoch zu beachten, dass die Schleichwerbung europarechtlich „nur" in einer Richtlinie geregelt

---
[345] *Schladebach/Simantiras*, EuR 2011, 786.
[346] *Schladebach/Simantiras*, EuR 2011, 787.
[347] *Müller-Rüster*, Product Placement im Fernsehen, 2010, S. 191.

ist. Da Richtlinien in das innerstaatliche Recht umgesetzt werden müssen, ist für das konkrete Verständnis der Schleichwerbung in Deutschland nach wie vor das nationale Recht maßgeblich. Die europäischen Vorgaben sind nur richtungsweisend und bilden die Grundlage für die Vorschriften zur Schleichwerbung im RStV.

Viertes Kapitel

Das Trennungsgebot als medienrechtliche Grundkonzeption

Der Rundfunkstaatsvertrag (RStV) als interföderales Regelwerk der Länder enthält neben den expliziten Vorschriften zur Schleichwerbung noch Regelungen zum Trennungsgebot und zur Produktplatzierung, die für eine umfassende medienrechtliche Untersuchung der programmintegrierten Werbeform auf nationaler Ebene maßgeblich sind. Die Grundlage der Schleichwerberegelungen bildet jedoch das Trennungsgebot. Die zu diesem Gebot entwickelten Rechte und Pflichten sind für das Verständnis der Schleichwerbung von besonders großer Bedeutung und daher in diesem Kapitel vorrangig zu ermitteln. Bevor allerdings eine Auseinandersetzung mit den relevanten Werbevorschriften erfolgt, ist zunächst in groben Zügen die Struktur und Entwicklung des nationalen Medien- und Werberechts herauszuarbeiten.

I. Nationales Medien- und Werberecht im Überblick

1. Rechtsgrundlagen für die jeweiligen Mediengattungen

Trotz der voranschreitenden Medienkonvergenz trennt das nationale Medienrecht bis heute im Wesentlichen zwischen den jeweiligen Mediengattungen.[1] Je nach Zuordnung gelten, insbesondere für die medialen Erscheinungsformen Presse, Rundfunk und Telemedien, unterschiedliche Rechtsgrundlagen.[2] Dabei ist grundlegend für jedes Medium folgende Verflechtung der verschiedenen Rechtsebenen zu beobachten: Während das Verfassungsrecht den materiellen und formellen Rahmen (z. B. Grundrechte, Gesetzgebungskompetenzen) bestimmt, weist das einfache Recht in ergänzender Weise die konkrete Ausformung (z. B. Bundes- oder Landesgesetze) der Kommunikations- und Medienordnung für die Bundesrepublik Deutschland auf.

---

[1] *Dörr/Schwartmann*, Medienrecht, 2019, S. 48.
[2] *Beater*, Medienrecht, 2016, § 2 Rn. 47; *Fechner*, Medienrecht, 2018, S. 4; *Paschke*, Medienrecht, 2009, § 3 Rn. 42.

a) Presse

Unter Presse versteht man allgemein jedes Druckerzeugnis, insbesondere Zeitungen und Zeitschriften.[3] In diesem Bereich werden die rechtlichen Vorgaben unter dem Begriff „Presserecht" als Teil des Medienrechts zusammengefasst.[4]

Verfassungsrechtlich ist zunächst in Art. 5 Abs. 1 S. 2 Alt. 1 GG die Pressefreiheit als Kommunikationsgrundrecht verankert.[5] Zudem befinden sich auf Grundlage der sich aus Art. 70 ff. GG ergebenden Gesetzgebungskompetenz der Länder im Bereich der Kultur[6] maßgebliche Vorschriften in Pressegesetzen.[7] Das Presserecht ist damit hauptsächlich in den jeweiligen Landespressegesetzen, wie z.B. im Brandenburgischen Pressegesetz (BbgPG)[8] oder Berliner Pressegesetz (BlnPrG)[9], geregelt.[10] Diese entstammen einem Musterentwurf aus dem Jahre 1963 und lassen somit weitgehende Übereinstimmungen im Hinblick auf den Inhalt und Aufbau erkennen.[11] Die Landespressegesetze gestalten insgesamt die Pressefreiheit aus und regeln zahlreiche Details, die teilweise bereits aus der grundrechtlichen Gewährleistung folgen.[12]

b) Rundfunk

Rundfunk als klassisches Massenmedium erfasst vor allem den Hörfunk und das Fernsehen.[13] Die Gesamtheit aller Rechtsnormen zum Rundfunk fallen unter die Begrifflichkeit des Rundfunkrechts.[14]

---

[3] *Boksanyi/Koehler*, in: Wandtke/Ohst, Medienrecht, 2014, Kap. 1, § 1 Rn. 9; *Dörr/Schwartmann*, Medienrecht, 2019, S. 48; *Holznagel*, in: Hoeren/Sieber/Holznagel, Multimedia-Recht, 2018, Teil 3 Rn. 102; *Schladebach/Zeisberg*, *studere 21 (2019), 13.

[4] *Fechner*, Medienrecht, 2018, S. 4.

[5] *Fechner*, Medienrecht, 2018, S. 4.

[6] *Dörr/Schwartmann*, Medienrecht, 2019, S. 49.

[7] *Dörr/Schwartmann*, Medienrecht, 2019, S. 49; *Fechner*, Medienrecht, 2018, S. 4; *Tonnemacher*, Kommunikationspolitik in Deutschland, 2003, S. 59.

[8] Pressegesetz des Landes Brandenburg (BbgPG) vom 13. Mai 1993, (GVBl.I/93, Nr. 10, S. 162) zuletzt geändert durch Gesetz vom 21. Juni 2012 (GVBl.I/12, Nr. 27).

[9] Berliner Pressegesetz (BlnPrG) vom 15. Juni 1965 (GVBl., S. 744); zuletzt geändert durch Gesetz vom 4. Dezember 2002 (GVBl. S. 356).

[10] *Dörr/Schwartmann*, Medienrecht, 2019, S. 49; *Tonnemacher*, Kommunikationspolitik in Deutschland, 2003, S. 59.

[11] *Beater*, Medienrecht, 2016, § 2 Rn. 63; *Fechner/Mayer*, Medienrecht Vorschriftensammlung, 2018, Synopse Nr. 19.

[12] *Dörr/Schwartmann*, Medienrecht, 2019, S. 49.

[13] *Holznagel*, in: Hoeren/Sieber/Holznagel, Multimedia-Recht, 2018, Teil 3 Rn. 102; *Schladebach/Zeisberg*, *studere 21 (2019), 13.

[14] Rechtslexikon, Rundfunkrecht, rechtslexikon.net/d/rundfunkrecht/rundfunkrecht.html, 07.02.2019.

I. Nationales Medien- und Werberecht im Überblick

Das nationale Rundfunkrecht als Teilbereich des Medienrechts ist zunächst in besonderem Maße durch die sich aus dem Grundrecht der Rundfunkfreiheit (Art. 5 Abs. 1 S. 2 Alt. 2 GG) ergebenden verfassungsrechtlichen Vorgaben geprägt.[15] Die Freiheit der Berichterstattung durch den Rundfunk wird damit als unabdingbares Kommunikationsgrundrecht gewährleistet.[16] Die einfachgesetzliche Ausgestaltung bzw. Gesetzgebungskompetenz im Rundfunkbereich liegt ebenfalls in erster Linie bei den Bundesländern (Art. 70 ff. GG).[17] Eine ausschließliche Gesetzgebungskompetenz des Bundes wird nach der Rechtsprechung des BVerfG lediglich im Bereich des Auslandsrundfunks als Teil der auswärtigen Angelegenheiten (Art. 73 Abs. 1 Nr. 1 GG)[18] und im Bereich der Sendetechnik als Teil des Postwesens und der Telekommunikation (Art. 73 Abs. 1 Nr. 7 GG)[19] angenommen. Die Zuständigkeit der Länder für die Rundfunkregelung hat dementsprechend zum Erlass von diversen Rundfunk-[20] und Mediengesetzen[21] geführt. Dabei ist im Rahmen einer Ermittlung der Rechtsgrundlagen zu beachten, dass weitgehend die Landesrundfunkgesetze auf den öffentlich-rechtlichen Rundfunk und die Landesmediengesetze auf den privaten Rundfunk zugeschnitten sind.[22]

Die Landesgesetze werden durch Staatsverträge ergänzt, die von den beteiligten Bundesländern per Zustimmungsgesetz in Landesrecht umgesetzt werden müssen.[23] Als Bestandteil des Landesrechts stehen die Staatsverträge sodann auf der Ebene eines einfachen Gesetzes.[24]

Die staatsvertragliche Einigung zu einzelnen Rechtsfragen des Rundfunks gibt es entweder zwischen einzelnen oder allen Bundesländern.[25] Die überwiegend den öffentlich-rechtlichen Rundfunk tangierenden bi- oder multilateralen Staatsverträge, wie beispielsweise der Staatsvertrag über den Mitteldeutschen Rundfunk

---

[15] *Fechner*, Medienrecht, 2018, S. 4; *Müller-Rüster*, Product Placement im Fernsehen, 2010, S. 197.
[16] *Müller-Rüster*, Product Placement im Fernsehen, 2010, S. 197.
[17] BVerfGE 12, 205, 225 ff.; *Fechner*, Medienrecht, 2018, S. 4, 310; *Schladebach/Zeisberg*, *studere 21 (2019), 14.
[18] BVerfGE 12, 205, 240 ff.
[19] BVerfGE 12, 205, 225 ff.
[20] Beispiel: Bayerisches Rundfunkgesetz (BayRG) in der Fassung der Bekanntmachung vom 22. Oktober 2003 (GVBl. S. 792), das zuletzt durch Art. 39b Abs. 17 des Gesetzes vom 15. Mai 2018 (GVBl. S. 230) geändert worden ist.
[21] Beispiele: Thüringer Landesmediengesetz (ThürLMG) vom 15. Juli 2014 (GVBl. S. 385), das zuletzt durch Art. 21 Thüringer Datenschutz-Anpassungs- und -Umsetzungsgesetz EU vom 6.6.2018 (GVBl. S. 229) geändert worden ist; Sächsisches Privatrundfunkgesetz (SächsPRG) in der Fassung der Bekanntmachung vom 9. Januar 2001 (GVBl. S. 69, 684), das zuletzt durch Artikel 4 des Gesetzes vom 26. April 2018 (GVBl. S. 198) geändert worden ist.
[22] *Fechner*, Medienrecht, 2018, S. 297.
[23] *Beater*, Medienrecht, 2016, § 4 Rn. 251; *Bortnikov*, JuS 2017, 27 ff.; *Müller-Rüster*, Product Placement im Fernsehen, 2010, S. 199; *Schladebach*, VerwArch. 98 (2007), 248.
[24] *Fechner*, Medienrecht, 2018, S. 310.
[25] *Beater*, Medienrecht, 2016, § 4 Rn. 251; *Fechner*, Medienrecht, 2018, S. 5; *Schladebach*, VerwArch. 98 (2007), 255 f.

(MDR-StV)[26], der Staatsvertrag über den Norddeutschen Rundfunk (NDR-StV)[27] oder der Staatsvertrag über den Südwestrundfunk (SWR-StV)[28], können nur für die beteiligten Länder Wirkung entfalten[29] und weisen somit territoriale Grenzen auf.[30]

Die zwischen allen Bundesländern geschlossenen Staatsverträge gelten wiederum vollständig für die 16 Staaten und schaffen damit bundeseinheitlich geltendes Landesrecht.[31] Der mit Abstand wichtigste dieser Staatsverträge ist der Rundfunkstaatsvertrag (RStV).[32] Seit dem Inkrafttreten im Jahre 1987 befinden sich die einzelnen Vorschriften der Länder unter einem gemeinsamen Dach und schaffen einen länderübergreifenden, medienrechtlichen Ordnungsrahmen für die öffentlich-rechtliche und private Rundfunkveranstaltung in der Bundesrepublik Deutschland. Die Vorschriften des RStV verkörpern die Wahrnehmung des sich aus der Rundfunkfreiheit (Art. 5 Abs. 1 S. 2 Alt. 2 GG) ergebenden Ausgestaltungsauftrags entsprechend der Vorgaben des BVerfG.[33] Angesichts seiner grundlegenden Bedeutung für das nationale Rundfunkrecht wird der sich fortlaufend ändernde RStV auch als „Grundgesetz der dualen Rundfunkordnung"[34] bezeichnet.

Als weitere Beispiele für bundeseinheitlich geltende Staatsverträge sind der Rundfunkfinanzierungsstaatsvertrag (RFinStV)[35], der Rundfunkbeitragsstaatsvertrag (RBStV)[36], der Jugendmedienschutz-Staatsvertrag (JMStV) sowie der ARD-Staatsvertrag (ARD-StV)[37] und der ZDF-Staatsvertrag (ZDF-StV)[38] zu

---

[26] Staatsvertrag über den Mitteldeutschen Rundfunk (MDR-StV) vom 30. Mai 1991 (SächsGVBl. S. 169).

[27] Staatsvertrag über den Norddeutschen Rundfunk (NDR-StV) vom 18. Dezember 1991 (HmbGVBl. S. 40).

[28] Staatsvertrag über den Südwestrundfunk (SWR-StV) vom 3. Juli 2013 (BWGBl. S. 314).

[29] *Beater*, Medienrecht, 2016, § 4 Rn. 251.

[30] Hinsichtlich des MDR-StV gilt dies für die Bundesländer Sachsen, Sachsen-Anhalt und Thüringen. Der SWR-StV findet in den Ländern Baden-Württemberg und Rheinland-Pfalz Anwendung.

[31] *Beater*, Medienrecht, 2016, § 4 Rn. 251; *Schiwy*, in: Ricker/Schiwy, Rundfunkverfassungsrecht, 1997, Kap. A Rn. 71.

[32] *Fechner*, Medienrecht, 2018, S. 310; *Müller-Rüster*, Product Placement im Fernsehen, 2010, S. 198.

[33] BVerfGE 57, 295 ff.; BVerfGE 73, 118 ff.

[34] *Dörr*, in: Hartstein/Ring/Kreile/Dörr/Stettner/Cole/Wagner, RStV, Band 1, Teil B 3, Rn. 1 f.

[35] Rundfunkfinanzierungsstaatsvertrag (RFinStV) in der Fassung der Bekanntmachung vom 27. Juli 2001 (GVBl. S. 566, 567, BayRS 02–20-S), der zuletzt durch Art. 3 des Abkommens vom 8. Dezember 2016 (GVBl. 2017 S. 86) geändert worden ist.

[36] Rundfunkbeitragsstaatsvertrag (RBStV) vom 15. Dezember 2010 (GVBl. 2011 S. 258, 404; 2012 S. 18, BayRS 02–28-S), der zuletzt durch Abkommen vom 3. Dezember 2015 (GVBl. 2016 S. 52) geändert worden ist.

[37] ARD-Staatsvertrag (ARD-StV) in der Fassung der Bekanntmachung vom 27. Juli 2001 (GVBl. S. 547, 548, BayRS 02–18-S), der zuletzt durch Art. 2 des Abkommens vom 18. Dezember 2008 (GVBl. 2009 S. 193, 253; 2012 S. 61) geändert worden ist.

[38] ZDF-Staatsvertrag (ZDF-StV) in der Fassung der Bekanntmachung vom 27. Juli 2001 (GVBl. S. 551, 552; BayRS 02–19-S), der zuletzt durch Art. 2 des Abkommens vom 3. Dezember 2015 (GVBl. 2016 S. 52) geändert worden ist.

nennen.³⁹ Diesen Verträgen kommt weitgehend eine ergänzende Funktion zum RStV zu.⁴⁰

Das nationale Rundfunkrecht als Recht der Bundesländer weist somit insgesamt eine Vielzahl von Rechtsgrundlagen auf. Im Hinblick auf die einheitlich in allen Bundesländern geltenden Vorschriften stehen im Wesentlichen die Rundfunkgesetze (öffentlich-rechtlicher Rundfunk) und die Landesmediengesetze (privater Rundfunk) neben dem Rundfunkstaatsvertrag (öffentlich-rechtlicher und privater Rundfunk). Nunmehr stellt sich allerdings die Frage, in welchem Verhältnis diese Rechtsquellen konkret, insbesondere im Falle einer Überschneidung oder Kollision der Bestimmungen, zueinander stehen.

Zur Beantwortung dieser Frage kann der RStV Abhilfe bieten: § 1 Abs. 2 RStV stellt klar, dass die Landesgesetze nur dann zur Anwendung kommen, soweit der Rundfunkstaatsvertrag keine Regelungen vorsieht oder abweichende Regelungen zulässt.⁴¹ Der RStV ist somit der Kollisionsregel zufolge als *lex specialis*⁴² anzusehen und im Verhältnis zu den Landesgesetzen vorrangig heranzuziehen. Die Landesrundfunkgesetze finden damit in erster Linie nicht auf den bundesweit, sondern landesweit verbreiteten Rundfunk Anwendung.⁴³

c) Telemedien

Mit den sog. Telemedien bezeichnet man einen Regelungsbereich des Medienrechts, dessen Inhalt in der rechtswissenschaftlichen Sprache geprägt wurde. Der Begriff „Telemedien" ist außerhalb des juristischen Sprachgebrauchs wenig gebräuchlich und wird mit anderen Begriffen, wie z.B. Neue Medien, Multimediaprodukte oder Internetangebote, weithin synonym verstanden.⁴⁴ Das Telemedienrecht befasst sich allgemein mit der rechtlichen Beurteilung von Angeboten des Internets.

Das Grundgesetz enthält, anders als für den Presse- oder Rundfunkbereich, kein ausdrückliches „Grundrecht auf Telemedien" oder eine sog. Internetfreiheit. Allerdings spricht man heute zunehmend im Zusammenhang mit Art. 5 Abs. 1 GG von einer umfassenden Medienfreiheit und eine Geltung dieser Norm wird somit auch im Telemedienbereich angenommen.⁴⁵ Die Aufteilung der Gesetzgebungs-

---

³⁹ *Beater*, Medienrecht, 2016, § 4 Rn. 251; *Fechner*, Medienrecht, 2018, S. 5, 310.
⁴⁰ *Beater*, Medienrecht, 2016, § 4 Rn. 251.
⁴¹ *Beucher/Leyendecker/v.Rosenberg*, Mediengesetze, 2005, § 1 RStV Rn. 19; *Fechner*, Medienrecht, 2018, S. 310; *Hesse*, Rundfunkrecht, 2003, Kap. 5 Rn. 7; Müller-Rüster, Product Placement im Fernsehen, 2010, S. 199.
⁴² *Fechner*, Medienrecht, 2018, S. 311.
⁴³ *Müller-Rüster*, Product Placement im Fernsehen, 2010, S. 199.
⁴⁴ *Paschke*, Medienrecht, 2009, § 2 Rn. 72.
⁴⁵ *Fechner/Mayer*, Medienrecht Vorschriftensammlung, 2018, Einführung S. XI.

kompetenz ist unübersichtich und konturenlos.[46] Dem Bund wird vom Grundgesetz zunächst keine ausdrückliche Kompetenz zur Regelung der Telemedien eingeräumt und somit verbliebe es bei dem Grundsatz der Länderzuständigkeit (Art. 70 Abs. 1 GG). Allerdings stützt sich der Bund insbesondere auf die konkurrierende Gesetzgebungskompetenz für das Recht der Wirtschaft[47] (Art. 74 Abs. 1 Nr. 11 GG) und die Vorschriften für Telemedien befinden sich heute primär im Telemediengesetz des Bundes (TMG).[48] Als Bundesgesetz regelt das TMG vornehmlich wirtschaftsbezogene Anforderungen an Telemedien (sog. wirtschaftsbezogene Vorschriften).[49] Es regelt „Wie" das Angebot im Internet durchzuführen ist.[50]

Die allgemeinen bundesrechtlichen Regelungen im TMG werden durch landesrechtliche Bestimmungen ergänzt.[51] Diese befinden sich nicht mehr in einem eigenständigen Staatsvertrag,[52] sondern wurden seit dem Jahre 2007 in den RStV integriert (§§ 54 ff. RStV).[53] Die offizielle Bezeichnung des RStV als „Staatsvertrag für Rundfunk und Telemedien" macht den auf Telemedien erweiterten Geltungsbereich deutlich.[54] Der RStV regelt die „an die Inhalte von Telemedien zu richtenden Anforderungen"[55] und enthält damit sog. inhaltsbezogene Vorschriften, die etwa journalistische Sorgfaltspflichten betreffen.[56] Soweit Telemedien inhaltlich eine rundfunkähnliche Relevanz für die öffentliche Meinungsbildung aufweisen, sind die Vorschriften im RStV in jedem Fall zu beachten.[57]

Die Rechtsgrundlagen für Telemedien stellen somit im Wesentlichen das TMG und der RStV dar. Das TMG greift ein, soweit die Anwendungsvoraussetzungen erfüllt sind und der RStV keine vorrangig zu beachtenden medienrechtlichen Bestimmungen enthält (§ 60 Abs. 1 RStV: „im Übrigen").[58] Der RStV regelt somit, der grundgesetzlichen Kompetenzverteilung entsprechend, die speziellen medienrechtlichen Bereiche und Konstellationen.[59]

---

[46] *Fechner/Mayer*, Medienrecht Vorschriftensammlung, 2018, Einführung S. XIX.
[47] *Fechner/Mayer*, Medienrecht Vorschriftensammlung, 2018, Einführung S. XIX.
[48] *Beater*, Medienrecht, 2016, § 5 Rn. 327; *Fechner*, Medienrecht, 2018, S. 5, 362.
[49] *Beater*, Medienrecht, 2016, § 5 Rn. 328; *Paschke*, Medienrecht, 2009, § 2 Rn. 77.
[50] *Paschke*, Medienrecht, 2009, § 2 Rn. 77.
[51] *Beater*, Medienrecht, 2016, § 5 Rn. 327; *Fechner*, Medienrecht, 2018, S. 5, 311, 362.
[52] Staatsvertrag über Mediendienste (Mediendienste-Staatsvertrag) vom 20. Januar 1997 bis 12. Februar 1997 (GVBl. Berlin 1997, S. 361), der durch Artikel 2 des 9. Rundfunkänderungsstaatsvertrag vom 31. Juli 2006 bis 5. September 2006 (LT-BW.Drs. 14/935; GVBl. Thüringen 2007, S. 709) aufgehoben worden ist.
[53] *Fechner*, Medienrecht, 2018, S. 362.
[54] *Fechner*, Medienrecht, 2018, S. 311, 362; *Müller-Rüster*, Product Placement im Fernsehen, 2010, S. 199.
[55] § 1 Abs. 4 RStV.
[56] *Beater*, Medienrecht, 2016, § 5 Rn. 327; *Fechner*, Medienrecht, 2018, S. 311, 362; *Hahn/Lamprecht-Weißenborn*, in: Schwartmann, Praxishandbuch Medien-, IT- und Urheberrecht, 2017, Kap. 6 Rn. 105; *Paschke*, Medienrecht, 2009, § 2 Rn. 77.
[57] *Fechner*, Medienrecht, 2018, S. 5; *Fechner/Mayer*, Medienrecht Vorschriftensammlung, 2018, Einführung S. XX.
[58] *Beater*, Medienrecht, 2016, § 5 Rn. 328.
[59] *Beater*, Medienrecht, 2016, § 5 Rn. 327 f.

I. Nationales Medien- und Werberecht im Überblick 103

2. Rechtsgrundlagen für die Werbung

Allgemein versteht man unter Werbung die kommerzielle Kommunikation zwischen verschiedenen Marktteilnehmern.[60] Durch Werbung wird die Existenz, insbesondere der frei verfügbaren Medienangebote, ermöglicht und gesichert.[61] Für den öffentlich-rechtlichen und privaten Rundfunk ist sie als zulässige Einnahmequelle ausdrücklich normiert (§§ 13, 43 RStV). Werbung dient unmittelbar der Finanzierung von Medien und damit mittelbar der freien Informationsvermittlung und öffentlichen Meinungsbildung in einer demokratischen Gesellschaft.[62] Diesem Aspekt trägt auch das nationale Werberecht Rechnung: Der Gesetzgeber versucht eine Balance zwischen der Erreichung eines notwendigen gesellschaftlichen Schutzes einerseits und der Sicherung einer Finanzierungsgrundlage andererseits herzustellen. Da die Werberestriktionen je nach eingesetztem Medium und anvisierter Zielgruppe unterschiedlich erfolgen müssen, können die Rechtsgrundlagen für die Werbung im Presse-, Rundfunk- und Telemedienbereich variieren.

Die Werbung bzw. das Recht zu werben fällt zunächst in den Schutzbereich der Grundrechte. Das in Art. 5 Abs. 1 S. 1 GG verankerte Grundrecht der Meinungsfreiheit erfasst die Werbung als Gegenstand oder Mittel der Meinungsäußerung.[63] Die Berufsfreiheit in Art. 12 Abs. 1 GG schützt die Werbung wiederum als Teil der beruflichen Außendarstellung.[64] Werbebeschränkungen für alle Mediengattungen müssen daher als Schrankenregelung verstanden werden und unterliegen einer Rechtfertigungspflicht.[65]

Allgemeine Werberegelungen, die für alle medialen Erscheinungsformen gelten, befinden sich zunächst im Gesetz gegen den unlauteren Wettbewerb (UWG).[66] Sofern es sich bei dem Verhalten des Veranstalters um eine geschäftliche Handlung i. S. d. § 2 Abs. 1 UWG handelt, könnte sich eine Unlauterkeit der Werbemaßnahme aus den §§ 3 ff. UWG ergeben. Allerdings gilt zu beachten, dass es sich hierbei in erster Linie um verbraucherbezogene Vorschriften aus dem medienunspezifischen Wettbewerbsrecht und nicht dem Medienrecht handelt.

---

[60] *Hahn/Lamprecht-Weißenborn*, in: Schwartmann, Praxishandbuch Medien-, IT- und Urheberrecht, 2017, Kap. 6 Rn. 2.
[61] *Branahl*, Medienrecht, 2013, S. 291.
[62] *Hahn/Lamprecht-Weißenborn*, in: Schwartmann, Praxishandbuch Medien-, IT- und Urheberrecht, 2017, Kap. 6 Rn. 1.
[63] BVerfGE 102, 347 ff.; BVerfGE 107, 275 ff.
[64] *Hahn/Lamprecht-Weißenborn*, in: Schwartmann, Praxishandbuch Medien-, IT- und Urheberrecht, 2017, Kap. 6 Rn. 3.
[65] *Hahn/Lamprecht-Weißenborn*, in: Schwartmann, Praxishandbuch Medien-, IT- und Urheberrecht, 2017, Kap. 6 Rn. 3.
[66] *Goldbeck*, in: Paschke/Berlit/Meyer, Gesamtes Medienrecht, 2016, Teil 3 Abschn. 26 Rn. 8.

Spezialgesetzliche Regelungen für den Bereich der Presse im Hinblick auf die Werbung befinden sich in den Landespressegesetzen.[67] So findet dort etwa das medienrechtliche Trennungsgebot mehrfach seine Ausprägung.[68] Die Publizistischen Grundsätze des Deutschen Presserats (sog. Pressekodex) enthalten ebenfalls werbespezifische Bestimmungen für die Presse, insbesondere im Hinblick auf das Trennungsprinzip und die Schleichwerbung (Ziffer 7: Trennung von Werbung und Redaktion).[69] Allerdings gelten diese im Rahmen der Selbstregulierung auferlegten Verhaltensregeln als nicht gesetzliche Maßgabe[70] und bilden somit keine vergleichbare Rechtsgrundlage wie die Landespressegesetze.

Die originäre Rechtsquelle für eine werbende Tätigkeit im Rundfunk bilden die Vorschriften des RStV (§§ 2 Abs. 2, 7 ff. RStV).[71] Damit unterliegt insbesondere der Einsatz von Werbung im Fernsehen weitreichenden rechtlichen Beschränkungen. Die Werbebestimmungen im RStV geben die Rahmenbedingungen für die kommerzielle Nutzung des Rundfunks vor und zählen zu den wichtigsten und gleichzeitig umstrittensten Vorschriften im gesamten Rundfunkrecht.[72] Die in den Landesrundfunk- oder -mediengesetzen vorgesehenen Werbevorschriften für den landesweit verbreiteten Rundfunk verweisen meist auf die Vorschriften des RStV und sind damit weitgehend deckungsgleich.[73] Die für eine nationale rechtliche Bewertung von Schleichwerbung maßgeblichen Bestimmungen ergeben sich jedenfalls angesichts der Kollisionsregel des § 1 Abs. 2 RStV aus dem Rundfunkstaatsvertrag. Werberechtlich ergänzt wird der RStV unter dem Gesichtspunkt des Jugendschutzes im Übrigen durch den JMStV.[74]

Unterhalb der gesetzlichen Ebene gibt es Werberichtlinien der Landesrundfunk- und -medienanstalten zur Durchführung[75] und Konkretisierung[76] der gesetzlichen

---

[67] *Hahn/Lamprecht-Weißenborn*, in: Schwartmann, Praxishandbuch Medien-, IT- und Urheberrecht, 2017, Kap. 6 Rn. 4.
[68] Beispiele: § 8 des Landespressegesetzes von Hessen; § 9 der Landespressegesetze für Bayern, Berlin, Mecklenburg-Vorpommern, Sachsen und Sachsen-Anhalt; § 10 der Landespressegesetze von Baden-Württemberg, Bremen, Hamburg, Niedersachsen, Nordrhein-Westfalen, Schleswig-Holstein und Thüringen; § 11 des Landespressegesetzes von Brandenburg.
[69] Deutscher Presserat, Publizistische Grundsätze (Pressekodex) vom 22.03.2017, S. 5.
[70] *Hahn/Lamprecht-Weißenborn*, in: Schwartmann, Praxishandbuch Medien-, IT- und Urheberrecht, 2017, Kap. 6 Rn. 4.
[71] *Goldbeck*, in: Paschke/Berlit/Meyer, Gesamtes Medienrecht, 2016, Teil 3 Abschn. 26 Rn. 6; *Hahn/Lamprecht-Weißenborn*, in: Schwartmann, Praxishandbuch Medien-, IT- und Urheberrecht, 2017, Kap. 6 Rn. 4; *Paschke*, Medienrecht, 2009, § 15 Rn. 833 ff.
[72] *Müller-Rüster*, Product Placement im Fernsehen, 2010, S. 209.
[73] Beispiel: Der Verstoß gegen die Werbegrundsätze des § 7 RStV stellt im landesweiten Rundfunk gem. § 56 Abs. 1 NMedienG eine Ordnungswidrigkeit dar.
[74] *Goldbeck*, in: Paschke/Berlit/Meyer, Gesamtes Medienrecht, 2016, Teil 3 Abschn. 26 Rn. 9; *Hahn/Lamprecht-Weißenborn*, in: Schwartmann, Praxishandbuch Medien-, IT- und Urheberrecht, 2017, Kap. 6 Rn. 4.
[75] *Goldbeck*, in: Paschke/Berlit/Meyer, Gesamtes Medienrecht, 2016, Teil 3 Abschn. 26 Rn. 17.
[76] *Engels*, Das Recht der Fernsehwerbung für Kinder, 1997, S. 203; *Müller-Rüster*, Product Placement im Fernsehen, 2010, S. 200.

I. Nationales Medien- und Werberecht im Überblick   105

Vorgaben des RStV (z. B. § 7 RStV), welche u. a. Bestimmungen zum Trennungsgebot und zur Schleichwerbung enthalten.[77] Relevante Beispiele bilden derzeit für den öffentlich-rechtlichen Rundfunk die ARD-Richtlinien und ZDF-Richtlinien für Werbung, Sponsoring, Gewinnspiele und Produktionshilfe (ARD-RL, ZDF-RL)[78] sowie für den privaten Rundfunk die Gemeinsamen Richtlinien der Landesmedienanstalten für die Werbung, die Produktplatzierung, das Sponsoring und das Teleshopping im Fernsehen (Werbe-RL/Fernsehen)[79]. Auch wenn die Rechtsnatur und -wirkung der Richtlinien im Einzelnen umstritten sind,[80] handelt es sich nach der wohl überwiegenden Auffassung[81] um normeninterpretierende (nicht normenkonkretisierende) Verwaltungsvorschriften ohne Außenwirkung. Als anstaltsinternes Recht kommt den Richtlinien somit vorwiegend eine interne Bindungswirkung für das Handeln der Rundfunk- oder Medienanstalten zu.[82] Jedenfalls sind diese Richtlinien für die Rundfunkwerbepraxis eher von „sekundärrechtlicher" und untergeordneter Bedeutung.[83]

Werbung in Telemedien ist im RStV der Länder und im TMG des Bundes geregelt.[84] Die inhaltlichen Vorgaben zu Werbung im Zusammenhang mit Telemedien ergeben sich konkret aus § 58 Abs. 1–3 RStV.[85] In dieser Norm befinden sich einerseits allgemein die für alle Telemedien geltenden Werbevorschriften, wie beispielsweise das Trennungsgebot, und andererseits die nur für bestimmte bzw. „fernsehähnliche" Telemedien maßgeblichen Bestimmungen. Werbung in bestimmten Formen von Telemedien wird dabei anhand von Gesetzesverweisen teilweise den gleichen Maßgaben unterworfen wie Werbung im Rundfunk. Neue Relevanz erlangen die für Telemedien geltenden Werbevorschriften im RStV mit dem Phänomen der sozialen Netzwerke im Internet wie *YouTube, Instagram, Facebook, SnapChat*

---

[77] Die konkrete Ermächtigung und Verpflichtung zum Erlass von Richtlinien statuiert für die Landesrundfunkanstalten im Hinblick auf den öffentlich-rechtlichen Rundfunk § 16f RStV und für die Landesmedienanstalten im Hinblick auf den privaten Rundfunk § 46 S. 1 RStV.
[78] ARD, ARD-Richtlinien für Werbung, Sponsoring, Gewinnspiele und Produktionshilfe (ARD-RL) vom 12.03.2010; ZDF, ZDF-Richtlinien für Werbung, Sponsoring, Gewinnspiele und Produktionshilfe (ZDF-RL) vom 12. März 2010.
[79] Die Medienanstalten, Gemeinsame Richtlinien der Landesmedienanstalten für die Werbung, die Produktplatzierung, das Sponsoring und das Teleshopping im Fernsehen (WerbeRL/Fernsehen) vom 18. September 2012.
[80] *Goldbeck*, in: Paschke/Berlit/Meyer, Gesamtes Medienrecht, 2016, Teil 3 Abschn. 26 Rn. 17; *Hahn/Lamprecht-Weißenborn*, in: Schwartmann, Praxishandbuch Medien-, IT- und Urheberrecht, 2017, Kap. 6 Rn. 4; *Matzneller*, AfP 2013, 302.
[81] BVerwG, NVwZ-RR 2016, 773, 774; *Beucher/Leyendecker/v.Rosenberg*, Mediengesetze, 2005, § 16 RStV Rn. 13; *Dörr*, in: Hartstein/Ring/Kreile/Dörr/Stettner/Cole/Wagner, RStV, Band 1, Teil B 5, § 16a Rn. 2; *Jäger*, Trennungs- und Kennzeichnungsgebot, 2017, S. 109 ff.
[82] *Hahn/Lamprecht-Weißenborn*, in: Schwartmann, Praxishandbuch Medien-, IT- und Urheberrecht, 2017, Kap. 6 Rn. 4.
[83] *Goldbeck*, in: Paschke/Berlit/Meyer, Gesamtes Medienrecht, 2016, Teil 3 Abschn. 26 Rn. 17.
[84] *Hahn/Lamprecht-Weißenborn*, in: Schwartmann, Praxishandbuch Medien-, IT- und Urheberrecht, 2017, Kap. 6 Rn. 103.
[85] *Beater*, Medienrecht, 2016, § 5 Rn. 327; *Fechner*, Medienrecht, 2018, S. 364.

oder *Twitter*.[86] Die darin bereitgestellten Inhalte, insbesondere Fotos oder Videos, können heute ebenfalls den Rundfunkregelungen zur Werbung unterliegen.[87] Das TMG konzentriert sich auf die technischen Vorgaben zur Werbung in Telemedien und regelt z. B. Informationspflichten für E-Mail-Werbung und das Trennungsgebot in § 6 TMG.[88] Im Übrigen verweist das Regelwerk jedoch auf die vorrangig heranzuziehenden medienrechtlichen Vorschriften hinsichtlich der Werbung im RStV (§ 1 Abs. 4 TMG).[89]

Nach Ermittlung der Rechtsgrundlagen lässt sich feststellen, dass es sich bei dem nationalen Medien- bzw. Werberecht um ein sehr zersplittertes Rechtsgebiet handelt. Je nach eingesetztem Medium und Erscheinungsform der Werbung sind unterschiedliche Vorschriften heranzuziehen. Allerdings sind im Vergleich zum Pressebereich bzw. zu den Printmedien die Werbeformen in den elektronischen Medien auch ungleich vielfältiger.[90] Für diese Arbeit, die sich mit der Schleichwerbung im Öffentlichen Medienrecht beschäftigt, bildet der „Staatsvertrag für Rundfunk und Telemedien" den zentralen Anknüpfungspunkt für den innerstaatlichen Bereich. Der RStV als bundeseinheitlich geltendes Landesrecht schafft mit seinen detaillierten Regelungen das Fundament der nationalen Rundfunkordnung, berücksichtigt europäische Gesetzgebungsaktivitäten (z. B. AVMD-RL) und passt sich insgesamt durch sog. Rundfunkänderungsstaatsverträge regelmäßig an die aktuellen medienpolitischen Entwicklungen an. Zuletzt wurde der RStV mit Wirkung zum 1. Mai 2019 reformiert.[91]

II. Werbevorschriften im RStV

1. Allgemeine Werbevorschriften

Der Ausgangspunkt für jede Werbebeschränkung im RStV ist zunächst der in § 2 Abs. 2 RStV verankerte Begriffsbestimmungskatalog. Dort befinden sich Definitionen zu den Begriffen Werbung (Nr. 7), Schleichwerbung (Nr. 8), Sponsoring (Nr. 9) oder Produktplatzierung (Nr. 11), die je nach eingesetztem Medium und

---

[86] *Hahn/Lamprecht-Weißenborn*, in: Schwartmann, Praxishandbuch Medien-, IT- und Urheberrecht, 2017, Kap. 6 Rn. 108.

[87] *Sauer*, WRP 2016, 807.

[88] *Hahn/Lamprecht-Weißenborn*, in: Schwartmann, Praxishandbuch Medien-, IT- und Urheberrecht, 2017, Kap. 6 Rn. 106.

[89] *Hahn/Lamprecht-Weißenborn*, in: Schwartmann, Praxishandbuch Medien-, IT- und Urheberrecht, 2017, Kap. 6 Rn. 4.

[90] *Hahn/Lamprecht-Weißenborn*, in: Schwartmann, Praxishandbuch Medien-, IT- und Urheberrecht, 2017, Kap. 6 Rn. 38.

[91] Zweiundzwanzigster Staatsvertrag zur Änderung rundfunkrechtlicher Staatsverträge (22. RÄStV) vom 1. Mai 2019; Vgl. zur Ratifizierung und zum Inkrafttreten in Brandenburg: Gesetz zum Zweiundzwanzigsten Staatsvertrag zur Änderung rundfunkrechtlicher Staatsverträge (Zweiundzwanzigster Rundfunkänderungsstaatsvertrag) vom 1. April 2018 (GVBl. I Nr. 7).

kommerzieller Aktivität einschlägig sein können und diversen Beschränkungen im RStV unterliegen.

Der Systematik entsprechend befinden sich die allgemeinen qualitativen und quantitativen Werberestriktionen in §§ 7 ff. RStV.[92] Im Zusammenhang mit der Schleichwerbung ist die Vorschrift des § 7 RStV von Bedeutung, die als „Grundpfeiler des Rundfunkwerberechts"[93] die allgemeinen Regeln für die Werbung im öffentlich-rechtlichen und privaten Rundfunk normiert. Auch sind die dort aufgestellten qualitativen Regelungen zunehmend für werbliche Tätigkeiten im Telemedien- bzw. Internetbereich relevant. § 7a RStV enthält wiederum allgemeine quantitative Werbebestimmungen, die u. a. das Blockwerbegebot, Gebot der Wahrung des Sendungszusammenhangs (Abs. 2 RStV) und die Mindestabstandsregeln für Unterbrecherwerbung (Abs. 1, 3 RStV) im dualen Rundfunksystem betreffen.[94] Bei §§ 8, 8a RStV handelt es sich um Vorschriften, die ausschließlich das Sponsoring und die Gewinnspiele als Werbeformate regeln.[95]

a) Werbegrundsätze

Die wichtigsten Regeln über Werbeinhalte befinden sich angesichts der vergleichbaren Interessen- und Gefährdungslage[96] im öffentlich-rechtlichen und privaten Rundfunk seit dem Rundfunkstaatsvertrag aus dem Jahre 1992 im allgemeinen Teil und wurden damit „vor die Klammer" gezogen.[97] Heute beinhaltet § 7 RStV die zentralen quantitativen Werbevorschriften[98] und man spricht daher von sog. Werbegrundsätzen.[99] § 7 RStV enthält eine große Anzahl an Regelungsordnungen und ist mittlerweile in 12 Absätze unterteilt. Während Abs. 1 primär auf den Verbraucherschutz abzielt,[100] konzentrieren sich Abs. 2–11 in erster Linie auf den Schutz der redaktionellen Unabhängigkeit vor Einflussnahmen der werbebetreibenden Wirtschaft auf die Inhalte der Medien.[101]

---

[92] *Goldbeck*, in: Paschke/Berlit/Meyer, Gesamtes Medienrecht, 2016, Teil 3 Abschn. 26 Rn. 6.
[93] *Müller-Rüster*, Product Placement im Fernsehen, 2010, S. 195.
[94] *Holznagel*, in: Hoeren/Sieber/Holznagel, Multimedia-Recht, 2018, Teil 3 Rn. 163; *Müller-Rüster*, Product Placement im Fernsehen, 2010, S. 211 f.
[95] Im Zusammenhang mit Gewinnspielen spricht man vom Rundfunkwerberecht im weiteren Sinne (*Hahn/Lamprecht-Weißenborn*, in: Schwartmann, Praxishandbuch Medien-, IT- und Urheberrecht, 2017, Kap. 6 Rn. 40).
[96] *Ladeur*, in: Binder/Vesting, Beck'scher Kommentar zum Rundfunkrecht, § 7 Rn. 2.
[97] *Bornemann*, in: Gersdorf/Paal, Informations- und Medienrecht, RStV, § 7 Rn. 3; *Müller-Rüster*, Product Placement im Fernsehen, 2010, S. 210; *Wieben*, Die Trennung von Werbung und redaktionellem Programm, 2001, S. 93.
[98] *Holznagel*, in: Hoeren/Sieber/Holznagel, Multimedia-Recht, 2018, Teil 3 Rn. 158.
[99] Der offizielle Titel des § 7 RStV lautet „Werbegrundsätze, Kennzeichnungspflichten".
[100] *Döpkens*, in: Spindler/Schuster, Recht der elektronischen Medien, 2015, RStV, § 7 Rn. 5.
[101] *Döpkens*, in: Spindler/Schuster, Recht der elektronischen Medien, 2015, RStV, § 7 Rn. 5; *Engels/Giebel*, ZUM 2000, 268; *Hoffmann-Riem/Schulz*, Hamburgisches Medienrecht, 2002, S. 119.

Zu den wichtigsten Regelungsanordnungen im Einzelnen zählen zunächst das Diskriminierungs-, Irreführungs-, Schädigungs- und Gefährdungsverbot (§ 7 Abs. 1 RStV).[102] Werbung darf allgemein nicht die Menschenwürde verletzen (Nr. 1), Diskriminierungen enthalten (Nr. 2) und Irreführungen oder Schädigungen beim Zuschauer hervorrufen (Nr. 3). Zudem darf Werbung keine Verhaltensweisen fördern, die die Gesundheit oder Sicherheit der Verbraucher und den Umweltschutz in hohem Maße gefährden (Nr. 4).

Der darauffolgende Absatz statuiert ein generelles medienrechtliches Beeinflussungsverbot (§ 7 Abs. 2 RStV).[103] Zur Sicherung der redaktionellen Unabhängigkeit[104] dürfen Werbung oder Werbebetreibende der Vorschrift zufolge das übrige Programm inhaltlich nicht beeinflussen (§ 7 Abs. 2 S. 2 RStV).

Das Trennungsgebot als tragendes Prinzip des gesamten Medienrechts[105] befindet sich ebenfalls in dieser Norm (§ 7 Abs. 3 S. 1, 3 RStV).[106] Auf das medienübergreifende Gebot der Trennung von Werbung und Programm bzw. Verbot der Werbung im Programm wird angesichts der Relevanz für die Schleichwerbethematik im Einzelnen noch näher eingegangen. Ergänzt wird das Trennungsgebot durch das Verbot des Einsatzes subliminaler Werbung (§ 7 Abs. 3 S. 2 RStV),[107] die sich dadurch auszeichnet, dass die gesendete Werbebotschaft nicht bewusst wahrgenommen werden kann und vielmehr lediglich auf das Unterbewusstsein des Rezipienten einwirkt.[108]

Des Weiteren befinden sich detaillierte Anforderungen im Hinblick auf die Teilbelegung des ausgestrahlten Bildes mit Werbung (sog. Split-Screen-Werbung)[109], Dauerwerbesendungen und virtuelle Werbung (§ 7 Abs. 4–6 RStV).

---

[102] *Goldbeck*, in: Paschke/Berlit/Meyer, Gesamtes Medienrecht, 2016, Teil 3 Abschn. 26 Rn. 71.
[103] *Goldbeck*, in: Paschke/Berlit/Meyer, Gesamtes Medienrecht, 2016, Teil 3 Abschn. 26 Rn. 79.
[104] *Holznagel*, in: Hoeren/Sieber/Holznagel, Multimedia-Recht, 2018, Teil 3 Rn. 158; *Goldbeck*, in: Paschke/Berlit/Meyer, Gesamtes Medienrecht, 2016, Teil 3 Abschn. 26 Rn. 80.
[105] *Dörr*, in: Hartstein/Ring/Kreile/Dörr/Stettner/Cole/Wagner, RStV, Band 1, Teil B 5, § 7 Rn. 27; *Paschke*, Medienrecht, 2009, § 15 Rn. 805; *Platho*, ZUM 2000, 47.
[106] *Hahn/Lamprecht-Weißenborn*, in: Schwartmann, Praxishandbuch Medien-, IT- und Urheberrecht, 2017, Kap. 6 Rn. 43; *Holznagel*, in: Hoeren/Sieber/Holznagel, Multimedia-Recht, 2018, Teil 3 Rn. 158; *Goldbeck*, in: Paschke/Berlit/Meyer, Gesamtes Medienrecht, 2016, Teil 3 Abschn. 26 Rn. 86; *Paschke*, Medienrecht, 2009, § 15 Rn. 834.
[107] *Goldbeck*, in: Paschke/Berlit/Meyer, Gesamtes Medienrecht, 2016, Teil 3 Abschn. 26 Rn. 96; *Holznagel*, in: Hoeren/Sieber/Holznagel, Multimedia-Recht, 2018, Teil 3 Rn. 158.
[108] Es handelt sich in der Regel um sehr kurze Werbeeinblendungen (*Bosman*, ZUM 1990, 556; *Goldbeck*, in: Paschke/Berlit/Meyer, Gesamtes Medienrecht, 2016, Teil 3 Abschn. 26 Rn. 96; *Holznagel*, in: Hoeren/Sieber/Holznagel, Multimedia-Recht, 2018, Teil 3 Rn. 158; *Sack*, AfP 1991, 709).
[109] *Goldbeck*, in: Paschke/Berlit/Meyer, Gesamtes Medienrecht, 2016, Teil 3 Abschn. 26 Rn. 98; *Paschke*, Medienrecht, 2009, § 15 Rn. 834 f.

II. Werbevorschriften im RStV

Besonders wichtig für das Werberecht im RStV und für diese Arbeit ist das Verbot von Schleichwerbung (§ 7 Abs. 7 S. 1 Alt. 1 RStV). Diese Vorschrift wird ebenfalls in einem gesonderten Kapitel noch im Detail erörtert. Ergänzt wird das Schleichwerbeverbot durch das grundsätzliche Verbot von Produkt- und Themenplatzierungen sowie entsprechenden Praktiken (§ 7 Abs. 7 S. 1 Alt. 2, 3, 4 RStV). Insgesamt stellen diese Verbote jeweils Konkretisierungen des allgemeinen Trennungsgebots dar, wobei das Schleichwerbeverbot bzw. dessen Verletzung in den letzten Jahren in den Mittelpunkt der Öffentlichkeit gerückt ist.[110]

Weiterhin ist das in § 7 RStV verankerte Verbot der Werbung durch Nachrichtensprecher (§ 7 Abs. 8 RStV)[111] sowie der Werbung politischer, weltanschaulicher oder religiöser Art (§ 7 Abs. 9 RStV) zu nennen. Letztlich erwähnenswert ist noch die inhaltsbezogene Regelung, wonach Werbung für alkoholische Getränke keinen übermäßigen Genuss fördern darf (§ 7 Abs. 10 RStV).

b) System der Trennung von Werbung und Programm

Das allgemeine Trennungsgebot stellt ein tragendes Prinzip des gesamten Medienrechts und einen zentralen Grundsatz des Rundfunkwerberechts dar. Es wird in Deutschland als „Generalklausel",[112] „Magna Charta"[113] oder sogar als „Grundgesetz"[114] des Werberechts angesehen und bildet den Ausgangspunkt für eine Vielzahl von Werberegelungen. Auch für die rechtliche Untersuchung von Schleichwerbung liefern die Gesetzesentwicklungen und die von Rechtsprechung und Literatur entwickelten Grundsätze zum Trennungsgebot eine wichtige Grundlage für die Auslegung der relevanten Vorschriften, zumal die Schleichwerbe- aus den Trennungsvorschriften entstanden sind und eine besondere Ausprägung des Systems der Trennung von Werbung und Programm darstellen.

c) Zielsetzung

Die Regelungsziele des Trennungsgebots ergeben sich zunächst aus der allgemeinen Erwägung, dass Werbung und Programm grundlegend unterschiedlich sind und eine Vermischung besondere Gefahren mit sich bringt. Werbung zeichnet sich durch einen einseitigen, unkritischen und anpreisenden Aussagegehalt aus.[115] Werbebotschaften sollen zur Förderung der jeweiligen Kommunikationsziele auf den

---

[110] *Holznagel*, in: Hoeren/Sieber/Holznagel, Multimedia-Recht, 2018, Teil 3 Rn. 159.
[111] *Holznagel*, in: Hoeren/Sieber/Holznagel, Multimedia-Recht, 2018, Teil 3 Rn. 158.
[112] *Bork*, Werbung im Programm, 1988, S. 83.
[113] *Müller-Rüster*, Product Placement im Fernsehen, 2010, S. 215.
[114] *Ladeur*, Das Werberecht der elektronischen Medien, 2004, Rn. 338.
[115] *Branahl*, Medienrecht, 2013, S. 292; *Neft*, Rundfunkwerbung und Rundfunkfreiheit, 1994, S. 75.

Rezipienten einwirken und dienen damit ausschließlich dem Interesse der werbebetreibenden Wirtschaft.[116]

Beim journalistisch-redaktionellen Programm handelt es sich wiederum, unabhängig von Format und Qualität, grundsätzlich um Sachaussagen des Mediums selbst.[117] Informationen aus den Bereichen Politik, Wirtschaft und Kultur sollen dabei objektiv berichtet werden sowie aufklärend und meinungsbildend wirken. Die Vielfalt der Programmbestandteile dient vor allem dem Interesse der Allgemeinheit und der Medien.

Von einer Vermischung von Werbung und Programm gehen besondere Gefahren für den Prozess der freien individuellen und öffentlichen Meinungsbildung aus.[118] Unter den vielgestaltigen Zielsetzungen der Trennung von Werbung und redaktionellem Inhalt dominiert somit ein allgemeines übergeordnetes Primärziel der Sicherung des freien individuellen und öffentlichen Meinungsbildungsprozesses.[119]

Im Hinblick auf die sich daraus ergebenden konkreten medienrechtlichen Zielsetzungen des Trennungsgebots kann im Wesentlichen zwischen einer angestrebten materiellen und formellen Trennung unterschieden werden:

Das Trennungsgebot möchte zum einen die Unabhängigkeit der Medien vor der Einflussnahme sachfremder Dritter schützen (sog. materielle Trennung oder „Beeinflussungsverbot").[120] Medienunternehmen finanzieren sich durch Werbeeinnahmen und diese Abhängigkeit steht in Konflikt mit deren Aufgabe als „Wachhund der Öffentlichkeit"[121] ohne jegliche Beeinflussung objektiv über politische, wirtschaftliche und kulturelle Vorgänge zu berichten. Das Trennungsgebot kann die finanzielle Abhängigkeit der Medien nicht komplett beseitigen, aber zumindest der Gefahr entgegenwirken, dass die redaktionelle Tätigkeit zu sehr vom Geldgeber beeinflusst wird.[122] Die wirtschaftliche oder politische Sphäre soll anhand dieses Gebots zumindest keinen unmittelbaren Einfluss auf die redaktionelle Vielfalt

---

[116] *Branahl*, Medienrecht, 2013, S. 292; *Müller-Rüster*, Product Placement im Fernsehen, 2010, S. 220.

[117] *Neft*, Rundfunkwerbung und Rundfunkfreiheit, 1994, S. 75.

[118] *Gounalakis*, WRP 2005, 1476 ff.; *Müller-Rüster*, Product Placement im Fernsehen, 2010, S. 220; *Neft*, Rundfunkwerbung und Rundfunkfreiheit, 1994, S. 75; *Hahn/Lamprecht-Weißenborn*, in: Schwartmann, Praxishandbuch Medien-, IT- und Urheberrecht, 2017, Kap. 6 Rn. 42.

[119] *Kachabia*, BLJ 2015, 15.

[120] BGH, NJW 1990, 3199, 3201 f.; VG Berlin, AfP 1999, 407, 407; OLG Hamburg, AfP 1997, 806, 806 ff.; LG München, ZUM 1986, 484, 484; LG München I, ZUM 1985, 517, 517; *Beater*, Medienrecht, 2016, § 8 Rn. 716; *Fechner*, Medienrecht, 2018, S. 313; *Goldbeck*, in: Paschke/Berlit/Meyer, Gesamtes Medienrecht, 2016, Teil 3 Abschn. 26 Rn. 87; *Gounalakis*, WRP 2005, 1477; *Greffenius/Fikentscher*, ZUM 1992, 528; *Hesse*, Rundfunkrecht, 2003, Kap. 3 Rn. 57; *Petersen*, Medienrecht, 2010, § 15 Rn. 2.

[121] BGH, NJW 2015, 782, 784; *Jäger*, Trennungs- und Kennzeichnungsgebot, 2017, S. 19.

[122] *Beater*, Medienrecht, 2016, § 8 Rn. 716.

II. Werbevorschriften im RStV

haben.¹²³ Mit diesem Regelungszweck genießt das Trennungsgebot nach fast einhelliger Auffassung¹²⁴ Verfassungsrang aus der in Art. 5 Abs. 1 S. 2 GG verankerten Rundfunkfreiheit. Die Wahrung der redaktionellen Unabhängigkeit stellt die Grundvoraussetzung für das Verfassungskonzept der Massenkommunikation dar¹²⁵ und ist insbesondere notwendig, damit der Rundfunk seine Funktion als „Medium und Faktor"¹²⁶ der freien individuellen und öffentlichen Meinungsbildung erfüllen kann.¹²⁷ Das Gebot dient der „positiven Ordnung" des Rundfunks¹²⁸ und sichert als Ausdruck der objektiv-rechtlichen Garantie der Rundfunkfreiheit¹²⁹ die Vielfalt des redaktionellen Programms sowie die Freiheit des Meinungsbildungsprozesses.¹³⁰ Die Rundfunkfreiheit verbietet insgesamt die Indienstnahme des Rundfunks für außerpublizistische Zwecke.¹³¹

Zum anderen soll das Trennungsgebot den Rezipienten bzw. die Allgemeinheit vor Täuschungen über den Werbezweck einer Aussage schützen¹³² und möchte damit im Kern die Erkennbarkeit des Werbecharakters gewährleisten (sog. formelle Trennung).¹³³ Da die tatsächliche Trennung von Werbung und redaktionellem Inhalt allein in zahlreichen Fällen nicht mehr möglich ist oder die eindeutige Erkennbarkeit der Werbung nicht immer gewährleisten kann, bedient sich der Gesetzgeber als Unterstützung des sog. Kennzeichnungsgebots.¹³⁴ Der durchschnittlich infor-

---

[123] *Holznagel*, in: Hoeren/Sieber/Holznagel, Multimedia-Recht, 2018, Teil 3 Rn. 157; *Ladeur*, in: Binder/Vesting, Beck'scher Kommentar zum Rundfunkrecht, § 7 Rn. 28; *Paschke*, Medienrecht, 2009, § 9 Rn. 298.

[124] *Döpkens*, in: Spindler/Schuster, Recht der elektronischen Medien, 2015, RStV, § 7 Rn. 28; *Hahn/Lamprecht-Weißenborn*, in: Schwartmann, Praxishandbuch Medien-, IT- und Urheberrecht, 2017, Kap. 6 Rn. 42; *Hain*, K&R 2008, 662 ff.; *Hesse*, Rundfunkrecht, 2003, Kap. 3 Rn. 57; *Ladeur*, in: Binder/Vesting, Beck'scher Kommentar zum Rundfunkrecht, § 7 Rn. 4, 28.

[125] *Hoffmann-Riem*, in: Benda/Maihofer/Vogel, HbVerfR I, § 7 Rn. 1 ff.; *Müller-Rüster*, Product Placement im Fernsehen, 2010, S. 221.

[126] BVerfGE 12, 113, 127; BVerfGE 12, 205, 260; BVerfGE 57, 295, 319; BVerfGE 73, 118, 152; BVerfGE 114, 371, 386 f.; BVerfGE 119, 181, 214.

[127] *Döpkens*, in: Spindler/Schuster, Recht der elektronischen Medien, 2015, RStV, § 7 Rn. 28; *Hahn/Lamprecht-Weißenborn*, in: Schwartmann, Praxishandbuch Medien-, IT- und Urheberrecht, 2017, Kap. 6 Rn. 42; *Holznagel/Stenner*, ZUM 2004, 618 f.

[128] *Ladeur*, in: Binder/Vesting, Beck'scher Kommentar zum Rundfunkrecht, § 7 Rn. 4.

[129] *Döpkens*, in: Spindler/Schuster, Recht der elektronischen Medien, 2015, RStV, § 7 Rn. 28.

[130] *Hahn/Lamprecht-Weißenborn*, in: Schwartmann, Praxishandbuch Medien-, IT- und Urheberrecht, 2017, Kap. 6 Rn. 42; *Ladeur*, in: Binder/Vesting, Beck'scher Kommentar zum Rundfunkrecht, § 7 Rn. 4; *Müller-Rüster*, Product Placement im Fernsehen, 2010, S. 221.

[131] BVerfGE 90, 60, 87 f.; BVerfGE 87, 181, 201 f.

[132] *Bosman*, ZUM 1990, 548; *Fechner*, Medienrecht, 2018, S. 313; *Goldbeck*, in: Paschke/Berlit/Meyer, Gesamtes Medienrecht, 2016, Teil 3 Abschn. 26 Rn. 87; *Holznagel*, in: Hoeren/Sieber/Holznagel, Multimedia-Recht, 2018, Teil 3 Rn. 156.

[133] *Beater*, Medienrecht, 2016, § 8 Rn. 715; *Döpkens*, in: Spindler/Schuster, Recht der elektronischen Medien, 2015, RStV, § 7 Rn. 28; *Schwanbom*, in: Schiwy/Schütz/Dörr, Medienrecht – Lexikon für Praxis und Wissenschaft, 2010, S. 745.

[134] *Holznagel*, in: Hoeren/Sieber/Holznagel, Multimedia-Recht, 2018, Teil 3 Rn. 157; *Jäger*, Trennungs- und Kennzeichnungsgebot, 2017, S. 5.

mierte, aufmerksame und verständige Zuschauer[135] soll anhand der Vorschriften jederzeit bewerten können, ob im Rahmen eines Beitrags werbliche Interessen eine Rolle spielen oder nicht[136] und diesbezüglich keiner Irreführung unterliegen.[137] Eine Gefahr der Irreführung wird im Falle einer Vermischung von programmlichen und werblichen Inhalten jedenfalls dann angenommen, wenn es zu einer Verschleierung des Werbecharakters einer Information kommt.[138] Im Wesentlichen geht es damit um den Schutz des Vertrauens der Allgemeinheit in eine von verdeckten Interessen Dritter freie Information.[139] Die Kenntnis über Ursprung und Quelle einer Botschaft bildet die Grundvoraussetzung für eine korrekte Einordnung der Aussage in das individuelle, anhand von eigenen Erfahrungen und medienvermittelten Informationen konstruierte, Abbild der Wirklichkeit.[140] Im Vergleich zur Werbung weist der Rezipient grundsätzlich mehr Vertrauen in die Objektivität redaktioneller Inhalte auf, da diese nicht ausschließlich von kommerziellen Partikularinteressen geprägt sind.[141] Er tritt insbesondere wissenschaftlichen und fachlichen Äußerungen unkritischer gegenüber und misst diesen regelmäßig eine größere Bedeutung zu als anpreisenden Angaben, die der Werbende über eigene Waren oder Dienstleistungen macht.[142]

In diesem Zusammenhang muss berücksichtigt werden, dass das Vertrauen in die Objektivität redaktioneller Inhalte gerade im Rundfunkbereich besonders schutzwürdig ist, da das Fernsehen im Vergleich zu anderen Medien eine höhere „Breitenwirkung, Aktualität und Suggestivkraft"[143] aufweist und damit eine herausgehobene Meinungsbildungsrelevanz einhergeht.[144] Das Trennungsgebot verfolgt somit das Ziel, dem Fernsehzuschauer die Identifizierung einer Werbebotschaft zu ermöglichen[145] und sein „kommunikatives Vertrauen" zu schützen.[146]

---

[135] *Schwanbom*, in: Schiwy/Schütz/Dörr, Medienrecht – Lexikon für Praxis und Wissenschaft, 2010, S. 745.
[136] *Beater*, Medienrecht, 2016, § 8 Rn. 713; *Döpkens*, in: Spindler/Schuster, Recht der elektronischen Medien, 2015, RStV, § 7 Rn. 28.
[137] *Bork*, Werbung im Programm, 1988, S. 16, 83; *Petersen*, Medienrecht, 2010, § 15 Rn. 2.
[138] *Gounalakis*, WRP 2005, 1477; *Greffenius/Fikentscher*, ZUM 1992, 528; *Hesse*, Rundfunkrecht, 2003, Kap. 3 Rn. 57; *Johansson*, Product Placement in Film und Fernsehen, 2001, S. 70; *Neft*, Rundfunkwerbung und Rundfunkfreiheit, 1994, S. 75 f.; *Sack*, AfP 1991, 707.
[139] *Gounalakis*, WRP 2005, 1476; *Hahn/Lamprecht-Weißenborn*, in: Schwartmann, Praxishandbuch Medien-, IT- und Urheberrecht, 2017, Kap. 6 Rn. 42.
[140] *Engels/Giebel*, ZUM 2000, 269; *Müller-Rüster*, Product Placement im Fernsehen, 2010, S. 222; *Neft*, Rundfunkwerbung und Rundfunkfreiheit, 1994, S. 76; *Ricker*, in: Ricker/Schiwy, Rundfunkverfassungsrecht, 1997, Kap. F Rn. 88; *Wieben*, Die Trennung von Werbung und redaktionellem Programm, 2001, S. 51.
[141] *Goldbeck*, in: Paschke/Berlit/Meyer, Gesamtes Medienrecht, 2016, Teil 3 Abschn. 26 Rn. 87; *Gounalakis*, WRP 2005, 1477; *Hesse*, Rundfunkrecht, 2003, Kap. 3 Rn. 57.
[142] *Beater*, Medienrecht, 2016, § 8 Rn. 713; *Schwanbom*, in: Schiwy/Schütz/Dörr, Medienrecht – Lexikon für Praxis und Wissenschaft, 2010, S. 744.
[143] BVerfGE 90, 60, 87.
[144] *Platho*, ZUM 2000, 47.
[145] *Dörfler*, Product Placement im Fernsehen, 1993, S. 94.
[146] *Engels/Giebel*, ZUM 2000, 269.

Werden die Grenzen von Werbung und Programm verwischt, sodass eine Gefahr der Irreführung besteht, droht eine Verfälschung der öffentlichen und individuellen Meinungsbildung durch den Rundfunk.[147]

Insgesamt lässt sich feststellen, dass es dem Gesetzgeber letzten Endes um die Reinheit der medialen Botschaft geht: Werbung darf nicht „unter falscher Flagge segeln".[148] Die Verwirklichung der Zielsetzung des medienrechtlichen Trennungsgebots weist in der Praxis allerdings eine Reihe von Umsetzungsschwierigkeiten auf.[149] Dies kommt insbesondere dann deutlich zum Ausdruck, wenn ein *Seat*-Wok bei der „TV-Total Wok WM" auf *ProSieben* neben dem *HRS.de*-Wok durch einen *Burger King*-Feierkreisel flitzt.[150] Nicht nur die einzelnen Mediengattungen konvergieren immer mehr, sondern auch Werbung und Programm nähern sich einander an und bilden längst keinen scharfen Gegensatz mehr.[151] Medienschaffende und Werbebetreibende entwickeln immer wieder neue Darbietungsformen der Werbung, die nicht ohne weiteres mit dem Sinn und Zweck des Trennungsgebots vereinbar sind. Eine im Hinblick auf dieses Gebot als rechtlich problematisch angesehene Erscheinungsform von Werbung stellt die Schleichwerbung dar.[152]

2. Trennungsgebot im RStV

Der allgemeine medienrechtliche Trennungsgrundsatz findet seinen Ausdruck in vielen verschiedenen Vorschriften des RStV.[153] Dabei sind insbesondere § 7 RStV und § 58 RStV zu nennen, die das Trennungsgebot für die Bereiche Rundfunk einerseits und Telemedien andererseits regeln. Wie sich an § 7 RStV zeigt, erscheinen die wesentlichen Ausprägungen als Beeinflussungsverbot (Abs. 2), formelles Trennungsgebot oder Kennzeichnungspflicht (Abs. 3) sowie Schleichwerbeverbot (Abs. 7) kaum je in Reinform.[154]

Das Trennungsgebot ist im Grundsatz jedoch in § 7 Abs. 3 RStV verankert.[155] Das Beeinflussungsverbot beschreibt einen schwer durchsetzbaren medieninternen Vor-

---

[147] *Bosman*, ZUM 1990, 548; *Müller-Rüster*, Product Placement im Fernsehen, 2010, S. 222.
[148] *Branahl*, Medienrecht, 2013, S. 292.
[149] *Paschke*, Medienrecht, 2009, § 15 Rn. 806.
[150] VG Berlin, ZUM-RD 2009, 292, 292; *Schader*, FAZ, Schleich dich, Werbung!, faz.net/aktuell/feuilleton/medien/unerlaubte-werbung-schleich-dich-werbung-1544943.html, 07.02.2019.
[151] *Hesse*, Rundfunkrecht, 2003, Kap. 3 Rn. 57; *Kachabia*, BLJ 2015, 15; *Mallick*, Product-Placement in Massenmedien, 2009, S. 42.
[152] *Paschke*, Medienrecht, 2009, § 15 Rn. 806, 810.
[153] *Hahn/Lamprecht-Weißenborn*, in: Schwartmann, Praxishandbuch Medien-, IT- und Urheberrecht, 2017, Kap. 6 Rn. 44.
[154] *Hahn/Lamprecht-Weißenborn*, in: Schwartmann, Praxishandbuch Medien-, IT- und Urheberrecht, 2017, Kap. 6 Rn. 44; *Kachabia*, BLJ 2015, 15.
[155] *Beater*, Medienrecht, 2016, § 8 Rn. 715; *Branahl*, Medienrecht, 2013, S. 295; *Fechner*, Medienrecht, 2018, S. 313; *Petersen*, Medienrecht, 2010, § 15 Rn. 2; *Schwanbom*, in: Schiwy/Schütz/Dörr, Medienrecht – Lexikon für Praxis und Wissenschaft, 2010, S. 74.

gang und erweist sich im Hinblick auf den rechtlichen Gehalt insgesamt als dunkel.[156] Bei dem Schleichwerbeverbot handelt es sich um eine im weiteren Verlauf der Arbeit noch näher zu untersuchende Konkretisierung des § 7 Abs. 3 RStV.[157] § 58 RStV ist für den Telemedien- bzw. Internetbereich erst nachträglich entstanden.[158]

a) Trennungsgebot für den Rundfunk (§ 7 Abs. 3 RStV)

aa) Rundfunkbegriff

Bevor auf die gesetzlichen Bestimmungen zum Trennungsprinzip in § 7 Abs. 3 RStV ausführlich eingegangen werden kann, muss zur Skizzierung der Reichweite der einfachgesetzliche Begriff des Rundfunks ermittelt werden. Der einfachgesetzliche, im RStV definierte Rundfunkbegriff legt fest, welche Angebote nach welchen staatsvertraglichen Normen zu beurteilen sind und damit auch dem Trennungsgebot in § 7 Abs. 3 RStV unterliegen.[159] Die Zuordnung eines Angebots zum Rundfunk i. S. d. § 2 Abs. 1 S. 1 RStV ist für die konkrete Art und Weise der Werberegulierung entscheidend und damit auch für die Anbieter von großer praktischer Bedeutung.[160]

Nach § 2 Abs. 1 S. 1 RStV ist Rundfunk „ein linearer Informations- und Kommunikationsdienst; er ist die für die Allgemeinheit und zum zeitgleichen Empfang bestimmte Veranstaltung und Verbreitung von Angeboten in Bewegtbild oder Ton entlang eines Sendeplans unter Benutzung elektromagnetischer Schwingungen." Die Tatbestandsmerkmale des einfachgesetzlichen Rundfunkbegriffs lassen sich wie folgt unterteilen:

– Linearer Informations- und Kommunikationsdienst,

– Sendeplan,

– Bestimmung für die Allgemeinheit,

– Veranstaltung und Verbreitung,

– Bewegtbild oder Ton,

– Elektromagnetische Schwingungen.

---

[156] BGH, GRUR 1990, 611, 614; *Engels/Giebel*, ZUM 2000, 265, 270; *Kachabia*, BLJ 2015, 16.
[157] OVG Rheinland-Pfalz, ZUM 2009, 507, 511; *Holznagel/Stenner*, ZUM 2004, 619; *Jäger*, Trennungs- und Kennzeichnungsgebot, 2017, S. 128; *Kreile*, in: Dörr/Kreile/Cole, Handbuch Medienrecht, 2011, Teil J Rn. 27; *Ladeur*, in: Binder/Vesting, Beck'scher Kommentar zum Rundfunkrecht, § 7 Rn. 47; *Holznagel*, in: Hoeren/Sieber/Holznagel, Multimedia-Recht, Teil 3 Rn. 159; *Holzgraefe*, Werbeintegration in Fernsehsendungen und Videospielen, 2010, S. 156.
[158] *Beater*, Medienrecht, 2016, § 8 Rn. 718 f.
[159] *Beater*, Medienrecht, 2016, § 4 Rn. 254; *Jäger*, Trennungs- und Kennzeichnungsgebot, 2017, S. 97.
[160] *Müller-Rüster*, Product Placement im Fernsehen, 2010, S. 202.

Rundfunk ist zunächst als linearer Informations- und Kommunikationsdienst definiert. Das Merkmal der Linearität bildet dabei das maßgebliche Merkmal für die Zuordnung eines Angebots zum Rundfunk und geht auf die AVMD-RL zurück.[161] Für die Klärung des im RStV nicht weiter definierten Begriffs der „Linearität" kann somit Art. 1 lit. e.) AVMD-RL herangezogen werden. Linearität liegt demnach vor, wenn das Angebot für den zeitgleichen Empfang von Sendungen bereitgestellt wird.[162] Bei der Bestimmung des zeitgleichen Empfangs ist auf die Perspektive des Nutzers abzustellen.[163] Hat der Nutzer keinen Einfluss auf den Empfangszeitpunkt des angebotenen Programms, so liegt typischerweise ein linearer Rundfunkdienst vor.[164] Hat der Nutzer hingegen die Möglichkeit, den Empfangszeitpunkt selbst zu bestimmen, so liegt in der Regel ein zeitversetzter Empfang und somit ein nicht-linearer Abrufdienst vor.[165] Ein zeitgleicher Empfang soll laut Gesetzesbegründung allerdings auch dann gegeben sein, wenn es aus technischen Gründen zu zeitlichen Verzögerungen bei der Übertragung kommt.[166] Entscheidend für das Vorliegen eines linearen Informations- und Kommunikationsdienstes ist lediglich, ob der Nutzer selbst entscheiden kann, wann er einen Dienst empfangen bzw. benutzen möchte.

Ein weiteres Tatbestandsmerkmal stellt das Vorliegen eines Sendeplans dar. Der Begriff des Sendeplans ist weder im RStV noch in der AVMD-RL definiert und lässt sich nur aus einer Zusammenschau von § 2 Abs. 2 Nr. 1, 2 RStV und Art. 1 lit. b.) AVMD-RL erschließen.[167] Aus diesen Bestimmungen ergibt sich, dass der Sendeplan die zeitliche Folge, den Inhalt und die Zusammenstellung der einzelnen Teile des Angebots vorgibt und damit das „Gerüst" des Rundfunkprogramms darstellt.[168] Ein Sendeplan setzt konkret eine vom Rundfunkanbieter vorgenommene Zusammenstellung der einzelnen Sendungen in einer gewissen Reihenfolge voraus.[169] Der Sendeplan ist insgesamt Ausdruck der redaktionellen Verantwortung des Anbieters für sein Angebot.[170]

---

[161] *Fechner*, Medienrecht, 2018, S. 283; *Jäger*, Trennungs- und Kennzeichnungsgebot, 2017, S. 98.
[162] *Holznagel*, in: Hoeren/Sieber/Holznagel, Multimedia-Recht, 2018, Teil 3 Rn. 71; *Holznagel*, in: Spindler/Schuster, Recht der elektronischen Medien, 2015, RStV, § 2 Rn. 15.
[163] *Holznagel*, in: Spindler/Schuster, Recht der elektronischen Medien, 2015, RStV, § 2 Rn. 16.
[164] *Jäger*, Trennungs- und Kennzeichnungsgebot, 2017, S. 98.
[165] *Holznagel*, in: Hoeren/Sieber/Holznagel, Multimedia-Recht, 2018, Teil 3 Rn. 71.
[166] Begründung zum 12. RÄStV, LT-NW.Drs. 14/8630, S. 55.
[167] *Holznagel*, in: Spindler/Schuster, Recht der elektronischen Medien, 2015, RStV, § 2 Rn. 17.
[168] *Bornemann*, ZUM 2013, 845; *Holznagel*, in: Hoeren/Sieber/Holznagel, Multimedia-Recht, 2018, Teil 3 Rn. 73.
[169] *Holznagel*, in: Spindler/Schuster, Recht der elektronischen Medien, 2015, RStV, § 2 Rn. 17.
[170] *Jäger*, Trennungs- und Kennzeichnungsgebot, 2017, S. 98; *Martini*, in: Gersdorf/Paal, Informations- und Medienrecht, RStV, § 2 Rn. 5.

Rundfunkdienste müssen zudem für die Allgemeinheit bestimmt, d. h. an einen unbestimmten Personenkreis gerichtet sein.[171] Damit soll nur die Massenkommunikation[172] und ein „Rundum"-Funken[173] unter den einfachgesetzlichen Rundfunkbegriff fallen. Der Empfängerkreis darf für den Anbieter nicht von vornherein bestimmbar oder überschaubar sein.[174] Dies ist in der Regel dann der Fall, wenn der Adressatenkreis gemeinsame berufliche, ideelle oder vergleichbare persönliche Merkmale aufweist und gleichzeitig durch vertragliche, öffentlich-rechtliche oder mitgliedschaftliche Beziehungen mit dem Anbieter verbunden ist (sog. geschlossene Teilnehmergruppen).[175] Videokonferenzen im kleinen Kreis sowie Vorführungen im Familienkreis fallen somit z. B. nicht unter den Rundfunkbegriff i. S. d. § 2 Abs. 1 S. 1 RStV.[176] Geschlossene Teilnehmergruppen sind allerdings nicht mit bestimmten Zielgruppen zu verwechseln. So können z. B. Spartenprogramme, verschlüsselte oder nur gegen Entgelt empfangbare Programme grundsätzlich für die Allgemeinheit bestimmt sein.[177] Bei der Prüfung kommt es insgesamt darauf an, wie viele Personen von dem Angebot potenziell erreicht werden könnten und nicht darauf, wie viele tatsächlich erreicht wurden.[178] Notwendig ist allerdings die Adressierung der Allgemeinheit und somit muss eine gewisse Öffentlichkeit und Breitenwirkung vorhanden sein.[179]

Der Gesetzgeber nimmt korrelierend in § 2 Abs. 3 Nr. 1 RStV eine Einschränkung vor, indem er alle Angebote, die weniger als 500 potenzielle Nutzer erreichen können, aus dem Rundfunkbegriff herausnimmt. Unterhalb dieser Bagatellgrenze sind die jeweiligen Angebote dem persönlichen Bereich zuzuordnen[180] und es mangelt an der rundfunktypischen Auswirkung auf die öffentliche Meinungsbildung.[181]

---

[171] *Holznagel*, in: Hoeren/Sieber/Holznagel, Multimedia-Recht, 2018, Teil 3 Rn. 72.
[172] *Beater*, Medienrecht, 2016, § 4 Rn. 255; *Holznagel*, in: Hoeren/Sieber/Holznagel, Multimedia-Recht, 2018, Teil 3 Rn. 72.
[173] *Beater*, Medienrecht, 2016, § 4 Rn. 255; *Holznagel*, in: Spindler/Schuster, Recht der elektronischen Medien, 2015, RStV, § 2 Rn. 19.
[174] *Beater*, Medienrecht, 2016, § 4 Rn. 255.
[175] Den Anknüpfungspunkt bildet dabei § 3 Abs. 1 des alten Bildschirmtext-Staatsvertrags (BTX-StV).
[176] *Beucher/Leyendecker/v. Rosenberg*, Mediengesetze, 2005, § 2 RStV Rn. 4; *Dörr*, in: Hartstein/Ring/Kreile/Dörr/Stettner/Cole/Wagner, RStV, Band 1, Teil B 5, § 2 Rn. 13; *Holznagel*, in: Spindler/Schuster, Recht der elektronischen Medien, 2015, RStV, § 2 Rn. 20; *Kremser*, ZUM 1996, 504.
[177] § 2 Abs. 1 S. 2 RStV; BVerfGE 74, 297, 345 f.; *Holznagel*, in: Spindler/Schuster, Recht der elektronischen Medien, 2015, RStV, § 2 Rn. 20.
[178] *Beucher/Leyendecker/v. Rosenberg*, Mediengesetze, 2005, § 2 RStV Rn. 4; *Holznagel*, in: Hoeren/Sieber/Holznagel, Multimedia-Recht, 2018, Teil 3 Rn. 72.
[179] *Dörr*, in: Hartstein/Ring/Kreile/Dörr/Stettner/Cole/Wagner, RStV, Band 1, Teil B 5, § 2 Rn. 20; *Holznagel*, in: Hoeren/Sieber/Holznagel, Multimedia-Recht, 2018, Teil 3 Rn. 72.
[180] Begründung zum 12. RÄStV, LT-NW.Drs. 14/8630, S. 56; *Holznagel*, in: Hoeren/Sieber/Holznagel, Multimedia-Recht, 2018, Teil 3 Rn. 80.
[181] Begründung zum 12. RÄStV, LT-NW.Drs. 14/8630, S. 55; *Holznagel*, in: Hoeren/Sieber/Holznagel, Multimedia-Recht, 2018, Teil 3 Rn. 80.

Der frühere Rundfunkbegriff[182] zog (mit dem Tatbestandsmerkmal der „Darbietung") die rundfunktypische Meinungsbildungsrelevanz des jeweiligen Angebots als maßgebliches Kriterium heran und nahm dabei die vom BVerfG[183] geprägte Formel der „Breitenwirkung, Aktualität und Suggestivkraft" in den Blick.[184] Laut Gesetzesbegründung soll diese Formel weiterhin für die Einstufung in die Kategorie „Rundfunk" Geltung beanspruchen und in das Tatbestandsmerkmal der Allgemeinheit des neuen Rundfunkbegriffs hineingelesen werden.[185] Bei der Bestimmung für die Allgemeinheit ist im Rahmen der Informationsvermittlung somit auch eine gewisse Meinungsbildungsrelevanz zu berücksichtigen.

Weiterhin müssen die Tatbestandsmerkmale der Veranstaltung und Verbreitung vorliegen. Die Bestimmung des Merkmals der Veranstaltung kann unter Rückgriff auf die vom BVerfG[186] festgelegte Definition des Veranstalters erfolgen.[187] Ein Veranstalter ist demzufolge, wer die Struktur des Programms festlegt, die Abfolge plant, die Sendungen zusammenstellt und unter einheitlicher Bezeichnung dem Publikum anbietet. Es ist nicht erforderlich, dass der Veranstalter das Programm selbst produziert oder ausstrahlt.[188] Entscheidend ist lediglich, dass der Veranstalter die Letztentscheidungskompetenz[189] und damit die redaktionelle Verantwortung[190] für die Zusammenstellung des Programms aufweist.

Beim Merkmal der Verbreitung kommt es darauf an, dass der Inhalt absichtlich für die Allgemeinheit geöffnet wird.[191] Es ist nicht notwendig, dass es sich um eine „point-to-multipoint"-Übertragung handelt und die Nutzer das Angebot nur gleichzeitig wahrnehmen können.[192] Bei Angeboten auf Abruf kann somit ebenfalls eine Verbreitung vorliegen.[193] Das Merkmal der Verbreitung ist allerdings nicht erfüllt, wenn es an einer gewissen räumlichen Distanz zwischen Sender und Empfänger fehlt und sich die Verbreitung innerhalb einer überschaubaren räumlichen Einheit

---

[182] § 2 Abs. 1 S. 1 RStV 2007: „Rundfunk ist die für die Allgemeinheit bestimmte Veranstaltung und Verbreitung von Darbietungen aller Art in Wort, in Ton und in Bild unter Benutzung elektromagnetischer Schwingungen ohne Verbindungsleitung oder längs oder mittels eines Leiters".
[183] BVerfGE 90, 60, 87.
[184] *Holznagel*, in: Hoeren/Sieber/Holznagel, Multimedia-Recht, 2018, Teil 3 Rn. 74; *Müller-Rüster*, Product Placement im Fernsehen, 2010, S. 203; *Weberling*, AfP 2008, 447 f.
[185] Begründung zum 12. RÄStV, LT-NW.Drs. 14/8630, S. 55.
[186] BVerfGE 97, 298, 310.
[187] *Holznagel*, in: Hoeren/Sieber/Holznagel, Multimedia-Recht, 2018, Teil 3 Rn. 76.
[188] BVerfGE 97, 298, 310.
[189] *Holznagel*, in: Hoeren/Sieber/Holznagel, Multimedia-Recht, 2018, Teil 3 Rn. 76.
[190] *Beucher/Leyendecker/v.Rosenberg*, Mediengesetze, 2005, § 1 RStV Rn. 14; *Holznagel*, in: Spindler/Schuster, Recht der elektronischen Medien, 2015, RStV, § 2 Rn. 23.
[191] *Holznagel*, in: Hoeren/Sieber/Holznagel, Multimedia-Recht, 2018, Teil 3 Rn. 77.
[192] *Holznagel*, in: Spindler/Schuster, Recht der elektronischen Medien, 2015, RStV, § 2 Rn. 24.
[193] § 2 Abs. 1 S. 2 RStV; *Holznagel*, in: Hoeren/Sieber/Holznagel, Multimedia-Recht, 2018, Teil 3 Rn. 77.

vollzieht.[194] Die Übertragung von Fußballspielen, Parteitagsreden oder Opern auf eine Großbildleinwand in räumlicher Nähe stellen z. B. keine Verbreitung i. S. d. RStV dar.[195] Darüber hinaus ist die Verbreitung von einer bloßen Weiterverbreitung abzugrenzen, bei der bereits andernorts zugelassene Programme lediglich übermittelt werden (§ 51b RStV).[196]

Der Rundfunkbegriff umfasst zudem nur Angebote in Bewegtbild und/oder Ton. Reine Textangebote scheiden somit aus der Begriffsbestimmung aus.[197] Es muss sich im Wesentlichen um audiovisuelle Angebote oder Hörfunkangebote handeln. Der RStV gilt, anders als die AVMD-RL,[198] auch für Hörfunkprogramme.

Das letzte Tatbestandsmerkmal der elektromagnetischen Schwingungen legt die technische Art und Weise der Übermittlung des Angebots fest.[199] Erfasst werden alle denkbaren analogen oder digitalen elektronischen Übertragungswege wie z. B. Kabel, Satellit, Terrestrik oder IP-TV.[200] Entscheidend ist das Vorliegen einer unkörperlichen Übermittlung und der damit einhergehende Ausschluss körperlicher Printmedien.[201]

Im Rahmen einer Gesamtbetrachtung lässt sich feststellen, dass der Gesetzgeber für die Einstufung eines Angebots als Rundfunk im Wesentlichen auf zwei Kriterien abstellt: Entscheidend ist zum einen das technische Kriterium der Linearität, also die Bereitstellung eines Angebots zum zeitgleichen Empfang von Sendungen. Der Wortlaut des § 2 Abs. 1 S. 1 RStV bezeichnet Rundfunk ausdrücklich als „linearer Informations- und Kommunikationsdienst" und macht damit die maßgebliche Bedeutung der Linearität für die Zuordnung eines Angebots als Rundfunk deutlich.

Zum anderen ausschlaggebend ist das inhaltliche Kriterium der Meinungsbildungsrelevanz. Obwohl das Tatbestandsmerkmal der „Darbietung" nicht mehr explizit im neuen Rundfunkbegriff enthalten ist, spielt die inhaltliche Gestaltung des Angebots weiterhin eine zentrale Rolle.[202] Die mit dem technischen Linearitätsmerkmal verbundene Ausweitung des Rundfunkbegriffs soll mit dem Tat-

---

[194] *Dörr*, in: Hartstein/Ring/Kreile/Dörr/Stettner/Cole/Wagner, RStV, Band 1, Teil B 5, § 2 Rn. 20; *Holznagel*, in: Hoeren/Sieber/Holznagel, Multimedia-Recht, 2018, Teil 3 Rn. 77.
[195] *Beucher/Leyendecker/v.Rosenberg*, Mediengesetze, 2005, § 2 RStV Rn. 5; *Dörr*, in: Hartstein/Ring/Kreile/Dörr/Stettner/Cole/Wagner, RStV, Band 1, Teil B 5, § 2 Rn. 20; *Holznagel*, in: Hoeren/Sieber/Holznagel, Multimedia-Recht, 2018, Teil 3 Rn. 77.
[196] *Beucher/Leyendecker/v.Rosenberg*, Mediengesetze, 2005, § 1 RStV Rn. 15; *Holznagel*, in: Spindler/Schuster, Recht der elektronischen Medien, 2015, RStV, § 2 Rn. 24.
[197] *Holznagel*, in: Hoeren/Sieber/Holznagel, Multimedia-Recht, 2018, Teil 3 Rn. 78.
[198] Vgl. hierzu Kapitel 3 dieser Arbeit.
[199] *Holznagel*, in: Hoeren/Sieber/Holznagel, Multimedia-Recht, 2018, Teil 3 Rn. 79.
[200] *Castendyk/Böttcher*, MMR 2008, 16; *Gersdorf*, Der Rundfunkbegriff, 2007, S. 11 ff.; *Holznagel*, in: Spindler/Schuster, Recht der elektronischen Medien, 2015, RStV, § 2 Rn. 26.
[201] *Holznagel*, in: Hoeren/Sieber/Holznagel, Multimedia-Recht, 2018, Teil 3 Rn. 79.
[202] *Holznagel*, in: Hoeren/Sieber/Holznagel, Multimedia-Recht, 2018, Teil 3 Rn. 82; *Müller-Rüster*, Product Placement im Fernsehen, 2010, S. 205.

bestandsmerkmal der „Bestimmung für die Allgemeinheit" korrigiert werden, da dort fortan die Meinungsbildungsrelevanz hineingelesen und berücksichtigt werden kann. Darüber hinaus wird die herausragende Bedeutung des inhaltlichen Kriteriums anhand des § 2 Abs. 3 Nr. 1–5 RStV ersichtlich, da dieser Negativkatalog im Wesentlichen Angebote aus dem Rundfunkbegriff ausnimmt, die keine hinreichende Meinungsbildungsrelevanz für die Bevölkerung aufweisen.[203] Eine wichtige Regelung bildet dabei § 2 Abs. 3 Nr. 4 RStV, wonach Angebote, die nicht journalistisch-redaktionell gestaltet sind, keinen Rundfunk darstellen.[204] Die gängige Formel der Landesmedienanstalten lautet, dass je stärker ein Angebot redaktionell gestaltet ist, desto stärker dies auch für eine rundfunktypische Meinungsbildungsrelevanz spricht.[205]

Als klassische Beispiele für den Rundfunk gelten im Ergebnis zunächst alle herkömmlichen Fernseh- und Hörfunkangebote unabhängig vom Übertragungsweg.[206] Auch ausschließlich oder parallel über das Internet verbreitete Rundfunkprogramme, wie z. B. Webcasting oder Live-Streaming,[207] fallen unter den einfachgesetzlichen Rundfunkbegriff, soweit technisch der zeitgleiche Empfang von mindestens 500 Nutzern sichergestellt wird.[208] Voll- oder Spartenprogramme, die nur verschlüsselt oder gegen Entgelt empfangbar sind, wie z. B. Pay-TV, gehören ebenfalls zum Rundfunk, sofern diese nicht jeweils gegen Einzelentgelt zur Verfügung gestellt werden.[209] Nicht hingegen unter Rundfunk zu subsumieren sind zum individuellen Abruf bereitgestellte Angebote, wie z. B. Video-on-Demand-Dienste.[210]

---

[203] *Holznagel*, in: Hoeren/Sieber/Holznagel, Multimedia-Recht, 2018, Teil 3 Rn. 82.
[204] Somit fallen beispielsweise reine Teleshopping-Kanäle, die in der Regel einerseits das Linearitätsmerkmal erfüllen, andererseits jedoch eine geringe Meinungsbildungsrelevanz aufweisen, aus dem einfachgesetzlichen Rundfunkbegriff heraus (*Fechner*, Medienrecht, 2018, S. 284; *Holznagel*, in: Hoeren/Sieber/Holznagel, Multimedia-Recht, 2018, Teil 3 Rn. 81; *Müller-Rüster*, Product Placement im Fernsehen, 2010, S. 205).
[205] Direktorenkonferenz der Landesmedienanstalten (DLM), Drittes Strukturpapier zur Unterscheidung von Rundfunk und Mediendiensten vom 06.11.2003, S. 8.
[206] Begründung zum TMG, BT.Drs. 16/3078, S. 13; *Castendyk/Böttcher*, MMR 2008, 15; *Fechner*, Medienrecht, 2018, S. 283; *Holznagel*, in: Hoeren/Sieber/Holznagel, Multimedia-Recht, 2018, Teil 3 Rn. 103; *Müller-Rüster*, Product Placement im Fernsehen, 2010, S. 208.
[207] Begründung zum TMG, BT.Drs. 16/3078, S. 13; *Castendyk/Böttcher*, MMR 2008, 15; *Fechner*, Medienrecht, 2018, S. 283; *Heins*, MMR 2018, 794; *Holznagel*, in: Hoeren/Sieber/Holznagel, Multimedia-Recht, 2018, Teil 3 Rn. 103.
[208] § 2 Abs. 3 Nr. 1 RStV.
[209] § 2 Abs. 3 Nr. 5 RStV.
[210] *Müller-Rüster*, Product Placement im Fernsehen, 2010, S. 208 f.

bb) Bestimmungen im Einzelnen

Das formelle Trennungsgebot[211] in § 7 Abs. 3 S. 1, 3 RStV ordnet allgemein die Erkennbarkeit und somit die Trennung sowie Kennzeichnung der Werbung im Rundfunk an. Gem. § 7 Abs. 3 RStV muss Werbung zunächst „als solche *leicht erkennbar* und vom redaktionellen Inhalt unterscheidbar sein" (S. 1). Da eine leichte Erkennbarkeit der Werbung allerdings in erster Linie eine Trennung von den übrigen Inhalten voraussetzt, muss Werbung durch „optische oder akustische Mittel oder räumlich *eindeutig* von anderen Sendungsteilen *abgesetzt*" sein (S. 3). Das Gebot der Trennung wird damit in § 7 Abs. 3 S. 1 RStV nur angedeutet und durch die Vorgaben in § 7 Abs. 3 S. 3 RStV realisiert.[212]

(1) Werbebegriff

Ob das Trennungsgebot in § 7 Abs. 3 S. 1, 3 RStV überhaupt zur Anwendung gelangt, hängt maßgeblich davon ab, ob es sich um Werbung im Rundfunk i. S. d. RStV handelt.[213] Das Gebot bezieht sich dabei auf die in § 2 Abs. 2 Nr. 7 RStV verankerte Legaldefinition, wonach Werbung als „jede Äußerung bei der Ausübung eines Handels, Gewerbes, Handwerks oder freien Berufs, die im Rundfunk von einem öffentlich-rechtlichen oder einem privaten Veranstalter oder einer natürlichen Person entweder gegen Entgelt oder eine ähnliche Gegenleistung oder als Eigenwerbung gesendet wird, mit dem Ziel, den Absatz von Waren oder die Erbringung von Dienstleistungen, einschließlich unbeweglicher Sachen, Rechte und Verpflichtungen, gegen Entgelt zu fördern" zu verstehen ist.

Dem Werbebegriff liegen mit dieser Definition folgende Determinanten zugrunde:

– Unternehmensbezogene Äußerung

– Entgeltlichkeit

– Werbeabsicht

Zunächst muss die in Rede stehende Ausstrahlung eine „Äußerung bei der Ausübung eines Handels, Gewerbes, Handwerks oder freien Berufs" enthalten. Damit sind im Wesentlichen Äußerungen gemeint, die im Zusammenhang mit einer unternehmerischen Tätigkeit erfolgen und damit einen sog. Unternehmensbezug

---

[211] *Kachabia*, BLJ 2015, 17.
[212] *Goldbeck*, in: Paschke/Berlit/Meyer, Gesamtes Medienrecht, 2016, Teil 3 Abschn. 26 Rn. 86.
[213] *Engels*, RuF 1997, 219; *Goldbeck*, in: Paschke/Berlit/Meyer, Gesamtes Medienrecht, 2016, Teil 3 Abschn. 26 Rn. 23; *Müller-Rüster*, Product Placement im Fernsehen, 2010, S. 261.

aufweisen.[214] Mit dem Kriterium der unternehmensbezogenen Äußerung soll allein die wirtschaftlich motivierte Werbung (sog. Wirtschaftswerbung) dem Regelungsregime des RStV unterliegen.[215]

Des Weiteren setzt Werbung eine Entgeltlichkeit, d. h. die Ausstrahlung „gegen Entgelt oder eine ähnliche Gegenleistung", voraus. Zu den ähnlichen Gegenleistungen zählen beispielsweise reine Sachleistungen oder geldwerte Vorteile, die den Rundfunkveranstaltern oder -mitarbeitern in einem synallagmatischen Verhältnis[216] zur Ausstrahlung der Werbebotschaft zugutekommen.[217]

Die dritte Determinante stellt ein subjektives Element des Werbebegriffs dar und verlangt konkret eine Werbeabsicht des Veranstalters („[…] gesendet wird, mit dem Ziel […]"). Da die subjektive Werbeabsicht nur anhand objektiver Indizien festgestellt werden kann,[218] kommt diesem Merkmal eine entscheidende Filterfunktion zu.[219] Die Art und Weise der Präsentation, Kameraführung oder Dauer der Einblendung können dabei als Indizien herangezogen werden.[220] Die Gefährdung der redaktionellen Unabhängigkeit und das Informationsinteresse der Zuschauer sind dann in einer Gesamtschau gegeneinander abzuwägen. Überwiegt das Informationsinteresse im Rahmen einer Darstellung von Wirtschaftsgütern, handelt es sich konsequenterweise nicht um Werbung, sondern um Teile des redaktionellen Programms.[221]

Das Informationsinteresse überwiegt regelmäßig bei werblichen Darstellungen, die als Bestandteil der Realität anzusehen sind.[222] Ähnliches gilt bei der Mitübertragung von Werbung bei einer Fußballveranstaltung.[223] Die Gefährdung der redaktionellen Unabhängigkeit wird bei werblichen Darstellungen angenommen,

---

[214] *Goldbeck*, in: Paschke/Berlit/Meyer, Gesamtes Medienrecht, 2016, Teil 3 Abschn. 26 Rn. 24.
[215] *Goldbeck*, in: Paschke/Berlit/Meyer, Gesamtes Medienrecht, 2016, Teil 3 Abschn. 26 Rn. 24.
[216] OLG Celle, AfP 2014, 456, 457; *Jäger*, Trennungs- und Kennzeichnungsgebot, 2017, S. 100.
[217] *Holznagel*, in: Spindler/Schuster, Recht der elektronischen Medien, 2015, RStV, § 2 Rn. 64; *Schulz*, in: Binder/Vesting, Beck'scher Kommentar zum Rundfunkrecht, § 2 Rn. 91.
[218] *Dörr*, in: Hartstein/Ring/Kreile/Dörr/Stettner/Cole/Wagner, RStV, Band 1, Teil B 5, § 7 Rn. 4; *Engels*, Das Recht der Fernsehwerbung für Kinder, 1997, S. 215 ff.; *Herkströter*, ZUM 1992, 398; *Kachabia*, BLJ 2015, 17; *Ladeur*, in: Binder/Vesting, Beck'scher Kommentar zum Rundfunkrecht, § 7 Rn. 14.
[219] *Blaue*, Werbung wird Programm, 2011, S. 206 f.; *Gounalakis*, WRP 2005, 1479; *Kachabia*, BLJ 2015, 17.
[220] Ziff. 8.3. ARD-RL/ZDF-RL; *Zimmermann*, Der Schutz des publizistischen Systems vor Werbeplatzierungen, 2016, S. 59.
[221] *Engels/Giebel*, ZUM 2000, 269; *Kachabia*, BLJ 2015, 17; *Müller-Rüster*, Product Placement im Fernsehen, 2010, S. 263.
[222] *Hesse*, Rundfunkrecht, 2003, Kap. 3 Rn. 61; *Ladeur*, in: Binder/Vesting, Beck'scher Kommentar zum Rundfunkrecht, § 7 Rn. 14.
[223] *Platho*, MMR 2008, 584.

die über das „unvermeidliche Maß inszeniert"[224] und „aufdrängend"[225] wirken. Damit fallen diverse werbliche Erscheinungsformen unter den rundfunkrechtlichen Werbebegriff.

Im Übrigen ist zu beachten, dass die Art und Weise, in der die werbliche Äußerung erfolgt, für das Vorliegen von Werbung i.S.d. RStV unerheblich ist.[226] Das Trennungsgebot erfasst sowohl Werbeformen, die deutlich abgrenzt sind (sog. instrumentale Werbung) als auch Werbeformen, die im redaktionellen Programm integriert und somit nicht abgetrennt sind (sog. mediale Werbung).[227] Daher ist es für die Anwendbarkeit des Trennungsgebots in § 7 Abs. 1, 3 RStV nicht von Belang, ob es sich bei der in Rede stehenden Darstellung um einen klassischen Werbespot oder um eine programmintegrierte Werbung handelt.

(2) Leichte Erkennbarkeit

Die vor dem Jahre 2009 geforderte *klare* Erkennbarkeit wurde nunmehr durch die *leichte* Erkennbarkeit der Werbung im RStV ersetzt (§ 7 Abs. 3 S. 1 RStV).[228] Ob eine leichte Erkennbarkeit des Werbecharakters vorliegt, wird unter Rückgriff auf wettbewerbsrechtliche Maßstäbe beurteilt.[229] Abzustellen ist demnach auf einen durchschnittlichen Leser oder Zuschauer, der das Programm mit einer durchschnittlichen Aufmerksamkeit und Verständigkeit verfolgt.[230] Dabei muss stets eine situationsadäquate Einschätzung der Gerichte erfolgen.[231] Für den Rezipienten muss sichtbar oder hörbar sein, dass er ab einem bestimmten Zeitpunkt mit Werbung „konfrontiert" wird. Darüber hinaus muss es ihm durchgehend möglich sein, Werbung vom redaktionellen Programm zu unterscheiden.[232]

---

[224] *Bork*, Werbung im Programm, 1988, S. 100 f.
[225] *Müller-Rüster*, Product Placement im Fernsehen, 2010, S. 263; *Schaar*, Programmintegrierte Fernsehwerbung in Europa, 2001, S. 86.
[226] *Holznagel*, in: Spindler/Schuster, Recht der elektronischen Medien, 2015, RStV, § 2 Rn. 66.
[227] *Goldbeck*, in: Paschke/Berlit/Meyer, Gesamtes Medienrecht, 2016, Teil 3 Abschn. 26 Rn. 21; *Holznagel*, in: Spindler/Schuster, Recht der elektronischen Medien, 2015, RStV, § 2 Rn. 66; *Petersen*, Medienrecht, 2010, § 15 Rn. 3.
[228] *Goldbeck*, in: Paschke/Berlit/Meyer, Gesamtes Medienrecht, 2016, Teil 3 Abschn. 26 Rn. 89; *Hahn/Lamprecht-Weißenborn*, in: Schwartmann, Praxishandbuch Medien-, IT- und Urheberrecht, 2017, Kap. 6 Rn. 43; *Kachabia*, BLJ 2015, 17.
[229] BGH, GRUR 2014, 879, 882; *Beater*, Medienrecht, 2016, § 8 Rn. 717.
[230] *Beater*, Medienrecht, 2016, § 8 Rn. 717; *Goldbeck*, in: Paschke/Berlit/Meyer, Gesamtes Medienrecht, 2016, Teil 3 Abschn. 26 Rn. 89; *Ladeur*, in: Binder/Vesting, Beck'scher Kommentar zum Rundfunkrecht, § 7 Rn. 39.
[231] BGH, GRUR 2005, 690, 692; *Beater*, Unlauterer Wettbewerb, 2011, Rn. 1346 ff.; *Beater*, Medienrecht, 2016, § 8 Rn. 717.
[232] *Goldbeck*, in: Paschke/Berlit/Meyer, Gesamtes Medienrecht, 2016, Teil 3 Abschn. 26 Rn. 89.

(3) Trennung und Kennzeichnung im Fernsehen

Das Trennungsgebot fordert nicht nur allgemein die leichte Erkennbarkeit von Werbung, sondern auch konkret ein „eindeutiges Absetzen" von anderen Sendungsteilen (§ 7 Abs. 1 S. 3 RStV). Noch vor der Novellierung im Jahre 2009 enthielt der RStV die ausdrückliche Bestimmung, dass Werbung von anderen Programmteilen eindeutig „getrennt" sein muss.[233] Trotz des nicht mehr so expliziten Wortlauts in der aktuellen Fassung des RStV, lässt sich jedenfalls nach dem Regelungszweck der Vorschrift ein Erfordernis der Trennung von Werbung und Programm weiterhin entnehmen, da ansonsten die leichte Erkennbarkeit des Werbecharakters nicht mehr gewährleistet wäre. Eine leichte Erkennbarkeit und Unterscheidbarkeit setzt zwingend voraus, dass Werbung und redaktioneller Inhalt voneinander getrennt und nicht untrennbar miteinander verbunden sind. Darüber hinaus wäre es mit dem Schutz der redaktionellen Unabhängigkeit nicht vereinbar, wenn programmliche und werbliche Inhalte so gestaltet werden dürften, dass eine präzise Zuordnung im Einzelfall für den Rezipienten unmöglich wird.[234]

Werbung im Fernsehen muss somit, wie sich aus § 7 Abs. 3 RStV ergibt, durch geeignete optische Mittel eindeutig von anderen Sendungsteilen abgesetzt bzw. getrennt sein.[235] Solange ein eindeutiges Absetzen vorliegt und damit die Grenzen zwischen Werbung und Programm nicht verschwimmen, ist es aus Sicht des RStVs unerheblich, auf welche Art und Weise konkret die Trennung vorgenommen wird.[236] Der Staatsvertrag enthält damit lediglich Mindestanforderungen an Ort und Zeit der Werbeausstrahlung, da die Eindeutigkeit des Absetzens jeweils von der Gestaltung des optischen Mittels und der Dauer der Einblendung abhängt.[237] Entscheidend ist, dass nach einem Gesamteindruck das verwendete Mittel zu einer deutlichen Zäsur zwischen Werbung und redaktionellem Programm führt.[238]

Für die Bestimmung der konkreten Art und Weise der Trennung im Fernsehen mittels optischer Mittel können teilweise die Werberichtlinien der Landesmedienanstalten (Werbe-RL/Fernsehen) als Orientierung herangezogen werden.[239] In der Regel bedarf es zunächst eines Logos als optisches Mittel, das mit dem Schriftzug

---

[233] Diese Bestimmung befand sich in § 7 Abs. 3 S. 2 RStV 1999.
[234] *Jäger*, Trennungs- und Kennzeichnungsgebot, 2017, S. 106 f.
[235] Dies gilt im Übrigen auch für den Hörfunk. Mangels Relevanz für die Schleichwerbung wird allerdings nur auf das Trennungsgebot im Fernsehen eingegangen.
[236] *Jäger*, Trennungs- und Kennzeichnungsgebot, 2017, S. 107.
[237] *Hahn/Lamprecht-Weißenborn*, in: Schwartmann, Praxishandbuch Medien-, IT- und Urheberrecht, 2017, Kap. 6 Rn. 43.
[238] *Bosman*, ZUM 1990, 551; *Hahn/Lamprecht-Weißenborn*, in: Schwartmann, Praxishandbuch Medien-, IT- und Urheberrecht, 2017, Kap. 6 Rn. 43; *Jäger*, Trennungs- und Kennzeichnungsgebot, 2017, S. 107.
[239] *Döpkens*, in: Spindler/Schuster, Recht der elektronischen Medien, 2015, RStV, § 7 Rn. 31; *Goldbeck*, in: Paschke/Berlit/Meyer, Gesamtes Medienrecht, 2016, Teil 3 Abschn. 26 Rn. 90 f.; *Jäger*, Trennungs- und Kennzeichnungsgebot, 2017, S. 131; *Kachabia*, BLJ 2015, 17.

„Werbung" versehen ist.[240] Ausnahmsweise verzichtbar soll dieser Schriftzug sein, wenn der Veranstalter über einen längeren Zeitraum ein unverwechselbares Logo nur außerhalb des Programms für die Werbeankündigung benutzt.[241] In jedem Fall muss sich das Werbelogo vom Sender- und Programmlogo deutlich unterscheiden, damit keine Missverständnisse entstehen.[242] Somit darf das optische Erkennungszeichen keine Programmankündigung enthalten oder mit dieser verbunden sein, da ansonsten die werbliche von der redaktionellen Information überlagert wird und sich der Fokus des Zuschauers entsprechend verschiebt.[243]

Das BVerwG beanstandete in diesem Zusammenhang z. B. eine Werbeunterbrechung der Serie „Anna und die Liebe", in der die Einblendung des Schriftzugs „Werbung" und einer optisch dominierenden Programmankündigung für die Übertragung eines Boxkampfes gleichzeitig erfolgte.[244] Als bekanntes Beispiel für ein zulässiges Logo ist hingegen etwa die vom *ZDF* gestaltete Szene mit den sog. Mainzelmännchen und dem beigefügten Schriftzug „Werbefernsehen" zu nennen.[245]

Der Beginn einer Fernsehwerbung muss in jedem Fall mit dem Werbelogo gekennzeichnet sein.[246] Mindestens drei Sekunden lang soll das optische Signal den gesamten Bildschirm ausfüllen.[247] Eine fortdauernde Kennzeichnung während der gesamten Werbesendung ist hingegen grundsätzlich nicht erforderlich.[248] Das Ende der Fernsehwerbung bedarf in der Regel ebenfalls keiner Kennzeichnung zur Gewährleistung der eindeutigen Trennung.[249] Die Werbe-RL/Fernsehen enthalten in diesem Zusammenhang zwar die Bestimmung, dass eine Kennzeichnung des Endes der Werbung dann notwendig ist, wenn anderenfalls die Werbung vom nachfolgenden Programm nicht eindeutig abgesetzt ist.[250] Da es nach dem Schutzzweck des Trennungsgebots allerdings darum geht, den Rezipienten vor der Ausstrahlung

---

[240] OVG Rheinland-Pfalz, MMR 2014, 634, 634; *Goldbeck*, in: Paschke/Berlit/Meyer, Gesamtes Medienrecht, 2016, Teil 3 Abschn. 26 Rn. 90; *Ladeur*, in: Binder/Vesting, Beck'scher Kommentar zum Rundfunkrecht, § 7 Rn. 39.
[241] *Goldbeck*, in: Paschke/Berlit/Meyer, Gesamtes Medienrecht, 2016, Teil 3 Abschn. 26 Rn. 90.
[242] Ziff. 3 Abs. 1 Werbe-RL/Fernsehen; *Goldbeck*, in: Paschke/Berlit/Meyer, Gesamtes Medienrecht, 2016, Teil 3 Abschn. 26 Rn. 90.
[243] OVG Rheinland-Pfalz, MMR 2014, 634, 634; *Goldbeck*, in: Paschke/Berlit/Meyer, Gesamtes Medienrecht, 2016, Teil 3 Abschn. 26 Rn. 90.
[244] BVerwG, ZUM 2016, 194, 194.
[245] *Petersen*, Medienrecht, 2010, § 15 Rn. 2.
[246] *Döpkens*, in: Spindler/Schuster, Recht der elektronischen Medien, 2015, RStV, § 7 Rn. 32; *Goldbeck*, in: Paschke/Berlit/Meyer, Gesamtes Medienrecht, 2016, Teil 3 Abschn. 26 Rn. 90.
[247] Ziff. 3 Abs. 1 Werbe-RL/Fernsehen; *Döpkens*, in: Spindler/Schuster, Recht der elektronischen Medien, 2015, RStV, § 7 Rn. 31; *Goldbeck*, in: Paschke/Berlit/Meyer, Gesamtes Medienrecht, 2016, Teil 3 Abschn. 26 Rn. 90.
[248] Umkehrschluss aus § 7 Abs. 5 S. 2 RStV; *Goldbeck*, in: Paschke/Berlit/Meyer, Gesamtes Medienrecht, 2016, Teil 3 Abschn. 26 Rn. 90; *Ladeur*, in: Binder/Vesting, Beck'scher Kommentar zum Rundfunkrecht, § 7 Rn. 39.
[249] *Döpkens*, in: Spindler/Schuster, Recht der elektronischen Medien, 2015, RStV, § 7 Rn. 32; *Goldbeck*, in: Paschke/Berlit/Meyer, Gesamtes Medienrecht, 2016, Teil 3 Abschn. 26 Rn. 91.
[250] Ziff. 3 Abs. 1 Nr. 3 Werbe-RL/Fernsehen.

der Werbung und nicht des redaktionellen Programms zu warnen, erscheint diese Bestimmung prinzipiell entbehrlich.²⁵¹ Eine Kennzeichnungspflicht am Ende des Werbeblocks kann sich allerdings ausnahmsweise im Hinblick auf bestimmte Zielgruppen ergeben. So haben sich private Sender in einer freiwilligen Vereinbarung mit den Landesmedienanstalten dazu verpflichtet, eine Kennzeichnung im Umfeld bzw. vor der Fortführung von Kindersendungen vorzunehmen, da Kinder eines besonderen Schutzes bedürfen.²⁵²

Eine Trennung der Werbung von anderen Sendungsteilen wird im Übrigen auch bei dem Einsatz „neuer Werbetechniken" ausdrücklich angeordnet (§ 7 Abs. 3 S. 3 RStV). Die Länder verfolgen damit das Ziel, das Trennungsgebot im RStV entwicklungsoffen und flexibel auszugestalten.²⁵³ Insbesondere gehen mit den technischen Entwicklungen und der Digitalisierung nicht absehbare Möglichkeiten im Hinblick auf die Werbegestaltung und -integration einher, die ebenfalls im Rundfunk zu berücksichtigen sind.²⁵⁴

b) Trennungsgebot für Telemedien (§ 58 Abs. 1 RStV)

Wie bereits festgestellt, tangieren die medienrechtlichen Regelungen zum Trennungsgebot im Rundfunkstaatsvertrag nicht nur den klassischen Rundfunk sondern auch Neue Medien. Das Internet gewinnt für den öffentlichen Meinungsbildungsprozess immer mehr an Bedeutung, da nirgendswo der für die Demokratie unabdingbare pluralistische Meinungsmarkt so gelebt wie im World Wide Web und die Angebote dem Rezipienten ein informationelles Versorgungsniveau bieten, das klassische Medien kaum erreichen können. Gerade Internetangebote sind allerdings angesichts ihrer überwiegend kostenlosen Natur zur Finanzierung auch auf Werbeeinnahmen angewiesen.²⁵⁵ Das Dreiecksverhältnis Internet, Werbung und Rezipient regelt § 58 RStV und das Trennungsgebot ist allgemein in § 58 Abs. 1 RStV sowie speziell (für fernsehähnliche Telemedien) in § 58 Abs. 3 RStV verankert.²⁵⁶ Der RStV unterscheidet im Hinblick auf das Trennungsprinzip somit

---

²⁵¹ *Döpkens*, in: Spindler/Schuster, Recht der elektronischen Medien, 2015, RStV, § 7 Rn. 32; *Goldbeck*, in: Paschke/Berlit/Meyer, Gesamtes Medienrecht, 2016, Teil 3 Abschn. 26 Rn. 91.
²⁵² *Döpkens*, in: Spindler/Schuster, Recht der elektronischen Medien, 2015, RStV, § 7 Rn. 33; *Dörr*, in: Hartstein/Ring/Kreile/Dörr/Stettner/Cole/Wagner, RStV, Band 1, Teil B 5, § 7 Rn. 28; *Goldbeck*, in: Paschke/Berlit/Meyer, Gesamtes Medienrecht, 2016, Teil 3 Abschn. 26 Rn. 91; *Herkströter*, ZUM 1992, 401.
²⁵³ *Goldbeck*, in: Paschke/Berlit/Meyer, Gesamtes Medienrecht, 2016, Teil 3 Abschn. 26 Rn. 95.
²⁵⁴ *Goldbeck*, in: Paschke/Berlit/Meyer, Gesamtes Medienrecht, 2016, Teil 3 Abschn. 26 Rn. 95.
²⁵⁵ *Jäger*, Trennungs- und Kennzeichnungsgebot, 2017, S. 176.
²⁵⁶ *Hahn/Lamprecht-Weißenborn*, in: Schwartmann, Praxishandbuch Medien-, IT- und Urheberrecht, 2017, Kap. 6 Rn. 106; *Jäger*, Trennungs- und Kennzeichnungsgebot, 2017, S. 178; *Schwanbom*, in: Schiwy/Schütz/Dörr, Medienrecht – Lexikon für Praxis und Wissenschaft, 2010, S. 745.

nicht nur zwischen Rundfunk und Telemedien, sondern differenziert in der letztgenannten Kategorie noch zwischen fernsehähnlichen und sonstigen Telemedien.[257]

aa) Telemedienbegriff

Die Anwendbarkeit des § 58 Abs. 1 RStV setzt die Existenz eines Telemediums voraus. Aus diesem Grund soll zunächst, bevor auf die gesetzlichen Bestimmungen im Einzelnen eingegangen werden kann, der Rechtsbegriff „Telemedien" näher herausgearbeitet werden. Der staatsvertragliche Telemedienbegriff ist, wenn auch unpräzise,[258] gesetzlich definiert und kann unter Heranziehung der §§ 2 Abs. 1 S. 3 RStV, 1 Abs. 1 S. 1 TMG ermittelt werden.[259] Telemedien sind demnach alle elektronischen *Informations- und Kommunikationsdienste*, die weder ausschließlich als Telekommunikationsdienste nach § 3 Nr. 24 TKG, noch als Telekommunikationsgestützte Dienste nach § 3 Nr. 25 TKG, noch als Rundfunk zu qualifizieren sind.

Die gesetzliche Definition beinhaltet damit im Wesentlichen ein positives und zwei negative Tatbestandsmerkmale für das Vorliegen eines Telemediums: Es muss sich um einen elektronischen Informations- und Kommunikationsdienst handeln, der wiederum keine Telekommunikation und keinen Rundfunk darstellt.[260]

Ein Telemedium stellt somit in erster Linie einen elektronischen Informations- und Kommunikationsdienst dar. Dieser zeichnet sich durch eine Verbreitung auf elektronischem Wege aus.[261] Ausgeschlossen sind damit mechanische oder verkörperte Informations- und Kommunikationsdienste, wie z. B. die gedruckte Presse oder andere Offline-Dienste.[262] Im Übrigen ist die Art, der Inhalt und die Form der elektronischen Verbreitung für die Erfüllung dieses Tatbestandsmerkmals unerheblich.[263]

---

[257] Insgesamt sieht der RStV im Bereich der Telemedien besondere Regelungen für vergleichbare Telemedien (§ 50 RStV), Telemedien mit journalistisch-redaktionell gestalteten Angeboten (§ 54 Abs. 2 RStV) und fernsehähnliche Telemedien (§ 58 Abs. 3 RStV) vor.
[258] *Paschke*, Medienrecht, 2009, § 2 Rn. 73.
[259] *Beater*, Medienrecht, 2016, § 5 Rn. 329; *Holznagel*, in: Hoeren/Sieber/Holznagel, Multimedia-Recht, 2018, Teil 3 Rn. 87; *Jäger*, Trennungs- und Kennzeichnungsgebot, 2017, S. 176; *Martini*, in: Gersdorf/Paal, Informations- und Medienrecht, RStV, § 1 Rn. 17; *Paschke*, Medienrecht, 2009, § 2 Rn. 73.
[260] *Fechner*, Medienrecht, 2018, S. 365; *Paschke*, Medienrecht, 2009, § 2 Rn. 74.
[261] *Jäger*, Trennungs- und Kennzeichnungsgebot, 2017, S. 177; *Martini*, in: Gersdorf/Paal, Informations- und Medienrecht, TMG, § 1 Rn. 8.
[262] *Holznagel*, in: Hoeren/Sieber/Holznagel, Multimedia-Recht, 2018, Teil 3 Rn. 88; *Jäger*, Trennungs- und Kennzeichnungsgebot, 2017, S. 177; *Martini*, in: Gersdorf/Paal, Informations- und Medienrecht, TMG, § 1 Rn. 8.
[263] *Holznagel*, in: Hoeren/Sieber/Holznagel, Multimedia-Recht, 2018, Teil 3 Rn. 87; *Jäger*, jurisPR-IT-Recht 4/2007 Anm. 4, II.

II. Werbevorschriften im RStV

Der Gesetzeswortlaut nimmt dann zunächst eine Negativabgrenzung zu Telekommunikationsdiensten vor, bei denen der technische Transport im Vordergrund steht.[264] Telekommunikationsdienste i. S. d. § 3 Nr. 24 TKG, die ganz in der Übertragung von Signalen über Telekommunikationsnetze bestehen, sind demnach keine Telemedien. Telekommunikationsdienste, die nicht ausschließlich, aber überwiegend eine Übertragung von Signalen zum Gegenstand haben, schließt die Definition hingegen nicht aus.[265] Weiterhin werden Telekommunikationsgestützte Dienste i. S. d. § 3 Nr. 25 TKG vom Telemedienbegriff ausgenommen. Es handelt sich dabei regelmäßig um eine Individualkommunikation zwischen Anbieter und Kunde und somit nicht um Dienste mit notwendig massenmedialem Charakter.[266]

Die Definition im RStV und TMG nimmt zudem eine zweite Negativabgrenzung zum Rundfunk vor. Telemedien unterscheiden sich vom Rundfunk vor allem durch das Fehlen der Linearität.[267] Wie bereits dargelegt, handelt es sich insbesondere dann um Rundfunk, wenn ein Informations- und Kommunikationsdienst vorliegt, der zum zeitgleichen Empfang von Sendungen bereitgestellt wird und somit das Merkmal der Linearität erfüllt. Hat der Nutzer hingegen die Möglichkeit, individuell den Empfangs- und Benutzungszeitpunkt des jeweiligen Angebots zu bestimmen, fehlt das Linearitätsmerkmal und es handelt sich um ein Telemedium.[268]

Zusammenfassend kann festgehalten werden, dass der Telemedienbegriff in den §§ 2 Abs. 1 S. 3 RStV, 1 Abs. 1 S. 1 TMG nur anhand von sehr blassen Anforderungen definiert wird.[269] Dem Gesetzgeber zufolge sollen Telemediendienste einen weiten Bereich wirtschaftlicher Tätigkeiten erfassen, die elektronisch in Form von Bild-, Text- oder Toninhalten zur Verfügung gestellt werden.[270]

Als gesetzgeberische Beispiele[271] für Telemedien gelten Online-Angebote für Waren und Dienstleistungen mit unmittelbarer Bestellmöglichkeit, wie z.B Angebote von Wetter-, Verkehrs- oder Umweltdaten, News-Clubs, Chat-Rooms, Fernsehtext, elektronische Presse oder Teleshopping. Auch Online-Angebote, die Instrumente zur Datensuche, Datenabfrage oder zum Datenzugang bereitstellen, wie z.B. Suchmaschinen, sind als Telemedien einzuordnen.[272] Darüber hinaus ist die kommerzielle Verbreitung von Informationen über Waren- oder Dienstleistungs-

---

[264] *Ladeur*, in: Binder/Vesting, Beck'scher Kommentar zum Rundfunkrecht, § 58 Rn. 1a.
[265] *Jäger*, Trennungs- und Kennzeichnungsgebot, 2017, S. 177; *Martini*, in: Gersdorf/Paal, Informations- und Medienrecht, RStV, § 2 Rn. 11.
[266] *Jäger*, Trennungs- und Kennzeichnungsgebot, 2017, S. 177.
[267] *Martini*, in: Gersdorf/Paal, Informations- und Medienrecht, TMG, § 1 Rn. 15.
[268] *Martini*, in: Gersdorf/Paal, Informations- und Medienrecht, TMG, § 1 Rn. 15.
[269] *Beater*, Medienrecht, 2016, § 5 Rn. 329.
[270] Begründung zum TMG, BT.Drs. 16/3078, S. 13.
[271] Begründung zum TMG, BT.Drs. 16/3078, S. 13; Begründung zum 9. RÄStV, LT-SH.Drs. 16/1046, S. 33.
[272] Begründung zum TMG, BT.Drs. 16/3078, S. 13; Begründung zum 9. RÄStV, LT-SH.Drs. 16/1046, S. 33.

angebote, wie z. B. Werbe-E-mails, als Beispiel zu nennen.[273] Letztlich unterliegen in der Regel auch Blogs, Foren und soziale Netzwerke wie z. B. *Facebook*, *Instagram* oder *Twitter* als Telemedien dem Regelungsbereich des RStV.[274]

bb) Bestimmungen im Einzelnen

§ 58 Abs. 1 S. 1 RStV normiert rundfunkrechtlich[275] das allgemeine Trennungsgebot für alle Telemedien: „Werbung muss als solche *klar erkennbar* und vom übrigen Inhalt der Angebote *eindeutig getrennt* sein." Erneut stehen die Erfordernisse der Erkennbarkeit und Trennung (sowie Kennzeichnung) in einer bestimmten Wechselbeziehung zueinander, da eine hinreichende Trennung von Werbung und sonstigen Inhalten die Erkennbarkeit impliziert.[276]

(1) Werbebegriff

Wegen der Vielfalt an Erscheinungsformen der Telemedien- und Werbeangebote im Internet soll zunächst untersucht werden, welche Maßnahmen konkret das Trennungsgebot des § 58 Abs. 1 S. 1 RStV tangiert. Dies mag zunächst verwundern, da der rundfunkrechtliche Werbebegriff bereits anhand der in § 2 Abs. 2 Nr. 7 RStV verankerten Legaldefinition ausführlich erläutert wurde. Ein Blick auf den Wortlaut zeigt jedoch, dass Werbung im Sinne der Norm lediglich Äußerungen erfasst, die im Rundfunk getätigt werden („jede Äußerung […], die im Rundfunk […]").[277] Eine Begriffsbestimmung für Werbung in Telemedien fehlt hingegen im Rundfunkstaatsvertrag.

Zurückzuführen ist dieser unbefriedigende Umstand auf die Art und Weise der nationalen Umsetzung der europäischen Vorgaben in der AVMD-RL. Der deutsche Gesetzgeber hat den Begriff „Fernsehwerbung" (Art. 1 Abs. 1 lit. i) AVMD-RL) schlicht durch den allgemeinen Begriff „Werbung" ersetzt und so auf die Übernahme des europäischen Oberbegriffs für Werbung als „audiovisuelle kommerzielle Kommunikation" verzichtet.[278] Unabhängig von den sich daraus ergebenden Systemwidrigkeiten beschreibt und erfasst der Werbebegriff im RStV dem Inhalt nach jedenfalls nur die Rundfunkwerbung, insbesondere die Fernsehwerbung.

---

[273] Begründung zum TMG, BT.Drs. 16/3078, S. 13; Begründung zum 9. RÄStV, LT-SH.Drs. 16/1046, S. 33.
[274] *Ahrens*, GRUR 2018, 1216; *Troge*, GRUR-Prax 2018, 87.
[275] *Dörr*, in: Hartstein/Ring/Kreile/Dörr/Stettner/Cole/Wagner, RStV, Band 1, Teil B 5, § 58 Rn. 5; *Hahn/Lamprecht-Weißenborn*, in: Schwartmann, Praxishandbuch Medien-, IT- und Urheberrecht, 2017, Kap. 6 Rn. 106.
[276] *Fiedler*, in: Gersdorf/Paal, Informations- und Medienrecht, RStV, § 58 Rn. 6.
[277] *Jäger*, Trennungs- und Kennzeichnungsgebot, 2017, S. 178.
[278] *Jäger*, Trennungs- und Kennzeichnungsgebot, 2017, S. 179.

In der Literatur existieren derzeit verschiedene Lösungsansätze, um die Regelungslücke im Gesetz zu schließen und den Werbebegriff in Telemedien zu determinieren. Eine Ansicht spricht sich dafür aus, den Werbebegriff losgelöst vom Rundfunkrecht unter Rückgriff auf einen allgemeinen Werbebegriff zu ermitteln. Eine Orientierung am Werbebegriff des Wettbewerbsrechts[279] oder Telemediengesetzes (§ 2 S. 1 Nr. 5 TMG)[280] käme dabei in Betracht. Werbung in Telemedien wäre demnach jede Art der Kommunikation, die der Absatzförderung von Dienstleistungen oder Waren dient.[281]

Eine zweite, überzeugendere Ansicht sieht in dem Regelungskonzept eine planwidrige Regelungslücke sowie eine vergleichbare Interessenlage zum Rundfunk und wendet daher § 2 Abs. 2 Nr. 7 RStV analog auf Werbung in Telemedien an.[282] Insbesondere wäre der ersten Ansicht zufolge der Werbebegriff unabhängig von der Zahlung eines Entgelts oder einer ähnlichen Gegenleistung zu bestimmen[283] mit der Folge erheblicher Wertungsunterschiede zwischen Rundfunk und Telemedien entgegen des gesetzgeberischen Willens. In Telemedien wäre der Werbebegriff erfüllt, obwohl kein Entgelt geleistet wurde und Werbung im Kontext redaktioneller Inhalte wäre dort im Ergebnis unter schwereren Voraussetzungen zulässig als im Rundfunk. Der Gesetzgeber sieht allerdings gerade im Rundfunkbereich eine erhöhte Schutzbedürftigkeit der Allgemeinheit und redaktionellen Unabhängigkeit als im Telemedienbereich. Die telemedialen Erscheinungsformen strengeren Regelungen zu unterwerfen, würde zu ungewollten und zweckwidrigen Ergebnissen führen und somit ist dem § 58 Abs. 1 S. 1 RStV ein entgeltlicher Werbebegriff[284] zugrunde zu legen, der sich aus § 2 Abs. 2 Nr. 7 RStV analog ergibt und im Wesentlichen die gleichen Merkmale wie im Rundfunk aufweist.

Die Werbung in Telemedien erfordert somit in Anlehnung an die rundfunkspezifischen Voraussetzungen neben dem Aspekt der Entgeltlichkeit (oder einer ähnlichen Gegenleistung) noch eine unternehmensbezogene Äußerung und eine Werbeabsicht.

Im Internet setzt eine „Äußerung bei der Ausübung eines Handels, Gewerbes, Handwerks oder freien Berufs" i. S. d. RStV ebenfalls zunächst eine unternehmerische Tätigkeit, d. h. ein Handeln mit Gewinnerzielungsabsicht, voraus. Rein private

---

[279] Im Wettbewerbsrecht wird die Definition der Werbung in Art. 2 lit. a.) RL 2006/114/EG über irreführende und vergleichende Werbung herangezogen.
[280] *Holzgraefe*, Werbeintegration in Fernsehsendungen und Videospielen, 2010, S. 363.
[281] *Holzgraefe*, Werbeintegration in Fernsehsendungen und Videospielen, 2010, S. 363; *Mallick*, Product-Placement in den Massenmedien, 2009, S. 202.
[282] *Jäger*, Trennungs- und Kennzeichnungsgebot, 2017, S. 181.
[283] *Holzgraefe*, Werbeintegration in Fernsehsendungen und Videospielen, 2010, S. 363; *Mallick*, Product-Placement in den Massenmedien, 2009, S. 202.
[284] *Dörr/Wagner*, ZUM 2013, 526; *Hoeren*, in: Kilian/Heussen, Computerrecht, 2018, Kap. 142 Rn. 20; *Jäger*, Trennungs- und Kennzeichnungsgebot, 2017, S. 181; *Stenner*, Die Zulässigkeit interaktiver und individualisierender Werbung im Fernsehen und in audiovisuellen Telemedien, 2009, S. 164.

Aktivitäten auf Blogs oder sozialen Netzwerken, wie z. B. *Facebook* oder *Instagram*, sind somit nicht erfasst. Für die Frage des Unternehmensbezugs kommt es im Übrigen nur auf die konkreten Umstände des einzelnen Beitrags oder „Posts" an, so dass es unerheblich ist, wenn werbliche und private Inhalte nebeneinander koexistieren.[285]

Der Werbende muss, wie bereits geklärt, für seine Tätigkeit ein Entgelt oder eine ähnliche Gegenleistung erhalten. Erhalten z. B. Blogger von ihrer Agentur oder direkt von einem Unternehmen Geld für eine Veröffentlichung bestimmter Beiträge, ist das Merkmal unproblematisch erfüllt.[286] Eine gleichermaßen zu behandelnde „ähnliche Gegenleistung" kann z. B. der Erhalt eines unentgeltlichen Testprodukts darstellen, das im Gegenzug in der Öffentlichkeit positiv bewertet werden soll und behalten werden darf.[287]

Die Werbeabsicht bereitet in zahlreichen Telemedienkonstellationen die größten Schwierigkeiten, da es als rein subjektives Merkmal, insbesondere in sozialen Netzwerken, die Nachweisbarkeit von Werbung erschwert. Als objektive Kriterien für die Bestimmung des subjektiven Willens können die Absprachen zwischen den Beteiligten, der Erhalt von Zuwendungen oder die Aufmachung des Internetbeitrags herangezogen werden.[288]

(2) Klare Erkennbarkeit

§ 58 Abs. 1 S. 1 Hs. 1 RStV verbietet Werbung in Telemedien, die nicht als solche *klar* erkennbar ist.[289] Auf welche Art und Weise sicherzustellen ist, wie Werbung und Inhalt klar erkannt bzw. unterschieden werden können, wird durch die Vorschrift nicht weiter konkretisiert.[290] Die Erkennbarkeit der Werbung kann prinzipiell entweder ohne Tätigwerden oder durch eine Trennung von sonstigen Inhalten oder durch eine Kennzeichnung gewährleistet werden.

Die Gestaltung von Werbung im Telemedienbereich muss sich an ihrer jeweiligen Eigenart und den technischen Möglichkeiten orientieren.[291] Entscheidend ist stets, dass der Nutzer ohne weiteres und jederzeit erkennen kann, ob es sich bei einer Aussage um eine der Verkaufsförderung dienende Werbung oder um einen

---

[285] *Gerecke*, GRUR 2018, 154.
[286] *Gerecke*, GRUR 2018, 154.
[287] *Gerecke*, GRUR 2018, 154.
[288] *Gerecke*, GRUR 2018, 155.
[289] *Fiedler*, in: Gersdorf/Paal, Informations- und Medienrecht, RStV, § 58 Rn. 2.
[290] *Smid*, in: Spindler/Schuster, Recht der elektronischen Medien, 2015, RStV, § 58 Rn. 11.
[291] *Gummig*, ZUM 1996, 580; *Meier*, in: Roßnagel, Recht der Multimedia-Dienste, 2008, § 9 MDStV Rn. 53; *Smid*, in: Spindler/Schuster, Recht der elektronischen Medien, 2015, RStV, § 58 Rn. 11.

redaktionellen Beitrag handelt.[292] Die werbliche Intention der Aussage muss allein aufgrund der Aufmachung, ohne dass es auf den jeweiligen Inhalt ankommt, zweifelsfrei erkennbar sein, da anderenfalls die Werbung auf den Rezipienten zumindest für eine gewisse Zeitspanne ihre Wirkung entfalten könnte und die freie Entscheidung über den Werbekonsum währenddessen gehindert wäre.[293] Dabei ist erneut unter Rückgriff auf wettbewerbsrechtliche Maßstäbe[294] auf einen durchschnittlich informierten, aufmerksamen und verständigen Verbraucher abzustellen, an den sich das konkrete Angebot richtet.[295] Die besondere Kenntlichmachung einer Veröffentlichung als Werbung kann, muss aber nicht zwingend erforderlich sein.[296] Dies hängt maßgeblich davon ab, ob die Werbemaßnahme (einschließlich ganzer Webseiten) durch ihre Anordnung und Gestaltung für den Durchschnittsverbraucher von vornherein eindeutig als solche erkennbar ist oder nicht.[297]

Allgemein ist für eine rechtliche Beurteilung der Erkennbarkeit des Werbecharakters bei Internetseiten auf die Erwartungshaltung des durchschnittlichen Besuchers abzustellen.[298] Erwartet dieser keine objektive und unabhängige Informationen, dann besteht grundsätzlich keine Gefahr der Irreführung über die kommerziellen Hintergründe der Internetdomains[299] und eine besondere Trennung[300] oder Kennzeichnung[301] erweist sich als überflüssig. Dies gilt z.B. bei Internetseiten von Unternehmen (sog. Unternehmenshomepages),[302] bei denen der Besucher grundsätzlich keine unabhängigen Informationen erwartet, da die redaktionellen

---

[292] *Fiedler*, in: Gersdorf/Paal, Informations- und Medienrecht, RStV, § 58 Rn. 7; *Smid*, in: Spindler/Schuster, Recht der elektronischen Medien, 2015, RStV, § 58 Rn. 11.
[293] *Fiedler*, in: Gersdorf/Paal, Informations- und Medienrecht, RStV, § 58 Rn. 8; *Jäger*, Trennungs- und Kennzeichnungsgebot, 2017, S. 185.
[294] *Beater*, Medienrecht, 2016, § 8 Rn. 717.
[295] OLG Köln, GRUR-RR 2014, 62, 63; *Fiedler*, in: Gersdorf/Paal, Informations- und Medienrecht, RStV, § 58 Rn. 7; *Jäger*, Trennungs- und Kennzeichnungsgebot, 2017, S. 182; *Mallick*, Product-Placement in den Massenmedien, 2009, S. 207; *Wiebe/Kreutz*, WRP 2015, 1181 f.
[296] *Smid*, in: Spindler/Schuster, Recht der elektronischen Medien, 2015, RStV, § 58 Rn. 11.
[297] *Beater*, Medienrecht, 2016, § 8 Rn. 717; *Fiedler*, in: Gersdorf/Paal, Informations- und Medienrecht, RStV, § 58 Rn. 8; *Jäger*, Trennungs- und Kennzeichnungsgebot, 2017, S. 187; *Köhler*, in: Köhler/Bornkamm, UWG, 2018, § 4 Rn. 3.21.
[298] OLG Köln, GRUR-RR 2014, 62, 63; *Hoeren*, MMR 2004, 644; *Jäger*, Trennungs- und Kennzeichnungsgebot, 2017, S. 185 f.; *Ladeur*, in: Binder/Vesting, Beck'scher Kommentar zum Rundfunkrecht, § 58 Rn. 3; *Smid*, in: Spindler/Schuster, Recht der elektronischen Medien, 2015, RStV, § 58 Rn. 18.
[299] *Jäger*, Trennungs- und Kennzeichnungsgebot, 2017, S. 186.
[300] *Ladeur*, in: Binder/Vesting, Beck'scher Kommentar zum Rundfunkrecht, § 58 Rn. 3.
[301] *Gummig*, ZUM 1996, 579 f.; *Hoeren*, WRP 1997, 995; *Leupold/Bräutigam/Pfeiffer*, WRP 2000, 588; *Smid*, in: Spindler/Schuster, Recht der elektronischen Medien, 2015, RStV, § 58 Rn. 18.
[302] *Jäger*, Trennungs- und Kennzeichnungsgebot, 2017, S. 189; *Ladeur*, in: Binder/Vesting, Beck'scher Kommentar zum Rundfunkrecht, § 58 Rn. 3.

Inhalte meist nur zur Untermalung der Werbebotschaft[303] sowie Verstärkung des werbenden Effekts[304] integriert werden.

Objektive und unabhängige Informationen wird ein durchschnittlicher Internetnutzer in der Regel z. B. von Internetseiten des Rundfunk- und Pressewesens oder staatlich anerkannter Organisationen erwarten.[305] Auch kommen als unbeeinflusste Informationsquellen aus Sicht der Durchschnittsbesucher z. B. Foren, Blogs oder Themenportale[306] in Betracht, die journalistisch unabhängig und fundiert zu Waren oder Dienstleistungen bestimmter Unternehmen eine Berichterstattung zum Gegenstand haben. Diese genannten Beispiele und diverse andere Internetseiten[307] werden allerdings oftmals im gewissen Umfang werbliche Inhalte beinhalten,[308] die ohne einen publizistischen Anlass oder ein sachliches Informationsbedürfnis der Nutzer keine Rechtfertigung finden und somit von dem redaktionellen Teil getrennt oder gekennzeichnet werden müssen, um die Erkennbarkeit zu gewährleisten.[309]

Das Gebot der klaren Erkennbarkeit in den Neuen Medien gewinnt insbesondere im Bereich der sozialen Netzwerke zunehmend an Bedeutung, da der Reiz oftmals gerade im Spiel mit den Grenzen der herkömmlichen Kommunikationsformen besteht.[310] Auf *Instagram*, *Facebook* etc. entwickelt sich zunehmend eine individualisierende Form der Werbung, die sich auf bestimmte Profile spezifiziert und gerade nicht erkennbar sein soll.[311] Wenn man beachtet, dass aus rechtlichen Gesichtspunkten z. B. bei der Präsentation von Bildern auf *Instagram* ebenfalls deutlich erkennbar sein muss, dass es sich um Werbung handelt, bringt diese Entwicklung viele Probleme mit sich.

Das Erkennbarkeitsgebot greift im Übrigen auch dort, wo ein Telemedienangebot keinen „übrigen Inhalt" aufweist, von dem die Werbung getrennt werden kann.[312] Rein werbende Telemedien müssen daher ebenfalls als solche klar erkennbar sein.[313]

---

[303] *Smid*, in: Spindler/Schuster, Recht der elektronischen Medien, 2015, RStV, § 58 Rn. 18.
[304] *Jäger*, Trennungs- und Kennzeichnungsgebot, 2017, S. 186.
[305] *Leupold/Bräutigam/Pfeiffer*, WRP 2000, 589; *Smid*, in: Spindler/Schuster, Recht der elektronischen Medien, 2015, RStV, § 58 Rn. 18.
[306] *Jäger*, Trennungs- und Kennzeichnungsgebot, 2017, S. 186.
[307] *Gabel*, WRP 2005, 1106; *Leupold/Bräutigam/Pfeiffer*, WRP 2000, 589; *Marwitz*, K&R 1998, 371.
[308] Zu beachten ist, dass für die Telemedienangebote der ARD oder des ZDF Werbung und Sponsoring von vornherein gesetzlich verboten sind (§ 11d Abs. 5 RStV).
[309] *Smid*, in: Spindler/Schuster, Recht der elektronischen Medien, 2015, RStV, § 58 Rn. 18.
[310] *Ladeur*, in: Binder/Vesting, Beck'scher Kommentar zum Rundfunkrecht, § 58 Rn. 4; *Leitgeb*, ZUM 2009, 39.
[311] *Ladeur*, in: Binder/Vesting, Beck'scher Kommentar zum Rundfunkrecht, § 58 Rn. 4; *Stenner*, Die Zulässigkeit interaktiver und individualisierender Werbung im Fernsehen und in audiovisuellen Telemedien, 2009, S. 227.
[312] *Fiedler*, in: Gersdorf/Paal, Informations- und Medienrecht, RStV, § 58 Rn. 3.
[313] *Fiedler*, in: Gersdorf/Paal, Informations- und Medienrecht, RStV, § 58 Rn. 8; *Jäger*, Trennungs- und Kennzeichnungsgebot, 2017, S. 185.

II. Werbevorschriften im RStV

Letztlich erscheint klärungsbedürftig, welches Schutzniveau bei der Auslegung des § 58 Abs. 1 Abs. 1 Hs. 1 RStV zugrunde zu legen ist und ob im Vergleich zum Rundfunk niedrigere oder höhere Anforderungen an die Erkennbarkeit des Werbecharakters zu stellen sind. Man könnte insbesondere ein verändertes Schutzniveau und abgewandeltes Verbraucherleitbild gegenüber den herkömmlichen Medien Rundfunk und Presse befürworten. Der Gesetzeswortlaut im RStV könnte einerseits für ein höheres Schutzniveau in Telemedien sprechen, da § 58 Abs. 1 Abs. 1 Hs. 1 RStV eine *klare* und § 7 Abs. 3 S. 1 RStV lediglich eine *leichte* Erkennbarkeit der Werbung verlangt. Für Telemediendienste würde dann insgesamt ein schärferes Trennungsgebot gelten als für Rundfunkangebote.[314] Allerdings könnte man andererseits für eine gegenteilige Differenzierung die Rechtsprechung des BGH im Fall „Feuer, Eis & Dynamit I"[315] heranziehen, in der vorgetragen wird, dass in Telemedien grundsätzlich ein niedrigeres Schutzniveau notwendig sei, da der Rezipient dort an Werbung gewöhnt ist.[316] Das größere Wissen um werbliche Gestaltungen im Internet muss in den Maßstab des Durchschnittsverbrauchers miteinfließen und mit einer größeren Flexibilität im Hinblick auf das Trennungsgebot einhergehen.

Die erste Interpretation eines veränderten Schutzniveaus mit unterschiedlichen Anforderungen an die Erkennbarkeit der Werbung kann in jedem Fall nicht überzeugen. Der minimal unterschiedliche Wortlaut reicht nicht aus, um eine Verschärfung der Anforderungen des Trennungsgebots in Telemedien zu begründen. Auch wollte der Gesetzgeber insgesamt mit der abweichenden Begrifflichkeit wohl kein differenziertes Schutzniveau etablieren, da für § 6 Abs. 1 Nr. 1 TMG, der die gleiche Formulierung wie § 58 Abs. 1 S. 1 RStV enthält, Einigkeit darüber besteht, dass Werbung in Telemedien „*leicht*" auf den ersten Blick als solche erkennbar sein muss und sich die Anforderungen an die Erkennbarkeit mit § 7 Abs. 3 S.1 RStV weitgehend decken oder übertragen lassen.[317]

Einem geringeren Schutzniveau könnte man entgegenhalten, dass keine homogene Bevölkerungsgruppe existiert, die sich als „Internetnutzer" anhand von allgemeingültigen Merkmalen qualifiziert.[318] Die Adressaten eines telemedialen Angebots unterscheiden sich nicht signifikant von denen eines vergleichbaren Angebots außerhalb des Telemedienbereichs[319] und somit kann ein unter-

---

[314] *Kachabia*, BLJ 2015, 18; *Zimmermann*, Der Schutz des publizistischen Systems vor Werbeplatzierungen, 2016, S. 427.
[315] BGH, NJW 1995, 3177 ff.
[316] LG Berlin, MMR 2005, 778, 779.
[317] *Heckmann*, jurisPK-Internetrecht, 2014, Kap. 4.2 Rn. 643; *Jäger*, Trennungs- und Kennzeichnungsgebot, 2017, S. 185; *Micklitz/Schirmbacher*, in: Spindler/Schuster, Recht der elektronischen Medien, 2015, TMG, § 6 Rn. 24 f.
[318] *Jäger*, Trennungs- und Kennzeichnungsgebot, 2017, S. 181; *Mallick*, Product-Placement in den Massenmedien, 2009, S. 207.
[319] BGH, GRUR 2005, 438, 440; *Jäger*, Trennungs- und Kennzeichnungsgebot, 2017, S. 182; *Mallick*, Product-Placement in den Massenmedien, 2009, S. 207.

schiedliches Schutzniveau nur schwer anhand von konkreten Kriterien bestimmt werden.

Allerdings ist der Rezipient im Internetbereich durchaus an viel mehr Werbung gewöhnt, und angesichts der vielen technischen Möglichkeiten muss ein größeres Maß an Flexibilität verlangt werden als in anderen Medienbereichen. Mit einem etwas niedrigeren Schutzniveau sind im Rahmen der Feststellung eines Verstoßes gegen das Trennungsgebot stets die Umstände des Einzelfalls zu berücksichtigen. Insbesondere müssen alle denkbaren Online-Marketingstrategien daraufhin beurteilt werden, ob die jeweils gewählte Maßnahme dem Trennungsgebot Genüge leistet.[320]

(3) Eindeutige Trennung und Kennzeichnung

Nach § 58 Abs. 1 Hs. 2 RStV muss Werbung vom übrigen Inhalt der Telemedienangebote „eindeutig getrennt" sein. Dies setzt denklogisch zunächst, im Gegensatz zum Erkennbarkeitsgebot, das Vorhandensein eines anderen nicht werbenden Inhalts voraus, von dem die Werbung abgetrennt werden kann.[321] Dieser andere als werbende Inhalt muss dem Wortlaut zufolge nicht zwingend journalistisch-redaktionell gestaltet sein und somit kann das Trennungsgebot auch Diensteanbieter treffen, die Telemedien mangels Erfüllung der organisatorischen Voraussetzungen ohne journalistisch-redaktionelle Inhalte betreiben.[322] Zwar könnte man dagegen den Sinn und Zweck des Trennungsgebots anführen, der gerade in dem Schutz der redaktionellen Unabhängigkeit besteht.[323] Angebote, die nicht Ausdruck redaktioneller Tätigkeiten sind, bedürfen keines Schutzes vor wirtschaftlicher Einflussnahme und sind somit nicht zur Trennung verpflichtet.[324] Um keine übermäßigen und rechtlich erschwerenden Regelungslücken zu kreieren, ist jedoch eine denkbar weite Auslegung zu bevorzugen, die keine besonderen Anforderungen an die übrigen Inhalte stellt. Somit kann es sich nicht nur um journalistisch-redaktionelle Inhalte, sondern auch z. B. um automatisch erstellte Suchergebnisse oder Onlinespiele handeln, die von der Werbung zu trennen sind.[325]

Werbung und sonstigen Inhalt vorausgesetzt, ist aufgrund der Flexibilität der Technologien die Begrifflichkeit „Trennung" selbst in manchen Fallkonstellatio-

---

[320] *Smid*, in: Spindler/Schuster, Recht der elektronischen Medien, 2015, RStV, § 58 Rn. 12.
[321] *Fiedler*, in: Gersdorf/Paal, Informations- und Medienrecht, RStV, § 58 Rn. 4; *Jäger*, Trennungs- und Kennzeichnungsgebot, 2017, S. 181; *Mallick*, Product-Placement in den Massenmedien, 2009, S. 183.
[322] *Dörr*, in: Hartstein/Ring/Kreile/Dörr/Stettner/Cole/Wagner, RStV, Band 1, Teil B 5, § 58 Rn. 2.
[323] *Jäger*, Trennungs- und Kennzeichnungsgebot, 2017, S. 183.
[324] *Jäger*, Trennungs- und Kennzeichnungsgebot, 2017, S. 183 f.
[325] *Fiedler*, in: Gersdorf/Paal, Informations- und Medienrecht, RStV, § 58 Rn. 4.

nen nicht leicht zu bestimmen.[326] Angesichts der Vielzahl an möglichen Erscheinungsformen und technischen Entwicklungen bedarf es bei der Bestimmung des telemedialen Trennungsgebots einer Einzelbetrachtung und Orientierung an den zu § 7 Abs. 3 S. 3 RStV entwickelten Grundsätzen.[327]

Werbeformen im Internet, die getrennt von sonstigen Inhalten erscheinen, werfen bei der Bestimmung einer eindeutigen Trennung grundsätzlich keine besonderen Probleme auf.[328] In diesem Zusammenhang ist z. B. die Bannerwerbung zu nennen, die üblicherweise in Form eines Rechtecks am oberen oder seitlichen Rand einer Webseite erscheint.[329] Ähnliches gilt für die Pop-Up-Werbung, bei der zusätzlich zu einer betrachteten Internetseite ein weiteres überlagerndes Fenster unmittelbar geöffnet wird, das ausschließlich Werbung enthält.[330] Bei der Bannerwerbung und der Pop-Up-Werbung handelt es sich um „klassische Werbespots"[331] im Internet, die in der Regel durch ihre graphische und farbliche Gestaltung eindeutig als Werbung zu identifizieren sind[332] und in einem abgetrennten vom Bereich außerhalb der sonstigen Inhalte vollständig ihre Werbewirkung entfalten.

Der Einsatz von Verlinkungen ist ebenfalls grundsätzlich zulässig, solange der Link als Werbung deutlich erkennbar und von dem redaktionellen Teil getrennt ist.[333] Der Link muss so gestaltet sein, dass dem Durchschnittsnutzer erkennbar ist, dass auf eine Werbeseite verwiesen wird[334] und bei Betätigung das redaktionelle Angebot verlassen wird.[335] Verweist z. B. eine Internetseite im Navigationsbereich mit einem redaktionell anmutenden Link tatsächlich auf eine Werbeseite, so ist das Trennungsgebot verletzt.[336]

Eine rechtliche Problematik bildet die Einbettung von Links innerhalb eines redaktionellen Beitrags (sog. redaktionelle Hyperlinks).[337] Stehen die Verweise auf Webseiten mit werblicher Zielsetzung mit der redaktionellen Berichterstattung in einem übermäßig engen Zusammenhang, kann es sich im Einzelfall um eine un-

---

[326] *Ladeur*, in: Binder/Vesting, Beck'scher Kommentar zum Rundfunkrecht, § 58 Rn. 1a.
[327] *Holzgraefe*, Werbeintegration in Fernsehsendungen und Videospielen, 2010, S. 367; *Jäger*, Trennungs- und Kennzeichnungsgebot, 2017, S. 184.
[328] *Ladeur*, in: Binder/Vesting, Beck'scher Kommentar zum Rundfunkrecht, § 58 Rn. 2.
[329] *Fuchs/Hahn*, MMR 2016, 503; *Ladeur*, in: Binder/Vesting, Beck'scher Kommentar zum Rundfunkrecht, § 58 Rn. 2; *Pierson*, K&R 2006, 489.
[330] *Smid*, in: Spindler/Schuster, Recht der elektronischen Medien, 2015, RStV, § 58 Rn. 15.
[331] *Fuchs/Hahn*, MMR 2016, 503.
[332] *Smid*, in: Spindler/Schuster, Recht der elektronischen Medien, 2015, RStV, § 58 Rn. 15.
[333] *Ladeur*, in: Binder/Vesting, Beck'scher Kommentar zum Rundfunkrecht, § 58 Rn. 1a.
[334] KG, GRUR 2007, 254, 254f.
[335] KG, WRP 2007, 1392; *Fiedler*, in: Gersdorf/Paal, Informations- und Medienrecht, RStV, § 58 Rn. 9; *Ladeur*, in: Binder/Vesting, Beck'scher Kommentar zum Rundfunkrecht, § 58 Rn. 5.
[336] LG Berlin, MMR 2005, 778, 778f.; *Fiedler*, in: Gersdorf/Paal, Informations- und Medienrecht, RStV, § 58 Rn. 9.
[337] *Gabel*, WRP 2005, 1107.

zulässige redaktionelle Empfehlung handeln.[338] Der Rechtsprechung zufolge ist das Setzen eines Links in einem redaktionellen Beitrag allerdings in der Regel von der Meinungs- und Pressefreiheit gedeckt.[339] Ein pauschaler Verstoß gegen das Trennungsgebot bei dem Einsatz von redaktionellen Hyperlinks ist angesichts der weiten Verbreitung und zunehmenden Wahrnehmung als medienspezifisches Serviceangebot in jedem Fall abzulehnen.[340]

Eine weitere Problematik bildet der Einsatz von Verlinkungen, die fremde in eigene Webseiten-Inhalte einbetten (sog. Frame-Links).[341] Wenn der Eindruck entsteht, dass die über die Verlinkung eingefügten fremden Inhalte und die ursprünglichen Inhalte ein einheitliches Angebot darstellen, kommt ein Verstoß gegen das Trennungsgebot in Betracht. Dies ist in der Regel dann zu bejahen, wenn durch die Gestaltung eine Differenzierung zwischen werblichen und redaktionellen Inhalten für den durchschnittlichen Rezipienten nicht mehr erfolgen kann.[342]

Beim Einsatz von Werbung in sozialen Netzwerken, der z. B. unter Anwendung des Viral-Marketings oder Influencer-Marketings realisiert werden kann, muss das Trennungsgebot auf die besonderen Bedingungen eingestellt werden.[343] In jedem Fall muss grundsätzlich auch in den sozialen Medien erkennbar sein, dass es sich bei einer Präsentation um Werbung handelt und eine Trennung erfolgen. Da gerade in diesem Bereich jedoch von Werbebetreibenden die Möglichkeit genutzt wird, die Werbung untrennbar in die Nutzerprofile zu integrieren, ist das Gebot der Trennung etwa auf *Facebook* oder *Instagram* regelmäßig nicht gewahrt.

Wenn bei einem Telemedium die Werbung so eng mit dem restlichen Angebot verbunden ist, so dass eine eindeutige Trennung nicht vorliegt, dann wäre dem Wortlaut des § 58 Abs. 1 S. 1 RStV zufolge an sich das Trennungsgebot verletzt. Allerdings folgt aus der Norm für solche Werbemaßnahmen, die nicht bereits aufgrund ihrer Anordnung und Gestaltung offensichtlich als solche zu erkennen sind, eine Pflicht zur Kennzeichnung, um den rechtlichen Anforderungen zu genügen.[344] Somit besteht für Diensteanbieter die Möglichkeit, Werbung ohne eine strikte Trennung von den übrigen Inhalten zu verbreiten, solange ein Hinweis für den Durchschnittsempfänger die wirtschaftliche Motivation ohne weiteres und zweifelsfrei erkennbar macht.[345]

---

[338] *Hoeren*, MMR 2004, 645; *Smid*, in: Spindler/Schuster, Recht der elektronischen Medien, 2015, RStV, § 58 Rn. 13.
[339] BGH, MMR 2004, 529.
[340] *Gummig*, ZUM 1996, 582; *Smid*, in: Spindler/Schuster, Recht der elektronischen Medien, 2015, RStV, § 58 Rn. 13.
[341] *Gabel*, WRP 2005, 1103 f.
[342] *Smid*, in: Spindler/Schuster, Recht der elektronischen Medien, 2015, RStV, § 58 Rn. 15.
[343] *Ladeur*, in: Binder/Vesting, Beck'scher Kommentar zum Rundfunkrecht, § 58 Rn. 4.
[344] *Suwelack*, MMR 2017, 662.
[345] *Fiedler*, in: Gersdorf/Paal, Informations- und Medienrecht, RStV, § 58 Rn. 10; *Jäger*, Trennungs- und Kennzeichnungsgebot, 2017, S. 187.

Wie ein entsprechender irreführungsausschließender Hinweis solcher Werbebeiträge im Einzelnen auszusehen hat, ergibt sich nicht unmittelbar aus § 58 RStV oder einer anderen Norm aus dem Rundfunkstaatsvertrag.[346] Somit sind zur Beantwortung dieser Frage die für den Bereich der Presse und des Rundfunks gewonnenen Ergebnisse teilweise heranzuziehen und entsprechend anzuwenden.[347] Allerdings sind auch im Rahmen einer Kennzeichnung stets die Umstände des Einzelfalls und das verwendete Kommunikationsmittel entscheidend zu berücksichtigen.[348]

Der Wortlaut des § 58 RStV spricht für eine Kennzeichnung mit dem Wort „Werbung", da Werbung ausdrücklich als solche erkennbar sein muss.[349] Dies ist deshalb einleuchtend, da andere Begrifflichkeiten nicht in vergleichbarer Weise die werbliche Intention eines Inhalts auf den ersten Blick offenbaren. Allerdings gilt zu beachten, dass eine derart strikte Handhabung der Kennzeichnung zu Diskrepanzen zwischen identischen Textveröffentlichungen im Online- und Printbereich führen kann.

Die Landespressegesetze bestimmen für den Printbereich, dass Veröffentlichungen, die nicht schon durch ihre Anordnung und Gestaltung allgemein als Anzeige zu erkennen sind, deutlich mit dem Wort „Anzeige" zu bezeichnen sind.[350] Dieselbe Publikation im Online-Bereich wäre dann anders mit dem Wort „Werbung" zu markieren, wobei kein sachlicher Grund für eine differenzierende Kennzeichnung, je nachdem, ob eine Verbreitung auf digitalem oder herkömmlichem Wege erfolgt, ersichtlich ist.[351]

Somit erscheint es sachgerecht, die Bezeichnungen „Werbung" und „Anzeige" gleichermaßen als zulässig zu erachten.[352] Auch in der anwaltlichen Praxis und in dem Leitfaden der Landesmedienanstalten wird empfohlen, die deutlichen Begrifflichkeiten „Werbung" oder „Anzeige" zu verwenden.[353] Beide Hinweise haben einen hohen Wiedererkennungswert und setzen den Nutzer schnell und einfach in die Lage, den Werbecharakter einer Veröffentlichung zu erkennen.

Fraglich ist, ob die Verwendung ähnlicher Begriffe, wie z. B. „Sponsored", „Ad" oder „Promotion", ebenfalls dem Kennzeichnungsgebot Genüge leisten. Zumindest hält die Rechtsprechung eine Kennzeichnung der Werbung mit dem Wort „Sponsored" bei klassischen Internetangeboten nicht für ausreichend, um den werblichen

---

[346] *Suwelack*, MMR 2017, 662.
[347] *Jäger*, Trennungs- und Kennzeichnungsgebot, 2017, S. 187.
[348] *Gerecke*, GRUR 2018, 158.
[349] *Jäger*, Trennungs- und Kennzeichnungsgebot, 2017, S. 187.
[350] Beispiel: § 11 BbgPG.
[351] *Jäger*, Trennungs- und Kennzeichnungsgebot, 2017, S. 187 f.
[352] *Fiedler*, in: Gersdorf/Paal, Informations- und Medienrecht, RStV, § 58 Rn. 10.
[353] Die Medienanstalten, Leitfaden der Medienanstalten – Werbekennzeichnung bei Social Media-Angeboten vom 01.11.2018, S. 3; *Suwelack*, MMR 2017, 662.

Charakter für den durchschnittlich aufmerksamen Rezipienten zum Ausdruck zu bringen, da viele die englische Sprache nicht beherrschen und somit den Hinweis nicht verstehen.[354] Auch identifiziert einer aktuellen Studie zufolge nur gut jeder dritte Internetnutzer in Deutschland die Bezeichnung „Sponsored" eindeutig als Werbung.[355] Im Hinblick auf die Verwendung der Bezeichnung „Ad" hat sich die Rechtsprechung, zumindest in Form eines unauffälligen Hashtags auf *Instagram*, gegen eine zulässige Kennzeichnung ausgesprochen, da der kommerzielle Zweck des Beitrags für den Leser nicht eindeutig erkennbar ist.[356] Im Übrigen bleibt, angesichts der bevorstehenden EuGH-Entscheidung auf einen Vorlagebeschluss des BGH im Hinblick auf die erforderliche Kennzeichnung der Werbung, die Zulässigkeit anderer Begrifflichkeiten abzuwarten.[357]

Steht mit dem Vorgesagten fest, dass grundsätzlich die Begriffe „Werbung" oder „Anzeige" zur Kennzeichnung verwendet werden können oder müssen, ist im nächsten Schritt die Gestaltung des Hinweises zu klären. Ausgangspunkt ist der Sinn und Zweck des Kennzeichnungsgebots, der in erster Linie in der Vermeidung von Irrtümern seitens des Telemediennutzers besteht.[358] Unerlässlich ist somit die deutliche Information des Zuschauers oder Lesers über die der Publikation zugrundeliegende absatzfördernde Motivation, bevor er den kommerziellen Beiträgen ausgesetzt wird.[359]

Im Presserecht genügt ein Hinweis links oberhalb der Werbung, um den Leser in europäischer Leserichtung vor der Wahrnehmung des Werbeinhalts aufzuklären.[360] Im Rundfunkbereich soll eine Ausstrahlung des Hinweises erfolgen, bevor die Werbung im Fernsehen verbreitet wird. Überträgt man diese Erkenntnisse auf Telemedien, so hat zur effektiven Aufklärung über die Kommunikationsabsicht bei statischen Inhalten ein im Presserecht vergleichbarer Hinweis zu erfolgen. Bei Bewegtbildern kann eine zeitlich vorgeschaltete Information, ähnlich dem Werbelogo im Rundfunk, eine rechtzeitige Unterrichtung sicherstellen. In jedem Fall muss eine Aufklärung über den Werbecharakter des Telemediums erfolgen, bevor sich die beeinflussende Wirkung entfaltet. Insgesamt gilt im Rahmen einer Kennzeichnung von Werbung der Grundsatz, dass je mehr der werbliche Inhalt nach der Gestaltung den redaktionellen Inhalten ähnelt, desto deutlicher der textliche Hinweis sein muss.[361]

---

[354] KG, MMR 2018, 98, 99.
[355] Statista, Studie: Bedeutung des Ausdrucks „Sponsored Post" für viele junge Internetnutzer unklar vom 17.11.2015.
[356] OLG Celle, GRUR 2017, 1158, 1158.
[357] EuGH Rs. C-391/1; BGH, WRP 2012, 1219; *Smid*, in: Spindler/Schuster, Recht der elektronischen Medien, 2015, RStV, § 58 Rn. 15.
[358] *Jäger*, Trennungs- und Kennzeichnungsgebot, 2017, S. 189.
[359] *Jäger*, Trennungs- und Kennzeichnungsgebot, 2017, S. 190.
[360] *Jäger*, Trennungs- und Kennzeichnungsgebot, 2017, S. 187 f.
[361] *Fiedler*, in: Gersdorf/Paal, Informations- und Medienrecht, RStV, § 58 Rn. 10.

Bei Werbung im Rahmen von Internetangeboten mit presseähnlichen Inhalten ergeben sich üblicherweise keine Besonderheiten, da sich diese von der herkömmlichen redaktionellen Werbung kaum unterscheidet.[362] Ist z.B. eine Anzeige im Internet als redaktioneller Beitrag ohne Kenntlichmachung des werblichen Bezugs aufgemacht, ist das Trennungsgebot unproblematisch verletzt.[363] Dies erfolgt in der Regel durch eine Anpreisung von Produkten oder Dienstleistungen innerhalb von redaktionellen Beiträgen oder eine Tarnung von werblichen Aussagen als Recherchearbeit oder Meinungen unabhängiger Dritter.[364] Die aus dem Presserecht entwickelten Grundsätze zur Kennzeichnung sind somit ohne Weiteres auf die redaktionelle Online-Werbung übertragbar.

Anknüpfend an die zur klaren Trennung angesprochenen Fallgruppen ist bei vollkommen neuartig gestalteten Formen der Bannerwerbung anerkannt, dass zur Sicherheit eine Kennzeichnung als „Anzeige" oder „Werbung" erfolgen sollte.[365]

Bei Verlinkungen im redaktionellen Teil einer Online-Zeitung, die nicht von vornherein als werbende Links erkennbar sind, muss ein Hinweis den ganzen Anzeigenbereich erfassen und eine teilweise Kennzeichnung reicht nicht aus.[366]

In sozialen Netzwerken, wo mangels Trennung oftmals nur die Kennzeichnung allein die wirtschaftliche Motivation offenbaren kann, muss der Hinweis mit dem fraglichen Bereich so verknüpft sein, dass keine Zweifel für den situationsadäquat aufmerksamen Durchschnittsverbraucher an dem werblichen Charakter aufkommen kann.[367] Bei *Instagram* kommt es entscheidend darauf an, dass der Werbehinweis nicht im Begleittext unter dem fraglichen Bild untergeht.[368] Dies kann einerseits dadurch erfolgen, dass der Hinweis zwischen einer Vielzahl von Hashtags versteckt wird. Andererseits besteht die Möglichkeit, einen übermäßig langen Text zu schreiben, der erst durch Betätigen eines Links „Weiterlesen" vollständig sichtbar wird und der Werbehinweis erscheint. Somit kann es insbesondere bei längeren Bildunterschriften erforderlich sein, die Kennzeichnung als Werbung an den Anfang des Textes bzw. zu Beginn des Posts zu setzen.[369] Aktuell sieht man auf *Instagram* häufig auch die Kennzeichnung eines Posts als Werbung mit dem Hinweis „Paid Partnership" oder „Bezahlte Partnerschaft" oberhalb des Bildes.

---

[362] *Smid*, in: Spindler/Schuster, Recht der elektronischen Medien, 2015, RStV, § 58 Rn. 12.
[363] *Hoeren*, MMR 2004, 643 f.
[364] *Smid*, in: Spindler/Schuster, Recht der elektronischen Medien, 2015, RStV, § 58 Rn. 12.
[365] *Schwanbom*, in: Schiwy/Schütz/Dörr, Medienrecht – Lexikon für Praxis und Wissenschaft, 2010, S. 747; *Smid*, in: Spindler/Schuster, Recht der elektronischen Medien, 2015, RStV, § 58 Rn. 15.
[366] KG, GRUR 2007, 254; *Fiedler*, in: Gersdorf/Paal, Informations- und Medienrecht, RStV, § 58 Rn. 10.
[367] *Suwelack*, MMR 2017, 662.
[368] *Suwelack*, MMR 2017, 662.
[369] Die Medienanstalten, Leitfaden der Medienanstalten – Werbekennzeichnung bei Social Media-Angeboten vom 01.11.2018, S. 2 f.; *Gerecke*, GRUR 2018, 158; *Suwelack*, MMR 2017, 662.

Dies trägt dem Sinn und Zweck des Kennzeichnungsgebots ebenfalls in ausreichendem Maße Rechnung und ist somit zulässig.[370]

Rechtliche Besonderheiten ergeben sich im Hinblick auf das Trennungs- bzw. Kennzeichnungsgebot bei Suchmaschinen. Grundsätzlich betreibt der Anbieter von Suchmaschinen selbst keine Werbung, sondern stellt lediglich eine Navigationshilfe zur Verfügung.[371] Somit dürfen Suchmaschinen in der Regel auch ohne besondere Kennzeichnung werbende Seiten im Falle der Eingabe entsprechender Suchwörter seitens der Nutzer anzeigen.[372] Anders ist dies allerdings zu bewerten, wenn der Suchmaschinenanbieter sich vertraglich verpflichtet hat, auf bestimmte kommerzielle Angebote zu verweisen.[373] Die zu bestimmten Suchwörtern verkauften Anzeigen, die auf der *Google*-Ergebnisseite am Anfang erscheinen (sog. Adwords-Anzeigen),[374] müssen sich von den übrigen „redaktionellen" Suchmaschinenergebnissen deutlich absetzen und gekennzeichnet sein.[375] Hierfür reicht es aus, wenn die Adwords-Anzeigen in einem hellblauen Kasten oberhalb der eigentlichen Suchergebnisse erscheinen und mit einer grauen Schrift eine Kennzeichnung als „Anzeige" erfolgt.[376]

c) Trennungsgebot für fernsehähnliche Telemedien
(§§ 58 Abs. 3, 7 Abs. 3 RStV)

Eine vom allgemeinen telemedienrechtlichen Trennungsgebot des § 58 Abs. 1 S. 1 RStV abweichende Regelung befindet sich in § 58 Abs. 3 S. 1 RStV für sog. fernsehähnliche Telemedien. Diese werden in Anlehnung an die AVMD-RL auch als audiovisuelle Mediendienste auf Abruf bezeichnet.[377] Für fernsehähnliche Telemedien gelten gem. § 58 Abs. 3 S. 1 RStV die besonderen rundfunkspezifischen Beschränkungen der §§ 7 und 8 RStV entsprechend. Darunter fällt auch das rundfunk-

---

[370] *Leeb/Maisch*, ZUM 2019, 36; Die Landesmedienanstalten vertreten hierzu allerdings eine andere Ansicht (Die Medienanstalten, Leitfaden der Medienanstalten – Werbekennzeichnung bei Social Media-Angeboten vom 01.11.2018, S. 4).
[371] LG Frankfurt, GRUR-RR 2002, 83, 84; *Ladeur*, in: Binder/Vesting, Beck'scher Kommentar zum Rundfunkrecht, § 58 Rn. 2; *Schmittmann*, Werbung im Internet, 2003, S. 125.
[372] *Ladeur*, in: Binder/Vesting, Beck'scher Kommentar zum Rundfunkrecht, § 58 Rn. 2.
[373] *Fiedler*, in: Gersdorf/Paal, Informations- und Medienrecht, RStV, § 58 Rn. 10; *Ladeur*, in: Binder/Vesting, Beck'scher Kommentar zum Rundfunkrecht, § 58 Rn. 2; *Smid*, in: Spindler/Schuster, Recht der elektronischen Medien, 2015, RStV, § 58 Rn. 17.
[374] *Fiedler*, in: Gersdorf/Paal, Informations- und Medienrecht, RStV, § 58 Rn. 11.
[375] LG Hamburg, MMR 2005, 629, 629; *Leupold/Bräutigam/Pfeiffer*, WRP 2000, 590; *Schwanbom*, in: Schiwy/Schütz/Dörr, Medienrecht – Lexikon für Praxis und Wissenschaft, 2010, S. 747; *Smid*, in: Spindler/Schuster, Recht der elektronischen Medien, 2015, RStV, § 58 Rn. 17.
[376] LG Hamburg, MMR 2005, 629, 629; *Fiedler*, in: Gersdorf/Paal, Informations- und Medienrecht, RStV, § 58 Rn. 11.
[377] *Gerecke*, GRUR 2018, 154; *Heins*, MMR 2018, 795.

werberechtliche Trennungsgebot.[378] Die Vorschrift des § 58 Abs. 3 S. 1 RStV dient als rundfunkspezifische Ausprägung des Erkennbarkeits- und Trennungsgebot[379] einer systemkonformen Umsetzung der AVMD-RL.[380] Die AVMD-RL nimmt als Nachfolgerin der Fernseh-RL grundsätzlich keine Unterscheidung zwischen Rundfunk- und Internetdiensten vor, sondern dehnt im Wesentlichen die Fernsehregelung allgemein auf audiovisuelle Mediendienste aus (Art. 9 AVMD-RL). Um den für die audiovisuellen Mediendienste auf Abruf gelten europäischen Vorgaben gerecht zu werden, wurde § 58 Abs. 3 S. 1 RStV durch den 13. RÄStV eingeführt. Seitdem enthalten sowohl das deutsche als auch das europäische medienrechtliche Regelungswerk besondere Vorschriften für fernsehähnliche Telemedienangebote.

aa) Begriff der fernsehähnlichen Telemedien

Die klare Konturierung und Bestimmung des Begriffs der fernsehähnlichen Telemedien bereitet der Rechtswissenschaft aktuell sehr große Schwierigkeiten. Dies hat naturgemäß starke Unsicherheiten für die Werbepraxis zur Folge, da bei Vorliegen eines „fernsehähnlichen Telemediums" nicht nur das rundfunkspezifische Trennungsgebot (§ 7 Abs. 3 S. 1, 3 RStV), sondern auch das Verbot von Schleichwerbung (§ 7 Abs. 7 S. 1 RStV) und andere Werbebeschränkungen für die Anbieter solcher Telemedien zur Anwendung gelangen.

In jüngster Zeit wurden Werbebetreibende im Internet mit Bußgeldern wegen eines Verstoßes gegen §§ 58 Abs. 3, 7 RStV sanktioniert und in der Medienöffentlichkeit wegen verbotener Schleichwerbung kritisiert. Als berühmtes Beispiel gilt etwa die seitens der Medienanstalt Hamburg/Schleswig-Holstein erfolgte Sanktionierung des *YouTube*-Stars „Flying Uwe" zu einem Bußgeld von insgesamt 10.500 EUR wegen Schleichwerbung in drei Videos.[381] Zudem verhängte die Medienanstalt mit einem Presseecho kürzlich ein Bußgeld in Höhe von 5.000 EUR gegen den YouTuber „Leon Marchère" wegen Schleichwerbung in einem Video.[382]

Auch wenn sich die theoretischen Maßstäbe und Anforderungen hinsichtlich des Trennungsgebots im Wesentlichen aus den bereits erfolgten Ausführungen zum Fernseh- und Telemedienbereich ergeben, ist die konkrete Zuordnung eines An-

---

[378] *Peifer*, GRUR 2018, 1218; *Suwelack*, MMR 2017, 662 f.
[379] *Fiedler*, in: Gersdorf/Paal, Informations- und Medienrecht, RStV, § 58 Rn. 35.
[380] Begründung zum 13. RÄStV, Bay-LT.Drs. 16/2736, S. 14; *Fiedler*, in: Gersdorf/Paal, Informations- und Medienrecht, RStV, § 58 Rn. 16 f.; *Hahn/Lamprecht-Weißenborn*, in: Schwartmann, Praxishandbuch Medien-, IT- und Urheberrecht, 2017, Kap. 6 Rn. 107; *Jäger*, Trennungs- und Kennzeichnungsgebot, 2017, S. 190.
[381] Die Medienanstalt Hamburg/Schleswig-Holstein, Pressemitteilung Nr. 10/17 vom 08.06.2017, Medienrat der MA HSH beschließt Geldbuße in Höhe von 10.500 EUR gegen YouTuber „Flying Uwe" wegen fehlender Werbekennzeichnung.
[382] Heise online, Pressemitteilung Nr. 09/2018 vom 03.09.2018, Medienanstalt verhängt Bußgeld gegen YouTouber „Leon Marchère".

gebots als fernsehähnliches Telemedium in jedem Fall für die Sanktionierung in der Praxis von großer Bedeutung, da die Landesmedienanstalten oder staatlichen Behörden bei diesen Angeboten (anders als bei einfachen Telemedien) Bußgelder verhängen können.[383]

Der RStV definiert fernsehähnliche Telemedien bzw. audiovisuelle Mediendienste auf Abruf als „Telemedien mit Inhalten, die nach Form und Inhalt fernsehähnlich sind und die von einem Anbieter zum individuellen Abruf zu einem vom Nutzer gewählten Zeitpunkt und aus einem vom Anbieter festgelegten Inhaltekatalog bereitgestellt werden" (§ 58 Abs. 3 S. 1 RStV). Trotz einer fehlenden Begriffsbestimmung eines fernsehähnlichen Telemediums in der AVMD-RL kann zur Auslegung der nationalen Legaldefinition zum Teil auf die europäischen Grundlagen zurückgegriffen werden (Art. 1 Abs. 1 AVMD-RL). Zum einen kann als Begründung angeführt werden, dass das Ziel des nationalen Gesetzgebers in einer systemkonformen Umsetzung der AVMD-RL liegt.[384] Zum anderen ist die Erstreckung rundfunktypischer Kommunikationsbeschränkungen im zugangsoffenen Internet nur bei äußerster Zurückhaltung mit den Medienfreiheiten i. S. d. Art. 5 GG vereinbar, und der Grundsatz verfassungskonformer Auslegung, verbietet eine über die Richtlinienvorgaben hinausgehende Ausdehnung der Werberegeln.[385]

Die Ausarbeitung der Kernelemente der staatsvertraglichen Definition ergeben für ein fernsehähnliches Telemedium folgende kumulativ zu erfüllende Tatbestandsmerkmale:

– Fernsehähnlichkeit

– Individueller Abruf

– Inhaltekatalog

(1) Fernsehähnlichkeit

§ 58 Abs. 3 S. 1 RStV sieht vor, dass der Verweis auf rundfunkrechtliche Regelungen lediglich für solche Telemedien zur Anwendung gelangt, die nach Form und Inhalt fernsehähnlich sind. Wann die Fernsehähnlichkeit eines Telemediums anzunehmen ist, wird im Rundfunkstaatsvertrag nicht weiter konkretisiert.[386] Heute ist somit noch lang nicht abschließend geklärt, was unter „fernsehähnlich" zu verstehen ist, zumal im Zeitalter der Medienkonvergenz die Unterschiede zwischen Rundfunk und Telemedien abnehmen.[387] Zur Auslegung werden in der Literatur

---

[383] Vgl. hierzu Kapitel 5 dieser Arbeit.
[384] *Jäger*, Trennungs- und Kennzeichnungsgebot, 2017, S. 191.
[385] *Fiedler*, in: Gersdorf/Paal, Informations- und Medienrecht, RStV, § 58 Rn. 20.
[386] *Gerecke*, GRUR 2018, 154; *Peifer*, GRUR 2018, 1218.
[387] *Ladeur*, in: Binder/Vesting, Beck'scher Kommentar zum Rundfunkrecht, § 58 Rn. 5a; *Matzneller*, AfP 2013, 298.

und Rechtsprechung auf unterschiedliche Art und Weise die Gesetzesbegründungen und Vorgaben des RStV sowie der AVMD-RL, die bereits ergangenen Gerichtsentscheidungen und die Aktivitäten der nach Landesrecht zuständigen Aufsichtsbehörden herangezogen:

Wurde festgestellt, dass es sich bei einem Angebot allgemein um ein Telemedium handelt, so kann zunächst auf die Gesetzesbegründung zum 13. RÄStV verwiesen werden, in der festgehalten wird, dass eine Fernsehähnlichkeit dann anzunehmen ist, wenn die Telemedien mit dem herkömmlichen Fernsehen vergleichbar sind.[388] Ähnliches kann aus Art. 1 Abs. 1 lit. b.) AVMD-RL gewonnen werden, indem die einzelnen Bestandteile eines audiovisuellen Mediendienstes als Sendungen, die nach „Form und Inhalt mit [...] Fernsehprogrammen vergleichbar sind", definiert werden.[389] Somit muss es sich auf der Skala der Kommunikationsformen im Internet um ein dem Fernsehen ähnliches Sendeformat handeln. Texte und Bilder der digitalen Presse sind z.B. in jedem Fall nicht als fernsehähnliche Telemedien zu qualifizieren.[390] Auch reine Text- oder Fotobeiträge in sozialen Netzwerken, die sich üblicherweise auf *Instagram* oder *Facebook* befinden, sind als sonstige nicht-fernsehähnliche Telemedien einzuordnen, da sie keine fernsehtypischen Laufbilder beinhalten.[391] Eine fehlende Fernsehähnlichkeit ist auch bei Telemedien mit ausgeprägter Interaktivität, wie dies z.B. bei Suchmaschinen oder Online-Glückspiele der Fall ist, anzunehmen.[392] Viel mehr wird aus dieser Erkenntnis allerdings nicht gewonnen.

Der Gesetzgeber des RStV und der AVMD-RL führt weiter aus, dass Telemedien dann fernsehähnlich sind, wenn sie sich auf das gleiche Publikum wie Fernsehsendungen ausrichten und der Nutzer daher ein vergleichbares Schutzniveau erwarten kann.[393] So sind z.B. private Webseiten oder Unternehmenshomepages, die sich in der Regel nicht an das durch das Fernsehen adressierte Publikum richten und somit die gleichen Schutzerwartungen begründen können, nicht als fernsehähnliche Telemedien anzusehen.[394] Wenn das Fernsehen und Telemedium ein gleiches Publikum aufweisen, dann liegt ein steigender Wettbewerb auf dem Medienmarkt auf der Hand und somit kann das Kriterium eines möglichen Wettbewerbs zwischen den Angeboten für die Bestimmung der Fernsehähnlichkeit herangezogen werden. Der europäische Richtliniengesetzgeber sieht in fernsehähnlichen Diensten sogar das Potential, herkömmliche Fernsehprogramme zu ersetzen. Aus dem Wettbewerbskriterium ergibt sich in jedem Fall eine Geringfügigkeitsschwelle, die sich auch aus dem Grundgedanken des § 2 Abs. 3 Nr. 1 RStV ableiten lässt:

---

[388] Begründung zum 13. RÄStV, Bay-LT.Drs. 16/2736, S. 14.
[389] *Heine*, MMR 2018, 795; *Gerecke*, GRUR 2018, 154.
[390] *Fiedler*, in: Gersdorf/Paal, Informations- und Medienrecht, RStV, § 58 Rn. 23.
[391] *Peifer*, GRUR 2018, 1218.
[392] *Ladeur*, in: Binder/Vesting, Beck'scher Kommentar zum Rundfunkrecht, § 58 Rn. 5a.
[393] Erwägungsgrund Nr. 24 der AVMD-RL 2010/13/EU; Begründung zum 13. RÄStV, Bay-LT.Drs. 16/2736, S. 14.
[394] *Ladeur*, in: Binder/Vesting, Beck'scher Kommentar zum Rundfunkrecht, § 58 Rn. 5a.

Bei einer adressierbaren Nutzerzahl von unter 500 handelt es sich nicht um Rundfunk und dementsprechend fehlt es auch an der „Fernsehähnlichkeit" eines Telemediums. Allerdings gilt das Kriterium des potentiellen Wettbewerbs nicht ohne Einschränkungen, da auch pornografische Telemedien, wie z. B. Videos mit harter Pornografie, grundsätzlich auch als „fernsehähnlich" anzusehen sind, obwohl diese aus inhaltlichen Gründen nicht im Fernsehen gezeigt werden dürfen.[395] Allgemein handelt es sich nach diesen Kriterien bei nach Form und Inhalt fernsehähnlichen Telemedien um mit Fernsehprogrammen vergleichbare Sendungen und somit im Wesentlichen um filmische Beiträge in Form von Videos.

Eine Ansicht in der Literatur stellt zur weiteren Begrenzung des Merkmals der Fernsehähnlichkeit auf technische Kriterien ab. Dabei soll vor allem die Dauer eines Videobeitrags eine maßgebliche Rolle spielen. Ausgegrenzt werden sollen dieser Ansicht zufolge fernsehuntypische Kurzvideos im Internet, die sich mit einem einzelnen Thema befassen oder lediglich eine Momentaufnahme wiedergeben.[396] Kurzvideos, wie z. B. *Instagram*-Stories, *SnapChat*-Beiträge oder *Facebook*-Stories, wären demnach nicht als fernsehähnliche Telemedien zu qualifizieren.[397]

Ob diese Herangehensweise, in Anbetracht der dynamischen technischen Entwicklung der Internetangebote, noch zeitgemäß ist, erscheint allerdings zweifelhaft. Zum einen spricht die Rechtsprechung des EuGH[398] gegen eine Heranziehung der Dauer eines Videos als aussagekräftiges Merkmal für die Bestimmung eines fernsehähnlichen Angebots.[399] Der Gerichtshof fasst kurze Videosequenzen auf einer Internetseite durchaus als „Sendung" bzw. organisierte Programmgestaltung auf.[400] Zudem sollte die dynamische, technologieoffene Interpretation des Begriffs „audiovisuelle Mediendienste auf Abruf" (Art. 1 Abs. 1 lit. g) AVMD-RL) im Rahmen der Auslegung berücksichtigt werden.[401] Letztlich gilt zu beachten, dass auch kurze Videos, wie z. B. knappe Nachrichtensendungen, die das wesentliche Tagesgeschehen in einem audiovisuellen Format wiedergeben, mit lediglich längeren herkömmlichen Fernsehbeiträgen sehr vergleichbar sein können. Somit kann es im Ergebnis auf die Dauer eines Videos nicht ankommen.

Eine zweite Ansicht stellt im Rahmen einer genaueren Bestimmung der Fernsehähnlichkeit von Telemedien auf inhaltliche Kriterien ab. Dabei wird vor allem maßgeblich darauf rekurriert, ob das in Frage stehende Telemedienangebot einen Beitrag zur Bildung, Information oder Unterhaltung der allgemeinen Öffentlichkeit enthält.[402]

---

[395] *Ladeur*, in: Binder/Vesting, Beck'scher Kommentar zum Rundfunkrecht, § 58 Rn. 5a.
[396] *Fiedler*, in: Gersdorf/Paal, Informations- und Medienrecht, RStV, § 58 Rn. 23; *Suwelack*, MMR 2017, 662.
[397] *Suwelack*, MMR 2017, 662.
[398] EuGH, GRUR 2016, 101, 102f.
[399] *Gerecke*, GRUR 2018, 154; *Heins*, MMR 2018, 795; *Peifer*, GRUR 2018, 1218.
[400] EuGH, GRUR 2016, 101, 101.
[401] Erwägungsgrund Nr. 24 der AVMD-RL 2010/13/EU.
[402] *Jäger*, Trennungs- und Kennzeichnungsgebot, 2017, S. 192f.; *Kogler*, K&R 2015, 92f.

Diese Ansicht ist deshalb zu bevorzugen, da ein solcher inhaltsbezogener Beitrag den Rundfunk von belanglos aneinandergereihten Videos ohne journalistische oder künstlerische Motivation unterscheidet.[403] Rundfunkdienste beinhalten stets einen Beitrag zur Bildung, Information oder Unterhaltung, welches sich auch in Art. 1 Abs. 1 lit. a.) AVMD-RL als Hauptzweck aller audiovisueller Mediendienste widerspiegelt.[404] Zur Feststellung können im Zweifel fernsehübliche Elemente, wie z. B. der Vor- und Abspann, die Kameraführung, der Kommentar oder die Moderation herangezogen werden, da diese mit einer rundfunktypischen bzw. fernsehähnlichen Erwartungshaltung des Zuschauers einhergehen.[405] All diese Eigenschaften drücken aus, dass der Empfänger des Programms mit journalistisch-redaktionell oder künstlerisch gestalteten Inhalten konfrontiert wird, die in der Regel einen Beitrag zur Bildung, Unterhaltung oder Information der allgemeinen Öffentlichkeit beinhalten.

Der EuGH[406] kam im Jahr 2018 zu dem Ergebnis, dass es sich auf *YouTube* bei Einzelvideos oder Videosammlungen (sog. *YouTube*-Kanäle), die rein zu kommerziellen Zwecken verbreitet werden, nicht um die Bereitstellung von Sendungen zur Information, Unterhaltung oder Bildung der Allgemeinheit handelt und die Richtlinie mangels Qualifizierung als audiovisueller Mediendienst i. S. d. Art. 1 Abs. lit. a.) AVMD-RL keine Anwendung findet. Reine Werbekanäle auf *YouTube* ohne jegliche redaktionelle Gestaltung finden somit auch auf § 58 Abs. 3 S. 1 RStV keine Anwendung und das rundfunkspezifische Trennungsgebot gilt insofern nicht.[407] Dies korreliert auch mit der Bestimmung in § 2 Abs. 3 Nr. 4 RStV, wonach diejenigen Angebote keinen Rundfunk darstellen, die nicht journalistisch-redaktionell gestaltet sind. Es muss stets ein gewisser Gleichlauf zwischen Rundfunk und fernsehähnlichen Telemedien zur Rechtfertigung derselben Maßstäbe und Kommunikationsbeschränkungen erfolgen. Wenn z. B. ein Blogger einzelne Videos hochlädt oder einen *YouTube*-Kanal betreibt, die er redaktionell nach seinem inhaltlichen Schwerpunkt (z. B. Mode oder Fitness) gestaltet, spricht hingegen nichts dagegen, eine Fernsehähnlichkeit anzunehmen, da regelmäßig ein Beitrag zur Information, Unterhaltung oder Bildung geleistet wird.

Die Fernsehähnlichkeit eines Telemediums ist somit im Ergebnis dann anzunehmen, wenn das Angebot im Internet Bewegtbilder (Internetvideos) enthält, die journalistisch-redaktionell bzw. künstlerisch gestaltet sind und somit einen Beitrag zur Bildung, Information oder Unterhaltung leisten (Rundfunkelement).

---

[403] *Jäger*, Trennungs- und Kennzeichnungsgebot, 2017, S. 192.
[404] *Jäger*, Trennungs- und Kennzeichnungsgebot, 2017, S. 192 f.
[405] *Kogler*, K&R 2015, 92 f.
[406] EuGH, GRUR 2018, 621 ff.
[407] *Peifer*, GRUR 2018, 1222.

(2) Individueller Abruf

Die einzelnen filmischen Beiträge bzw. Internetvideos müssen zum individuellen Abruf zu einem vom Nutzer gewählten Zeitpunkt zur Verfügung stehen. Ausgeschlossen werden durch diese Einschränkung alle Beiträge, die strikt entlang eines Sendeplans i. S. d. § 2 Abs. 1 S. 1 RStV und Art. 1 Abs. 1 lit. e.) AVMD-RL verbreitet werden.[408] Allerdings ist der individuelle Abruf als technisches Kriterium nicht als Tatbestandsmerkmal zu überschätzen, da der einzelne häufige Abruf mittlerweile auch bei Fernsehprogrammen erfolgen kann und sich die Definitionen zu weit annähern würden.[409] Auch wird vertreten, dass Telemedien, die nur gegen Entgelt abgerufen werden können, nicht als fernsehähnlich anzusehen sind, da der einzelne individuelle Abruf zu sehr im Vordergrund steht.[410] Entscheidend ist nur, in Abgrenzung zum Rundfunk, ob ein Internetvideo ohne bestimmte Reihenfolge zu einer beliebigen Zeit angeschaut werden kann.

Kurzvideos in sozialen Netzwerken, wie z. B. *Instagram*- oder *Facebook*-Stories oder *SnapChat*-Beiträge der Nutzer, wären hiernach endgültig nicht als fernsehähnliche Telemedien zu qualifizieren, da sich diese Momentaufnahmen nach kurzer Zeit (24 Stunden) von selbst wieder löschen und kein individueller Abruf zu einer späteren bzw. beliebigen Zeit i. S. d. § 58 Abs. 3 S. 1 RStV erfolgen kann. Allerdings gilt in diesem Zusammenhang zu beachten, dass neuerdings *Instagram*-Stories auch auf den jeweiligen Profilen archiviert und auf unbestimmte Zeit aufgerufen werden können. Eine Ablehnung des individuellen Abrufs wäre in diesen Konstellationen mit Blick auf die Erkenntnisse zu Pressevideos in jedem Fall problematisch und tendenziell abzulehnen.

(3) Inhaltekatalog

Weiterhin verlangt der RStV, dass die fernsehähnlichen und individuell abrufbaren Beiträge in einem gewissen Zusammenhang stehen[411] und somit in einem Inhaltekatalog bereitgestellt werden. Ein einzelnes Video, selbst wenn die übrigen Voraussetzungen des § 58 Abs. 3 S. 1 RStV erfüllt sind, stellt noch kein fernsehähnliches Telemedium dar.[412] Es muss vielmehr ein Programmkatalog[413] mit fernsehähnlichen Abrufvideos erstellt werden, der über eine einheitliche Internetseite aufgerufen werden kann. Im sozialen Netzwerk *YouTube* kann ein Nutzer beispiels-

---

[408] *Fiedler*, in: Gersdorf/Paal, Informations- und Medienrecht, RStV, § 58 Rn. 24; *Jäger*, Trennungs- und Kennzeichnungsgebot, 2017, S. 193.
[409] *Ladeur*, in: Binder/Vesting, Beck'scher Kommentar zum Rundfunkrecht, § 58 Rn. 5a.
[410] *Ladeur*, in: Binder/Vesting, Beck'scher Kommentar zum Rundfunkrecht, § 58 Rn. 5a.
[411] *Ladeur*, in: Binder/Vesting, Beck'scher Kommentar zum Rundfunkrecht, § 58 Rn. 5a.
[412] *Fiedler*, in: Gersdorf/Paal, Informations- und Medienrecht, RStV, § 58 Rn. 25; *Jäger*, Trennungs- und Kennzeichnungsgebot, 2017, S. 194.
[413] Art. 1 Abs. 1 lit. g.) und b.) AVMD-RL; *Heins*, MMR 2018, 798.

weise einen solchen Inhaltekatalog in Form eines *YouTube*-Kanals generieren.[414] In diesem Fall liegt kein Inhaltekatalog vom Portalbetreiber selbst, sondern vom jeweiligen Nutzer vor, da dieser als „Diensteanbieter" die wirksame Kontrolle über die Auswahl und Gestaltung der Medienbeiträge hat.[415]

Darüber hinaus muss dieser Inhaltekatalog den Hauptzweck des Telemedianangebots bilden. Dieses Erfordernis ergibt sich aus Art. 1 Abs. 1 lit. a.) AVMD-RL, in der festgesetzt wird, dass der Hauptzweck eines audiovisuellen Mediendienstes in der Bereitstellung von Sendungen liegen muss.[416] Somit werden von § 58 Abs. 3 S. 1 RStV, der einer systemkonformen Umsetzung der Richtlinie dient, diejenigen Internetangebote ausgenommen, deren Hauptzweck nicht in der Zugänglichmachung fernsehformatähnlicher Videos besteht.[417] Alle Medienangebote, bei denen Bewegtbilder nicht überwiegen, werden damit von der rundfunktypischen Regelung verschont.[418] Dabei gelten z.B. die Mediatheken eines Rundfunkveranstalters als „Leitbild",[419] da der Hauptzweck fast ausschließlich in einem Programmkatalog fernsehähnlicher Abrufvideos besteht und diese dementsprechend zweifelsfrei als fernsehähnliche Telemedien zu kategorisieren sind.

Grundsätzlich ist bei der Bestimmung des Hauptzwecks einer Internetseite in erster Linie eine Gesamtbetrachtung[420] vorzunehmen und zu prüfen, ob die Anzahl der statischen Texte und Bilder die der Videos übersteigt.[421] Wird dieser Umstand positiv festgestellt, dann wird das Angebot unter Einschluss der Videos insgesamt nicht als fernsehähnliches Telemedium angesehen. Als Beispiel gelten die Angebote der digitalen Presse, die typischerweise mehr Artikel mit Text und Bild als Videos anbieten und die quantitative Nachrangigkeit das Hauptzweckkriterium nicht erfüllen kann.[422]

Jedoch gilt festzuhalten, dass eine einheitliche Beurteilung nicht immer möglich ist, da ein telemediales Angebot auch mehrere selbstständige Angebote[423] oder abtrennbare Unterkategorien[424] mit einem anderen Hauptzweck beinhalten kann. Videos in einem Unterbereich einer Internetseite können im Einzelfall für sich genommen einen audiovisuellen Mediendienst auf Abruf bilden.[425] Dabei

---

[414] *Fiedler*, in: Gersdorf/Paal, Informations- und Medienrecht, RStV, § 58 Rn. 26; *Jäger*, Trennungs- und Kennzeichnungsgebot, 2017, S. 194.
[415] *Heins*, MMR 2018, 796.
[416] *Fiedler*, in: Gersdorf/Paal, Informations- und Medienrecht, RStV, § 58 Rn. 27; *Jäger*, Trennungs- und Kennzeichnungsgebot, 2017, S. 194.
[417] *Jäger*, Trennungs- und Kennzeichnungsgebot, 2017, S. 194.
[418] *Fiedler*, in: Gersdorf/Paal, Informations- und Medienrecht, RStV, § 58 Rn. 18.
[419] *Peifer*, GRUR 2018, 1222.
[420] OFCOM, Entscheidung vom 18.01.2013, Rn. 46.
[421] *Fiedler*, in: Gersdorf/Paal, Informations- und Medienrecht, RStV, § 58 Rn. 29.
[422] *Fiedler*, in: Gersdorf/Paal, Informations- und Medienrecht, RStV, § 58 Rn. 29.
[423] EuGH, GRUR 2016, 101, 102 f.; OFCOM, Entscheidung vom 18.01.2013, Rn. 37.
[424] *Jäger*, Trennungs- und Kennzeichnungsgebot, 2017, S. 196.
[425] *Fiedler*, in: Gersdorf/Paal, Informations- und Medienrecht, RStV, § 58 Rn. 31.

kommt es für die Einordnung des Unterbereichs als eigenständiger Mediendienst auf die Sicht eines verständigen Durchschnittsempfängers des Angebots an.[426] Eine abgrenzbare Videosammlung, die sich etwa in einer Subdomain oder einem Social Media-Profil befindet, ist als gesondertes fernsehähnliches Telemedium zu behandeln, wenn diese gegenüber den übrigen Inhalten „eigenständig" ist.[427] Eine solche Eigenständigkeit ist dem EuGH zufolge z. B. im Fall von Videosammlungen der digitalen Presse in einer Unterkategorie einer Webseite dann anzunehmen, wenn die Videos ohne Kontext zu den Artikeln abrufbar und nicht überwiegend mit diesen verlinkt sind.[428] Wenn die Videosequenzen hingegen allein zu Ergänzungszwecken mit den Texten verbunden sind, so liegt kein gesondert zu betrachtender audiovisueller Mediendienst auf Abruf vor.[429] Wenn ein Unterbereich hauptsächlich einen Katalog fernsehähnlicher Videos enthält, der im Vergleich zu dem übrigen Angebot eine andere Gestaltung aufweist und sich mit anderen Themen befasst, kann die Eigenständigkeit und das Vorliegen eines einzeln zu bewertenden fernsehähnlichen Telemediums grundsätzlich bejaht werden.[430] Aus Sicht des Durchschnittsempfängers muss es sich um eine autonome Dienstleistung handeln.

Videos können somit trotz quantitativer Nachrangigkeit innerhalb des Gesamtangebots für sich einen audiovisuellen Mediendienst auf Abruf bilden, wenn sie als abgrenzbare Sammlung z. B. in einem Unterbereich „Video" oder „Archiv", bereitgestellt werden. Auch wenn diese isoliert betrachtet nur Zusatzinformationen darstellen, verlässt man im Falle einer Bündelung den textbasierten Bereich und der Nutzer kann mit einem fernsehähnlichen Telemedium konfrontiert sein. Eine animierte Grafik allein, die lediglich einen Artikel veranschaulichen soll, erfüllt den Inhaltekatalog als Hauptzweck in jedem Fall nicht.[431] *YouTube*-Kanäle, die regelmäßig eine Zusammensetzung von redaktionell gestalteten Einzelvideos enthalten und als Hauptzweck die Bereithaltung fernsehähnlicher Abrufvideos zum Gegenstand haben, erfüllen hingegen dieses Tatbestandsmerkmal.

(4) Bewertung und Kritik

Die Definition fernsehähnlicher Telemedien im RStV verlangt im Ergebnis ein Internetangebot, bei dem der Nutzer zu einem beliebigen Zeitpunkt aus einem Katalog journalistisch oder künstlerisch gestalteter Videos abrufen kann. Als klassisches Beispiel für audiovisuelle Mediendienste auf Abruf gelten Video-on-

---

[426] *Fiedler*, in: Gersdorf/Paal, Informations- und Medienrecht, RStV, § 58 Rn. 30.
[427] EuGH, GRUR 2016, 101, 102 f.
[428] EuGH, GRUR 2016, 101, 103.
[429] Erwägungsgrund Nr. 22 der AVMD-RL 2010/13/EU; EuGH, GRUR 2016, 101, 101 f.; *Jäger*, Trennungs- und Kennzeichnungsgebot, 2017, S. 195.
[430] *Fiedler*, in: Gersdorf/Paal, Informations- und Medienrecht, RStV, § 58 Rn. 32.
[431] *Jäger*, Trennungs- und Kennzeichnungsgebot, 2017, S. 196.

Demand-Angebote,[432] wie *Netflix*, *Amazon Prime Video* oder Mediatheken der Rundfunkveranstalter.[433] Besondere Aufmerksamkeit erfordert die Einordnung eines Angebots als fernsehähnliches Telemedium allerdings im Bereich der sozialen Netzwerke, da vor allem für Blogger, die das Influencer-Marketing betreiben, der Verweis des § 58 Abs. 3 S. 1 RStV von Bedeutung ist.

Fasst man die vorangegangen Überlegungen zusammen, so ist eine Anwendung des § 7 RStV auf *YouTube*, *Instagram*, *Facebook* oder *SnapChat* zwar möglich, aber auch nicht zwingend. Bei *YouTube*-Kanälen, die eine Form des Video-on-Demands darstellt, wird gemeinhin davon ausgegangen, dass es sich um ein fernsehähnliches Telemedium handelt.[434] Dass sich ein solcher Kanal auf *YouTube* beispielsweise als die „fünf spieleverrückten Teilzeit-Bekloppten"[435] beschreibt, ist dabei unerheblich. Dies bestätigen allgemein, soweit es sich nicht um reine Werbekanäle handelt, auch der Europäische Gerichtshof und die Landesmedienanstalten.

Warum es sich explizit um einen Kanal handeln muss und nicht eine Vielzahl von hochgeladenen Videos derselben Person auf *YouTube* als fernsehähnliche Telemedien angesehen werden, ist indes nicht einleuchtend. Nach der hier vertretenen Ansicht erscheint es sachgerechter, die hochgeladenen Videobeiträge der jeweiligen Nutzer unabhängig vom Bestehen eines Kanals den rundfunkspezifischen Grundsätzen zu unterwerfen. Dafür bedarf es in jedem Fall auch der Anlegung eines Nutzerprofils und somit sind etwaige Haftungsschwierigkeiten ausgeschlossen.

Auf *Instagram*, *SnapChat* und *Facebook* besteht ebenfalls die Möglichkeit, journalistisch oder künstlerisch gestaltete Videos hochzuladen. Kurzvideos, wie beispielsweise *Instagram*-Stories, *SnapChat*-Beiträge oder *Facebook*-Stories, die nach 24 Stunden automatisch gelöscht werden, werden der Literatur zufolge regelmäßig nicht als fernsehähnliche Sendungen angesehen. Dem ist im Wesentlichen zuzustimmen, da der Abruf zu einer beliebigen Zeit üblicherweise nicht erfolgen kann. Etwas anderes ergibt sich jedoch bei Betätigung einer Archivierung der *Instagram*-Stories auf den jeweiligen Profilen, die mehr als 500 Abonnenten aufweisen (vgl. § 2 Abs. 3 Nr. 1 RStV). Diese Videoansammlungen können, ähnlich wie bei *YouTube*-Kanäle, auf unbestimmte Zeit aufgerufen werden und es würde nichts dagegen sprechen, die Profile ebenfalls als fernsehähnliche Telemedien zu qualifizieren. Auch besteht der Hauptzweck von *Instagram*-Profilen nicht (mehr) unbedingt in der Verbreitung von Fotos, da die Anzahl der archivierten Kurzvideos immer weiter zunimmt und diese Praxis an Beliebtheit gewinnt.

Letztlich ist noch die Fallkonstellation auf *Instagram* und *Facebook* zu beachten, in der die Nutzer auf ihren Profilen überwiegend Videobeiträge zu verschie-

---
[432] *Hahn/Lamprecht-Weißenborn*, in: Schwartmann, Praxishandbuch Medien-, IT- und Urheberrecht, 2017, Kap. 6 Rn. 107.
[433] Beispiele für Mediatheken der Rundfunkveranstalter: ARD Mediathek, ZDFMediathek.
[434] *Ahrens*, GRUR 2018, 1215; *Fuchs/Hahn*, MMR 2016, 503; *Gerecke*, GRUR 2018, 154; *Heins*, MMR 2018, 797; *Peifer*, GRUR 2018, 1222; *Troge*, GRUR-Prax 2018, 87.
[435] YouTube, Unit Vinceret, youtube.com/channel/UCZts6Qoe0l2fZNTTzqfaP-g, 07.02.2019.

denen Themen, von der Lebensgestaltung zur politischen Information bis hin zur Unterhaltung, anbieten. Es wäre nicht ausgeschlossen, diese „Video-Profilseiten" als unterkategorische fernsehähnliche Telemedien anzusehen, obwohl die Homepage bzw. der Newsfeed von *Facebook* oder *Instagram* wohl nicht als Hauptzweck die Bereitstellung von fernsehähnlichen Abrufvideos zum Gegenstand hat. Ähnlich wie bei den Angeboten zur digitalen Presse können allerdings Unterbereiche einer Internetseite ein eigenständiges Angebot und fernsehähnliches Telemedium darstellen.

Abgesehen von den Video-Inhalten in sozialen Netzwerken oder anderen User Generated Content-Portalen können auch allgemeine Informationsportale, wie z. B. faz.net, buzzfeed.com oder bild.de, ganz oder teilweise ein fernsehähnliches Telemedium darstellen. Entscheidend ist dabei, ob die Anzahl der Texte und Bilder die der Videos übersteigt. Da dies regelmäßig der Fall ist, kommt es maßgeblich darauf an, ob sich Videos in einem gesonderten Bereich in einer Unterkategorie befinden und diese nicht in ergänzender Weise mit Texten verbunden sind. Die abgetrennte Videosammlung innerhalb des Informationsportals gilt sodann isoliert betrachtet als fernsehähnliches Telemedium.

bb) Bestimmungen im Einzelnen

§ 58 Abs. 3 S. 1 RStV ordnet die Anwendung des für den Rundfunk geltenden Trennungsgebots, das sich in § 7 Abs. 3 S. 1, 3 RStV befindet, für fernsehähnliche Telemedien an. Werbung in audiovisuellen Mediendiensten auf Abruf muss somit gem. §§ 58 Abs. 3 S. 1, 7 Abs. 3 S. 1, 3 RStV als solche *leicht erkennbar* sein, vom übrigen Inhalt unterscheidbar und deshalb durch optische Mittel *eindeutig* von anderen Programmteilen *abgesetzt* sein.

Da sich die Erkennbarkeit und Trennung bzw. Kennzeichnung dieser Angebote an den werberechtlichen Vorgaben aus dem Fernsehbereich orientieren, kann an dieser Stelle im Wesentlichen auf die bereits erfolgten Ausführungen zum Rundfunk verwiesen werden. Im Hinblick auf den Werbebegriff und die Reichweite des Trennungsgebots erscheint es wiederum sachgerecht, insbesondere bei sozialen Netzwerken, auf den Telemedienabschnitt hinzuweisen, da sich bei der Social Media-Werbung ein Video-Blogger auf *YouTube*, *Instagram* oder *Facebook* nicht groß von einem Foto- oder Text-Blogger unterscheidet. Es bedarf für die Veröffentlichung von Video-Beiträgen zugunsten eines Unternehmens zur Qualifizierung als Werbung in jedem Fall einer Gegenleistung in Form der Entgeltzahlung, Produktüberlassung oder Ähnliches.

Die Erkennbarkeit des Werbecharakters nach §§ 58 Abs. 3 S. 1, 7 Abs. 3 S. 1 RStV verlangt, in Anlehnung an die Grundsätze zum Rundfunk- bzw. Wettbewerbsrecht, das der situationsadäquat aufmerksame und verständige Durchschnittsempfänger des jeweiligen Angebots ohne weiteres und zweifelsfrei erkennen kann, dass er mit

II. Werbevorschriften im RStV

Werbung „konfrontiert" wird. Auch dies kann bei fernsehähnlichen Telemedien grundsätzlich nur unter Berücksichtigung der konkreten Umstände des Einzelfalls festgestellt werden.

Wenn für einen Internetnutzer die werbliche Intention eines Videos von vornherein deutlich wird, dann ist in der Regel keine Kennzeichnung notwendig.[436] Hat ein Beitrag wiederum das Potential den Nutzer über die Kommunikationsabsicht irrezuführen, dann ist zur Gewährleistung der Erkennbarkeit des Werbecharakters und Einhaltung des Trennungsgebots eine Kennzeichnung des Videos nach §§ 58 Abs. 3 S. 1, 7 Abs. 3 S. 3 RStV erforderlich.

Für klassische Video-on-Demand-Angebote oder andere Internetangebote mit redaktionell gestalteten Videoansammlungen, würde sich hinsichtlich der Kennzeichnung eine Orientierung an den zuvor aufgeführten relevanten Bestimmungen der Werberichtlinien der Landesmedienanstalten (Werbe-RL/Fernsehen) anbieten.

Im Bereich der sozialen Netzwerke ist dem medienrechtlichen Gebot der eindeutigen Trennung nur insoweit eine Bedeutung beizumessen, als ihm eine Kennzeichnungspflicht zu entnehmen ist.[437] Meist wird es an einem abtrennbaren redaktionellen Inhalt fehlen, da Blogger oder Influencer Werbebotschaften üblicherweise in ihre Videos einbauen. Zu prüfen ist stets, ob die eingesetzten optischen Mittel zur Kennzeichnung für die notwendige Aufklärung des Empfängers dann ausreichend sind.[438] Eine Kennzeichnung der Werbung hat dem Rezipienten gegenüber rechtzeitig und durch leicht erkennbare sowie verständliche textliche Hinweise zu erfolgen.[439]

Für Videoangebote in sozialen Netzwerken stellt vor allem der sich fortlautend aktualisierende Leitfaden der Landesmedienanstalten zur Werbekennzeichnung eine Orientierungshilfe dar.[440] Zwar handelt es sich hierbei nicht um gesetzliche Vorgaben und die vollständige gerichtliche Überprüfbarkeit sowie Einschätzung im Einzelfall bleibt davon unberührt. Allerdings bildet dieser Leitfaden vor allem für die Aufsichtspraxis mehr als eine bloße Empfehlung und es besteht Einigkeit darüber, dass bei Einhaltung der Vorgaben kein Ordnungswidrigkeitsverfahren einzuleiten ist.[441] Das aus der Direktorenkonferenz der Landesmedienanstalten entstammende Papier führt somit in jedem Fall zu einer Selbstbindung der Verwaltung.[442] Der im November 2018 veröffentlichte Leitfaden enthält eine sog. Kenn-

---

[436] Die Medienanstalten, Leitfaden der Medienanstalten – Werbekennzeichnung bei Social Media-Angeboten vom 01.11.2018, S. 5; *Fuchs/Hahn*, MMR 2016, 504; *Lichtnecker*, MMR 2018, 516.
[437] *Ahrens*, GRUR 2018, 1218.
[438] *Ahrens*, GRUR 2018, 1218.
[439] *Ahrens*, GRUR 2018, 1218.
[440] *Fuchs/Hahn*, MMR 2016, 505.
[441] *Fuchs/Hahn*, MMR 2016, 505.
[442] *Troge*, GRUR-Prax 2018, 88.

zeichnungs-Matrix,[443] die sich auch an den werberechtlichen Vorgaben aus dem TV-Bereich orientiert.[444] Aus dieser Tabelle wird deutlich, dass die Kennzeichnung eines Videos mit dem Wort „Werbevideo" oder „Werbung" erfolgen kann.[445] Auch erscheint es sachgerecht, bei Videos von mindestens 90 Sekunden, die Kennzeichnung als „Dauerwerbesendung" als zulässig zu erachten (Ziff. 3 Abs. 3 Nr. 2 Werbe-RL/Fernsehen).[446] Der textliche Hinweis hat nicht nur bei Darstellungen und Erzählungen von Produkten oder Dienstleistungen, sondern auch bei Einblendungen von werblichen Links oder Rabattcodes zu erfolgen.[447] Die Kennzeichnung mit dem Hinweis muss zudem deutlich lesbar sein und es würde sich daher anbieten, z. B. bei *YouTube*, eine Einblendung in dem Video selbst vorzunehmen.[448] Ein kleiner intransparenter Schriftzug in der Ecke eines Videos reicht jedoch für eine ordnungsgemäße Kennzeichnung nicht aus.[449]

Sofern ein Werbeprodukt den Anlass für das Video darstellt und während des gesamten Verlaufs im Zentrum des Geschehens steht, hat eine Kennzeichnung unmittelbar vor oder zu Beginn und während des gesamten Videoverlaufs zu erfolgen. Für den Fall, dass ein Werbegegenstand nur beiläufig in die Handlung integriert wird und insgesamt eine Nebenrolle spielt, soll eine Kennzeichnung zu Beginn des Videos ausreichen.[450] Diese Anforderungen können sich nicht unmittelbar, aber aus einer Zusammenschau des „Social-Media-Leitfadens" (S. 2) und der Werbe-RL/Fernsehen (Ziff. 3 Abs. 1, 3) der Landesmedienanstalten ergeben. Bei werblichen Links sollte die Kennzeichnung vor oder während der Einblendung getätigt werden und bei Rabattcodes wird ein Hinweis in „unmittelbarer Nähe" verlangt.[451]

Entscheidend ist im Grundsatz stets die Wahrnehmung des textlichen Hinweises vor Ausstrahlung der Werbebotschaft, damit dem Rezipienten rechtzeitig der Charakter der Information bewusst wird und dieser eine geistige Auseinandersetzung auf korrekter Grundlage tätigen kann. Je nach Art der Werbemethoden, die z. B. visuelle Darstellungen, akustische Erzählungen, Verlinkungen, Rabattcodes oder Gewinnspiele darstellen können, sind Differenzierungen darüber an-

---

[443] Die Medienanstalten, Leitfaden der Medienanstalten – Werbekennzeichnung bei Social Media-Angeboten vom 01.11.2018, S. 2 f.
[444] *Fuchs/Hahn*, MMR 2016, 505 f.; *Troge*, GRUR-Prax 2018, 88.
[445] Die Medienanstalten, Leitfaden der Medienanstalten – Werbekennzeichnung bei Social Media-Angeboten vom 01.11.2018, S. 2 f.
[446] *Ahrens*, GRUR 2018, 1218; *Gerecke*, GRUR 2018, 159.
[447] Die Medienanstalten, Leitfaden der Medienanstalten – Werbekennzeichnung bei Social Media-Angeboten vom 01.11.2018, S. 2 f.
[448] *Suwelack*, MMR 2017, 662.
[449] Die Medienanstalten, Leitfaden der Medienanstalten – Werbekennzeichnung bei Social Media-Angeboten vom 01.11.2018, S. 4.
[450] Dies ergibt sich aus einer Zusammenschau des Leitfadens der LMA und der Fernseh-RL/Fernsehen.
[451] Die Medienanstalten, Leitfaden der Medienanstalten – Werbekennzeichnung bei Social Media-Angeboten vom 01.11.2018, S. 3.

gebracht, unter welchen Voraussetzungen die Kennzeichnungspflicht gewahrt und der Werbecharakter offen erkennbar ist. Bei *YouTube* empfiehlt es sich, auf das Verkehrsverständnis des besonderen Empfängerkreises Rücksicht zu nehmen, da sich die Zuschauer meist in der Altersgruppe der 12- bis 17-jährigen bewegen und als Kinder oder Jugendliche besonders schutzwürdig sind. In diesem Zusammenhang sind etwa die bei Schulkindern sehr beliebten YouTuberinnen Bianca Heinicke („Bibi") oder Dagmara Nicole Ochmanczyk („Dagi Bee") zu nennen, die mit ihren Beautytipps regelmäßig für Unterhaltung sorgen und mittlerweile eine Abonnentenanzahl von ca. 5 Millionen aufweisen.[452] Gerade im Hinblick auf die leichte Manipulierbarkeit Jugendlicher oder Kinder sollte der Videoauftritt eines Bloggers oder Influencers einer besonders strengen Handhabung unterliegen.

cc) Bewertung und Kritik

Auch wenn sich das Trennungsgebot bzw. die Kennzeichnungspflicht bei fernsehähnlichen Telemedien im Wesentlichen aus den (supra-)nationalen gesetzesspezifischen Grundsätzen zum Rundfunk und zu Telemedien sowie aus dem Leitfaden der Landesmedienanstalten ergibt, sind die bestehenden praktischen Unsicherheiten und rechtlichen Zweifel im Einzelfall nicht unbegründet. Zum einen ist die konkrete Einordnung eines Angebots als fernsehähnliches Telemedium in der Literatur und Rechtsprechung nicht geklärt und bedarf anhand von nicht sonderlich konturenscharfen Definitionsmerkmalen in der Regel einer Einzelfallbewertung. Es handelt sich im Ergebnis um eine Art Mischform zwischen Fernsehen und Internet, da einerseits inhaltlich und organisatorisch fernsehtypische Merkmale erfüllt werden müssen und sich andererseits das Ganze im „sendungszeitunabhängigen" Online-Bereich abspielt.

Stellt man im Rahmen einer Subsumtion die Fernsehähnlichkeit eines Telemediums und das Vorliegen der übrigen Voraussetzungen des § 58 Abs. 3 S. 1 RStV positiv fest, dann entstehen wiederum Schwierigkeiten im Hinblick auf das Trennungsgebot, da vor allem eine klassische „Trennung" von Werbung und Berichterstattung meist nicht erfolgt bzw. nicht erfolgen kann. Ein Video muss in der Regel als Einheit betrachtet werden und wenn es an einem abtrennbaren redaktionellen Teil fehlt, stellt sich sodann die Frage, was man bei einem Kurzfilm unter „Werbung" versteht. Es kann schließlich nicht angenommen werden, dass jede Person, die ein T-Shirt mit einem Markensymbol trägt oder eine *Coca-Cola* Flasche trinkt, in den Verdacht des Werbenden gerät.

Der aktuelle Leitfaden der Medienanstalten unterscheidet bei der Kennzeichnung vor allem zwischen Beiträgen, die Produkte als Hauptrolle einerseits und Nebenrolle andererseits darstellen. Spielt das Produkt eine Nebenrolle, so wird

---

[452] YouTube, BibisBeautyPalace, youtube.com/user/BibisBeautyPalace, 07.02.2019; YouTube, Dagi Bee, youtube.com/channel/UCpZ_DI-ZugwMzXcqccaTVsg, 07.02.2019.

dem Leitfaden zufolge eine Kennzeichnung als „Produktplatzierung", „Unterstützt durch Produktplatzierung" oder „Unterstützt durch [Produktname]" abverlangt.[453] Daraus lässt sich schließen, dass ein beiläufig integriertes Werbeprodukt aus Sicht der Landesmedienanstalten als Produktplatzierung einzuordnen ist. Aus rechtlichen Gesichtspunkten stellt die Produktplatzierung jedoch eine Sonderwerbeform i. S. d. § 2 Abs. 2 Nr. 11 RStV (und eben keine dem Trennungsgebot unterliegende Werbung i. S. d. § 2 Abs. 2 Nr. 7 RStV) dar, die mit den Vorgaben des §§ 58 Abs. 3 S.1, 7 Abs. 3 S. 1, 3 RStV nicht vermengt werden kann. Ob bei fernsehähnlichen Telemedien Produktplatzierungen überhaupt zulässig sind, ist angesichts der fehlenden Verweisung des § 58 Abs. 3 RStV auf §§ 15, 44 RStV bis heute im Übrigen noch unklar und stark umstritten, da allenfalls eine analoge Anwendung der Zulassungsvorschriften in Betracht käme.[454] In jedem Fall korreliert die Empfehlung der Landesmedienanstalten nicht mit dem rundfunkrechtlichen Verweis des § 58 Abs. 3 RStV auf § 7 RStV, wonach die Produktplatzierung als Sonderwerbeform grundsätzlich unzulässig[455] und die klassische Werbung als solche, d. h. mit den Begrifflichkeiten „Werbung", „Werbevideo" oder „Dauerwerbesendung", gekennzeichnet werden muss.

Unabhängig davon, dass die Haupt- oder Nebenrolle eines Produkts im Rahmen eines Videos im Einzelfall ohnehin schwer zu bestimmen ist, kann man sich darüber hinaus für den Fall, dass ein Produkt den zentralen und dominierenden Bestandteil des Videos darstellt, die Frage stellen, ob eine Kennzeichnung überhaupt notwendig ist, da der Werbecharakter normalerweise von vornherein eindeutig erkennbar ist. In sozialen Netzwerken kommt es jedenfalls eher selten vor, dass ein Produkt objektiv die „Hauptrolle" spielt und somit ist die Kennzeichnung gerade in diesem Bereich von überaus großer Bedeutung. Der Leitfaden der Landesmedienanstalten, der danach differenziert, ob das umworbene Produkt die zentrale Rolle des Videos spielt und im Ergebnis nur in solchen Fällen ein striktes Trennungs- bzw. Kennzeichnungsgebot anordnet, trägt den Eigenschaften der Social Media-Werbung nicht in ausreichendem Maße Rechnung.

Zusammenfassend lässt sich feststellen, dass die klare Erkennbarkeit der Werbung in fernsehähnlichen Telemedien, soweit es sich um reine Unternehmensseiten oder -profile handelt, im Normalfall nur durch eine korrekte Kennzeichnung gewährleistet werden kann. Die Zeiten der klassischen Werbespots, wie z. B. die Banner- oder Pop-up-Werbung, sind angesichts der verstörenden Wirkung auf die Internetnutzer längst überholt. Einigkeit besteht darüber, dass mit der Einblendung eines Begriffs, der klarstellt, dass es sich bei einem Video um Werbung handelt, die Anforderungen an die Kennzeichnung erfüllt sind.[456] Dafür können zwar

---

[453] Die Medienanstalten, Leitfaden der Medienanstalten – Werbekennzeichnung bei Social Media-Angeboten vom 01.11.2018, S. 2 f.
[454] *Peifer*, GRUR 2018, 1222; *Troge*, GRUR-Prax 2018, 87.
[455] § 7 Abs. 7 S. 1 Alt. 2 RStV.
[456] *Fuchs/Hahn*, MMR 2016, 505.

keine konkreten gesetzlichen Bestimmungen, wohl aber die Rechtsprechung und „sekundärrechtliche" Richtlinien als Orientierung herangezogen werden. Da diese Quellen aus der Europäischen Union oder Deutschland sowie aus der Judikative oder Exekutive stammen, sind divergierende Anforderungen und Verbindlichkeiten zu berücksichtigen.

Da das gemeinsame übergeordnete Ziel vor allem in der Vermeidung von Irreführungen für die Verbraucher liegt, ist eine Kennzeichnung mit den Begriffen „Werbung", „Werbevideo" oder „Dauerwerbesendung" in jedem Fall zulässig, da auf den ersten Blick der Rezipient über den Charakter der ausgestrahlten Information aufgeklärt wird. Auch wird nach der hier vertretenen Ansicht die Kennzeichnung als „Anzeige" für ausreichend erachtet, da für den Durchschnittsnutzer im Internet der Werbecharakter in gleichem Maße erkennbar wird. Der Verwendung anderer Begrifflichkeiten, die Unklarheiten mit sich bringen und letztlich wohl nur einer Verschleierung des Werbecharakters dienen, wird damit kein Raum gelassen.

Die Gestaltung der Kennzeichnung zur Vermeidung der Irreführung muss innerhalb des Videobeitrags durch die Einblendung im Video selbst erfolgen. Die dafür vorhandenen technischen Möglichkeiten sind dabei im Einzelfall gesondert zu berücksichtigen. Eine Kennzeichnung in lesbarer Schriftart und -größe sollte sodann in jedem Fall am Anfang des Beitrags, d. h. möglichst vor der Wahrnehmung der Information, vorgenommen werden. Eine fortlaufende Kennzeichnung am Rande des Videobeitrags hat nach der hier vertretenen Ansicht nicht zu erfolgen, wenn am Anfang die Wahrnehmung des Hinweises ausreichend sichergestellt wird (z. B. durch Ausfüllen des gesamten Bildschirms).

Diese Art und Weise der Kennzeichnung gilt unabhängig davon, wie viele umworbene Produkte, Dienstleistungen o. Ä. in dem Video enthalten sind und inwiefern die Werbegegenstände die „Protagonisten" darstellen. Je weniger der Werbecharakter eines Videobeitrags zu Tage tritt, desto deutlicher sollte allerdings die Kennzeichnung sein. Diese Regel kann, insbesondere im Hinblick auf soziale Netzwerke, durchaus Elemente des „Spielverderbertums" haben. Allerdings wird so optimal dem Sinn und Zweck des Trennungsgebots Rechnung getragen und langfristig wird sich zeigen, dass die Beachtung und Durchsetzung einer ordnungsgemäßen Kennzeichnung nicht nur die Rezipienten, sondern auch die Blogger oder Influencer selbst schützen können.

III. Zwischenergebnis

Die nationalen Regelungen zum Trennungsprinzip im RStV für den Bereich des Rundfunks und der einfachen sowie fernsehähnlichen Telemedien sind dem Gesetzgeber nicht vollständig geglückt. Geht man zutreffend davon aus, dass das Trennungsgebot als Säule oder tragendes Prinzip des gesamten Medienrechts gilt und in der Medienpraxis eine zunehmende Erosion erfährt, so stößt man bedauerlicherweise auf ein Regelungsgerüst, das ein nicht sofort eingängiges System von Grundsätzen, Ausnahmen sowie Unterausnahmen beinhaltet und konsequenterweise viele Auslegungsfragen mit sich bringt. Zwar ist die werberechtliche Beurteilung angesichts der vielfältigen Gestaltungsmöglichkeiten oftmals schwirig und allenfalls im Rahmen einer Einzelfallbetrachtung zu realisieren. Diese Beobachtung verschärft allerdings das rechtliche Erfordernis an eine klare Systematik und einen eindeutigen Wortlaut im Hinblick auf das Trennungsgebot.

Die Fehlerhaftigkeit der Systematik und Unsauberkeit des Wortlauts im RStV sind nur schwer mit den Zielsetzungen des Trennungsgebots vereinbar. So ist zunächst die Verwendung eines Werbebegriffs in den allgemeinen Vorschriften des RStV, der offensichtlich dem Wortlaut zufolge nicht auf Telemedien anwendbar ist, in der Sache jedoch aus systematischen Gründen Anwendung finden muss, nicht nachvollziehbar. Auch bereitet die Anwendung des § 7 Abs. 3 RStV auf fernsehähnliche Telemedien von der Auslegung der Legaldefinition bis hin zur Bestimmung der Anforderungen an die „Trennung" und des Verweishintergrunds große Schwierigkeiten. Die mangelhafte Umsetzung der AVMD-RL und der umständliche Versuch, telemediale Erscheinungsformen in das Normengefüge des RStV zu integrieren, machen eine Reform des § 2 Abs. 2 Nr. 7 RStV, § 7 Abs. 3 RStV und § 58 RStV notwendig.

Die Schleichwerbung durchbricht als programmintegrierte Werbeform indes für jedes in Rede stehende Medium den Grundsatz der Trennung von Werbung und Programm. Dieses Praxisphänomen stellt somit eine wichtige Ausnahme des allgemeinen Trennungsgebots dar.

Fünftes Kapitel

Die Schleichwerbung als medienrechtlicher Verstoß

Bei der Schleichwerbung handelt es sich um eine Fallgestaltung der Vermischung von Werbung und redaktionellen Inhalten, die dem Trennungsgebot daher offensichtlich und unzweideutig entgegensteht. Auch wenn der Trennungsgrundsatz mittlerweile viele Ausnahmen kennt, scheint die Schleichwerbung eine Art Grenzziehung darzustellen. Sie stellt den praktisch bedeutendsten[1] und häufigsten[2] Verstoß gegen das allgemeine Trennungsgebot dar.

I. Verbot von Schleichwerbung

Konsequenterweise ist die Schleichwerbung in allen Medien verboten. Das gesetzliche Schleichwerbeverbot ergibt sich medienübergreifend aus dem UWG,[3] speziell für elektronische Medien aus dem RStV oder TMG[4] und für Printmedien aus den Landespressegesetzen.[5] Das Verbot von Schleichwerbung stellt somit neben dem allgemeinen Trennungsgebot ebenfalls einen zentralen Grundsatz des gesamten Medienrechts und insbesondere des Rundfunkwerberechts dar.[6] Als „Ausfluss",[7] „besondere Ausprägung",[8] „Ergänzung",[9] „logische Folge"[10], „Unterfall"[11] und vor allem „Konkretisierung"[12] des allgemeinen Trennungsprinzips ist

---

[1] *Platho*, ZUM 2000, 48.
[2] *Kachabia*, BLJ 2015, 17.
[3] § 3 Abs. 3 Nr. 11 UWG (sog. Black List) und § 5a Abs. 6 UWG.
[4] § 6 Abs. 1 Nr. 1 TMG.
[5] Das Trennungsgebot und Verbot von Schleichwerbung befindet sich in den LPG in derselben Vorschrift (Beispiel: § 11 BbgPG). Darüber hinaus regelt noch der Pressekodex ausdrücklich das Verbot von Schleichwerbung (Ziff. 7 Richtlinie 7.2).
[6] *Holznagel*, in: Hoeren/Sieber/Holznagel, Multimedia-Recht, 2018, Teil 3 Rn. 159.
[7] *Schulz*, in: Binder/Vesting, Beck'scher Kommentar zum Rundfunkrecht, § 2 Rn. 112.
[8] *Blaue*, Werbung wird Programm, 2011, S. 201.
[9] *Fechner*, Medienrecht, 2018, S. 313.
[10] *Goldbeck*, in: Paschke/Berlit/Meyer, Gesamtes Medienrecht, 2016, Teil 3 Abschn. 26 Rn. 140; *Jäger*, Trennungs- und Kennzeichnungsgebot, 2017, S. 128.
[11] *Gounalakis*, WRP 2005, 1476; *Petersen*, Medienrecht, 2010, § 15 Rn. 5.
[12] OVG Rheinland-Pfalz, ZUM 2009, 507, 511; *Holznagel/Stenner*, ZUM 2004, 619; *Jäger*, Trennungs- und Kennzeichnungsgebot, 2017, S. 128; *Kreile*, in: Dörr/Kreile/Cole, Handbuch Medienrecht, 2011, Teil J Rn. 27; *Ladeur*, in: Binder/Vesting, Beck'scher Kommentar zum Rundfunkrecht, § 7 Rn. 47; *Holznagel*, in: Hoeren/Sieber/Holznagel, Multimedia-Recht, 2018, Teil 3 Rn. 159; *Holzgraefe*, Werbeintegration in Fernsehsendungen und Videospielen, 2010, S. 156.

es umso wichtiger, exakt zu bestimmen, welche Sachverhalte dem Verbot von Schleichwerbung unterfallen.

II. Zielsetzung

In der Literatur bestehen unterschiedliche Ansichten im Hinblick auf die konkrete Zielsetzung des Schleichwerbeverbots. Da sich das gesetzliche Verbot jedoch im Wesentlichen aus dem allgemeinen Trennungsgebot heraus entwickelte, sind bei den Regelungszielen stets gewisse Überschneidungen erkennbar.

Während manche zur Sicherung eines freien individuellen und öffentlichen Meinungsbildungsprozesses lediglich entweder eine materielle[13] oder eine formelle[14] Trennung als Zielsetzung sehen, sprechen sich manche für beides[15] aus. Diejenigen, die sowohl für einen materiellen Redaktions- als auch für einen formellen Rezipientenschutz plädieren, differenzieren wiederum zum Teil zwischen einem primären und sekundären Schutzgut.[16]

Nach der hier vertretenen Ansicht besteht eine weitgehende Deckungsgleichheit zwischen den Regelungszielen des Schleichwerbeverbots und des allgemeinen Trennungsgebots. Befürwortet man lediglich eines der Regelungsziele, dann wäre ein Verstoß gegen das Schleichwerbeverbot nach anderen, im Zweifel geringeren Maßstäben zu beurteilen. Dies wäre widersinnig, da die Schleichwerbung als „Paradebeispiel" eines Verstoßes gegen das Trennungsgebot gerade die Grenze zur zulässigen Produktintegration im redaktionellen Programm definiert. Auch wenn das Schleichwerbeverbot keine abschließende Konkretisierung des allgemeinen Trennungsgebots darstellt, ist in der Praxis fast immer ein gleichzeitiger Verstoß gegen das Schleichwerbeverbot und Trennungsprinzip festzustellen. Es wäre daher nicht überzeugend, die im Rahmen einer Feststellung eines Verstoßes stets zu berücksichtigenden Regelungsziele grundlegend anders zu bestimmen.

Bei dem Verbot von Schleichwerbung geht es somit zum einen darum, mit einer materiellen Trennung als Beeinflussungsverbot die redaktionelle Unabhängigkeit der Medien vor einer unmittelbaren oder mittelbaren[17] Einflussnahme der

---

[13] *Beater*, Medienrecht, 2016, § 8 Rn. 716.
[14] *Johansson*, Product Placement in Film und Fernsehen, 2001, S. 71 f.; *Kachabia*, BLJ 2015, 17; *Mallick*, Product-Placement in Massenmedien, 2009, S. 152; *Schaar*, Programmintegrierte Fernsehwerbung in Europa, 2001, S. 102.
[15] *Bornemann*, in: Gersdorf/Paal, Informations- und Medienrecht, RStV, § 7 Rn. 26; *Goldbeck*, in: Paschke/Berlit/Meyer, Gesamtes Medienrecht, 2016, Teil 3 Abschn. 26 Rn. 140; *Gounalakis*, WRP 2005, 1477 f.; *Holznagel*, in: Hoeren/Sieber/Holznagel, Multimedia-Recht, 2018, Teil 3 Rn. 159; *Ladeur*, AfP 2003, 387 f.; *Paschke*, Medienrecht, 2009, § 15 Rn. 806. *Platho*, MMR 2008, 583.
[16] *Gounalakis*, WRP 2005, 1478; *Müller-Rüster*, Product Placement im Fernsehen, 2010, S. 224.
[17] BVerfGE 73, 118, 183; BVerfGE 90, 60, 87; *Ladeur*, AfP 2003, 388; *Platho*, MMR 2008, 583.

II. Zielsetzung

werbebetreibenden Wirtschaft zu schützen. Dem BGH[18] zufolge sollen mit dem Schleichwerbeverbot „sachfremde Einflüsse Dritter auf die Sendungen" verhindert werden. Dabei handelt es sich im Kern um die Sicherung der Objektivität und Neutralität der Rundfunktätigkeit[19] sowie der Programmintegrität.[20] Ebenso wie das allgemeine Trennungsgebot ist mit Blick auf das Regelungsziel des Redaktionsschutzes auch das Verbot von Schleichwerbung verfassungsrechtlich fundiert (Art. 5 Abs. 1 S. 2 Alt. 2 GG).[21]

Zum anderen zielt das Verbot auf eine formelle Trennung ab, um die Erkennbarkeit des Werbecharakters bei Medieninhalten zu gewährleisten und damit die Rezipienten vor Täuschungen zu schützen. Die Zuschauer müssen sich darauf verlassen können, dass alles, was ihnen als redaktioneller Inhalt präsentiert wird, auch tatsächlich ein solcher ist.[22] Das Verbot von Schleichwerbung soll die Manipulation der Allgemeinheit begrenzen[23] und die Irreführung der Verbraucher über die werbliche Intention einer Aussage verhindern.[24]

Befürwortet man ein gewichtigeres Schutzgut des Schleichwerbeverbots, ist der Ansicht zu folgen, die sich für den Rezipientenschutz ausspricht. Denn der Unterschied zwischen Sonderwerbeformen, die als „Werbung" nur den allgemeinen Trennungsvorschriften zu unterwerfen sind, und denjenigen, die als „Schleichwerbung" angesehen werden, besteht vor allem in der objektiven Verschleierung des werblichen Zwecks ihrer Ausstrahlung[25] und damit in einer mangelhaften formellen Trennung. Aus diesem Grund sind beim Trennungsprinzip Fälle einer zulässigen Vermischung von Werbung und Programm denkbar, während die Schleichwerbung, die geeignet ist, die Allgemeinheit über die Werbeabsicht irrezuführen, ausnahmslos unzulässig ist. Noch mehr als von Werbung geht von Sonderwerbeformen wie der Schleichwerbung, die nur unzureichend oder gar nicht als solche zu erkennen sind, eine besondere Gefährdung der freien individuellen und öffentlichen Meinungsbildung aus.[26] Sie wirken subliminal und haben mangels Erkennbarkeit ein Irreführungspotential für die Allgemeinheit. Die Vorschriften zur Schleichwerbung würden zudem die Regelungen zum Trennungsgebot im Wege der *lex specialis* verdrängen[27] und überflüssig machen, wenn die Schleichwerbung

---

[18] BGH, ZUM 1991, 291, 294.
[19] *Goldbeck*, in: Paschke/Berlit/Meyer, Gesamtes Medienrecht, 2016, Teil 3 Abschn. 26 Rn. 140.
[20] *Bornemann*, in: Gersdorf/Paal, Informations- und Medienrecht, RStV, § 7 Rn. 26
[21] *Ladeur*, in: Binder/Vesting, Beck'scher Kommentar zum Rundfunkrecht, § 7 Rn. 28; *Platho*, MMR 2008, 583.
[22] *Platho*, MMR 2008, 583.
[23] *Holznagel*, in: Hoeren/Sieber/Holznagel, Multimedia-Recht, 2018, Teil 3 Rn. 159.
[24] *Goldbeck*, in: Paschke/Berlit/Meyer, Gesamtes Medienrecht, 2016, Teil 3 Abschn. 26 Rn. 140; *Kachabia*, BLJ 2015, 15; *Müller-Rüster*, Product Placement im Fernsehen, 2010, S. 223; *Paschke*, Medienrecht, 2009, § 15 Rn. 806.
[25] *Blaue*, Werbung wird Programm, 2011, S. 274.
[26] *Martini*, in: Gersdorf/Paal, Informations- und Medienrecht, RStV, § 2 Rn. 32.
[27] *Müller-Rüster*, Product Placement im Fernsehen, 2010, S. 218.

und ein Verstoß gegen das Trennungsprinzip komplett identisch wären. Schleichwerbung stellt allerdings vielmehr eine exklusive Erscheinungsform der Werbung dar, die sich durch das Merkmal der Eignung zur Irreführung auszeichnet[28] und den Verstoß gegen das formelle Trennungsgebot im Bereich der programmintegrierten Werbeformen konkretisiert.

III. Schleichwerbung im RStV

Die Schleichwerbung im nationalen Medienrecht definiert der Rundfunkstaatsvertrag. Nach der gegenwärtigen Fassung des § 2 Abs. 2 Nr. 8 S. 1 RStV gilt als Schleichwerbung „die Erwähnung oder Darstellung von Waren, Dienstleistungen, Namen, Marken oder Tätigkeiten eines Herstellers von Waren oder eines Erbringers von Dienstleistungen in Sendungen, wenn sie vom Veranstalter absichtlich zu Werbezwecken vorgesehen ist und mangels Kennzeichnung die Allgemeinheit hinsichtlich des eigentlichen Zweckes dieser Erwähnung oder Darstellung irreführen kann." In § 2 Abs. 2 Nr. 8 S. 2 RStV heißt es weiter: „Eine Erwähnung oder Darstellung gilt insbesondere dann als zu Werbezwecken beabsichtigt, wenn sie gegen Entgelt oder eine ähnliche Gegenleistung erfolgt."

Die kodifizierte Fallgestaltung der Vermischung von Werbung und redaktionellen Inhalten erklärt § 7 Abs. 7 S. 1 Alt. 1 RStV im Rundfunk- und Telemedienbereich für verboten: „Schleichwerbung, Produkt- und Themenplatzierung sowie entsprechende Praktiken sind unzulässig."

Im Grundsatz statuiert diese Bestimmung ein Verbot von Schleichwerbung und solchen Maßnahmen, die der Schleichwerbung qualitativ gleichstehen.[29] Denn es handelt sich stets um Lebenssachverhalte, bei denen dem Rezipienten Werbebotschaften unter Umgehung des Trennungsgebots vermittelt werden sollen.[30] Dennoch enthält der RStV, etwa für die Werbeform der Produktplatzierung, Ausnahmevorschriften zu dem Verbot in § 7 Abs. 7 S. 1 RStV. Die ausnahmslos unzulässige Schleichwerbung weist somit besondere Eigenschaften auf und ist von den anderen programmintegrierten Werbeformen abzugrenzen.

Ausgehend von der Rechtsfolgennorm[31] des § 7 Abs. 7 S. 1 Alt. 1 RStV gilt es nun, die tatbestandlichen Voraussetzungen der Schleichwerbung anhand des § 2 Abs. 2 Nr. 8 RStV und der dazugehörigen wissenschaftlichen Literatur sowie behördlichen Tätigkeiten, insbesondere die der Gerichte und Landesmedienanstalten, zu untersuchen.

---

[28] *Blaue*, Werbung wird Programm, 2011, S. 274 f.; *Schaar*, Programmintegrierte Fernsehwerbung in Europa, 2001, S. 102.
[29] *Goldbeck*, in: Paschke/Berlit/Meyer, Gesamtes Medienrecht, 2016, Teil 3 Abschn. 26 Rn. 139.
[30] *Paschke*, Medienrecht, 2009, § 15 Rn. 810.
[31] *Goldbeck*, in: Paschke/Berlit/Meyer, Gesamtes Medienrecht, 2016, Teil 3 Abschn. 26 Rn. 182.

1. Schleichwerbung im Rundfunk (§§ 7 Abs. 7, 2 Abs. 2 Nr. 8 RStV)

Schleichwerbung ist im öffentlich-rechtlichen und privaten Rundfunk i. S. d. § 2 Abs. 1 S. 1 RStV uneingeschränkt unzulässig. Da die Schleichwerbung in der Regel optische Mittel erfordert, ist das Verbot für den Hörfunk allerdings praktisch kaum von Relevanz. Darüber hinaus gilt zu beachten, dass einer Beurteilung nach § 7 Abs. 7 S. 1 Alt. 1 RStV nicht solche Filme unterliegen, die für das Kino produziert und dort ausgestrahlt werden.[32] In den beiden grundlegenden Entscheidungen zum Film „Feuer, Eis & Dynamit" hat der BGH[33] klargestellt, dass an Spielfilme im Kino weniger strenge Maßstäbe anzulegen sind.[34] Im Rahmen einer Ausstrahlung der Filme im Fernsehen gewinnt die Schleichwerbung und das Verbot allerdings umso mehr an Bedeutung.

Die gesetzliche Definition macht eine viergliedrige Prüfung notwendig, um beurteilen zu können, ob es sich bei dem in Rede stehenden Phänomen um – *per se* unzulässige -Schleichwerbung im Rundfunk handelt. § 2 Abs. 2 Nr. 8 S. 1 RStV unterscheidet im Wesentlichen zwischen drei objektiven Komponenten und einer subjektiven Komponente:

– Integrationshandlung („Erwähnung oder Darstellung […] in Sendungen")

– Werbeobjekt („Waren, Dienstleistungen, Namen, Marken, […] Tätigkeiten eines Herstellers von Waren oder […] Erbringers von Dienstleistungen")

– Werbeabsicht („vom Veranstalter absichtlich zu Werbezwecken vorgesehen")

– Irreführungspotential („die Allgemeinheit […] irreführen kann")

a) Integrationshandlung

Als Integrationshandlung kommt gem. § 2 Abs. 2 Nr. 8 Nr. 1 RStV eine Erwähnung und/oder Darstellung in Betracht. Sie ähnelt dabei der Äußerung i. S. d. Werbung.[35] Die möglichen verbalen („Erwähnung") oder visuellen („Darstellung") Integrationshandlungen im Fernsehprogramm sind somit im Grundsatz denkbar weit gefasst.[36]

Nicht ausreichend sind allerdings Einbindungen in Sendungen, die in einer Weise erfolgen, dass eine bewusste Wahrnehmung durch den Rezipienten über-

---

[32] *Goldbeck*, in: Paschke/Berlit/Meyer, Gesamtes Medienrecht, 2016, Teil 3 Abschn. 26 Rn. 141.
[33] BGH, NJW 1995, 3177 ff.; BGH, NJW 1995, 3182 ff.
[34] *Goldbeck*, in: Paschke/Berlit/Meyer, Gesamtes Medienrecht, 2016, Teil 3 Abschn. 26 Rn. 141.
[35] § 2 Abs. 2 Nr. 7 S. 1 RStV; *Castendyk*, in: Wandtke, Medienrecht Praxishandbuch, 2011, Band 3, § 2 Rn. 85.
[36] *Müller-Rüster*, Product Placement im Fernsehen, 2010, S. 230.

haupt nicht möglich ist.[37] Der beworbene Gegenstand muss für den jeweiligen Zuschauer zumindest potentiell wahrnehmbar sein.[38] Ob tatsächlich eine Wahrnehmung des Werbeobjekts erfolgt, hängt von der konkreten Fallgestaltung im Einzelfall ab und entzieht sich als faktischer Umstand einer rechtlichen Bewertung. Dies entspricht auch dem Schutzzweck des Schleichwerbeverbots, da eine potentielle Irreführung des Verbrauchers über den Werbecharakter einer Botschaft zumindest die Möglichkeit einer bewussten Wahrnehmung des Werbegegenstands voraussetzt. Zwar kann theoretisch die redaktionelle Unabhängigkeit auch durch eine nicht wahrnehmbare Platzierung erfolgen. Allerdings besteht in der Praxis wegen der dann fehlenden Werbewirkung zugunsten der Wirtschaft üblicherweise kein Interesse an einer solchen Platzierung. Der Werbecharakter der Einbindung muss allerdings logischerweise nicht wahrnehmbar sein, da die Erwähnung oder Darstellung gerade in dieser Hinsicht zur Irreführung geeignet sein muss, um als Schleichwerbung qualifiziert zu werden.[39]

Eine zumindest potentielle Identifizierbarkeit wird im Rahmen der Integrationshandlung ebenfalls vorausgesetzt. Denn letztlich führt die Identifizierbarkeit eines Werbeobjekts in der Regel überhaupt zu einer Absatzförderung und somit zur Werbewirksamkeit der Darstellung.[40] Eine Möglichkeit der Identifizierung bedeutet, dass ein beworbener Gegenstand einem bestimmten Unternehmen zugeordnet werden kann. Dies kann etwa durch das Erscheinen einer identifizierbaren Marke oder sonstiger Identifikationsmerkmale erfolgen,[41] die für den durchschnittlichen Zuschauer der jeweiligen Zielgruppe im Rahmen einer Sendung erkennbar werden.

b) Werbeobjekt

Die Integrationshandlung muss sich bei der Schleichwerbung auf bestimmte Gegenstände beziehen. Dabei kommen sämtliche kommerziell vertriebenen Güter in Betracht.[42] Dem Wortlaut des § 2 Abs. 2 Nr. 8 S. 1 RStV zufolge kann eine programmliche Einbindung von „Waren, Dienstleistungen, Namen, Marken oder Tätigkeiten eines Herstellers von Waren oder eines Erbringers von Dienstleistungen" erfolgen. Eine Erwähnung oder Darstellung der genannten Kategorien weist die Gemeinsamkeit auf, dass beim Betrachter stets eine Assoziation mit einem bestimmten Unternehmen hervorgerufen wird.[43] Die Integration von produkt- oder

---

[37] *Martini*, in: Gersdorf/Paal, Informations- und Medienrecht, RStV, § 2 Rn. 33.
[38] *Wieben*, Die Trennung von Werbung und redaktionellem Programm, 2001, S. 169.
[39] *Müller-Rüster*, Product Placement im Fernsehen, 2010, S. 230.
[40] *Meyer-Harport*, Neue Werbeformen im Fernsehen, 2000, S. 121 f.
[41] *Müller-Rüster*, Product Placement im Fernsehen, 2010, S. 231.
[42] *Martini*, in: Gersdorf/Paal, Informations- und Medienrecht, RStV, § 2 Rn. 33.
[43] *Goldbeck*, in: Paschke/Berlit/Meyer, Gesamtes Medienrecht, 2016, Teil 3 Abschn. 26 Rn. 146; *Jäger*, Trennungs- und Kennzeichnungsgebot, 2017, S. 129.

herstellerspezifischen Merkmalen versieht eine Äußerung oder Abbildung mit der für die Schleichwerbung notwendigen Werberelevanz.

Dem Kriterium des Werbeobjekts kommt im Wesentlichen keine tatbestandsbegrenzende Funktion zu,[44] da etwa bei der Integration eines Markenartikels in einem Film das Merkmal ohne weiteres erfüllt ist.

Es stellt sich lediglich die Frage, ob die Erwähnung oder Darstellung von Waren- und Dienstleistungsgattungen (sog. Generic Placements) ebenfalls unter die Vorschrift des § 2 Abs. 2 Nr. 8 S. 1 RStV fällt. Vor allem Äußerungen mit Werberelevanz für gesamte Branchen, wie beispielsweise „Fragen Sie den Apotheker ihres Vertrauens!",[45] innerhalb von Sendungen sind dabei problematisch. Der Wortlaut spricht nämlich lediglich von einzelnen Herstellern von Waren oder Erbringern von Dienstleistungen. Darüber hinaus bleiben bei der Darstellung von Generic Placements die Warenhersteller oder Dienstleistungserbringer typischerweise unbenannt, so dass eine Assoziation mit bestimmten Unternehmen im Regelfall unmöglich ist.

Im Ergebnis sprechen jedoch die besseren Argumente dafür, eine solche restriktive Auslegung abzulehnen. Zum einen würde bei einem weiter gefassten Wortlaut („von Herstellern von Waren und Erbringern von Dienstleistungen") umgekehrt Unklarheit darüber bestehen, ob auch einzelne Unternehmen vom Tatbestand der Schleichwerbung erfasst sind.[46] Zum anderen spricht vor allem der Sinn und Zweck des Schleichwerbeverbots für die Einbeziehung von Waren- und Dienstleistungsgattungen. Die redaktionelle Unabhängigkeit wird am ehesten geschützt, wenn Einflüsse ganzer Branchen auf das Programm untersagt werden, als lediglich Einflüsse einzelner Hersteller.[47] Der Verbraucher ist ebenso besser vor Irreführungen geschützt, wenn Generic Placements nicht vom Schleichwerbeverbot ausgenommen sind, da die Zuschauer in solchen Fallkonstellationen problemlos über den wahren Grund der Darstellung von Warengattungen getäuscht werden können. Da beide Schutzgüter von der Verbotsnorm betroffen sein können, sind Generic Placements im Ergebnis als Werbeobjekt denkbar und nicht von der Vorschrift des § 2 Abs. 2 Nr. 8 S. 1 RStV ausgeschlossen.

c) Werbeabsicht

Die Erwähnung oder Darstellung des Werbeobjekts in Sendungen muss „vom Veranstalter absichtlich zu Werbezwecken vorgesehen" sein. Die Werbeabsicht des Rundfunkveranstalters stellt eines der wichtigsten Merkmale zur Abgrenzung von

---

[44] *Goldbeck*, in: Paschke/Berlit/Meyer, Gesamtes Medienrecht, 2016, Teil 3 Abschn. 26 Rn. 146; *Jäger*, Trennungs- und Kennzeichnungsgebot, 2017, S. 129.
[45] *Castendyk*, in: Wandtke, Medienrecht Praxishandbuch, 2011, Band 3, § 2 Rn. 86.
[46] *Müller-Rüster*, Product Placement im Fernsehen, 2010, S. 229.
[47] *Castendyk*, in: Wandtke, Medienrecht Praxishandbuch, 2011, Band 3, § 2 Rn. 87.

zulässigen und unzulässigen Werbeeffekten im redaktionellen Programm dar.[48] Gleichzeitig bezieht sich das subjektive Tatbestandsmerkmal auf einen internen Vorgang der menschlichen Willensbildung, der oftmals nicht nach außen kundgetan wird und daher erhebliche Nachweisschwierigkeiten bereitet.[49]

Die Werbeabsicht muss im Einzelfall anhand von besonderen Umständen positiv festgestellt werden.[50] Eine rein tatsächliche Vermutung reicht unter Berücksichtigung der Rundfunkfreiheit nach Art. 5 Abs. 1 S. 2 GG nicht aus.[51] Zur Feststellung der subjektiven Werbeabsicht ist in der Regel ein Rückgriff auf objektive Indizien erforderlich.[52] Die äußeren Beweiszeichen müssen der Rechtsprechung[53] zufolge derart eindeutig sein, dass sie „zwingend" auf eine Werbeabsicht schließen lassen.

Grundsätzlich wird bei einer objektiven Werbewirkung des Programms die Kenntnis oder Inkaufnahme des Veranstalters hinsichtlich dieser objektiven Werbewirkung vermutet.[54] Die Schleichwerbung verlangt allerdings dem Wortlaut nach eine Absicht (dolus directus 1. Grades) und somit einen zielgerichteten Erfolgswillen[55] des Rundfunkveranstalters. Wissen, Inkaufnahme[56] oder Fahrlässigkeit[57] reichen daher nicht aus.

Geht vom Programm aus Sicht eines objektiven Betrachters eine Werbewirkung aus, ergeben sich in der Praxis vor allem zwei Problemkomplexe bei der Feststellung der Werbeabsicht:

---

[48] OVG Rheinland-Pfalz, ZUM 2009, 507, 509; VG München, ZUM 2009, 690, 694; *Castendyk*, in: Wandtke, Medienrecht Praxishandbuch, 2011, Band 3, § 2 Rn. 89; *Gounalakis*, WRP 2005, 1480; *Jäger*, Trennungs- und Kennzeichnungsgebot, 2017, S. 130.

[49] *Goldbeck*, in: Paschke/Berlit/Meyer, Gesamtes Medienrecht, 2016, Teil 3 Abschn. 26 Rn. 148; *Martini*, in: Gersdorf/Paal, Informations- und Medienrecht, RStV, § 2 Rn. 36.

[50] OVG Lüneburg, ZUM 1999, 347, 351; OVG Berlin-Brandenburg, NVwZ-RR 2007, 681, 682; OVG Rheinland-Pfalz, ZUM 2009, 507, 510; VG München, ZUM 2009, 690, 694; OLG Celle, AfP 2014, 456, 458; *Castendyk*, in: Wandtke, Medienrecht Praxishandbuch, 2011, Band 3, § 2 Rn. 89; *Jäger*, Trennungs- und Kennzeichnungsgebot, 2017, S. 132; *Schulz*, in: Binder/Vesting, Beck'scher Kommentar zum Rundfunkrecht, § 2 Rn. 116.

[51] *Goldbeck*, in: Paschke/Berlit/Meyer, Gesamtes Medienrecht, 2016, Teil 3 Abschn. 26 Rn. 148.

[52] *Beater*, Medienrecht, 2016, § 8 Rn. 721; *Blaue*, Werbung wird Programm, 2011, S. 201; *Hahn/Lamprecht-Weißenborn*, in: Schwartmann, Praxishandbuch Medien-, IT- und Urheberrecht, 2017, Kap. 6 Rn. 47; *Müller-Rüster*, Product Placement im Fernsehen, 2010, S. 232 f.

[53] OVG Berlin-Brandenburg, NVwZ-RR 2007, 681, 682.

[54] *Holznagel*, in: Spindler/Schuster, Recht der elektronischen Medien, 2015, RStV, § 2 Rn. 68; *Jäger*, Trennungs- und Kennzeichnungsgebot, 2017, S. 130; *Müller-Rüster*, Product Placement im Fernsehen, 2010, S. 231.

[55] *Hahn/Lamprecht-Weißenborn*, in: Schwartmann, Praxishandbuch Medien-, IT- und Urheberrecht, 2017, Kap. 6 Rn. 47.

[56] *Hahn/Lamprecht-Weißenborn*, in: Schwartmann, Praxishandbuch Medien-, IT- und Urheberrecht, 2017, Kap. 6 Rn. 47.

[57] *Beater*, Medienrecht, 2016, § 8 Rn. 721; *Ladeur*, in: Binder/Vesting, Beck'scher Kommentar zum Rundfunkrecht, § 7 Rn. 47; *Müller-Rüster*, Product Placement im Fernsehen, 2010, S. 231.

III. Schleichwerbung im RStV   165

Zum einen ist angesichts der Nachweisproblematik zu klären, welche objektiven Indizien geeignet sind, das Vorliegen der subjektiven Werbeabsicht positiv festzustellen.

Zum anderen kommt es dem Wortlaut des § 2 Abs. 2 Nr. 8 S. 1 RStV zufolge auf die Intention des Rundfunkveranstalters selbst an und somit ist fraglich, inwieweit Werbeabsichten Dritter dem Veranstalter zugerechnet werden können.

aa) Indizien für die Werbeabsicht

Die gerichtliche Ermittlung der Werbeabsicht stellt als innere Tatsache eine intrikate Aufgabe dar,[58] die unter Heranziehung diverser objektiver Indizien bewältigt werden kann. Das stärkste Indiz[59] hat der Gesetzgeber in § 2 Abs. 2 Nr. 8 S. 2 RStV ausdrücklich normiert: „Eine Erwähnung oder Darstellung gilt insbesondere dann als zu Werbezwecken beabsichtigt, wenn sie gegen Entgelt oder eine ähnliche Gegenleistung erfolgt."

Die Formulierung „insbesondere" deutet jedoch auch auf die Offenheit der Norm hinsichtlich weiterer objektiver Indizien hin, die für eine Werbeabsicht sprechen können.[60] Gelingt der Nachweis einer Entgeltlichkeit oder sonstigen Gegenleistung i. S. d. nicht-abschließenden gesetzlichen Regelbeispiels[61] nicht, ist der Rückschluss auf eine Werbeabsicht anhand sonstiger Indizien möglich, allerdings viel schwerer,[62] da diese keinen Vermutungscharakter aufweisen[63] und eng auszulegen[64] sind.

(1) Entgelt oder ähnliche Gegenleistung

Die Schleichwerbung setzt, im Gegensatz zur Werbung i. S. d. 2 Abs. 2 Nr. 7 RStV, keine Gegenleistung voraus.[65] Wenn aber eine vermögenswerte Leistung für eine Produktpräsentation im redaktionellen Programm erbracht wird, so bestand auch schon vor Einführung der gesetzlichen Vermutung im RStV Einigkeit darüber, dass dies ein besonders gewichtiges Indiz für die Werbeabsicht i. S. d. § 2

---

[58] *Martini*, in: Gersdorf/Paal, Informations- und Medienrecht, RStV, § 2 Rn. 35.
[59] *Bornemann*, in: Gersdorf/Paal, Informations- und Medienrecht, RStV, § 7 Rn. 26; *Engels*, RuF 1997, 220; *Platho*, ZUM 2000, 48.
[60] OVG Lüneburg, ZUM 1999, 347, 351; *Schulz*, in: Binder/Vesting, Beck'scher Kommentar zum Rundfunkrecht, § 2 Rn. 119.
[61] *Schulz*, in: Binder/Vesting, Beck'scher Kommentar zum Rundfunkrecht, § 2 Rn. 119.
[62] OVG Berlin-Brandenburg, NVwZ-RR 2007, 681, 682.
[63] *Müller-Rüster*, Product Placement im Fernsehen, 2010, S. 233; *Schulz*, in: Binder/Vesting, Beck'scher Kommentar zum Rundfunkrecht, § 2 Rn. 122.
[64] *Schulz*, in: Binder/Vesting, Beck'scher Kommentar zum Rundfunkrecht, § 2 Rn. 119.
[65] *Beater*, Medienrecht, 2016, § 8 Rn. 721.

Abs. 2 Nr. 8 RStV darstellt.[66] Die Wirkung des § 2 Abs. 2 Nr. 8 S. 2 RStV als widerlegbare Vermutung oder zwingende Folge ist allerdings dogmatisch umstritten.

Eine Ansicht in Teilen der Literatur[67] und Rechtsprechung[68] spricht sich dafür aus, die Entgeltzahlung oder Erbringung einer ähnlichen Gegenleistung als starkes Indiz mit der Folge einer schwer, jedoch widerlegbaren Vermutung der Werbeabsicht einzuordnen. Eine Darstellung zu Werbezwecken wäre insbesondere dann zu verneinen, wenn die vermögenswerte Leistung nicht in einem synallagmatischen Verhältnis zu einer konkreten werblichen Erwähnung oder Darstellung steht.[69] Es muss stets eine kausale Beziehung („do ut des" – „ich gebe, damit du gibst") zwischen Entgelt und Erwähnung nachweislich bestehen, da ansonsten keine Beeinflussung des redaktionellen Programms vorliegt. Die Befürworter dieser Ansicht stellen vor allem auf den Wortlaut des § 2 Abs. 2 Nr. 8 S. 2 RStV ab, der begrifflich eine „*Gegen*leistung" für das Vorliegen einer Werbeabsicht verlangt.[70]

In der Literatur[71] und Rechtsprechung[72] wird teilweise und zu Recht als andere Ansicht vertreten, dass die Entgeltzahlung oder ähnliche Leistungserbringung eine zwingende Absichtsunterstellung nach sich ziehen.

Dies wird dogmatisch auf zwei unterschiedliche Art und Weisen begründet: Zum Teil sieht die Rechtswissenschaft in der Regelung des § 2 Abs. 2 Nr. 8 S. 2 RStV eine gesetzliche Fiktion.[73] Bei einem solchen Konstrukt werden vom Gesetz-

---

[66] *Goldbeck*, in: Paschke/Berlit/Meyer, Gesamtes Medienrecht, 2016, Teil 3 Abschn. 26 Rn. 149; *Ladeur*, in: Binder/Vesting, Beck'scher Kommentar zum Rundfunkrecht, § 7 Rn. 47.

[67] *Goldbeck*, in: Paschke/Berlit/Meyer, Gesamtes Medienrecht, 2016, Teil 3 Abschn. 26 Rn. 150; *Gounalakis*, WRP 2005, 1483; *Meyer-Harport*, Neue Werbeformen im Fernsehen, 2000, S. 115; *Schultze*, Product Placement im Spielfilm, 2001, S. 190; *Schulz*, in: Binder/Vesting, Beck'scher Kommentar zum Rundfunkrecht, § 2 Rn. 119.

[68] VG Berlin, ZUM 1999, 751, 757.

[69] *Goldbeck*, in: Paschke/Berlit/Meyer, Gesamtes Medienrecht, 2016, Teil 3 Abschn. 26 Rn. 150; *Gounalakis*, WRP 2005, 1482 ff.

[70] VG Berlin, ZUM 1999, 751, 755; *Castendyk*, in: Wandtke, Medienrecht Praxishandbuch, 2011, Band 3, § 2 Rn. 91; *Goldbeck*, in: Paschke/Berlit/Meyer, Gesamtes Medienrecht, 2016, Teil 3 Abschn. 26 Rn. 150; *Gounalakis*, WRP 2005, 1483 f.

[71] *Beater*, Medienrecht, 2016, § 8 Rn. 721; *Blaue*, Werbung wird Programm, 2011, S. 201; *Bork*, Werbung im Programm, 1988, S. 86; *Dörr*, in: Hartstein/Ring/Kreile/Dörr/Stettner/Cole/Wagner, RStV, Band 1, Teil B 5, § 7 Rn. 48; *Dörr/Schwartmann*, Medienrecht, 2019, S. 223; *Grewe*, Mobile TV, 2013, S. 166; *Holzgraefe*, Werbeintegration in Fernsehsendungen und Videospielen, 2010, S. 157; *Jäger*, Trennungs- und Kennzeichnungsgebot, 2017, S. 130; *Mallick*, Product-Placement in den Massenmedien, 2009, S. 131; *Martini*, in: Gersdorf/Paal, Informations- und Medienrecht, RStV, § 2 Rn. 36; *Paschke*, Medienrecht, 2009, § 15 Rn. 814; *Müller-Rüster*, Product Placement im Fernsehen, 2010, S. 236; *Platho*, ZUM 2000, 48; *Schaar*, Programmintegrierte Fernsehwerbung in Europa, 2001, S. 88 f., 100; *Wieben*, Die Trennung von Werbung und redaktionellem Programm, 2001, S. 172 f.

[72] OVG Berlin-Brandenburg, NVwZ-RR 2007, 681, 682; VG Berlin, NVwZ-RR 2008, 243, 243 ff.

[73] OVG Berlin-Brandenburg, NVwZ-RR 2007, 681, 682; *Blaue*, Werbung wird Programm, 2011, S. 201; *Grewe*, Mobile TV, 2013, S. 166; *Holzgraefe*, Werbeintegration in Fernsehsendungen und Videospielen, 2010, S. 157; *Jäger*, Trennungs- und Kennzeichnungsgebot, 2017,

geber der Wirklichkeit zuwider Tatsachen fingiert, um lediglich bestimmte Rechtsfolgen einer Norm herbeizuführen.[74] Dies ist allerdings bei näherer Betrachtung des § 2 Abs. 2 Nr. 8 S. 2 RStV nicht der Fall, da im Falle einer Erwähnung gegen Entgelt der Rückschluss auf ein Handeln zu Werbezwecken durchaus naheliegt und die Werbeabsicht somit nicht im eigentlichen Sinne fingiert oder künstlich herbeigeführt wird. Entgeltlichkeit indiziert sogar eine Werbeabsicht.

Somit wird zum Teil die Werbeabsicht als zwingende Folge im Falle einer Entgeltlichkeit o.Ä. zutreffend auf eine unwiderlegbare Vermutung gestützt.[75] Eine vermögenswerte Zuwendung, die keine werbliche Darstellung zur Bedingung hat, würde zunächst jeder ökonomischen Logik widersprechen. Warum sollte ein Autohersteller eine aktive Leistung erbringen, wenn er keine Aussicht darauf hat, dass sein Fahrzeug vom Protagonisten im Laufe eines Films gebraucht wird? Umgekehrt würde dieser Autohersteller auch nicht tätig werden, wenn im Drehbuch bereits festgelegt ist, dass ein Schauspieler nur sein Fahrzeug benutzen wird, weil etwa die Marke zu seinem Image passt. Der Grund für eine Leistungserbringung kann nur in der Honorierung einer bewusst eingefügten Werbebotschaft liegen.[76] Entgeltzahlungen verfolgen stets eine Werbeintention und können allgemein, unabhängig davon, ob sie als vor-/nachträgliche Honorierung für eine konkrete Erwähnung bzw. Darstellung oder als Unterstützung für eine Sendung insgesamt nachweisbar sind, die journalistische oder dramaturgische Entscheidung beeinflussen und die redaktionelle Unabhängigkeit gefährden. Letztlich spricht für die Annahme einer unwiderlegbaren Vermutung der Werbeabsicht im Falle einer vermögenswerten Leistung, dass der Beweis einer Entgeltzahlung in der Praxis ohnehin nur selten gelingt. Die Vermutungswirkung würde praktisch auf Null reduziert werden, wenn zusätzlich ein Nachweis des synallagmatischen Verhältnisses zwischen konkreter Produktpräsentation als Leistung und Vermögensverschiebung als Gegenleistung erfolgen muss. Der Nachweis der Entgeltlichkeit scheitert oftmals schon aufgrund der Tatsache, dass Schleichwerbung überhaupt nicht dokumentiert, unter dem Deckmantel einer legalen Werbebuchung abgegolten wird oder der Zahlungszweck auf eine andere Weise verschleiert wird.

Um Rechtssicherheit zu schaffen und die Durchsetzung des Schleichwerbeverbots nicht zusätzlich zu erschweren, ist im Ergebnis festzuhalten, dass bei einer Erwähnung oder Darstellung in Sendungen gegen Entgelt oder eine ähnliche Gegenleistung, die Werbeabsicht unwiderlegbar vermutet und zwingend unterstellt wird.

S. 130; *Mallick*, Product-Placement in den Massenmedien, 2009, S. 131; *Paschke*, Medienrecht, 2009, § 15 Rn. 814; *Platho*, ZUM 2000, 48.

[74] *Ladeur*, in: Binder/Vesting, Beck'scher Kommentar zum Rundfunkrecht, § 7 Rn. 26.

[75] VG Berlin, NVwZ-RR 2008, 243, 243 ff.; *Bork*, Werbung im Programm, 1988, S. 86; *Dörr*, in: Hartstein/Ring/Kreile/Dörr/Stettner/Cole/Wagner, RStV, Band 1, Teil B 5, § 7 Rn. 48; *Martini*, in: Gersdorf/Paal, Informations- und Medienrecht, RStV, § 2 Rn. 36; *Müller-Rüster*, Product Placement im Fernsehen, 2010, S. 235 f.; *Wieben*, Die Trennung von Werbung und redaktionellem Programm, 2001, S. 172 f.

[76] *Müller-Rüster*, Product Placement im Fernsehen, 2010, S. 234 f.

Der Wortlaut des § 2 Abs. 2 Nr. 8 S. 2 RStV stellt klar, dass es für die Entfaltung der unwiderleglichen Vermutungswirkung nicht darauf ankommt, dass eine Gegenleistung in Form von Geld erbracht wird. Grundsätzlich kann jeder geldwerte Vorteil,[77] der mit einer werbewirksamen Darstellung zusammenhängt, eine Werbeabsicht indizieren und auf einen Verstoß gegen das Schleichwerbeverbot hindeuten. Eine entgeltzahlungsähnliche Gegenleistung i. S. d. § 2 Abs. 2 Nr. 8 S. 2 Alt. 2 RStV kann in der vergünstigten oder kostenlosen Bereitstellung von Waren (z. B. Requisiten,[78] Eintrittskarten zu Veranstaltungen[79]), Dienstleistungen (z. B. Reisen[80]) oder Rechten (z. B. Übertragungsrechte für Produktionen[81]) bestehen. Entscheidend ist stets, dass die Leistung selbst einen geldwerten Vorteil ergibt und in irgendeinem Zusammenhang zur werblichen Präsentation steht. Dies kann durch endgültig überlassene „Geschenke" an Sendungsbeteiligte oder erzielte Einsparungen bei der Produktion erfolgen.

Die in der Praxis wohl häufigste Kooperationsform stellt die kostenlose Bereitstellung von Requisiten und ähnlichen Produktionsmitteln dar, die innerhalb einer Sendung erscheinen.[82] Beispiele hierfür bilden Geld- und Sachpreise[83] oder Ausstattungen von Moderatoren.[84] Ob solche Produktionsförderungen für die Annahme einer Gegenleistung i. S. d. § 2 Abs. 2 Nr. 8 S. 2 Alt. 2 RStV ausreichen und einen Verstoß gegen das Schleichwerbeverbot darstellen können, ist umstritten.

Die herrschende Ansicht[85] verneint im Falle der kostenlosen Bereitstellung von Requisiten und ähnlichen Produktionsmitteln den Gegenleistungscharakter i. S. d. Regelbeispiels. Ein Verstoß gegen das Schleichwerbeverbot wird mit der Argumentation verneint, dass die redaktionelle Unabhängigkeit in solchen Fällen regelmäßig nicht bedroht ist.[86] Die Veranstalter verfügen in der Regel über eine große Auswahl mehrerer gleichartiger und austauschbarer Requisiten, da viele

---

[77] *Müller-Rüster*, Product Placement im Fernsehen, 2010, S. 237.
[78] *Goldbeck*, in: Paschke/Berlit/Meyer, Gesamtes Medienrecht, 2016, Teil 3 Abschn. 26 Rn. 150; *Hahn/Lamprecht-Weißenborn*, in: Schwartmann, Praxishandbuch Medien-, IT- und Urheberrecht, 2017, Kap. 6 Rn. 47; *Schulz*, in: Binder/Vesting, Beck'scher Kommentar zum Rundfunkrecht, § 2 Rn. 119.
[79] *Dörr/Schwartmann*, Medienrecht, 2019, S. 223.
[80] *Dörr/Schwartmann*, Medienrecht, 2019, S. 223.
[81] *Schulz*, in: Binder/Vesting, Beck'scher Kommentar zum Rundfunkrecht, § 2 Rn. 120.
[82] *Gounalakis*, WRP 2005, 1483; Müller-Rüster, Product Placement im Fernsehen, 2010, S. 237.
[83] Ziff. 3 WerbeRL/Fernsehen; Ziff. 9.2 und 9.3 ARD-RL/ZDF-RL.
[84] *Müller-Rüster*, Product Placement im Fernsehen, 2010, S. 236.
[85] *Goldbeck*, in: Paschke/Berlit/Meyer, Gesamtes Medienrecht, 2016, Teil 3 Abschn. 26 Rn. 150; *Gounalakis*, WRP 2005, 1483 f.; *Holznagel*, in: Spindler/Schuster, Recht der elektronischen Medien, 2015, RStV, § 2 Rn. 70; *Ladeur*, in: Binder/Vesting, Beck'scher Kommentar zum Rundfunkrecht, § 7 Rn. 48; *Schulz*, in: Binder/Vesting, Beck'scher Kommentar zum Rundfunkrecht, § 2 Rn. 119.
[86] *Dörr*, in: Hartstein/Ring/Kreile/Dörr/Stettner/Cole/Wagner, RStV, Band 1, Teil B 5, § 7 Rn. 49; *Holznagel*, in: Spindler/Schuster, Recht der elektronischen Medien, 2015, RStV, § 2 Rn. 70.

Hersteller ein Interesse an der Darstellung ihrer Produkte haben. Ein Rundfunkveranstalter könne etwaige Versuche eines Herstellers, Einfluss auf das Programm zu nehmen, dadurch abwehren, dass er ein kostenloses Produkt eines anderen Herstellers wählt.[87]

Diese Ansicht kann allerdings bei kritischer Betrachtung nicht überzeugen. Die durch die kostenlose Bereitstellung von Requisiten oder Produktionsmitteln erzielten Einsparungen können im Einzelfall beträchtliche Summen erreichen und sind daher durchaus geeignet, die Programmentscheidung zu beeinflussen und die redaktionelle Unabhängigkeit zu gefährden. Auch ist die Auswahl verschiedener kostenloser Requisiten bei kleineren Produktionen nicht immer gegeben. Übersteigen die Produktionskosten das finanzielle Budget, können die Produzenten sogar auf die kostenlose Bereitstellung von Requisiten angewiesen sein.[88] Somit hängt die Entscheidungsfreiheit bei der Auswahl der Requisiten stets von den konkreten Machtverhältnissen zwischen den Sendungsbeteiligten und Werbeunternehmen ab, die je nach Einzelfall unterschiedlich gelagert sein können.[89] Jedenfalls ist es unzweifelhaft, dass diese Form der Produktionsförderung ein erhebliches Gefährdungspotential für die redaktionelle Entscheidungsfreiheit darstellt und in hohem Maße zum Missbrauch einlädt.

Im Ergebnis kann die kostenlose Bereitstellung von Requisiten oder Produktionsmitteln nach der hier vertretenen Ansicht eine ähnliche Gegenleistung i. S. d. § 2 Abs. 2 Nr. 8 S. 2 Alt. 2 RStV darstellen, wenn sie einen geldwerten Vorteil ergibt und in irgendeinem Zusammenhang zur werblichen Präsentation steht. Ein Verstoß gegen das Schleichwerbeverbot ist somit möglich.

(2) Sonstige Indizien

Neben der Entgeltzahlung oder Erbringung einer sonstigen Gegenleistung gem. § 2 Abs. 2 Nr. 8 S. 2 RStV kommen für die positive Feststellung der Werbeabsicht noch weitere objektive Indizien, allerdings ohne Vermutungscharakter, in Betracht.

Ein weiteres, aussagekräftiges Indiz ist die Art und Weise der Darstellung.[90] Dazu sind verschiedene Kriterien für die Bewertung entwickelt worden, die im Wesentlichen in das „Ob" und das „Wie" einer Darstellung unterteilt werden können.

---

[87] *Meyer-Harport*, Neue Werbeformen im Fernsehen, 2000, S. 115.
[88] Beispiel: Die Produktion der ZDF-Serie „Traumschiff" (Vgl. hierzu Kapitel 2 dieser Arbeit).
[89] *Müller-Rüster*, Product Placement im Fernsehen, 2010, S. 238.
[90] Ziff. 4 Abs. 2 Nr. 3 WerbeRL/Fernsehen; OVG Lüneburg, ZUM 1999, 347, 351; *Goldbeck*, in: Paschke/Berlit/Meyer, Gesamtes Medienrecht, 2016, Teil 3 Abschn. 26 Rn. 151; *Hahn/Lamprecht-Weißenborn*, in: Schwartmann, Praxishandbuch Medien-, IT- und Urheberrecht, 2017, Kap. 6 Rn. 47; *Jäger*, Trennungs- und Kennzeichnungsgebot, 2017, S. 131; *Müller-Rüster*, Product Placement im Fernsehen, 2010, S. 248 ff.; *Platho*, ZUM 2000, 48; *Schulz*, in: Binder/Vesting, Beck'scher Kommentar zum Rundfunkrecht, § 2 Rn. 122.

Zunächst stellt sich die Frage, ob eine werbliche Darstellung zwingend erforderlich,[91] also unvermeidbar[92] ist („Ob"). Ist die Unvermeidbarkeit generell zu bejahen, ist auf zweiter Ebene die Intensität der Darstellung zu prüfen, die gerechtfertigt[93] sein muss („Wie").

Die zwingende Erforderlichkeit bzw. Unvermeidbarkeit einer werbewirksamen Darstellung liegt vor, wenn die Produktpräsentation aus redaktionellen, journalistischen oder dramaturgischen Gründen notwendig ist.[94] Das Programmkonzept muss die Darstellung im Allgemeinen unerlässlich machen. Im Rahmen von Ratgebersendungen oder Warentests sind z. B. Abbildungen und detaillierte Beschreibungen der getesteten Produkte in der Regel unvermeidbar. Auch in fiktiven Unterhaltungsfilmen kann das Auftauchen von Produkten oder Dienstleistungen zur Schaffung eines realistischen Umfelds zwingend erforderlich sein. Bei der Bewertung der redaktionellen oder dramaturgischen Erforderlichkeit muss stets die umfassende Programmfreiheit (Art. 5 Abs. 1 S. 2 GG) beachtet werden, so dass den Rundfunkveranstaltern meist erhebliche Freiräume verbleiben.[95]

Auf der zweiten Stufe kann die Intensität der Produktpräsentation eine Werbeabsicht begründen und für das Vorliegen von Schleichwerbung sprechen, wenn diese nicht redaktionell, journalistisch oder dramaturgisch gerechtfertigt ist.[96] Als Maßstäbe für die Bestimmung der Intensität können die Dauer und Größe der Produkteinblendung, die Hervorhebung des Werbeobjekts in Dialogen sowie der Bezug zum Handlungsablauf herangezogen werden. Wenn ein Produkt im Großformat oder für eine unangemessen lange Zeit gezeigt wird, ist die Werbeabsicht zu bejahen.[97] Wenn die Vorteile eines Produkts in außergewöhnlich positiver Weise ohne sachlichen Grund besonders hervorgehoben werden, ist die Intensität der Darstellung ebenfalls nicht mehr gerechtfertigt.[98]

So wurde beispielsweise in der „Li-La-Launebär-Entscheidung" des OVG Lüneburg[99] eine durchgängig positive und unkritische Darstellung der *Barbie*-Puppe anlässlich des 30-jährigen Jubiläums der Markteinführung des Spielzeugs in einer Kindersendung, die ohne sachlichen Grund dermaßen in Superlative gesteigert

---

[91] Ziff. 8.3 ARD-RL/ZDF-RL.
[92] OVG Rheinland-Pfalz, ZUM 2009, 507, 512; *Bork*, Werbung im Programm, 1988, S. 55, 84 f.; *Gounalakis*, WRP 2005, 1481; *Greffenius/Fikentscher*, ZUM 1992, 529.
[93] *Goldbeck*, in: Paschke/Berlit/Meyer, Gesamtes Medienrecht, 2016, Teil 3 Abschn. 26 Rn. 151; *Himmelsbach*, GRUR-Prax 2013, 80.
[94] *Castendyk*, in: Wandtke, Medienrecht Praxishandbuch, 2011, Band 3, § 2 Rn. 89.
[95] *Müller-Rüster*, Product Placement im Fernsehen, 2010, S. 253.
[96] OVG Lüneburg, ZUM 1999, 347, 351; OVG Berlin-Brandenburg, NwVZ-RR-2007, 681, 682; OLG Hamburg, AfP 1993, 578, 580; *Engels/Giebel*, ZUM 2000, 278; *Meyer-Harport*, Neue Werbeformen im Fernsehen, 2000, S. 123.
[97] *Goldbeck*, in: Paschke/Berlit/Meyer, Gesamtes Medienrecht, 2016, Teil 3 Abschn. 26 Rn. 151; *Schulz*, in: Binder/Vesting, Beck'scher Kommentar zum Rundfunkrecht, § 2 Rn. 124.
[98] *Schulz*, in: Binder/Vesting, Beck'scher Kommentar zum Rundfunkrecht, § 2 Rn. 125.
[99] OVG Lüneburg, ZUM 1999, 347, 347 ff.

III. Schleichwerbung im RStV

wurde, als Schleichwerbung qualifiziert.[100] Zwar kann ein Programmkonzept in Form einer Sendung, die ausschließlich von *Barbie*-Produkten handelt, nicht auf die bildliche und verbale Präsentation der Puppe verzichten, so dass die Erforderlichkeit („Ob") unproblematisch vorliegt. Die Intensität der Darstellung („Wie") kann allerdings bei solchen übersteigerten Anpreisungen nicht mehr gerechtfertigt werden. Ebenso erschien z. B. die Reportage „Die Heimwerker – Deutsche im Dübelwahn" angreifbar, in der trotz einer vielfältigen Baulandschaft nahezu ausnahmslos ein Baumarkt als verlässlicher Partner präsentiert wurde. Hinzu kam der Umstand, dass dieser Baumarkt mit positiven Attributen wie „Einkaufsparadies für Hobby-Handwerker", „Marktführer" und „Service wird großgeschrieben" lobend herausgestellt wurde.[101] Bei einer ohne konkreten Bezug zum Handlungsverlauf und entgegen dem allgemeinen Sprachgebrauch ausdrücklichen Frage nach einer bestimmten Telefonauskunft in einem Fernsehfilm, wurde von der Aufsicht beispielsweise ebenfalls eine Werbeabsicht angenommen.[102]

Als sonstiges Indiz für eine Werbeabsicht gilt eine vertragliche Vereinbarung, in der sich ein Rundfunkveranstalter dazu verpflichtet, in werbewirksamer Form Markenprodukte im Programm zu zeigen.[103] Der Programmveranstalter kann dabei unmittelbar oder mittelbar, z. B. über eine Tochtergesellschaft oder Agentur, am Vertragsverhältnis mit dem Unternehmen, dessen Produkte beworben werden sollen, beteiligt sein. Dabei gilt die Faustformel: Je detaillierter die Vorgaben für die Art und Weise der werblichen Darstellung sind, desto stärker entfaltet der Werbevertrag eine Indizwirkung.[104] Ohne Indizwirkung sind vertragliche Absprachen, die sich auf die reine Bereitstellung von Produktionsmitteln beschränken, die nicht innerhalb der Sendung erscheinen (z. B. die Überlassung eines LKWs für den Transport der Studiotechnik). Die vertragliche Vereinbarung wurde für die Ermittlung der Schleichwerbung vor allem in dem berühmten Fall „Marienhof" herangezogen.[105]

Von den Gerichten werden die vorgenannten Indizien im Rahmen der Entscheidungsgründe üblicherweise detailliert dargetan und gewürdigt. Die Auflistung ist allerdings nicht als abschließend zu werten, da je nach Einzelfallbetrachtung auch weitere Indizien für die Feststellung der Werbeabsicht in Betracht kommen.

---

[100] OVG Lüneburg, ZUM 1999, 347, 351; *Beater*, Medienrecht, 2016, § 8 Rn. 722.
[101] *Goldbeck*, in: Paschke/Berlit/Meyer, Gesamtes Medienrecht, 2016, Teil 3 Abschn. 26 Rn. 152.
[102] *Schulz*, in: Binder/Vesting, Beck'scher Kommentar zum Rundfunkrecht, § 2 Rn. 125.
[103] OLG Celle, NVwZ-RR 2015, 311; *Bornemann*, in: Gersdorf/Paal, Informations- und Medienrecht, RStV, § 7 Rn. 26; *Goldbeck*, in: Paschke/Berlit/Meyer, Gesamtes Medienrecht, 2016, Teil 3 Abschn. 26 Rn. 153; *Hahn/Lamprecht-Weißenborn*, in: Schwartmann, Praxishandbuch Medien-, IT- und Urheberrecht, 2017, Kap. 6 Rn. 47; *Holznagel*, in: Spindler/Schuster, Recht der elektronischen Medien, 2015, RStV, § 2 Rn. 72; *Sack*, AfP 1991, 707 f.; *Schulz*, in: Binder/Vesting, Beck'scher Kommentar zum Rundfunkrecht, § 2 Rn. 122 f.
[104] *Goldbeck*, in: Paschke/Berlit/Meyer, Gesamtes Medienrecht, 2016, Teil 3 Abschn. 26 Rn. 153; *Gounalakis*, WRP 2005, 1482.
[105] Vgl. hierzu Kapitel 2 dieser Arbeit.

bb) Zurechnung der Werbeabsicht

Ein zweiter Problemkomplex besteht in der Frage, unter welchen Voraussetzungen der Veranstalter mit Werbeabsicht handelt. Dabei spielt die Zurechnung der Werbeabsichten Dritter bei Eigen-, Auftrags- und Fremdproduktionen eine maßgebliche Rolle.

(1) Eigenproduktionen

Grundsätzlich sind alle Rundfunkveranstalter juristische Personen des öffentlichen Rechts oder Privatrechts und als solche denknotwendig absichtslos.[106] Ihnen wird die Werbeabsicht der Produktionsbeteiligten in der Regel nach den allgemeinen zivilrechtlichen Grundsätzen[107] zugerechnet. Dabei kann es sich um feste Angestellte, freie Mitarbeiter, Kameraleute oder Werbeagenturen des Rundfunksenders handeln, die als vertragliche oder gesetzliche Vertreter (z. B. Erfüllungsgehilfen) ein Entgelt erhalten oder aufgrund sonstiger Indizien eine Werbeabsicht aufweisen.

Wenn Fernsehprogramme als Eigenproduktion der Rundfunkveranstalter hergestellt werden, ergeben sich für eine Zurechnung der Werbeabsicht keine besonderen Schwierigkeiten, da die Werbeabsicht der Produktionsbeteiligten als „eigene" gilt und unmittelbar zuzurechnen ist.[108] Da eine Eigenproduktion stets eine bestimmte technische und personelle Infrastruktur des Fernsehveranstalters voraussetzt, kommt diese Produktionsform eher selten vor und ist – wenn überhaupt – nur den großen Sendern möglich.

(2) Auftragsproduktionen

Ein großer Teil des Rundfunk- bzw. Fernsehprogramms besteht aus Produktionen Dritter. Dabei beauftragen die Veranstalter in der Regel Produktionsfirmen, die auf die Herstellung von Fernsehprogrammen spezialisiert sind (Auftragsproduktionen).[109]

Die Werbeabsicht dieser Produktionsfirmen kann dem Rundfunkveranstalter als Adressat des Schleichwerbeverbots zugerechnet werden. Der Veranstalter soll sich seiner Verantwortung nicht durch die bewusste Einschaltung Dritter in die Produktion der Fernsehsendung entziehen, da anderenfalls das Schleichwerbeverbot aus-

---

[106] *Bornemann*, in: Gersdorf/Paal, Informations- und Medienrecht, RStV, § 7 Rn. 26.
[107] *Castendyk*, in: Wandtke, Medienrecht Praxishandbuch, 2011, Band 3, § 2 Rn. 92.
[108] *Dörr*, in: Hartstein/Ring/Kreile/Dörr/Stettner/Cole/Wagner, RStV, Band 1, Teil B 5, § 7 Rn. 49.
[109] *Müller-Rüster*, Product Placement im Fernsehen, 2010, S. 241.

gehöhlt und mühelos umgangen werden könnte.[110] Bei Auftragsproduktionen hat der Fernsehveranstalter zwar keinen unmittelbaren Einfluss auf den Entstehungsprozess der Sendung, da diese nicht durch das eigene Personal hergestellt wird.[111] Er hat allerdings genügend Einfluss auf das produzierte Ergebnis und kann sich die Einhaltung der gesetzlichen Werbevorschriften vertraglich zusichern lassen.[112]

Dem Sender obliegt somit die Pflicht, etwa durch die Aufnahme einer Sicherungsklausel im Vertrag und Kontrolle der Sendung, den Einsatz von Schleichwerbung zu unterbinden. Baut der Auftragsproduzent Schleichwerbung in seine Produktion ein, so wird dessen Werbeabsicht dem Veranstalter aufgrund seines Organisations- und Überwachungsverschuldens[113] zugerechnet.

(3) Fremdproduktionen

Bei Fremdproduktionen sieht die Situation dagegen anders aus, da der Rundfunkveranstalter eine fertige Sendung kauft,[114] diese lediglich ausstrahlt[115] und keinerlei Einfluss auf die Herstellung hat.[116] An der Zurechenbarkeit etwaiger Werbeabsichten der Produktionsfirmen bestehen daher Zweifel.

Verschärft wird diese Problematik dadurch, dass die in amerikanischen Produktionen enthaltenen „Product Placements" vielfach im Einklang mit der Rechtsordnung der USA stehen und daher in sehr großem Umfang zum Einsatz kommen. In Deutschland sind diese Platzierungsmethoden oftmals rechtlich als verbotene Schleichwerbung zu beurteilen und somit bleibt dem Veranstalter letztlich nur die Möglichkeit, auf eine Ausstrahlung der Fremdproduktionen zu verzichten,[117] um ein rechtskonformes Rundfunkprogramm zu gewährleisten. Das Zuschauerinteresse an Hollywood-Spielfilmen ist in der Regel allerdings besonders groß. Somit stellt sich die Frage, wie streng die Auslegung des Schleichwerbeverbots im Falle einer Ausstrahlung von Fremdproduktionen zu erfolgen hat.

---

[110] *Dörr*, in: Hartstein/Ring/Kreile/Dörr/Stettner/Cole/Wagner, RStV, Band 1, Teil B 5, § 7 Rn. 50; *Goldbeck*, in: Paschke/Berlit/Meyer, Gesamtes Medienrecht, 2016, Teil 3 Abschn. 26 Rn. 162; *Jäger*, Trennungs- und Kennzeichnungsgebot, 2017, S. 133.
[111] *Müller-Rüster*, Product Placement im Fernsehen, 2010, S. 241.
[112] *Dörr*, in: Hartstein/Ring/Kreile/Dörr/Stettner/Cole/Wagner, RStV, Band 1, Teil B 5, § 7 Rn. 50; *Goldbeck*, in: Paschke/Berlit/Meyer, Gesamtes Medienrecht, 2016, Teil 3 Abschn. 26 Rn. 162; *Jäger*, Trennungs- und Kennzeichnungsgebot, 2017, S. 133; *Müller-Rüster*, Product Placement im Fernsehen, 2010, S. 241; *Sack*, ZUM 1987, 116.
[113] *Castendyk*, in: Wandtke, Medienrecht Praxishandbuch, 2011, Band 3, § 2 Rn. 92.
[114] *Bornemann*, in: Gersdorf/Paal, Informations- und Medienrecht, RStV, § 7 Rn. 26a.
[115] *Müller-Rüster*, Product Placement im Fernsehen, 2010, S. 241.
[116] *Goldbeck*, in: Paschke/Berlit/Meyer, Gesamtes Medienrecht, 2016, Teil 3 Abschn. 26 Rn. 163; *Jäger*, Trennungs- und Kennzeichnungsgebot, 2017, S. 133; *Müller-Rüster*, Product Placement im Fernsehen, 2010, S. 242.
[117] *Bornemann*, in: Gersdorf/Paal, Informations- und Medienrecht, RStV, § 7 Rn. 26a; *Castendyk*, in: Wandtke, Medienrecht Praxishandbuch, 2011, Band 3, § 2 Rn. 92.

Eine Ansicht lehnt die Einschränkung der Verantwortlichkeit und Zurechenbarkeit der Werbeabsicht generell ab, da eine Irreführung der Verbraucher durch Fremdproduktionen gleichermaßen erfolgen könne wie bei Eigen- oder Auftragsproduktionen.[118] Eine Lockerung der Verantwortlichkeit sehe der Rundfunkstaatsvertrag bei Fremdproduktionen außerdem nicht vor.[119] Die Werbeabsicht des Fremdproduzenten mache sich der Veranstalter deshalb zu Eigen, da er selbst wirtschaftliche Interessen mit der Ausstrahlung verfolgt.[120]

Eine zweite Ansicht befürwortet eine Einschränkung der Verantwortung und Zurechnung der Werbeabsicht Dritter im Bereich von Fremdproduktionen, da die Gefährdung der redaktionellen Unabhängigkeit deutlich geringer sei als bei Produktionen, auf deren Herstellung der Rundfunkveranstalter selbst Einfluss ausübt.[121] Darüber hinaus ergebe die nach der vom BGH[122] im Fall „Wer erschoss Boro?" geforderte Abwägung des Irreführungsverbots (Quantität der integrierten Werbung) und der Programmauftrag (Zuschauerinteresse an der Ausstrahlung des Programms) in den meisten Fällen eine Vereinbarkeit von Produktplatzierungen in Fremdproduktionen.[123] Neben dem aus der Rundfunkfreiheit abgeleiteten Programmauftrag bzw. Zuschauerinteresse sei bei Filmwerken ebenfalls die Kunstfreiheit (Art. 5 Abs. 3 S. 1 GG) zu berücksichtigen,[124] die in der Regel eine technische Bearbeitung für die Ausstrahlung im Fernsehen ausschließe.

Nach der hier vertretenen Ansicht ist im Ergebnis festzuhalten, dass dem Rundfunkveranstalter die Werbeabsicht von Fremdproduzenten nicht zugerechnet werden kann, weil er keinerlei Einfluss auf die Inhalte der Sendung hat und diese in völliger Unabhängigkeit produziert werden. Die eigene Werbeabsicht des Veranstalters liegt allerdings dann vor, wenn er für die Ausstrahlung der Sendung mit Werbung Entgeltzahlungen, Preisnachlässe oder sonstige vermögenswerte Vorteile von Fremdproduzenten erhält (§ 2 Abs. 2 Nr. 8 S. 2 RStV).[125]

---

[118] *Meyer-Harport*, Neue Werbeformen im Fernsehen, 2000, S. 118f.
[119] *Meyer-Harport*, Neue Werbeformen im Fernsehen, 2000, S. 119.
[120] *Blaue*, Werbung wird Programm, 2011, S. 201.
[121] *Gounalakis*, WRP 2005, 1479; *Schultze*, Product Placement im Spielfilm, 2001, S. 90.
[122] BGH, NJW 1990, 3199ff.
[123] *Castendyk*, in: Wandtke, Medienrecht Praxishandbuch, 2011, Band 3, § 2 Rn. 92; *Müller-Rüster*, Product Placement im Fernsehen, 2010, S. 243.
[124] BGH, GRUR 1995, 744, 747.
[125] *Hahn/Lamprecht-Weißenborn*, in: Schwartmann, Praxishandbuch Medien-, IT- und Urheberrecht, 2017, Kap. 6 Rn. 45; *Holznagel*, in: Spindler/Schuster, Recht der elektronischen Medien, 2015, RStV, § 2 Rn. 73; *Schulz*, in: Binder/Vesting, Beck'scher Kommentar zum Rundfunkrecht, § 2 Rn. 118.

d) Irreführungspotential

Eine mit Werbeabsicht erfolgte Produktpräsentation im redaktionellen Programm wird nur dann zur Schleichwerbung, wenn sie die Allgemeinheit, d. h. einen nicht unerheblichen Teil der angesprochenen Verkehrskreise,[126] irreführen kann.

Das Irreführungspotential ist ein charakteristisches Merkmal der Schleichwerbung, da es die Sonderwerbeform von der „normalen" Rundfunkwerbung abgrenzt. Entgegen vereinzelter Stimmen in der Literatur[127] handelt es sich bei der Irreführungsgefahr i. S. d. § 2 Abs. 2 Nr. 8 S. 1 RStV somit zweifellos um ein eigenständiges Tatbestandsmerkmal[128] und nicht um ein Gesetzgebungsmotiv, das in die Tatbestandsformulierung „gerutscht" ist.

Einigkeit besteht darüber, dass es auf die abstrakte Möglichkeit und nicht den tatsächlichen Erfolg der Irreführung ankommt.[129] Das Irreführungspotential muss konkret im Hinblick auf den Werbezweck der Erwähnung oder Darstellung gegeben sein. Dabei ist ein objektiver Maßstab[130] zugrunde zu legen, der sich an dem Sinn und Zweck des Trennungsgebots orientiert und im Wesentlichen nach der Erkennbarkeit der Werbung fragt. Ist die Werbung für einen durchschnittlich informierten und aufmerksamen, aber nicht hochkonzentrierten Rezipienten[131] nicht als solche klar erkennbar, besteht somit grundsätzlich ein Irreführungspotential. Dies ist, der Rechtsprechung[132] und Literatur[133] folgend, bei der redaktionell getarnten Werbung der Fall.

Aus diesen allgemeinen Erwägungen ergeben sich jedoch im Einzelfall große Schwierigkeiten bei der Bestimmung der Nicht-Erkennbarkeit der Werbung bzw. des Irreführungspotentials hinsichtlich des Werbezwecks. Wann konkret eine Gefahr der Irreführung vorliegt und wie die Auslegung des Merkmals „Irreführungspotential" zu erfolgen hat, wird in der Literatur und Rechtsprechung oftmals gar nicht diskutiert oder sie wird unterschiedlich beurteilt.

---

[126] *Frank*, in: Harte-Bavendamm/Henning-Bodewig, UWG, 2016, § 4 UWG Rn. 22; *Meyer-Harport*, Neue Werbeformen im Fernsehen, 2000, S. 113; *Schulz*, in: Binder/Vesting, Beck'scher Kommentar zum Rundfunkrecht, § 2 Rn. 132.
[127] *Bornemann*, in: Gersdorf/Paal, Informations- und Medienrecht, RStV, § 7 Rn. 27.
[128] OVG Berlin-Brandenburg, NVwZ-RR 2007, 681, 683; *Castendyk*, in: Wandtke, Medienrecht Praxishandbuch, 2011, Band 3, § 2 Rn. 93; *Goldbeck*, in: Paschke/Berlit/Meyer, Gesamtes Medienrecht, 2016, Teil 3 Abschn. 26 Rn. 156.
[129] *Goldbeck*, in: Paschke/Berlit/Meyer, Gesamtes Medienrecht, 2016, Teil 3 Abschn. 26 Rn. 158; *Jäger*, Trennungs- und Kennzeichnungsgebot, 2017, S. 136.
[130] *Müller-Rüster*, Product Placement im Fernsehen, 2010, S. 257.
[131] BVerwG, ZUM 2016, 194, 195.
[132] BVerwG, MMR 2016, 698, 701; OVG Rheinland-Pfalz, ZUM 2009, 507, 512.
[133] *Bornemann*, in: Gersdorf/Paal, Informations- und Medienrecht, RStV, § 7 Rn. 27; *Holznagel*, in: Spindler/Schuster, Recht der elektronischen Medien, 2015, RStV, § 2 Rn. 74; *Ladeur*, in: Binder/Vesting, Beck'scher Kommentar zum Rundfunkrecht, § 7 Rn. 47; *Platho*, MMR 2008, 585.

aa) Grundkonsens

Im Wesentlichen herrscht zunächst Einigkeit darüber, dass die Grundlage für die Eignung zur Irreführung in der Verwischung der Grenzen zwischen Werbung und Programm besteht.[134] Eine Täuschung des Rezipienten liegt somit bereits dann nahe, wenn ein Veranstalter mit Werbeabsicht Waren oder Dienstleistungen in einen redaktionellen Programmbeitrag implementiert.[135]

bb) Einschränkende Auslegung

Ausgehend von diesem Grundsatz wird zum Teil versucht, die Art und Weise der Präsentation für das Vorliegen von Schleichwerbung zu konkretisieren. Vor allem geht es um die Frage, worin das maßgebliche Tun oder Unterlassen besteht und wann ein Irreführungspotential entfällt.

Eine Auffassung[136] verlangt konkret ein Element des Schleichens für die Annahme einer Irreführungsgefahr und schließt die offensichtliche, „nicht-schleichende" Werbung vom Tatbestandsmerkmal aus. Wenn Markenpräsentationen „derart dick aufgetragen werden",[137] dass der Werbecharakter vom Durchschnittrezipienten kaum zu übersehen ist, dann ist eine Täuschung der Allgemeinheit über den Werbezweck nicht mehr möglich. Bei einer besonders auffälligen und übertriebenen Erwähnung oder Darstellung von Produkten drängt sich der beabsichtigte Werbeeffekt geradezu auf[138] und eine Irreführungsgefahr ist daher abzulehnen. Bei offensichtlichen Werbeplatzierungen wird auch kein Rezipient ernsthaft behaupten, dass der werbliche Charakter einer Information verschleiert wird.[139] Diese Art der einschränkenden Auslegung des Tatbestandsmerkmals kann durch die Entscheidung des VG Berlin[140] zur Ausstrahlung des Films „Feuer, Eis & Dynamit" im Fernsehen bekräftigt werden. Nach Überzeugung des Gerichts fehlte es bei dem Spielfilm unter dem Aspekt der Schleichwerbung an dem entscheidenden Element der Irreführung, da die Produkt- und Markenplatzierungen „evident und nicht in

---

[134] OVG Rheinland-Pfalz, ZUM 2009, 507; VG Berlin, ZUM-RD 2009, 292, 300; *Blaue*, Werbung wird Programm, 2011, S. 202; *Ladeur*, in: Binder/Vesting, Beck'scher Kommentar zum Rundfunkrecht, § 7 Rn. 47.

[135] *Holznagel*, in: Spindler/Schuster, Recht der elektronischen Medien, 2015, RStV, § 2 Rn. 74.

[136] VG Berlin, MMR 1999, 177, 179; VG Berlin, MMR 1999, 619, 623; *Blaue*, Werbung wird Programm, 2011, S. 278 ff.; *Castendyk*, in: Wandtke, Medienrecht Praxishandbuch, 2011, Band 3, § 2 Rn. 93; *Goldbeck*, in: Paschke/Berlit/Meyer, Gesamtes Medienrecht, 2016, Teil 3 Abschn. 26 Rn. 158; *Hain*, K&R 2008, 665; *Hartel*, ZUM 1999, 750 f.; *Johansson*, Product Placement in Film und Fernsehen, 2001, S. 62.

[137] *Goldbeck*, in: Paschke/Berlit/Meyer, Gesamtes Medienrecht, 2016, Teil 3 Abschn. 26 Rn. 158.

[138] *Johansson*, Product Placement in Film und Fernsehen, 2001, S. 64 f.

[139] *Blaue*, Werbung wird Programm, 2011, S. 278.

[140] VG Berlin, ZUM 1999, 742 ff.

schleichender Weise irreführend" waren.[141] Darüber hinaus kann die Systematik des Schleichwerbeverbots für eine solche Auslegung herangezogen werden, da dadurch ein eigenständiger Anwendungsbereich und eine Abgrenzung zum allgemeinen Trennungsgebot und zur unzulässigen Produktplatzierung (§ 2 Abs. 2 Nr. 11 RStV) ausreichend gewährleistet wäre.[142] Letztlich erwartet man nach dem allgemeinen Verständnis der Begrifflichkeit „Schleichwerbung" eine Werbung, die sich anschleicht und eben keine offensichtliche Werbung.

Die Gegenauffassung betont in diesem Zusammenhang, dass auch besonders auffällig und offensichtlich mit Werbewillen in das Programm eingebundene Programmdarstellungen eine Irreführungsgefahr begründen können, da der gutgläubige Fernsehzuschauer überhaupt nicht mit Werbung im Programm rechnet.[143] Darüber hinaus würde das Schleichwerbeverbot praktisch leerlaufen, da man durch außerordentlich dreiste und offensichtliche Werbung die Verbotsnorm jederzeit umgehen könnte.[144] Eine Studie zum Thema „Trennung von Werbung und Programm im Fernsehen" der Landesmedienanstalt Hamburg/Schleswig-Holstein belegt zudem, dass sogar sehr plakative Product Placements von ca. 20 % der Zuschauer nicht als solche erkannt werden können.[145] Die Rechtsprechung des OVG Rheinland-Pfalz[146] nahm im Hinblick auf die Sendung „Jetzt geht's um die Eier! Die große Promi-Oster-Show", in der besonders auffällig und häufig ein acht Meter großer Goldhase der Firma *Lindt*[147] eingeblendet wurde, ebenfalls eine Irreführung i. S. d. Schleichwerbung ohne eines „schleichenden" Elements an, da die Grenze zwischen Werbung und Programm verwischt wurde.[148]

Eine zweite Ansicht[149] knüpft das Vorliegen von Schleichwerbung im Wesentlichen an ein Unterlassen eines Hinweises und lässt das Irreführungspotential im Falle einer Kennzeichnung der programmintegrierten Werbung entfallen. Wenn eine eindeutige Kennzeichnung erfolgt, besteht kein Raum für einen Irrtum mehr, da der wahre Zweck der Ausstrahlung dem Rezipienten bekanntgegeben wird. Die unmittelbare Verbindung zwischen einer fehlenden Kennzeichnung und Irreführungsgefahr wird vor allem auf den ausdrücklichen Wortlaut des § 2 Abs. 2 Nr. 8 S. 1 RStV („mangels Kennzeichnung die Allgemeinheit [...] irreführen kann")

---

[141] VG Berlin, ZUM 1999, 742, 748.
[142] *Castendyk*, in: Wandtke, Medienrecht Praxishandbuch, 2011, Band 3, § 2 Rn. 93.
[143] *Müller-Rüster*, Product Placement im Fernsehen, 2010, S. 257 ff.
[144] OVG Rheinland-Pfalz, ZUM 2009, 507, 512; *Platho*, MMR 2008, 585.
[145] Landesmedienanstalt Hamburg/Schleswig-Holstein, Studie: „Trennung von Werbung und Programm im Fernsehen – Zuschauerwahrnehmung und Regulierungsoptionen" von 2009, S. 177.
[146] OVG Rheinland-Pfalz, ZUM 2009, 507 ff.
[147] Das Unternehmen *Lindt* zahlte für diese Art der Präsentation insgesamt 85.000 EUR.
[148] OVG Rheinland-Pfalz, ZUM 2009, 507, 508.
[149] *Goldbeck*, in: Paschke/Berlit/Meyer, Gesamtes Medienrecht, 2016, Teil 3 Abschn. 26 Rn. 157; *Hahn/Lamprecht-Weißenborn*, in: Schwartmann, Praxishandbuch Medien-, IT- und Urheberrecht, 2017, Kap. 6 Rn. 45; *Jäger*, Trennungs- und Kennzeichnungsgebot, 2017, S. 136 f.; *Martini*, in: Gersdorf/Paal, Informations- und Medienrecht, RStV, § 2 Rn. 34.

gestützt.[150] Auch die Systematik der Werbevorschriften, die Produktplatzierungen im Wesentlichen dann zulässt, wenn eine Kennzeichnung erfolgt, spricht für einen Irreführungsausschluss der Allgemeinheit (§ 2 Abs. 2 Nr. 11 RStV).[151] Wird Werbung ohne einen aufklärenden Hinweis zum Gegenstand des Programms, wird der Zuschauer über die Motivation der Ausstrahlung getäuscht, da er ansonsten von einer Werbefreiheit des Programms ausgeht.[152] Ein Irreführungspotential ist somit gegeben, wenn eine Kennzeichnung der Werbung im Programm, dessen Anforderungen sich im Wesentlichen aus den Grundsätzen des Trennungsgebots nach § 7 Abs. 3 RStV ergeben,[153] unterbleibt.

Die Gegenauffassung macht dagegen deutlich, dass nicht allein die Kennzeichnung ein Irreführungspotential determinieren kann.[154] In der normenhierarchisch höherrangigen europäischen Richtliniendefinition der Schleichwerbung ist von einer Irreführung „mangels Kennzeichnung" (Art. 1 Abs. 1 lit. j) AVMD-RL) auch nicht die Rede.

cc) Stellungnahme und Fazit

Zunächst kann festgestellt werden, dass die Schleichwerbung eine programmintegrierte Werbeform darstellt und daher ohnehin bereits von Natur aus ein Element der Nicht-Erkennbarkeit aufweist. Allerdings kann auch nicht jede Erwähnung oder Darstellung von Werbeobjekten im Programm zwangsläufig eine Gefahr der Irreführung für die Allgemeinheit begründen. Das Vorliegen eines Irreführungspotentials muss stets unter Berücksichtigung der Umstände des Einzelfalls geprüft werden. Von einem Leitbild auszugehen, in dem der durchschnittlich aufmerksame Rezipient von einem normativen Idealzustand ausgeht und überhaupt nicht mit Werbung im Programm rechnet, erscheint bei Betrachtung der heutigen Medienlandschaft dabei allerdings nicht mehr zeitgemäß. Der nicht komplett lebensfremde Fernsehzuschauer weiß und hat sich mittlerweile daran gewöhnt, dass Werbung nicht nur in den Werbeinseln, sondern auch im Programm stattfindet.[155] Dieses Leitbild gilt es, im Rahmen der Bestimmung des Irreführungspotentials und damit der Schleichwerbung zugrunde zu legen.

Schleichwerbung ist nach der hier vertretenen Ansicht zum einen dann nicht gegeben, wenn sich der Werbeeffekt dem Zuschauer ohne Weiteres angesichts der auffälligen Art und Weise der Darstellung im Programm (z. B. häufige Erwähnung

---

[150] *Goldbeck*, in: Paschke/Berlit/Meyer, Gesamtes Medienrecht, 2016, Teil 3 Abschn. 26 Rn. 157; *Jäger*, Trennungs- und Kennzeichnungsgebot, 2017, S. 136.
[151] *Goldbeck*, in: Paschke/Berlit/Meyer, Gesamtes Medienrecht, 2016, Teil 3 Abschn. 26 Rn. 157; *Martini*, in: Gersdorf/Paal, Informations- und Medienrecht, RStV, § 2 Rn. 34.
[152] *Martini*, in: Gersdorf/Paal, Informations- und Medienrecht, RStV, § 2 Rn. 34.
[153] *Jäger*, Trennungs- und Kennzeichnungsgebot, 2017, S. 137.
[154] *Blaue*, Werbung wird Programm, 2011, S. 285 ff.; *Platho*, MMR 2008, 586.
[155] *Blaue*, Werbung wird Programm, 2011, S. 280.

oder Close-Ups) aufdrängt. In solchen, jedoch eher selten vorkommenden Fällen ist der Werbecharakter einer Information klar, offen sowie unmissverständlich erkennbar und eine Täuschung über den eigentlichen Werbezweck von vornherein ausgeschlossen.

Schleichwerbung liegt zum anderen dann nicht vor, wenn durch eine eindeutige Kennzeichnung die Allgemeinheit darüber informiert wird, dass das Programm werbende Elemente enthält. Der Hinweis muss in jedem Fall so gestaltet sein, dass eine Täuschung über den Werbezweck ausgeschlossen ist. Dabei kann hinsichtlich der Wortwahl und des Zeitpunkts der Kennzeichnung auf den Abschnitt zum Trennungsgebot im Rundfunk verwiesen werden.

Es bedarf somit mangels Offensichtlichkeit oder Kennzeichnung in jedem Fall eines „schleichenden" Elements für die Begründung eines Irreführungspotentials i. S. d. § 2 Abs. 2 Nr. 8 S. 1 RStV. In der Regel drängt sich der Werbecharakter einer Botschaft angesichts der engen Verknüpfung mit dem redaktionellen Programm allerdings nicht von vornherein auf, so dass es auf einen Hinweis des Fernsehveranstalters ankommt. Ein Irreführungspotential für die Allgemeinheit ist somit dann anzunehmen, wenn Werbegüter beiläufig in das redaktionelle Programm integriert und nicht durch eine eindeutige Kennzeichnung erkennbar gemacht werden.

2. Schleichwerbung in Telemedien

Der Rundfunkstaatsvertrag verbietet die Schleichwerbung nicht ausdrücklich in allen Telemedien. Für sonstige, nicht fernsehähnliche Telemedien gelten lediglich die Werbegrundsätze des § 58 Abs. 1 RStV, die das Trennungsgebot und Verbot unterschwelliger Techniken statuieren. Ein Verweis auf das rundfunkrechtliche Regelungsregime des § 7 RStV, in dem das Verbot von Schleichwerbung ausdrücklich normiert ist, befindet sich in dieser Vorschrift nicht. Dies ist insoweit verständlich, als der Gesetzgeber allgemein ein niedrigeres Schutzniveau für Telemedien intendiert, da diese mangels „Breitenwirkung, Aktualität und Suggestivkraft" eine geringere Rolle für den demokratischen Meinungsbildungsprozess spielen. Die Ausdehnung bestimmter Inhaltsverbote des § 7 RStV über den Rundfunk hinaus wäre zudem angesichts der „erheblichen Gefahr für eine freiheitliche Medienverfassung" problematisch.[156] Letztlich kann festgestellt werden, dass einige Begrifflichkeiten des § 7 RStV, wie z.B. „Dauerwerbesendung", auch nicht für den nicht-audiovisuellen Internetbereich passen.

Dies bedeutet nicht, dass die Schleichwerbung in einfachen Telemedien generell erlaubt ist. Verbotsnormen für Schleichwerbung in Text- oder Fotobeiträgen im Internet ergeben sich vor allem aus dem UWG und TMG. Da sich diese Arbeit

---

[156] *Fiedler*, in: Gersdorf/Paal, Informations- und Medienrecht, RStV, § 58 Rn. 37; *Gerecke*, GRUR 2018, 155.

allerdings nur auf den RStV konzentriert und die technischen Gestaltungsmöglichkeiten der getarnten Werbung im Internet grenzenlos sind, wird die Schleichwerbung in Telemedien allgemein an dieser Stelle nicht weiter behandelt.

3. Schleichwerbung in fernsehähnlichen Telemedien (§§ 58 Abs. 3, 7 Abs. 7, 2 Abs. 2 Nr. 8 RStV)

Für fernsehähnliche Telemedien verweist § 58 Abs. 3 S. 1 RStV auf § 7 Abs. 7 S. 1 Alt. 1 RStV, der Schleichwerbung, dessen Voraussetzungen sich aus § 2 Abs. 2 Nr. 8 S. 1 RStV ergeben, ausnahmslos verbietet. Das Schleichwerbeverbot im RStV gilt damit sowohl für den Rundfunk als auch für „rundfunkähnliche" Telemedien. In den Ausführungen zum allgemeinen Trennungsgebot wurde bereits festgestellt, dass es sich bei den audiovisuellen Mediendiensten auf Abruf typischerweise um Video-on-Demand-Angebote (z. B. *Netflix*, *Amazon Prime Video*, *ARD Mediathek*, *ZDFMediathek*, *YouTube*-Kanäle) oder sonstige redaktionell gestaltete Videoansammlungen im Internet handelt.

Das Verbot von Schleichwerbung im RStV ist derzeit vor allem im Bereich des sozialen Netzwerks *YouTube* von Bedeutung, da es die „wichtigste Online-Video-Plattform unserer Zeit"[157] darstellt: Nicht nur Influencer mit Beauty- und Lifestyletipps, sondern auch Politiker mit Wahlwerbung und Privatpersonen mit persönlichen Erfahrungen sind dort aktiv. Einer aktuellen Studie zufolge werden mindestens 400 Stunden Videomaterial *pro Minute* auf der Plattform hochgeladen.[158] Insbesondere sehen sich Influencer aktuell zunehmend mit der Beschuldigung konfrontiert, Schleichwerbung zu betreiben. Auch wenn sich die gerichtlichen Entscheidungen zur Schleichwerbung in sozialen Netzwerken, die vom Verband Sozialer Wettbewerb erstritten worden sind, bisher fast ausschließlich auf das Wettbewerbsrecht stützen,[159] betrachtet das Medienrecht dieses Problem derzeit etwas nachgiebiger.

Die gesetzliche Definition der Schleichwerbung in § 2 Abs. 2 Nr. 8 S. 1 RStV ist auch für fernsehähnliche Telemedien als Ausgangspunkt für die Ermittlung des Rechtsbegriffs heranzuziehen. Zwar zielt der Begriff klassischerweise auf den Rundfunk und nicht auf Telemedien ab, was schon aus den Wörtern „Sendung" und „Veranstalter" deutlich wird.[160] Durch eine leichte Anpassung kann allerdings (ähnlich wie beim Werbebegriff) ein eigenständiger Schleichwerbebegriff für den fernsehähnlichen Telemedienbereich geschaffen werden. Die Kernelemente

---

[157] *Meyer*, in: Haarkötter/Wergen, Das Youtubiversum – Chancen und Disruption der Onlinevideo-Plattform in Theorie und Praxis, 2019, S. 132.

[158] Statista, Studie: Durchschnittlicher Upload von Videomaterial bei YouTube pro Minute in ausgewählten Monaten von Mai 2008 bis Juli 2015 (in Stunden) vom 01.07.2015.

[159] Beispiele: OLG Celle, MMR 2017, 769 ff.; LG Hagen, GRUR-RR 2017, 510, 510 f.; KG, MMR 2018, 98 ff.; LG Berlin, MMR 2018, 543 ff.

[160] *Gerecke*, GRUR 2018, 153, 157.

in Form einer Integrationshandlung, eines Werbeobjekts, einer Werbeabsicht und eines Irreführungspotentials bleiben dabei, einschließlich der dazugehörigen rundfunkspezifischen Konkretisierungen, im Wesentlichen bestehen.

Die „Erwähnung oder Darstellung" eines Werbeobjekts erfolgt nicht in „Sendungen" des Fernsehkanals, sondern in Videos des Internetportals. Blogger oder Influencer müssen sich dabei nicht unmittelbar werbend äußern, sondern können werbewirksam Produkte oder Markennamen lediglich in einem Video platzieren.[161]

a) Werbeabsicht

Des Weiteren muss das Merkmal der subjektiven Werbeabsicht des „Veranstalters" näher untersucht und erörtert werden. Für die positive Feststellung der Werbeabsicht gilt es zunächst, die gleichen objektiven Indizien wie beim Rundfunk heranzuziehen. Die Zahlung eines Entgelts oder die Gewährung einer ähnlichen Gegenleistung stellt für den Werbzweck somit erneut ein unwiderlegbares Indiz, aber auch keine unabdingbare Voraussetzung dar (§ 2 Abs. 2 Nr. 8 S. 2 RStV).

Die Art und Weise der werblichen Darstellung, die nicht aus redaktionellen, journalistischen oder dramaturgischen Gründen notwendig oder gerechtfertigt ist, kann ebenfalls auf eine Werbeabsicht hindeuten. Dies ist z. B. dann der Fall, wenn Werbeobjekte oft und ohne Bezug zum Handlungsablauf ins Bild geraten. Auch bei übermäßig positiven Anpreisungen, die keine sachlichen Informationen mehr darstellen, kann eine Werbeabsicht vorliegen.[162]

Der Nachweis von Werbeverträgen als Indiz ist bei fernsehähnlichen Telemedien in der Praxis oftmals schwierig, da eine schriftliche Ausformulierung der Vereinbarungen zwischen Unternehmen, Agenturen und Influencern meist nicht für erforderlich oder angebracht gehalten wird.[163] Die Vertragspartner wollen die Influencer scheinbar nicht unbedingt in die „seriöse Unternehmenswelt" ziehen und somit kommt diesem Beweismittel praktisch nur eine sehr geringe Bedeutung zu.

Als nächstes muss der Adressat des Schleichwerbeverbots geklärt bzw. modifiziert werden, da dem Wortlaut des § 2 Abs. 2 Nr. 8 S. 1 RStV zufolge die Werbeabsicht beim Veranstalter vorliegen muss. Nur die seitens der Fernsehveranstalter betriebene Schleichwerbung von der Verbotsnorm zu erfassen, erscheint nach dem Sinn und Zweck des Verweises in § 58 Abs. 3 S. 1 RStV, der eine gewisse Gleichstellung des Internets mit dem traditionellen Rundfunk zum Gegenstand hat, kaum sachgerecht.

Als „Veranstalter" gilt im Bereich der fernsehähnlichen Telemedien grundsätzlich derjenige, der das Video kreiert bzw. produziert und im Anschluss verbreitet.

---

[161] *Suwelack*, MMR 2017, 663.
[162] *Gerecke*, GRUR 2018, 153.
[163] *Peifer*, GRUR 2018, 1219.

Bei klassischen Video-on-Demand-Angeboten, die Eigen- und/oder Auftragsproduktionen zur Verfügung stellen, ist der Portalbetreiber als Veranstalter anzusehen, der – ggf. im Wege einer Zurechnung – eine Werbeabsicht aufweisen muss. Im Falle von Fremdproduktionen kann der Portalbetreiber mangels Einflussmöglichkeit grundsätzlich keine Werbeabsicht haben, außer wenn er eigene vermögenswerte Vorteile gerade für die Verbreitung der schleichwerbebehafteten Videos erhält. Für Internetangebote, wie *Netflix*, *Amazon Prime Video* oder Mediatheken der Rundfunkveranstalter, kommen somit im Wesentlichen die gleichen Grundsätze wie im Fernsehbereich zur Anwendung. Auch sind allgemeine Informationsportale, die eigene Videosammlungen enthalten und ganz oder teilweise ein fernsehähnliches Telemedium darstellen, nach den gleichen Maßstäben zu beurteilen.

Anders verhält es sich lediglich im Bereich der sozialen Netzwerke, die zumindest in Teilbereichen als Hauptzweck fernsehähnliche Abrufvideos bereitstellen. Auf *YouTube*, *Instagram* oder *Facebook* produzieren die Social Media-Nutzer fast ausschließlich selbst ihre Videos und erhalten für die Verbreitung einer werbewirksamen Produktpräsentation oftmals ein Entgelt oder sonstige Vorteile. Die Portalbetreiber bieten nur die Plattform als Mittel zur Verbreitung an und sind an der Auswahl und Gestaltung der Videoinhalte (außer in Grenzfällen) überhaupt nicht beteiligt. Die Betreiber von sozialen Netzwerken haben darüber hinaus wohl kaum ein Interesse an der Verbreitung von Werbevideos, da sie dafür weder unmittelbar ein Entgelt noch sonstige vermögenswerte Vorteile erhalten. Somit ist der Veranstalter i. S. d. Schleichwerbung in solchen User Generated Content-Portalen die kommerziell agierende natürliche oder juristische Person, die das streitgegenständliche Video produziert und etwa auf seinem *YouTube*-Kanal hochlädt. Im Bereich des Influencer-Marketings handelt es sich meist um die Blogger oder Influencer selbst, die eine Werbeabsicht aufweisen müssen.[164]

b) Irreführungspotential

Schließlich ist das Irreführungspotential für die Allgemeinheit im Hinblick auf den Werbezweck der Erwähnung oder Darstellung bei fernsehähnlichen Telemedien zu klären. Im Grundsatz bleibt zunächst die maßgebliche Kernfrage nach der objektiven Erkennbarkeit des Werbecharakters bestehen, die im Falle einer Ablehnung zu einer Bejahung der Irreführungsgefahr führt.

Allerdings erscheint es sachgerecht, im Internet ein gegenüber dem Rundfunk abgewandeltes Leitbild für das Vorliegen eines Irreführungspotentials zugrunde zu legen, da man im Telemedienbereich nahezu in jeder möglichen Ecke mit Werbung konfrontiert wird. Der durchschnittlich aufmerksame Rezipient hat eine ganz andere Erwartungshaltung an die verbreiteten Informationen und geht weder von einer Werbefreiheit, noch von einer Unabhängigkeit des Internets aus. Der Zu-

---

[164] *Gerecke*, GRUR 2018, 153, 157.

III. Schleichwerbung im RStV   183

schauer geht vielleicht nicht gänzlich von einer Werbefreiheit, aber zumindest von einer redaktionellen Unabhängigkeit des Rundfunks aus.[165] Somit ist, ähnlich wie beim Trennungsgrundsatz, ein niedrigeres und toleranteres Leitbild eines durchschnittlich informierten sowie erfahrenen Internetnutzers für die Bestimmung des Tatbestandsmerkmals heranzuziehen. Ein Irreführungspotential in fernsehähnlichen Telemedien liegt sodann nahe, wenn sich der durchschnittliche Internetnutzer in einem Umfeld befindet, wo er keine oder wenig Werbung erwartet und die Grenze zwischen Werbung und sonstigem Inhalt verwischt wird.

Bei im Online-Bereich individuell abrufbaren Videos oder Filmen, die von privaten oder öffentlich-rechtlichen Medienunternehmen bereitgestellt werden, erwartet der Rezipient grundsätzlich wenig bis gar keine Werbung, da er im Gegensatz zum Fernsehen noch nicht einmal mehr die langen Werbepausen hat bzw. die Werbung überspringen und sich „nur" den Film anschauen kann. Werden Werbeelemente gezielt in einen filmischen Beitrag implementiert, kommt es zunächst auf die Offensichtlichkeit der Produkt- oder Markenplatzierung an. Je stärker und auffälliger die Werbung ein Programm durchdringt, desto weniger schutzwürdig ist der informierte sowie erfahrene Durchschnittsverbraucher. Eine Intensität der Erwähnung oder Einblendung (z. B. Close-Ups) eines Werbeobjekts, dessen Höhe die Schwelle der Beiläufigkeit überschreitet, spricht für die Annahme einer offensichtlichen Werbung und keiner irreführenden Schleichwerbung. Fehlt es hingegen, wie in den meisten Fällen, an einer Offensichtlichkeit, ist eine Kennzeichnung der Werbung geboten.

In sozialen Netzwerken verhält es sich mit der Erwartungshaltung des Rezipienten ähnlich, aber doch ein wenig anders. Bei der Inanspruchnahme von sozialen Medien, aber auch von Fernsehsendungen sowie klassischen Video-on-Demand-Diensten, bewegt sich der Nutzer zunächst in einem für ihn privaten Unterhaltungsbereich und somit ist die Erwartung, mit Werbung konfrontiert zu werden, in all diesen Medienbereichen grundsätzlich niedrig. Allerdings kommt bei sozialen Netzwerken verschärfend hinzu, dass für die Gegenseite, d.h. für die Verbreiter der Inhalte, die betriebenen Aktivitäten nicht unbedingt als kommerzielle Tätigkeit, sondern eher als Freizeitbeschäftigung gelten und daher auf finanzieller Unabhängigkeit sowie Freiwilligkeit beruhen. Anders als im klassischen Fernsehen oder in Online-Mediatheken geht der Rezipient davon aus, dass die Verbreiter von Informationen primär zum sozialen Austausch aktiv werden und erwartet grundsätzlich überhaupt keine Werbung in sozialen Netzwerken. Diese Erwartungshaltung ist insofern auch berechtigt, als dass der Nutzer beim Austausch mit Familienmitgliedern, Freunden oder Bekannten normalerweise keine Werbung empfängt. Dies entspricht auch dem ursprünglichen Sinn und Zweck des Social Media: Privat trifft auf Privat.

---

[165] Damit ist insbesondere der öffentlich-rechtliche Rundfunk, der in Deutschland durch einen Rundfunkbeitrag finanziert wird, gemeint.

Betrachtet man die heutige Medienrealität, so kann indes Folgendes festgestellt werden: Privat trifft auf Privat und eben auf vermeintlich Privat. Bei *YouTube*, *Facebook* oder *Instagram*-Profilen wird der Nutzer, außer bei reinen Unternehmensseiten, oftmals getäuscht, da er der Realität zuwider keine Werbung erwartet. Insbesondere bei Social Media-Berühmtheiten, die nicht mehr – wie anfänglich – hobbybetreibende Privatpersonen, sondern kommerziell agierende Influencer oder Blogger darstellen, kommen die neuen Bilderwelten gewinnbringend für Werbezwecke zum Einsatz. Die Erwartungshaltung des Rezipienten im Hinblick auf die fehlende Werbung in sozialen Medien wird in solchen Fallkonstellationen oftmals sogar benutzt, um Fehlvorstellungen hervorzurufen und Abwehrhaltungen zu minimieren. Da es den Social Media-Stars im Kern darum geht, ihr Privatleben zu inszenieren oder, wie es die Influencerin Catherine Fischer-Hummels („Cathy Hummels") beschreiben würde, „Einblicke in das Leben zu geben",[166] ist die irreführungsausschließende Offensichtlichkeit der Werbung in sozialen Medien nie gegeben. Wird die Grenze zwischen werblichen und sonstigen Beiträgen durch einen Influencer-Beitrag verwischt, kann ein Irreführungspotential nur entfallen, wenn eine Kennzeichnung erfolgt.

Während im Rundfunk eine eindeutige Kennzeichnung am Anfang des Werbebeitrags nach der hier vertretenen Ansicht unerlässlich ist, muss in audiovisuellen Mediendiensten in ähnlicher Weise „das Ergebnis überdacht" werden. Der Grund für eine ausnahmsweise dauerhafte Kennzeichnung von Fernsehsendungen mit Produktplatzierungen könnte die entstehende Gefahr der Irreführung der Allgemeinheit darstellen, wenn entsprechende Hinweise am Anfang nicht wahrgenommen werden. Bei fernsehähnlichen Abrufdiensten ist die Ausgangslage jedoch ein wenig anders, da sich Video-on-Demand-Dienste dadurch auszeichnen, dass sie aktiv vom individuellen Empfänger abgerufen werden können und von Anfang an aufmerksam wahrgenommen werden. Somit muss eine Kennzeichnung am Anfang des Videos als gänzlich ausreichend erachtet werden. Bei einer dauerhaften Kennzeichnung drängt sich dann ein „Erst-Recht-Schluss" auf. Eine Kennzeichnung am Ende des Beitrags ist nicht geeignet, eine Täuschung des Rezipienten über den Werbezweck der dargestellten Bewegtbilder vollständig auszuräumen, weswegen diese abzulehnen ist. Im Übrigen ergeben sich die Anforderungen für eine eindeutige Kennzeichnung aus den obigen Ausführungen zum Trennungsgebot in fernsehähnlichen Telemedien.

Die Schleichwerbung im Rundfunkstaatsvertrag zeichnet sich gesamtbetrachtend stets durch eine massive Verdeckung des Werbecharakters und eine besonders dreiste Vermengung von redaktionellen und geschäftlichen Interessen aus.[167] Das damit einhergehende Irreführungspotential für die Rezipienten als charakteristi-

---

[166] *Anton*, FAZ, Cathy Hummels vor Gericht: „Ich gebe Einblicke in mein Leben", faz.net/aktuell/stil/mode-design/cathy-hummels-muss-sich-vor-gericht-wegen-instagram-verantworten-16029465.html, 07.02.2019.
[167] *Beater*, Medienrecht, 2016, § 8 Rn. 721.

sches Merkmal dieser Sonderwerbeform wird in fernsehähnlichen Telemedien, in Anlehnung an die rundfunkspezifische Rechtsprechung und Literatur, zunächst an eine objektive Vermischung von Werbung und Inhalt in ungewohnten, für den Rezipienten normalerweise „werbefreien" Bereichen geknüpft. Unterlässt es der Veranstalter, das Werbevideo offensichtlich als solches zu gestalten bzw. aufklärend zu kennzeichnen, besteht ein Irreführungspotential für die Allgemeinheit und damit ist die Schleichwerbung anzunehmen.

IV. Schleichwerbung und Produktplatzierung

Eine weitere Form der getarnten Werbung stellt die Produktplatzierung dar.[168] Bis heute wird Product Placement umgangssprachlich vielfach auch als „Schleichwerbung" bezeichnet.[169] Auch wenn die beiden programmintegrierten Werbeformen unbestreitbar die gleichen Wurzeln haben, ist spätestens seit der AVMD-RL und deren Umsetzung durch den 13. RÄStV eine klare Abgrenzung geboten. Ob dies bei näherer Betrachtung praktisch überhaupt möglich ist und wo die rechtlichen Grenzen verlaufen, ist dabei klärungsbedürftig.

1. Produktplatzierung im RStV

Die Begrifflichkeit der Produktplatzierung definiert der Gesetzgeber in § 2 Abs. 2 Nr. 11 RStV als die „gekennzeichnete Erwähnung oder Darstellung von Waren, Dienstleistungen, Namen, Marken, Tätigkeiten eines Herstellers von Waren oder eines Erbringers von Dienstleistungen in Sendungen gegen Entgelt oder eine ähnliche Gegenleistung mit dem Ziel der Absatzförderung. Die kostenlose Bereitstellung von Waren oder Dienstleistungen ist Produktplatzierung, sofern die betreffende Ware oder Dienstleistung von bedeutendem Wert ist".

Die Produktplatzierung und Schleichwerbung sind laut § 7 Abs. 7 S. 1 RStV verboten. Allerdings existieren weitreichende Ausnahmen sowohl für den privaten (§ 44 RStV) als auch für den öffentlich-rechtlichen Rundfunk (§ 15 RStV) im Hinblick auf Produktplatzierungen, die bestimmte formelle Anforderungen erfüllen müssen (§ 7 Abs. 7 S. 2 RStV).

Das etwas konfuse Regelungsgerüst der Produktplatzierung erlaubt im Wesentlichen unter bestimmten Voraussetzungen die Einbeziehung von Wirtschaftsgütern in das Programm. Die Produktplatzierung kann somit als die „nur" fast ebenso unehrliche Schwester der Schleichwerbung angesehen werden und ist daher nicht ausnahmslos verboten.

---

[168] *Hahn/Lamprecht-Weißenborn*, in: Schwartmann, Praxishandbuch Medien-, IT- und Urheberrecht, 2017, Kap. 6 Rn. 34.
[169] *Paschke*, Medienrecht, 2009, § 15 Rn. 810.

2. Abgrenzung der beiden Werbeformen

Die Abgrenzung der Werbeformen „Schleichwerbung" und „Produktplatzierung" wird vor allem durch ihre Legaldefinition in § 2 Abs. 2 Nr. 8 bzw. 11 RStV determiniert. Im Rahmen eines Vergleichs werden die Unterschiede im Folgenden „weniger zu mehr":

Hinsichtlich der Integrationshandlung („Erwähnung oder Darstellung [...] in Sendungen") entspricht die Definition der Produktplatzierung dem Begriff der Schleichwerbung. Die Legaldefinitionen umfassen alle im Rundfunk denkbaren Formen der Einbindung von Werbeobjekten im redaktionellen Programm, die zumindest potentiell verbal oder visuell wahrnehmbar sind.

Die in Betracht kommenden Werbeobjekte („Waren, Dienstleistungen, Namen, Marken [...]") sind dem Wortlaut zufolge ebenfalls identisch. Es erscheint aber fragwürdig, ob auch Generic Placements vom Begriff der Produktplatzierung erfasst sind. Zu beachten ist, dass der Produktplatzierungsbegriff im Zweifel restriktiv auszulegen ist, da die Regelungen hinsichtlich dieser Sonderwerbeform einen Ausnahmecharakter aufweisen.[170] Anders als beim Schleichwerbebegriff, der lediglich eine dem Trennungsgebot entsprechende dazugehörige Verbotsnorm enthält, ist eine zweckwidrige Bewertung weniger zu befürchten. Deshalb ist als minimal ungeschriebener Unterschied die Erwähnung oder Darstellung von Warengattungen wohl von § 2 Abs. 2 Nr. 8 RStV, nicht aber von § 2 Abs. 2 Nr. 11 RStV erfasst.

Konstitutive Merkmale der Produktplatzierung stellen außerdem eine Absatzförderungsabsicht („Ziel der Absatzförderung") und eine Gegenleistung („Entgelt oder eine ähnliche Gegenleistung") dar. Die Schleichwerbung setzt wiederum eine Werbeabsicht, aber keine Gegenleistung voraus. Die subjektiven Tatbestandsmerkmale weisen gesamtbetrachtend keine erwähnenswerte Unterschiede auf,[171] wobei die Intention bei der Schleichwerbung beim Rundfunkveranstalter selbst vorliegen muss und bei der Produktplatzierung lediglich bei demjenigen, der für die Produkteinbindung verantwortlich ist.[172] Die Erbringung einer Gegenleistung stellt bei der Schleichwerbung, wie bereits festgestellt, einen Vermutungstatbestand im Hinblick auf die Werbeabsicht dar und daher kommt in der Praxis diesem Aspekt auch eine sehr große Bedeutung zu. In jedem Fall erfolgt die Schleichwerbung nicht unabhängig von finanziellen Anreizen.

Die bisher genannten Voraussetzungen weisen im Rahmen einer Wortlautbetrachtung oder Auslegung, wenn überhaupt, nur minimale Unterschiede auf und machen eine Abgrenzung nahezu unmöglich. Die Legaldefinitionen bestimmen

---

[170] *Müller-Rüster*, Product Placement im Fernsehen, 2010, S. 279.
[171] *Beater*, Medienrecht, 2016, § 8 Rn. 723; *Hahn/Lamprecht-Weißenborn*, in: Schwartmann, Praxishandbuch Medien-, IT- und Urheberrecht, 2017, Kap. 6 Rn. 54.
[172] *Jäger*, Trennungs- und Kennzeichnungsgebot, 2017, S. 162.

daher im Einklang mit der Interpretation des Gesetzgebers[173] und der herrschenden Meinung[174] das Verhältnis zwischen der Schleichwerbung und Produktplatzierung anhand der Tatbestandsmerkmale der Kennzeichnung („gekennzeichnete Erwähnung") und des Irreführungspotentials. Die Kennzeichnung bei der Produktplatzierung soll der Irreführung bei der Schleichwerbung gegenüberstehen.[175] Dahinter verbirgt sich die Vorstellung, dass die Kennzeichnung stets mit einem Irreführungsausschluss einhergeht („mangels Kennzeichnung [...] die Allgemeinheit irreführen kann") und daher die Unzulässigkeit einer medialen Werbewirkung entfallen lässt. Die Produktplatzierung ist somit dem RStV zufolge die gekennzeichnete Schleichwerbung.

3. Bewertung und Kritik

Vergleicht man die Begriffe der Schleichwerbung und Produktplatzierung, so stellt man fest, dass sich die Werbeformen im Wesentlichen nur im Merkmal der Kennzeichnung unterscheiden. Damit ist die rechtliche Abgrenzung letztlich rein formalistischer Natur[176] und in ihrer systematischen Sinnhaftigkeit etwas fragwürdig.

Zutreffend ist, dass beide Werbeformen mehr oder weniger die mediale Abbildung einer Lebenswirklichkeit darstellen und nach der äußeren Erscheinungsform ein gleichermaßen „heimliches" Element aufweisen. Auch kann eine Kennzeichnung durchaus geeignet sein, eine Irreführung der Verbraucher im Hinblick auf den Werbecharakter und -zweck der Darstellung zu beseitigen und eine klare Abgrenzung zu ermöglichen. Allerdings sind ebenfalls Fallkonstellationen denkbar, bei denen eine Kennzeichnung eine Täuschung nicht ausschließen kann. Nach dem gegenwärtigen Gesetzesverständnis haben es die Rundfunkveranstalter selbst in der Hand, ob durch eine – auch nicht eindeutig erkennbare – Kennzeichnung der Weg zu einer Beurteilung nach den Ausnahme- und Zulassungsvorschriften für Produktplatzierungen geöffnet wird. Das Vorliegen von Schleichwerbung scheidet „mangels Irreführungspotential" in jedem Fall aus. Eine Produktplatzierung, die nicht die Anforderungen der §§ 7 Abs. 7 S. 3–6 RStV erfüllt, kann angesichts des Vorliegens einer Kennzeichnung allenfalls eine unzulässige Produktplatzierung, aber keine Schleichwerbung darstellen. Ein fehlerhaftes Product Placement ist nach der gegenwärtigen Rechtslage nicht in der Lage, automatisch im Wege eines

---

[173] Begründung zum 13. RÄStV, Bay-LT.Drs. 16/2736, S. 10.
[174] OVG Rheinland Pfalz, ZUM 2013, 980, 985; *Engels/Semrau*, ZUM 2014, 948; *Goldbeck*, in: Paschke/Berlit/Meyer, Gesamtes Medienrecht, 2016, Teil 3 Abschn. 26 Rn. 178; *Kreile*, in: Dörr/Kreile/Cole, Handbuch Medienrecht, 2011, Teil J Rn. 37; *Martini*, in: Gersdorf/Paal, Informations- und Medienrecht, RStV, § 2 Rn. 44; *Müller-Rüster*, Product Placement im Fernsehen, 2010, S. 278.
[175] *Platho*, MMR 2008, 586.
[176] *Goldbeck*, in: Paschke/Berlit/Meyer, Gesamtes Medienrecht, 2016, Teil 3 Abschn. 26 Rn. 180.

fließenden Übergangs verbotene Schleichwerbung zu sein. Nach der hier vertretenen Ansicht ist jedoch bei einer nicht eindeutig erkennbaren Kennzeichnung (z. B. ein Hinweis in kaum lesbarer Schriftgröße) ein Irreführungspotential ebenfalls denkbar und das Vorliegen von Schleichwerbung nicht von vornherein ausgeschlossen. Es kommt somit rechtlich nicht nur auf das „Ob", sondern auch auf das „Wie" der Kennzeichnung an.

V. Rechtsfolgen der Schleichwerbung

Sofern der rundfunkrechtliche Zulässigkeitsrahmen der Ausstrahlung von Werbebotschaften überschritten wurde, ist im Hinblick auf die möglichen Rechtsfolgen der Schleichwerbung nach dem Medium einerseits und nach der Rechtsnatur des Veranstalters andererseits zu unterscheiden.

1. Rundfunk

a) Private Veranstalter

Für private Rundfunkveranstalter liegt die werberechtliche Aufsicht bei den Landesmedienanstalten.[177] Die insgesamt 14 Verwaltungsbehörden der Länder können bei der Feststellung eines Verstoßes gegen das Schleichwerbeverbot gegenüber dem Veranstalter die „erforderlichen Maßnahmen" treffen (§ 38 Abs. 1 S. 1 RStV). Als Aufsichtsmaßnahmen kommen dabei die Beanstandung, Untersagung, Rücknahme, Widerruf oder Geldbuße in Betracht.[178]

Das wichtigste Aufsichtsinstrument stellt dabei die auf der untersten Stufe stehende Beanstandung eines Verstoßes gegen das Schleichwerbeverbot dar, die in der Regel mit einer Abmahnung verknüpft wird, worin ein Rundfunkveranstalter aufgefordert wird, die Gesetzesübertretung gegenwärtig zu beheben und künftig zu unterlassen.[179] Folgt der Veranstalter dieser Abmahnung nicht, so sind auf der zweiten Stufe die befristete oder dauerhafte Untersagung der Programmverbreitung, die Rücknahme oder der Widerruf der rundfunkrechtlichen Erlaubnis oder die Geldbuße als Sanktionsmittel vorgesehen.[180] Eine Rücknahme oder ein Widerruf der rundfunkrechtlichen Lizenz ist nur als *ultima ratio*-Maßnahme[181] bei

---

[177] § 35 Abs. 1 RStV; Im Innenverhältnis entscheidet die Kommission für Zulassung und Aufsicht (ZAK) als Organ der LMA über ein aufsichtsrechtliches Einschreiten, § 35 Abs. 2 S. 1 Nr. 1 RStV.
[178] §§ 38 Abs. 1 S. 2, 49 Abs. 2 RStV.
[179] *Holznagel*, in: Hoeren/Sieber/Holznagel, Multimedia-Recht, 2018, Teil 3 Rn. 217; *Müller-Rüster*, Product Placement im Fernsehen, 2010, S. 323.
[180] § 38 Abs. 1 S. 2 RStV.
[181] *Müller-Rüster*, Product Placement im Fernsehen, 2010, S. 323.

besonders schweren Pflichtverstößen[182] zulässig und nach der wohl herrschenden Meinung[183] bei der Schleichwerbung generell als unverhältnismäßig abzulehnen. Ein Verstoß gegen §7 Abs. 7 S. 1 Alt. 1 RStV kann zudem als Ordnungswidrigkeit mit einer Geldbuße von bis zu 500.000 EUR geahndet werden (§49 Abs. 1 S. 1 Nr. 7, Abs. 2 RStV).[184]

Das Spektrum an Sanktionsinstrumentarien wird in den jeweiligen Landesmediengesetzen[185] und Richtlinien der Landesmedienanstalten (OWiRL)[186] weiter konkretisiert.[187] Nach allen Landesmediengesetzen steht den Landesmedienanstalten bei der Ausübung von Aufsichtsbefugnissen in jedem Fall ein Ermessen zu.[188] In der Vergangenheit haben die Gerichte wiederholt den einzelnen Landesmedienanstalten gegenüber die Grenzen der ihnen zur Verfügung stehenden Aufsichtsmaßnahmen gezeigt.[189]

b) Öffentlich-rechtliche Veranstalter

Die öffentlich-rechtlichen Rundfunkveranstalter unterliegen dagegen nicht der Aufsicht durch die Landesmedienanstalten. Für diese Veranstalter öffentlich-rechtlicher Natur kommen die Regeln der Staatsaufsicht zur Anwendung,[190] die sich aus dem jeweiligen Rundfunkgesetz und -Staatsvertrag[191] ergeben. Dabei gilt allerdings zunächst das Prinzip des Vorrangs der Selbstverfassung,[192] welches besagt, dass die Organe der Rundfunkanstalten vor einer staatlichen Intervention die Möglichkeit haben, sich mit dem Sachverhalt zu befassen.[193] Für die anstaltsinterne Aufsicht sind gegenwärtig der Rundfunkrat (ARD) und Fernsehrat (ZDF) zuständig.

---

[182] *Holznagel*, in: Hoeren/Sieber/Holznagel, Multimedia-Recht, 2018, Teil 3 Rn. 218.
[183] *Hackbarth*, ZUM 1998, 982; *Petersen*, Medienrecht, 2010, §15 Rn. 7.
[184] Die Landesmedienanstalt als zuständige Ordnungswidrigkeitenbehörde ergibt sich aus §49 Abs. 3 S. 1 Hs. 1 RStV.
[185] Beispiel: §§39 ff. SächsPRG.
[186] Die Medienanstalten, Anwendungs- und Auslegungsregeln der Landesmedienanstalten zur Durchführung von Ordnungswidrigkeitenverfahren nach dem und auf Grundlage des Rundfunkstaatsvertrags (OWiRL) vom 11. Juli 2012.
[187] *Goldbeck*, in: Paschke/Berlit/Meyer, Gesamtes Medienrecht, 2016, Teil 3 Abschn. 26 Rn. 12 f.; *Ladeur*, in: Binder/Vesting, Beck'scher Kommentar zum Rundfunkrecht, §7 Rn. 88.
[188] *Ladeur*, in: Binder/Vesting, Beck'scher Kommentar zum Rundfunkrecht, §7 Rn. 86.
[189] BayVGH, ZUM-RD 1999, 150, 150; OVG Berlin, ZUM 2003, 585, 585.
[190] *Goldbeck*, in: Paschke/Berlit/Meyer, Gesamtes Medienrecht, 2016, Teil 3 Abschn. 26 Rn. 15; *Ladeur*, in: Binder/Vesting, Beck'scher Kommentar zum Rundfunkrecht, §7 Rn. 91.
[191] Beispiele: Art. 24 Abs. 3 BayRG; §37 MDR-StV; §37 NDR-StV; §37 SWR-StV; §31 ZDF-StV.
[192] *Goldbeck*, in: Paschke/Berlit/Meyer, Gesamtes Medienrecht, 2016, Teil 3 Abschn. 26 Rn. 15; *Ladeur*, in: Binder/Vesting, Beck'scher Kommentar zum Rundfunkrecht, §7 Rn. 91.
[193] §31 Abs. 2 ZDF-StV.

Lässt das kodifizierte Rundfunkrecht dann eine nachgelagerte staatliche Aufsicht durch die Landesregierungen zur Einhaltung des Schleichwerbeverbots überhaupt zu,[194] ist diese in jedem Fall eng zu interpretieren.[195] Verstöße der öffentlichen-rechtlichen Rundfunkveranstalter gegen § 7 Abs. 7 S. 1 Alt. 1 RStV können jedenfalls nicht als Ordnungswidrigkeit gem. § 49 RStV geahndet werden.[196]

Dass das Ordnungswidrigkeitsrecht keine Anwendung finden und die Androhung von Bußgeldern allein gegenüber Privaten erfolgen soll, erscheint allerdings entgegen vereinzelter Stimmen[197] nicht nachvollziehbar und verfassungsrechtlich bedenklich.[198] Gerade angesichts der staatlichen Finanzierung der öffentlich-rechtlichen Sender und dem zunehmenden Vertrauensverlust gegenüber den kommerziell ausgerichteten privaten Medien besteht ein ausgeprägtes Interesse der Allgemeinheit an der Kontrolle und Unterbindung der Schleichwerbepraktiken. Die Überzeugung des Gesetzgebers, dass sich die Rundfunkanstalten rechtstreu verhalten und intern sichere Kontrollmechanismen einrichten,[199] lässt sich spätestens nach den Schleichwerbe-Skandalen „Marienhof" (ARD, 2003) und „Sabine!" (ZDF, 2004)[200] nicht mehr wirklich begründen. Schließlich ist diese Ungleichbehandlung zwischen öffentlich-rechtlichen und privaten Rundfunkveranstaltern verfassungsrechtlich nicht gerechtfertigt, d. h. verstößt gegen den in Art. 3 Abs. 1 GG verankerten Gleichheitssatz. Eine strengere, privatrundfunkähnliche Aufsichtsmöglichkeit und -struktur wäre zur Vermeidung von Schleichwerbepraktiken im öffentlich-rechtlichen Rundfunk nach der hier vertretenen Ansicht geboten.

2. Fernsehähnliche Telemedien

a) Private Veranstalter

Die Aufsicht über Telemedien ist vom Grundsatz der Anmelde- und Zulassungsfreiheit bestimmt.[201] Bei fernsehähnlichen und nicht-fernsehähnlichen Telemedien überwacht eine nach Landesrecht bestimmte Aufsichtsbehörde die Einhaltung der Werbevorschriften nach § 58 RStV.[202] Die Länder verzichteten somit auf eine

---

[194] Beispiel: § 37 Abs. 3 NDR-StV verneint eine Aufsichtsbefugnis der Staates in „Programmangelegenheiten".
[195] BVerfGE 12, 205, 261; BVerfGE 57, 295, 326; *Ladeur*, in: Binder/Vesting, Beck'scher Kommentar zum Rundfunkrecht, § 7 Rn. 91.
[196] *Döpkens*, in: Spindler/Schuster, Recht der elektronischen Medien, 2015, RStV, § 7 Rn. 119; *Himmelsbach*, GRUR-Prax 2013, 81.
[197] *Ladeur*, in: Binder/Vesting, Beck'scher Kommentar zum Rundfunkrecht, § 7 Rn. 89.
[198] *Goldbeck*, in: Paschke/Berlit/Meyer, Gesamtes Medienrecht, 2016, Teil 3 Abschn. 26 Rn. 15.
[199] *Himmelsbach*, GRUR-Prax 2013, 81.
[200] Vgl. hierzu Kapitel 2 dieser Arbeit.
[201] *Holznagel*, in: Hoeren/Sieber/Holznagel, Multimedia-Recht, 2018, Teil 3 Rn. 212.
[202] § 59 Abs. 2 RStV.

Regelung, die lediglich die Landesmedienanstalten als zuständige Aufsichtsbehörde festlegte. Derzeit unterliegt die Aufgabe somit in manchen Bundesländern z. B. einer Landesmedienanstalt,[203] Landesdirektion[204] oder Bezirksregierung.[205]

Die Landesmedienanstalten oder staatlichen Behörden sind befugt, bei einem Verstoß gegen das Schleichwerbeverbot die zur Beseitigung „erforderlichen Maßnahmen" gegenüber dem Veranstalter zu treffen (§ 59 Abs. 3 S. 1 RStV). Als Aufsichtsmaßnahmen im Bereich der fernsehähnlichen Telemedien kommen dabei insbesondere die Beanstandung, Untersagung, Sperrung oder Geldbuße in Betracht.[206] Die Befugnisse zur Untersagung oder Sperrung eines Angebots sind nur unter den engen Voraussetzungen des § 59 Abs. 3 S. 3ff. RStV zulässig und unterliegen insbesondere dem Verhältnismäßigkeitsgrundsatz.[207] Bei der Geldbuße von bis zu 500.000 EUR gilt erneut zu beachten, dass es sich um die Ahndung einer Ordnungswidrigkeit handelt (§ 49 Abs. 1 S. 2 Nr. 20, Abs. 2 RStV). Im Bereich der Telemedien besteht die Möglichkeit, eine andere Behörde für die Ordnungswidrigkeiten als für die Aufsicht landesrechtlich zu bestimmen.[208] Deshalb kann es vorkommen, dass die Gebrauchsbefugnis von verwaltungsrechtlichen Instrumentarien in den jeweiligen Bundesländern sehr unterschiedlich ist.

b) Öffentlich-rechtliche Veranstalter

Die „öffentlich-rechtlichen Internetveranstalter" erfassen lediglich die Telemedienanbieter in Form von öffentlich-rechtlichen Rundfunkanstalten. Damit sind im Hinblick auf die Rechtsfolgen der Schleichwerbung insbesondere die fernsehähnlichen Telemedien bzw. Mediatheken der *ARD* und *ZDF* gemeint. Übereinstimmend mit dem öffentlich-rechtlichen Rundfunkrecht, unterliegen staatliche Internetangebote praktisch nur einer internen Aufsicht durch die Rundfunkräte.[209] Der Rundfunk- oder Fernsehrat überprüft „regelmäßig",[210] ob die fernsehähnlichen Telemedienangebote den Vorgaben des §§ 58, 7 RStV entsprechen.

Die Aufsichtsstruktur der staatlichen Medien ist nochmals bedenklich: Aus rechtlichen Gesichtspunkten gibt es in diesem Bereich den Unterschied der Beitragsfinanzierung zwischen *Amazon Prime Video*, *Netflix* etc. und den Media-

---

[203] Beispiele: Baden-Württemberg, Berlin/Brandenburg, Bremen, Hamburg/Schleswig-Holstein, Hessen, Mecklenburg-Vorpommern, Sachsen-Anhalt, Saarland, Thüringen.
[204] Beispiele: Rheinland-Pfalz, Sachsen.
[205] Beispiele: Bayern, Nordrhein-Westfalen.
[206] § 59 Abs. 3 S. 2 RStV; *Gerecke*, GRUR 2018, 159; *Holznagel*, in: Hoeren/Sieber/Holznagel, Multimedia-Recht, 2018, Teil 3 Rn. 220; *Suwelack*, MMR 2017, 664.
[207] *Holznagel*, in: Hoeren/Sieber/Holznagel, Multimedia-Recht, 2018, Teil 3 Rn. 220; *Suwelack*, MMR 2017, 664.
[208] § 49 Abs. 3 S. 1 Hs. 2 RStV; *Holznagel/Ricke*, MMR 2008, 21.
[209] *Kunisch*, MMR 2011, 798; *Pieper*, Aufsicht, 2006, S. 113 f.
[210] ARD, Wer kontrolliert die ARD?, ard.de/home/die-ard/organisation/Wer_kontrolliert_die_ARD_/327270/index.html, 07.02.2019.

theken. Unabhängig von den Einschaltquoten oder Werbeaufträgen sind die öffentlich-rechtlichen Rundfunkveranstalter in der Lage, die verfassungsrechtlich notwendige Meinungsvielfalt anzubieten. Besonders im Zeitalter von „Fake News" im Internet kommt es auf die Objektivität und Unabhängigkeit der Programmgestaltung der Rundfunkanstalten an und daher erscheint eine solche geringe Kontrolle im Hinblick auf Schleichwerbepraktiken kritikwürdig.

VI. Zwischenergebnis

Die Problematik der Schleichwerbung in den Medien zeichnet sich nicht nur durch ihre wirtschaftliche Bedeutung und zunehmende Verfolgung seitens der Landesmedienanstalten und öffentliche Diskussion im Hinblick auf den staatlichen Rundfunk aus. In ihrer gesetzlichen und rechtswissenschaftlichen Begriffserfassung sind ebenfalls erhebliche Unsicherheiten, Ungereimtheiten sowie systematische Defizite zu registrieren.

Seit Beginn des Medienrechts statuiert das allgemeine Trennungsgebot als grundrechtlich verankertes Prinzip der Bundesrepublik Deutschland eine Trennung von Werbung und Programm. Die davon hauptsächlich erfasste formale Trennung ist bei der herkömmlichen Werbung in abgegrenzten Bereichen (instrumentale Werbung) durchaus möglich und das Gebot kann ohne weiteres eingehalten werden. Bei der im redaktionellen Programm integrierten Werbung (mediale Werbung) ist es dagegen unmöglich, die Werbung „eindeutig von anderen Sendungsteilen" zu trennen mit der Konsequenz, dass der formelle Trennungsgrundsatz im RStV nicht uneingeschränkt Geltung entfalten kann. Hinzu kommt der Umstand, dass Werbung mittlerweile zu einem festen Bestandteil des alltäglichen Lebens gehört und z. B. Markenprodukte im Rahmen einer medialen Wiedergabe der Realität oftmals gar nicht künstlich ausgeblendet werden können. Es bedarf somit einer Konkretisierung des allgemeinen Trennungsgebots im Hinblick auf programmintegrierte Werbeformen in Gestalt einer rechtlichen Abgrenzung zwischen einer unerlaubten und erlaubten medialen Werbung. Die (unzulässige) Schleichwerbung und (zulässige) Produktplatzierung stellen dabei heute die beiden Seiten der Medaille „Werbeintegration im redaktionellen Programm" dar.

Die Schleichwerbung verkörpert die Unzulässigkeit einer medialen Werbung, da sie den Verbraucher irreführen kann. Ihre Begrifflichkeit in § 2 Abs. 2 Nr. 8 RStV hat allerdings zu einer „Irreführung" über das gesetzliche Tatbestandsmerkmal des Irreführungspotentials geführt. Teilweise wird in der Rechtsprechung und Literatur vertreten, dass eine irreführende Schleichwerbung auch vorliegt, wenn sie „trampelt" und mithin als Werbung klar erkennbar ist. Dies ist deshalb unrichtig, da im Falle einer Erkennbarkeit des Werbecharakters eine Irreführung des Rezipienten auch nicht zu befürchten ist. Zudem entstehen dadurch keine Rechtslücken, da in jedem Fall (je nach Kennzeichnung) der Anwendungsbereich zum allgemeinen Trennungsgebot oder zur Produktplatzierung eröffnet sein kann. Schleichwerbung

VI. Zwischenergebnis

ist somit Werbung, die sich „anschleicht", indem die Grenze zwischen Anzeige und sonstigem Inhalt verwischt wird und mangels visueller oder akustischer Offensichtlichkeit bzw. eindeutiger Kennzeichnung die Allgemeinheit über die Werbeabsicht irregeführt werden kann.

Durch die zulässige Produktplatzierung wird das Trennungsgebot erheblich gelockert. Trotz der Wesensgleichheit der Produktplatzierung und Schleichwerbung unterscheiden sich die Legaldefinitionen der beiden Werbeformen in § 2 Abs. 2 Nr. 8 bzw. Nr. 11 RStV vor allem im Merkmal der irreführungsausschließenden Kennzeichnung.

Die liberalisierten Regelungen zu programmintegrierten Werbeformen im RStV und in der AVMD-RL haben den Vorteil, dass sie zunehmend die Medienwirklichkeit berücksichtigen und das Recht wieder näher an die Praxis der audiovisuellen Werbewelt in Deutschland und Europa heranführen. Regelungswerke, die keine kodifizierte Zulassung der Produktplatzierung enthalten, verweigern sich der Realität und werden auch in Zukunft keine Akzeptanz finden. Eine Überempfindlichkeit gegenüber programmintegrierten Werbeformen berücksichtigt auch die Entwicklung der Medienfinanzierung in Deutschland nicht. Seit es den werbefinanzierten privaten Rundfunk gibt, ist eine Orientierung des Programms an den inhaltlichen Vorgaben der Wirtschaft unerlässlich geworden, da ansonsten nicht genügend Einkünfte generiert werden können. In der Konsequenz trägt das privatwirtschaftliche Engagement bei der finanziellen Unterstützung von Sendern zum Ausbau der Meinungsvielfalt bei. Im Internet stellen Werbeeinkünfte ebenfalls die finanzielle Grundlage der Diensteanbieter dar und im Wettkampf um die größte Attraktivität für Unternehmen wird die Werbung zunehmend „maßgeschneidert". Wenn es um die werbebetreibende Wirtschaft geht, ist die programmintegrierte Werbung gleich doppelt attraktiv: Zum einen kann die Abwehr- oder Trotzreaktion der Rezipienten (Reaktanz) umgangen werden und zum anderen wird der richtige Aufmerksamkeitsgrad (Involvement) zum Zeitpunkt der Ausstrahlung der Werbebotschaft garantiert.[211]

Der Gesetzgeber hat somit einen Kompromiss zwischen Recht und Praxis in die Wege geleitet: Das kaum noch durchsetzbare Trennungsgebot wird allmählich zu einem „Kennzeichnungsgebot". Aus diesem Grund steht die gekennzeichnete zulässige Produktplatzierung der nicht gekennzeichneten unzulässigen Schleichwerbung gegenüber. Soweit im Ergebnis die Regelungsziele, d. h. der Schutz des Verbrauchers vor Täuschungen und die Abwehr von Gefahren für die redaktionelle Unabhängigkeit, gewahrt sind, ist dieser Grundgedanke durchaus begrüßenswert.

Die komplizierten und zersplitterten Regelungen sowie Aufsichtsstrukturen ziehen jedoch zum gegenwärtigen Zeitpunkt noch viele Auslegungs- und Anwendungsprobleme nach sich. Ein übersichtlicher Aufbau der Trennungsvorschriften und detaillierte Anforderungen an die Kennzeichnungspflichten im Gesetz würden

---

[211] Vgl. hierzu Kapitel 1 dieser Arbeit.

für weniger Rechtsunsicherheit bzw. mehr Transparenz sorgen. Dies gilt insbesondere für soziale Medien, die als fernsehähnliche Telemedien dem Schleichwerbeverbot unterfallen. In diesem Bereich erfolgt heute nicht nur keine Kennzeichnung an Orten, wo eine erfolgen muss, sondern auch eine Kennzeichnung an anderen Orten, wo keine erfolgen muss – Die Konsequenz ist eine erneute Irreführung. Die Gestaltung der Kennzeichnung sollte in jedem Fall so vorgenommen werden, dass eine Täuschung der Rezipienten ausgeschlossen ist. Anderenfalls kann verbotene Schleichwerbung vorliegen.

Die Wahrung der redaktionellen Unabhängigkeit ist insbesondere im beitragsfinanzierten öffentlich-rechtlichen Rundfunk von sehr großer Bedeutung. Auch er hat die (nicht akzeptable) Anfälligkeit für bezahlte Schleichwerbung unter Beweis gestellt. Angesichts dessen wäre eine strengere Aufsicht in diesem Bereich zu befürworten.

Sechstes Kapitel

Schleichwerbung und Influencer-Marketing

Das Internet wird immer mehr zum Leitmedium der Allgemeinheit und die sich dort befindende Schleichwerbung spielt in der heutigen Medien- und Werbewelt eine besonders bedeutende Rolle. Das anfängliche Internet (Web 1.0) ist durch die zunehmende Anwendung von sozialen Medien zu einer kommunikativen Austauschplattform und einem „Mitmachmedium"[1] (Web 2.0) mutiert. Mittels sozialer Medien haben Menschen aus nahezu jeder gesellschaftlichen Schicht die Möglichkeit, weltweit mit anderen Menschen zu kommunizieren.[2] Diese Entwicklung geht mit neuen Herangehensweisen und Herausforderungen für die Werbeaktivitäten von Unternehmen einher, da Internetnutzer immer häufiger z.B. auch mit Emittenten von Markenbotschaften in Dialog treten wollen.[3] Auf dieser Nachfrage basiert die Werbestrategie des Influencer-Marketings. Im Zusammenhang mit der rechtlichen Diskussion um das Influencer-Marketing geht es vor allem um konkrete Aspekte des Geschäftsmodells wie etwa die Irreführung durch nicht klar erkennbare Werbung[4] bzw. Schleichwerbung. Mit Blick auf die aktuellen Interventionen der Aufsichtsbehörden soll eine Zusammenschau von Realität und Rechtsrahmen helfen zu klären, ob die gegenwärtigen Rechtsgrundlagen in der Lage sind, alle Fälle der Schleichwerbung adäquat zu erfassen.

I. Entwicklung der Medien- und Werbepraxis im Überblick

1. Internet

Das Internet kann als Medium der Gegenwart und Zukunft angesehen werden. Während die herkömmlichen Massenmedien „Presse" oder „Rundfunk" seit Jahren mit sinkenden Leser- und Zuschauerzahlen kämpfen, steigt die Zahl der Internetnutzer immer weiter an. Dies hat auch Verlagerungstendenzen von Werbebudgets auf das Internet zur Folge. Aus diesem Grund sollen zunächst der Ursprung, die Eigenschaften und die Weiterentwicklung des Mediums herausgearbeitet werden.

---

[1] *Hettler*, Social Media Marketing, 2010, Vorwort.
[2] *Bernecker/Beilharz*, Social Media Marketing, 2012, S. 19.
[3] *Hettler*, Social Media Marketing, 2010, Vorwort.
[4] *Henning-Bodewig*, WRP 2017, 1421.

a) Entstehungsgeschichte des Web 1.0

Die Entstehungsgeschichte des Internets lässt sich überblicksartig in insgesamt drei Phasen unterteilen:

In den 1960er Jahren wurde vom amerikanischen Verteidigungsministerium ein Computernetzwerk namens ARPANET (Advanced Research Projects Agency) aufgebaut, welches als Vorläufer des heutigen Internets gilt. Die damalige Zielsetzung bestand in der Entwicklung einer robusten, krisenfesten und vor allem atombombensicheren Kommunikationsinfrastruktur, die militärische Angriffe während des Kalten Krieges verkraften konnte.[5] Auch wenn nur ein kleiner Nutzerkreis bzw. wenige Forschungseinrichtungen Zugriff auf das militärische Netzwerk hatten,[6] wurde ARPANET ein durchschlagender Erfolg.

In den 1980er Jahren kam es dann zu einer Fortentwicklung und Spaltung des ARPANET. Es entstand ein militärisches Netzwerk namens MILNET (Military Network) einerseits und ein akademisches Netzwerk namens NSFNET (National Science Foundation Network) andererseits. NSDNET hatte die Zielsetzung, die Kommunikation zwischen wissenschaftlichen Forschungseinrichtungen und Universitäten zu vereinfachen.[7] Beide Netzwerke wurden jedoch weder kommerziell, noch von der breiten Öffentlichkeit genutzt. Ungefähr zu dieser von der Entstehung beider Netzwerke geprägten Zeit wurde auch die Begrifflichkeit „Internet" eingeführt.[8]

Letztlich kam es in den 1990er Jahren mit der Entwicklung des WWW (World Wide Web) zu einem kommerziellen Durchbruch des Internets als Massenmedium.[9] Den Grundstein für das WWW legte der Brite Tim Berners-Lee, der für das Forschungsinstitut CERN (Conseil Européen pour la Recherche Nucléaire) arbeitete. Ziel von Berners-Lee war die Schaffung eines einfach bedienbaren weltweiten Netzwerks, in dem Informationen jeglicher Art auf Webseiten gespeichert und für die breite Masse zugänglich gemacht werden konnten. Dabei hatte er ein Medium vor Augen, bei dem jeder Nutzer zugleich Sender und Empfänger sein konnte.[10] Zahlreiche Privatpersonen und Unternehmen entdeckten das Internet in der Folgezeit für sich und viele Webseiten, wie z.B. www.yahoo.com (1994)[11] oder www.amazon.com (1995)[12], entstanden. Gegen Ende der 1990er Jahre wurde das Web für viele Bereiche unternehmerischen Handelns eingesetzt und die zunehmende

---

[5] *Pawlowitz*, Marketing im Internet, 2000, S. 10.
[6] *Hafner/Lyon*, ARPA Kadabra – Die Anfänge des Internets, 2008, S. 14 ff.
[7] *Pawlowitz*, Marketing im Internet, 2000, S. 11.
[8] *Schädler*, Erfolgreiche Gestaltung von Werbung im Internet, 2004, S. 5.
[9] *Hettler*, Social Media Marketing, 2010, S. 1; *Pawlowitz*, Marketing im Internet, 2000, S. 11.
[10] *Hettler*, Social Media Marketing, 2010, S. 1.
[11] Yahoo!, The History of Yahoo!, yahoo.com//info//misc//history.html, 10.05.2019.
[12] Entrepreneur, Jeff Bezos – The King of E-Commerce vom 10.10.2008.

Durchdringung der Wirtschaftswelt führte zu einem regelrechten Internetboom.[13] Innerhalb kürzester Zeit bildeten sich eine Vielzahl von neu gegründeten Internet-Unternehmen (sog. Start-Ups), die zumeist darauf ausgerichtet waren, traditionelle Märkte aufzubrechen und die Spielregeln gesamter Branchen zu verändern.[14] Darüber hinaus wurden allmählich die Vorteile der Internetwerbung und die Grenzen der Print-, Radio- und Fernsehwerbung erkannt. Für das Jahr 1997 konnten bereits ca. 45 Millionen aktive WWW-Nutzer verzeichnet werden.[15] Hauptsächlich wurde das Internet in Form des Web 1.0 als Informationskanal genutzt.[16]

b) Zentrale Bestandteile und Eigenschaften

Bei dem „Internet" handelt es sich streng genommen um ein Netzwerkverbund, der verschiedene Dienste auf Grundlage eines Kommunikationsprotokolls[17] beinhaltet.[18]

aa) Dienste

Neben dem WWW existiert eine Reihe anderer Dienste wie zum Beispiel E-Mail (Elektronische Post), Chatting (Live Online-Kommunikation), Newsgroups (Zeitversetzte Online-Kommunikation), FTP (Dateitransfer- und Download-Möglichkeit von Audio, Video, Text oder Software) oder telnet (Fernsteuerung von Computern).[19] Das WWW stellt allerdings mit Abstand den meistgenutzten Mehrwertdienst dar[20] und wird daher in dieser Arbeit begrifflich mit dem Internet gleichgesetzt. Auch für die Schleichwerbung sind nur die Aktivitäten im WWW interessant, da sich die Online-Werbung im Wesentlichen dort abspielt.

bb) Art und Weise der Kommunikation

Die Inhalte des World Wide Webs der ersten Generation sind hauptsächlich durch eine Ansammlung von statischen Webseiten geprägt. Man spricht daher zum Teil im Zusammenhang mit dem Web 1.0 von einem „bloßen Informationsspeicher".[21]

---

[13] *Hettler*, Social Media Marketing, 2010, S. 2.
[14] Dies wird auch als „Disruptive Innovation" bezeichnet.
[15] *Hettler*, Social Media Marketing, 2010, S. 1.
[16] *Weinberg*, Social Media Marketing, 2010, S. 8.
[17] Damit ist konkret TCP/IP (Transmission Control Protocol/Internet Protocol) gemeint.
[18] *Schädler*, Erfolgreiche Gestaltung von Werbung im Internet, 2004, S. 6.
[19] *Pawlowitz*, Marketing im Internet, 2000, S. 11.
[20] *Schädler*, Erfolgreiche Gestaltung von Werbung im Internet, 2004, S. 6.
[21] *Hettler*, Social Media Marketing, 2010, S. 4.

Die Kommunikationsbeziehung zwischen Sender und Empfänger bei klassischen Webseiten ist vergleichbar mit der bei Zeitungen, Zeitschriften, Fernseh- oder Radiosendungen. Es handelt sich um eine Form der Einwegkommunikation, bei der ein Sender Inhalte an viele Empfänger übermittelt („One-to-Many-Kommunikationskanal").[22]

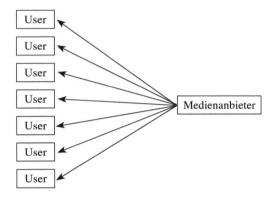

Kommunikationsbeziehung zwischen
Sender („Medienanbieter") und Empfängern („User")[23]

Zwar gibt es bestimmte Reaktions- und Interaktionsmöglichkeiten, wie speziell vorgesehene Kommentarspalten, mithilfe deren sich die Empfänger zu Wort melden können. Diese werden jedoch oftmals nur selektiv zugelassen und gefiltert.[24] Das Kommunikationsmonopol behält somit der Sender bzw. Webseitenanbieter als Gatekeeper der Inhalte. Der Empfänger bzw. Webseitennutzer kann aufgrund technischer und wirtschaftlicher Zugangsbarrieren die fremdgenerierten Inhalte kaum öffentlichkeitswirksam beeinflussen.

Die „One-to-Many-Kommunikationskanäle" sind als Träger von Werbebotschaften prädestiniert,[25] da durch eine zentrale Platzierung kommerzielle Inhalte auffällig gestaltet und an die breite Öffentlichkeit versendet werden können. Die Banner- oder Pop-Up-Werbung stellen dabei klassische Beispiele der Werbeformen des Web 1.0 dar. Allerdings sinkt zunehmend die Akzeptanzschwelle solcher Werbestrategien,[26] da die mit Bannern oder Pop-Ups vollgepackten Webseiten die Navigation und Informationssuche im Internet erheblich erschweren.[27] Viele Inter-

---

[22] *Hettler*, Social Media Marketing, 2010, S. 16.
[23] WEKA MEDIA, Werbung: Das Komplexitätsproblem von Social-Media-Marketing vom 18.12.2008.
[24] *Jodeleit*, Social Media Relations, 2012, S. 4.
[25] *Hettler*, Social Media Marketing, 2010, S. 16.
[26] Man spricht in diesem Zusammenhang von einem Phänomen der sog. Banner-Blindheit.
[27] *Schädler*, Erfolgreiche Gestaltung von Werbung im Internet, 2004, S. 4.

netnutzer installieren somit heute sog. Adblocker, die die klassische Werbung auf Webseiten gänzlich ausblenden.[28]

Die begrenzten Interaktionsmöglichkeiten und abnehmenden Werbewirkungserfolge im Rahmen des Web 1.0 haben zu einer Weiterentwicklung des Internets geführt, die sich begrifflich als Web 2.0 zusammenfassen lässt. Auch wenn die Inhalte des „alten und neuen Internets" heute weitgehend miteinander koexistieren, sind seit dem Aufkommen der sozialen Medien in den letzten 10–20 Jahren wichtige Veränderungen in der Medien- und Werbepraxis zu beobachten.

2. Soziale Medien

Soziale Medien sind „In" – und das nicht erst seit gestern.[29] Mit Social Media wird erstmalig dem Wunsch einer breiten Bevölkerungsschicht nach Kommunikation nachgekommen.[30] Dort tauschen Menschen untereinander Informationen, Meinungen und Erlebnisse aus oder engagieren sich als Markenbotschafter. Das Web 2.0 sorgt für ein Aufbrechen des Kommunikationsmonopols und verleiht dem zuvor anonym schweigenden Rezipienten eine deutlich hörbare Stimme.[31] Diese Waffengleichheit zwischen Sender und Rezipient ist neu und markiert den größten Umbruch in der Medien- und Werbewelt seit Jahrzehnten.

a) Entstehungsgeschichte des Web 2.0

Schon vor dem Aufkommen der Begrifflichkeit „Web 2.0" beinhaltete das Internet bestimmte Dienste, wie Newsgroups, die die grundlegenden Prinzipien und Merkmale der sozialen Medien erfüllen.[32] Dies zeigt zunächst, dass eine scharfe Trennung zwischen Web 1.0 und Web 2.0 nicht möglich ist.

Die heute bekannten Social Media-Angebote, auf die sich diese Arbeit konzentriert, entstanden und verbreiteten sich langsam erst ab dem Jahr 2002. Nachdem viele Start-Ups in den 1990er Jahren mangels tragfähiger Unternehmenskonzepte nach kurzer Zeit Insolvenz anmelden mussten und an einer sog. Dotcom-Krise[33] scheiterten, wuchs die Investitionsbereitschaft im Internet wieder an. Dies war vor allem darauf zurückzuführen, dass neue Technologien verbesserte Formen und Qualitäten des Informationsaustauschs ermöglichten.[34] Darüber hinaus kam es zu einer Steigerung der Verfügbarkeiten von schnellen Internetanschlüssen und

---

[28] *Bogus*, in: Schach/Lommatzsch, Influencer Relations, 2018, S. 90.
[29] *Bernecker/Beilharz*, Social Media Marketing, 2012, S. 19.
[30] *Hettler*, Social Media Marketing, 2010, S. 20.
[31] *Jodeleit*, Social Media Relations, 2012, S. 5.
[32] *Bernecker/Beilharz*, Social Media Marketing, 2012, S. 24.
[33] *Bernecker/Beilharz*, Social Media Marketing, 2012, S. 24.
[34] Damit sind vor allem die Technologien AJAX, XML und RSS gemeint.

wiederum zu einer Senkung der Internetnutzungskosten.[35] Diese zwei Faktoren hatten schließlich eine wichtige Änderung des Nutzerverhaltens zur Folge: Die Menschen verbrachten immer mehr Zeit im Netz und die Bereitschaft der Nutzer wuchs, selbst Inhalte für das Internet zu kreieren.[36] Auch etablierte sich zunehmend eine Art Online-Identität, mit der die Nutzer nicht mehr anonym, sondern personalisiert im Web auftreten konnten.[37]

Das Internet wurde nicht mehr nur als Informationskanal wahrgenommen, sondern vor allem auch als Kommunikationskanal mit ausgeprägter Interaktionsmöglichkeit für die Allgemeinheit entdeckt. Es war somit insgesamt eine Aufbruchstimmung oder neue Phase in der Geschichte des Internets zu beobachten, die meist unter dem Schlagwort „Web 2.0" subsumiert wird.[38] Die Zahl der Internetnutzer weltweit, die im Jahre 2002 ca. 600 Millionen,[39] im Jahre 2009 ca. 1 Milliarde[40] und im Jahre 2018 ca. 3 Milliarde betrug,[41] wächst mit der Fortentwicklung des Mediums bis heute ungebrochen weiter. Auch konnten weltweit für das Jahr 2018 etwa 3 Milliarden aktive Social Media-Nutzer festgestellt werden.[42] Diese Studien machen deutlich, dass das Internet heute aus unserer Gesellschaft nicht mehr wegzudenken ist – und Internet bedeutet für immer mehr Menschen „Social Media".[43]

b) Zentrale Bestandteile und Eigenschaften

„Soziale Medien" ist der Oberbegriff für Dienste im Internet, die es Nutzern ermöglichen, Informationen, Meinungen oder Erfahrungen auszutauschen und Wissen zu sammeln.[44] Dabei geht es vor allem darum, durch leicht bedienbare Online-Werkzeuge eigene Inhalte, wie Texte, Fotos, Videos oder Hörbeiträge, zu erstellen und mit der Öffentlichkeit zu teilen.

---

[35] *Hettler*, Social Media Marketing, 2010, S. 3.
[36] *Hettler*, Social Media Marketing, 2010, S. 3.
[37] *Bernecker/Beilharz*, Social Media Marketing, 2012, S. 24 f.
[38] *Hettler*, Social Media Marketing, 2010, S. 2.
[39] *Hettler*, Social Media Marketing, 2010, S. 1.
[40] Golem, Studie: Mehr als eine Milliarde Internetnutzer vom 29.01.2009.
[41] Statista, Studie: Anzahl der Internetnutzer weltweit bis 2018 vom 12.2018.
[42] Statista, Studie: Anzahl der monatlich aktiven Social-Media-Nutzer weltweit vom 01.2019.
[43] *Bernecker/Beilharz*, Social Media Marketing, 2012, S. 5.
[44] *Nirschl/Steinberg*, Einstieg in das Influencer Marketing, 2017, S. 8.

aa) Dienste

Zu den Social Media-Diensten zählen u. a. soziale Netzwerke[45] (Virtuelle Gemeinschaftsplattformen), Blogs[46] (Tagebuchähnliche Webseiten), Foren[47] (Frage- und Antwortplattformen), Wikis[48] (Bearbeitbare Informationswebseiten) und Content-Sharing-Portale[49] (Webseiten zum Teilen von Texten, Fotos, Videos, Musik etc.).[50] Eine Webseite oder Plattform kann allerdings auch die Eigenschaften mehrerer dieser Dienste erfüllen und somit sind Mischformen ebenfalls denkbar.[51] Auch wenn Blogs ebenfalls sehr einflussreich sein können,[52] ist die höchste Aufmerksamkeit und Aktivität der privaten sowie gewerblichen Akteure eindeutig im Bereich der sozialen Netzwerke aufzufinden.[53] In Anlehnung an den allgemeinen Sprachgebrauch werden die Begriffe „soziale Netzwerke", „Web 2.0", „Social Media", „Social Web" und „Social Networks" daher in dieser Arbeit synonym verwendet. Die Liste der gegenwärtig bestehenden sozialen Netzwerke ist lang und wächst stetig weiter,[54] wobei *Facebook*, *YouTube* und *Instagram* mit Nutzerzahlen in Milliardenhöhe weltweit für das Jahr 2019 die wohl meistgenutzten Plattformen darstellen.[55] Auch die Marketingaktivitäten von Unternehmen verlagern sich vor allem in diese Netzwerke, da Konsumenten der klassischen (Online-)Werbung kritisch gegenüberstehen und stattdessen Empfehlungen von Freunden, Bekannten oder unabhängigen Experten mehr Vertrauen schenken.[56] Unternehmen, die sich auf Social Media-Plattformen engagieren, sind auch tatsächlich finanziell erfolgreicher.[57] Allerdings geht es bei den werblichen Tätigkeiten im Netz nicht mehr darum, so viel Aufmerksamkeit wie möglich zu schaffen und „Werbeparolen ins Gedächtnis der Zielgruppe zu hämmern",[58] sondern vielmehr darum, sich auf Augenhöhe, leise, intelligent und taktvoll an den Gesprächen unter Menschen zu beteiligen. Somit nähern sich werbliche und sonstige Inhalte zunehmend einander

---

[45] Beispiele: facebook.com, instagram.com, youtube.com, snapchat.com, twitter.com, linkedin.com, xing.com.
[46] Beispiele: blogspot.com, wordpress.com.
[47] Beispiel: gutefrage.net.
[48] Beispiel: wikipedia.org.
[49] Beispiele: flickr.com, slideshare.net.
[50] *Hettler*, Social Media Marketing, 2010, S. 15, 41 ff.; *Nirschl/Steinberg*, Einstieg in das Influencer Marketing, 2017, S. 8; *Sterne*, Social Media Monitoring, 2011, S. 23 f.
[51] *Bernecker/Beilharz*, Social Media Marketing, 2012, S. 27.
[52] *Weinberg*, Social Media Marketing, 2010, S. 170.
[53] *Weinberg*, Social Media Marketing, 2010, S. 22.
[54] Eine regelmäßig aktualisierte Zusammenstellung der 250 beliebtesten sozialen Netzwerke befindet sich auf socialmedialist.org.
[55] Statista, Studie: Größte soziale Netzwerke nach Anzahl der Nutzer weltweit 2019 vom 01.2019.
[56] *Nirschl/Steinberg*, Einstieg in das Influencer Marketing, 2017, S. 1; *Weinberg*, Social Media Marketing, 2010, S. 8 f.
[57] *Sterne*, Social Media Monitoring, 2011, S. 22.
[58] *Weinberg*, Social Media Marketing, 2010, Vorwort.

an und hybride Werbeformen entstehen,[59] die rechtlich zum Teil als Schleichwerbung verboten sind. In diesem Zusammenhang wird von der „dunklen Seite der Macht"[60] gesprochen, die in sozialen Netzwerken regiert.

bb) Art und Weise der Kommunikation

Die Kommunikationsbeziehung zwischen Sender und Empfänger in sozialen Netzwerken ist anders und macht die Attraktivität des Mediums aus. Es handelt sich bei der Social Media-Kommunikation um eine Form der Mehrwegkommunikation, bei der viele Sender mit vielen Empfängern kommunizieren können („Many-to-Many-Kommunikationskanal").[61]

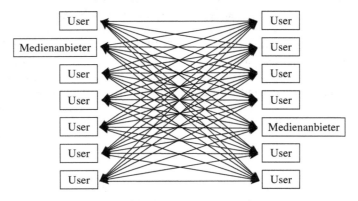

Kommunikationsbeziehung zwischen
Sendern („Medienanbieter") und Empfängern („User")[62]

Die Sender sind im Zeitalter des Web 2.0 nur Teilnehmer unter vielen und ihre Beiträge stehen in Konkurrenz zu emanzipierten, öffentlichkeitswirksam kommunizierenden Empfängern.[63] Die Informationsverbreitung im Netz wird von der Aufgabe weniger zu vieler und soziale Medien eröffnen kommunikationswilligen Empfängern stets die Möglichkeit, zugleich auch aktive Sender zu sein und eigenständige Beiträge zu veröffentlichen. Im Einzelfall besteht die Möglichkeit, etwa Kommentar- und Bewertungsfunktionen gemäß der Zielsetzung des Seitenverantwortlichen einzuschränken oder nutzergenerierte Informationen zu löschen. Diese selektiven Auswahlprozeduren unterliegen allerdings der Gefahr, als

---

[59] *Bogus*, in: Schach/Lommatzsch, Influencer Relations, 2018, S. 90.
[60] *Jodeleit*, Social Media Relations, 2012, Vorwort.
[61] *Hettler*, Social Media Marketing, 2010, S. 16, 21.
[62] WEKA MEDIA, Werbung: Das Komplexitätsproblem von Social-Media-Marketing vom 18.12.2008.
[63] *Hettler*, Social Media Marketing, 2010, S. 17.

Zensur interpretiert zu werden und negative Auswirkungen auf die Reputation des Senders zu haben.

Bei einem „Many-to-Many-Kommunikationskanal" als Träger von Werbebotschaften muss berücksichtigt werden, dass Verbraucher zu einem großen Teil die Markenkommunikation mitgestalten und Unternehmen – ob gewollt oder nicht – ihre Kontrolle und Macht diesbezüglich abgeben.[64] Ein authentisches Auftreten in sozialen Netzwerken kann jedoch insbesondere dabei helfen, den Bekanntheitsgrad einer Marke zu verbessern oder die Imagepflege eines Unternehmens zu fördern.[65] Dabei gilt dennoch zu beachten: Die Verbraucher veranstalten die Show.[66] Aus diesem Grund spielt aktuell das Influencer-Marketing als Werbestrategie eine zentrale Rolle.

3. Influencer-Marketing

Es ist der neue Hype in der digitalen Geschäftswelt: Influencer-Marketing.[67] Diese Werbemaßnahme ist das Ergebnis der Bemühungen von Unternehmen, die sich sehr dynamisch entwickelnden sozialen Medien für die Erreichung eigener Marketingziele einzusetzen und den auf Augenhöhe gewollten Dialog mit den Verbrauchern zu gewährleisten. Wie die Marketingstrategie im Einzelfall eingesetzt wird, hängt von der individuellen Ausgangslage und konkreten Zielsetzung des werbebetreibenden Unternehmens ab.[68] Auch wenn sich das Influencer-Marketing allmählich zu einem zentralen Instrument im sog. Marketing-Mix von Unternehmen etabliert,[69] sind die Wirkungsmechanismen und praktischen Umsetzungsstrategien weitaus komplexer als bei klassischen Marketing-Instrumenten und mit dem heutigen Stand noch lange nicht vollständig erforscht. Sowohl das Wirtschaftsleben, als auch das Wirtschaftsrecht stehen somit vor ungeahnten neuen Herausforderungen.[70] Nicht umsonst sprechen Agenturchefs daher im Zusammenhang mit dem Influencer-Marketing vom „Wilden Westen des Werbens".[71]

---

[64] *Bernecker/Beilharz*, Social Media Marketing, 2012, S. 23.
[65] *Nirschl/Steinberg*, Einstieg in das Influencer Marketing, 2017, S. 8.
[66] *Sterne*, Social Media Monitoring, 2011, S. 261.
[67] So *Henning-Bodewig*, WRP 2017, 1415.
[68] *Jahnke*, Influencer Marketing, 2018, S. 128.
[69] *Nirschl/Steinberg*, Einstieg in das Influencer Marketing, 2017, S. 1.
[70] *Henning-Bodewig*, WRP 2017, 1415.
[71] *o. V.*, Manager Magazin, #Ich bin käuflich vom 25.08.2017, S. 34.

a) Entstehungsgeschichte

Die Grundlagen des Influencer-Marketings sind keinesfalls neu und finden ihren Ursprung lange bevor es das Internet überhaupt gab. So war zum Beispiel der in den 1950er Jahren bekannte „Marlboro Man" einer der erfolgreichsten Influencer zu Zeiten der Plakatwerbung. Als Symbol für Maskulinität machte er das Rauchen von *Marlboro*-Zigaretten fast 50 Jahre lang zu einem riesigen Trend.[72]

Beispiel eines Plakats mit dem „Marlboro Man" aus den 1950er Jahren[73]

Der Begriff „Influencer-Marketing" wurde erstmals in dem 2001 veröffentlichten Buch „Influence: Science and Practice" des amerikanischen Psychologen und Betriebswirtschaftswissenschaftlers Robert Cialdini eingeführt.[74] In diesem Bestseller stellte er im Wesentlichen fest, dass Menschen relativ leicht beeinflussbar und im Hinblick auf ihre Handlungen zu einem gewissen Grad steuerbar sind.[75] Angesichts der zunehmenden Komplexität des Alltags informieren sich Menschen nicht mehr zu allen Themenbereichen und verlassen sich daher hinsichtlich ihrer Kaufentscheidungen auf die Ratschläge von Anderen bzw. Influencern.[76] Erst mit dem Aufschwung von werbebasierten Geschäftsmodellen auf Social Media bekam der von Cialdini geprägte Begriff eine große praktische Bedeutung.

Die Buchbranche fing zuerst damit an, eng mit monothematischen Buch-Bloggern zusammenzuarbeiten und in sozialen Medien auf neue Veröffentlichungen

---

[72] *Mechem*, Grin, The History of Influencer Marketing: How it has evolved over the years vom 09.03.2018.
[73] *Mechem*, Grin, The History of Influencer Marketing: How it has evolved over the years vom 09.03.2018.
[74] OLG Celle, MMR 2017, 769, 771; *Nirschl/Steinberg*, Einstieg in das Influencer Marketing, 2017, S. 5.
[75] *Nirschl/Steinberg*, Einstieg in das Influencer Marketing, 2017, S. 5 f.
[76] *Nirschl/Steinberg*, Einstieg in das Influencer Marketing, 2017, S. 5.

aufmerksam zu machen. Heute wird in diesem Bereich das Influencer-Marketing vor allem auf *Instagram* betrieben, um Gelegenheitsleser als Zielgruppe zu erreichen.[77]

In der Film-, Musik- und Gamesbranche wurde die Marketingstrategie ähnlich früh entdeckt. Die Beziehungspflege zu Prominenten in sozialen Netzwerken etablierte sich schon lange bevor diese sich „Influencer" nannten. Gegenwärtig konzentriert sich der Entertainmentbereich insbesondere darauf, mittels Influencer-Marketing auf *YouTube*, Gelegenheitskonsumenten zu aktivieren.[78]

Letztlich startete die Mode- und Eventsbranche die Zusammenarbeit mit Bloggern zu einer vergleichbaren Zeit wie die oben genannten Branchen. Das Influencer-Marketing stellt nur eine Weiterentwicklung der veranlassten Bloggeraktivitäten auf neu entstandenen Plattformen dar.[79] Heute sitzen Influencer in den ersten Reihen von Modeschauen, Premieren oder ähnlichen Events und lassen mithilfe von *YouTube* oder *Instagram* die breite Masse an ihren Entdeckungen und Erlebnissen teilhaben. Die Marketingstrategie ist insbesondere im Fashionbereich für Start-Ups ein fester Bestandteil der Philosophie geworden.[80]

In den letzten fünf Jahren haben Unternehmen aus nahezu allen Geschäftssparten das enorme Potenzial des Influencer-Marketings erkannt. Das Thema erlangt nicht mehr nur bei Büchern, Filmen, Musik, Games, Mode oder Events, sondern auch z. B. bei Essen, Haustieren (sog. „Petfluencer"), Reisen, Sport, Möbeln, Finanzdienstleistungen oder Technikprodukten zunehmend Bedeutung. Die Diversität der Einsatzfelder sowie Vorgehensweisen im Einzelfall sind nahezu unbegrenzt und derzeit noch lange nicht erschöpft. Eine aktuelle Studie aus dem Jahr 2018 des Bundesverbands Digitale Wirtschaft (BVDW) zeigt, dass im Durchschnitt bereits 59 % der Unternehmen in Deutschland das Influencer-Marketing einsetzen.[81] Keiner der Befragten plant hierfür ein rückläufiges Budget.[82] Von den in diesem Bereich noch Inaktiven wollen 24 % das Instrument zukünftig in ihre Marketingstrategie aufnehmen und folglich erreicht das Influencer-Marketing bald einen potenziellen Einsatz bei 83 % der deutschen Wirtschaftsunternehmen.[83]

b) Zentrale Bestandteile und Eigenschaften

Influencer-Marketing ist eine strategische Vorgehensweise, bei der Unternehmen bestimmte Personen heranziehen, um Werbebotschaften in sozialen Netzwerken zu verbreiten. Diese Personen werden allgemein als Meinungsmacher oder sog.

---

[77] *Jahnke*, Influencer Marketing, 2018, S. 128.
[78] *Jahnke*, Influencer Marketing, 2018, S. 128.
[79] *Jahnke*, Influencer Marketing, 2018, S. 129.
[80] *Jahnke*, Influencer Marketing, 2018, S. 129.
[81] BVDW, Studie: Umfrage zur Nutzung von Influencer Marketing vom 10.11.2018, S. 3.
[82] BVDW, Studie: Umfrage zur Nutzung von Influencer Marketing vom 10.11.2018, S. 20.
[83] BVDW, Studie: Umfrage zur Nutzung von Influencer Marketing vom 10.11.2018, S. 17.

Influencer bezeichnet.[84] Influencer zeichnen sich dadurch aus, dass sie in sozialen Netzwerken ein hohes Ansehen genießen,[85] eine beträchtliche Anzahl von Abonnenten[86] aufweisen[87] und daher mit ihrem Handeln andere Menschen beeinflussen („to influence"). Sie können Werbebotschaften an eine große Anzahl von Personen weiterreichen und dabei gleichzeitig entscheidungsbeeinflussend wirken.[88] Es handelt sich allgemein um die auf den Social Media-Kanälen vertretenen „Prominenten",[89] d. h. um Blogger, Models, Schauspieler, Sportler, Politiker oder andere der Öffentlichkeit bekannte Personen.[90]

Für Unternehmen stellt das Influencer-Marketing derzeit eine vielversprechende Marketingstrategie dar, da Werbebotschaften kostengünstig und ohne Streuverluste die anvisierte Zielgruppe erreichen können. So kostet beispielsweise eine Printanzeige in der deutschen *Vogue* ca. 34.000 EUR, während ein vergleichbar professioneller Werbebeitrag eines Influencers bei *Instagram* nur ca. 5.000 Euro kostet.[91] Social Media-Nutzer als potentielle Käufer abonnieren bzw. folgen zudem nur denjenigen Personen, die für sie einen Vorbildcharakter aufweisen und interessant erscheinen. Somit sucht sich der Verbraucher selbst den für ihn passenden Werbeträger aus.[92]

Darüber hinaus können Influencer durch ihr vertrauenswürdiges und authentisches Erscheinungsbild eine enorme Marktdurchdringung für Unternehmen ermöglichen. Konsumempfehlungen dieser Personen werden in ihrer Glaubwürdigkeit oftmals vergleichbar aufgenommen wie die der Freunde oder engen Bekannten.[93] Influencer fungieren als Bindeglied zwischen Unternehmen und Verbraucher, wobei sie gleichzeitig darauf bedacht sind, ihre Unabhängigkeit zu betonen.[94]

Letztlich erlaubt die Werbestrategie eine schnelle und effektive Einschätzung der Produktakzeptanz[95] durch die verschiedenen Kommunikationsformen in sozialen Netzwerken. Positive Kommentare, die z. B. Redewendungen wie „Total schön" oder Herz-Emojis beinhalten können, sind ein Zeichen dafür, dass die Rezipienten etwas befürworten und unterstützen. Gleiches gilt in der Regel für das Teilen eines Beitrags oder das Betätigen eines „Gefällt Mir"-Symbols. Andererseits können Nutzer durch negative Kommentare oder das Anklicken eines „Gefällt Mir Nicht"-

---

[84] OLG Celle, MMR 2017, 769, 771.
[85] OLG Celle, MMR 2017, 769, 771; *Nirschl/Steinberg*, Einstieg in das Influencer Marketing, 2017, S. 11; *Suwelack*, MMR 2017, 661.
[86] Diese werden auch als „Follower" bezeichnet.
[87] *Henning-Bodewig*, WRP 2017, 1415; *Troge*, GRUR-Prax 2018, 87.
[88] *Nirschl/Steinberg*, Einstieg in das Influencer Marketing, 2017, S. 12.
[89] *Henning-Bodewig*, WRP 2017, 1415.
[90] *Lettmann*, GRUR 2018, 1209.
[91] *Lettmann*, GRUR 2018, 1210.
[92] *Henning-Bodewig*, WRP 2017, 1415.
[93] *Suwelack*, MMR 2017, 662.
[94] *Lettmann*, GRUR 2018, 1209.
[95] *Henning-Bodewig*, WRP 2017, 1415.

Symbols[96] zum Ausdruck bringen, dass sie etwas ablehnen und kritisieren. Die Möglichkeit der Allgemeinheit, auf Social Media-Plattformen offen ihre Meinung zu äußern sowie am öffentlichen Diskurs teilzunehmen, kann damit auch aufklärend wirken und den werbebetreibenden Unternehmen zugutekommen.

aa) Kanäle

Auch wenn Influencer, insbesondere Blogger, oftmals auf mehreren Social Media-Plattformen aktiv sind und dort regelmäßig Inhalte verbreiten, bilden *YouTube* und *Instagram* für Unternehmen aktuell die wohl wichtigsten Kanäle für das Influencer-Marketing.[97] Ursachen für die Beliebtheit dieser Kanäle sind vor allem die globale Reichweite der verbreiteten Informationen, das Erreichen einer jungen sowie konsumfreudigen Altersgruppe und die einfache Nutzungsmöglichkeit der Netzwerke. Beide Angebote sind auch nicht nur vom Computer oder Laptop aus mittels einer Webseite, sondern auch vom Mobiltelefon aus mittels einer App abrufbar.

(1) YouTube

Knapp ein Drittel aller Internetnutzer sind regelmäßig auf *YouTube* unterwegs[98] und somit bildet dieser Kanal für Werbung inzwischen eine ernstzunehmende Alternative zum Fernsehen. *YouTube* bietet Benutzern aus aller Welt die Möglichkeit, Videos anzusehen, zu bewerten und selbst hochzuladen, wodurch die Plattform insbesondere für die Bloggertätigkeit interessant wurde.[99] Einzelne Personen fingen an, tagebuchähnliche Beiträge mit einem bestimmten thematischen Schwerpunkt (z. B. Mode) visuell zu gestalten und *YouTube*-Kanäle (sog. V-logs[100]) zu betreiben. Entscheidend für die steigende Bedeutung des Kanals für Influencer war letztlich die Entdeckung des riesigen Potentials, durch Kooperationen mit Unternehmen kreative Videobeiträge zu monetarisieren.[101] Mittlerweile decken die zunehmend professionell werdenden V-logs die unterschiedlichsten Themenfelder ab, sodass diverse Zielgruppen durch das Influencer-Marketing erreicht werden können.[102] Insbesondere bei einer jüngeren Zielgruppe (ca. 12–19 Jahre) erweist sich die Einbindung von Produktplatzierungen in *YouTube*-Videos von ungefähr

---

[96] Diese Option besteht auf *YouTube* und *Facebook*, nicht jedoch auf *Instagram*.
[97] Statista, Studie: Instagram und YouTube am lukrativsten für Influencer vom 19.07.2018; *Zurth/Pless*, ZUM 2019, 415.
[98] YouTube, Pressemitteilung von 2019.
[99] *Nirschl/Steinberg*, Einstieg in das Influencer Marketing, 2017, S. 23.
[100] Dieser Begriff stellt eine Zusammensetzung aus den Wörtern „Video" und „Blog" dar.
[101] *Nirschl/Steinberg*, Einstieg in das Influencer Marketing, 2017, S. 23.
[102] *Behrens*, Klicksafe, YouTube – Was ist YouTube? vom 08.06.2017.

gleichaltrigen Influencern als erfolgsversprechend und empfehlenswert.[103] Auch in Deutschland sind einige Videoproduzenten,[104] wie etwa „Bibi", „Dagi Bee" oder „Flying Uwe", bei den jungen Heranwachsenden gefeierte Berühmtheiten und gefragte Markenbotschafter.

Eine der erfolgreichsten Influencer-Kampagnen auf *YouTube* war die Kooperation zwischen der YouTuberin „Bibi" und *Neckermann-Reisen*.[105] Das Unternehmen organisierte und bezahlte eine Reise zuerst nach Berlin, dann in die Türkei, später auf die Malediven und letztlich nach Bulgarien. Im Gegenzug nahm das Mädchen sog. „Follow-me-around-Videos" auf und veröffentlichte die Einzelheiten ihrer Aufenthalte. Die Videos wurden nach kurzer Zeit insgesamt 8,3 Millionen Mal aufgerufen.[106]

Die Verdienstmöglichkeiten im Rahmen solcher Kooperationen sind nicht nur für Unternehmen, sondern auch für Influencer beachtlich hoch. Das geschätzte jährliche Einkommen der Influencerin „Bibi" wird für das Jahr 2019 auf ca. 1,5 Millionen EUR geschätzt.[107] Heute haben sich sogar auf das Influencer-Marketing spezialisierte Agenturen (z. B. *FameBit*) gebildet,[108] die dabei helfen sollen, YouTuber und Unternehmen zusammenzubringen und eine professionelle Abwicklung der Werbeaktivitäten zu gewährleisten.

(2) Instagram

Neben *YouTube* stellt auch die Plattform *Instagram* einen dominierenden Influencing-Kanal dar. Das Grundkonzept basiert auf einem angelegten Benutzerkonto, welches im Anschluss mit Fotos, zu deren Bearbeitung verschiedene Filter zur Verfügung gestellt werden, bestückt werden kann.[109] Zudem können Videos mittlerweile in ähnlicher Weise mit anderen Nutzern innerhalb des Netzwerks geteilt werden. Nicht selten verhalf *Instagram* unscheinbaren Nutzern bzw. Privatpersonen, die in den Anfangsjahren regelmäßig Bildmaterial mit einem thematischen Schwerpunkt an ihre Abonnenten verbreiteten, zu einer erfolgreichen Bloggerkarriere. Auch wenn sich derzeit im Wesentlichen nur die „Frühanfänger" aus der Blogosphäre hauptberuflich mit der Erstellung von multimedialen Inhalten auf *Instagram* beschäftigen und damit ihren Lebensunterhalt verdienen können, wächst das Interesse an einem solchen Top-Influencer-Dasein vor allem bei Schauspielern, Models und anderen Personen des öffentlichen Lebens. Diese haben sich

---

[103] *Bogus*, in: Schach/Lommatzsch, Influencer Relations, 2018, S. 90.
[104] Diese werden auch als „YouTuber" bezeichnet.
[105] *Nirschl/Steinberg*, Einstieg in das Influencer Marketing, 2017, S. 23.
[106] *Reinbold*, SPIEGEL, Werbung auf YouTube – Das Bibi-Business vom 09.12.2015.
[107] *Hary*, Vermögen Magazin, Bibis Beauty Palace: Vermögen und Verdienst von Bianca Claßen (Heinicke) vom 08.04.2019.
[108] OLG Celle, MMR 2017, 769, 771; *Leeb/Maisch*, ZUM 2019, 29.
[109] *Nirschl/Steinberg*, Einstieg in das Influencer Marketing, 2017, S. 21.

I. Entwicklung der Medien- und Werbepraxis im Überblick

bereits durch andere Medienkanäle ein gewisses „Fan-Netzwerk" aufgebaut und müssen nicht lediglich durch Content Creation ihre Abonnenten gewinnen. Als Privatperson heute lediglich durch soziale Medien berühmt zu werden und mit Werbebeiträgen genug Geld zur Deckung des allgemeinen Lebensbedarfs zu verdienen ist zwar möglich, aber sehr schwer und kostet viel Durchhaltevermögen. Viele junge Menschen mit einer relativ hohen Abonnentenanzahl (mindestens 1.000) haben allerdings die Möglichkeit, durch vereinzelte Werbeposts auf *Instagram* Kosten zu sparen oder nebenbei Geld zu verdienen.[110]

Wo das Influencer-Dasein aufhört bzw. anfängt wird somit in der Literatur und Praxis sehr unterschiedlich beurteilt. Eine im Jahr 2014 von der Werbeagentur *Webguerillas* durchgeführte Studie ergab, dass in Deutschland 4,6 Millionen Konsumenten als „Influencer" gelten.[111] Folgt man dieser Einschätzung, wie es die Rechtsprechung momentan tut, dann wäre streng genommen jeder elfte Deutsche ein Influencer.[112]

Das Geschäftsmodell der Influencer auf diesem Kanal besteht darin, das eigene sorgfältig zusammengestellte *Instagram*-Profil teilweise als Werbefläche zu vermarkten. Insbesondere für Unternehmen, die die kaufkraftstarken Millennials (ca. 22–38 Jahre) als Zielgruppe im Blick haben, bietet sich das Influencer-Marketing auf *Instagram* derzeit besonders an.[113] In Deutschland stellen Blogger im Bereich Fitness und Mode, wie z.B. Caroline Daur[114] („Caro Daur"), Pamela Reif oder Leonie Hanne,[115] die beliebtesten Persönlichkeiten und gefragtesten Influencer im Social Web dar.[116] Für bezahlte Empfehlungen auf *Instagram* wird das jährliche Einkommen von Caroline Daur, die hauptsächlich Werbung für hochwertige Luxusgüter betreibt, auf ca. 1 Millionen EUR geschätzt.[117] Die Entstehung und Abwicklung der zahlreichen Kooperationen mit Bloggern oder sonstigen mehr oder minder als „prominent" zu bezeichnenden Persönlichkeiten erfolgt heute ebenfalls über spezialisierte Agenturen (z.B. *Studio71*, *Divimove* oder *Reachbird*).[118]

---

[110] Beispiel: Die App *Freachly* bringt solche Social Media-Akteure und Unternehmen zusammen.
[111] Territory Webguerillas, Studie: Markenempfehlungen und Eingrenzung Infuencern vom 05.2015, S. 11.
[112] OLG Celle, MMR 2017, 769, 771; *Kolo*, PRReport, Jeder elfte Deutsche ist ein „Influencer" vom 19.05.2015.
[113] *Gründel*, Werben & Verkaufen, Gen Y: Marketing am besten mit Influencern und Instagram vom 04.12.2018; *Lettmann*, GRUR 2018, 1207.
[114] Instagram, carodaur, instagram.com/carodaur/?hl=de, 10.05.2019.
[115] Instagram, leoniehanne, instagram.com/leoniehanne/?hl=de, 10.05.2019.
[116] Statista, Studie: Verteilung von werblichen Instagram-Posts nach Themen vom 17.12.2018.
[117] *Henning-Bodewig*, WRP 2017, 1415; *Lang*, Manager Magazin, Die Daur-Werbesendung vom 06.07.2017.
[118] *Nirschl/Steinberg*, Einstieg in das Influencer Marketing, 2017, S. 14 ff.

bb) Arten von Influencern

Es gibt viele unterschiedliche Kriterien, wie zum Beispiel Themenbereich oder Abonnentenanzahl, die für eine schnelle Kategorisierung der Influencer herangezogen werden können. Betrachtet man jedoch die verbreiteten Inhalte etwas genauer, so lassen sich grundlegend zwei Arten von Influencern herauskristallisieren: Es gibt die beziehungsstarken Multiplikatoren einerseits und die fachspezifischen Meinungsführer andererseits.

Die beziehungsstarken Multiplikatoren[119] lieben die Abwechslung und zeichnen sich durch ihre vielfältigen Kontakte zu den unterschiedlichsten Personenkreisen aus. Sie sind begeisterungsfähig, umtriebig, kreativ, kommunikativ und sehr gut vernetzt.[120] Ihre Aktivitäten im Netz sind daher von einem sehr häufigen Hochladen, Einbetten, Weiterleiten, Teilen, Bewerten und sonstiger Teilnahme geprägt.[121] Sind Multiplikatoren von einer Marke begeistert, verbreiten sie meist in regelmäßigen Abständen deren Neuheiten auf allen ihnen zur Verfügung stehenden Kanälen. Für viele Markenunternehmen stehen sie gern als „Produkttester" zur Verfügung und sind offen für Reisen oder Events, um als Ratgeber ihrem Netzwerk zu dienen. Die Empfehlungen dieser Art von Influencern sind dafür bekannt, die breite Masse zu erreichen und für schnelle, kurzfristige Hypes[122] zu sorgen. Die Influencerinnen Bianca Heinicke, Caroline Daur, Pamela Reif oder Leonie Hanne weisen beispielsweise mit über 1 Millionen Abonnenten die beschriebenen Merkmale dieser Personengruppe auf und sind somit als beziehungsstarke Multiplikatoren im Rahmen des Influencer-Marketings zu kategorisieren.

Die fachspezifischen Meinungsführer sind hingegen primär an Informationen interessiert und verfügen über ein großes Detailwissen in einem bestimmten Gebiet. Sie gelten in ihrem Umfeld als Experten[123] und sorgen für Vertrauen, Komplexitätsreduktion und Entscheidungssicherheit.[124] Die Tätigkeiten im Netz dieses Influencer-Typuses sind von sorgfältig ausgewählten Ratschlägen, Hinweisen, Insidertipps und Beratungen geprägt, die nur auf Grundlage von ausgiebigen Untersuchungen, Abwägungen oder Erfahrungen veröffentlicht werden. Meinungsführer sind anspruchsvoll und lassen sich im Vergleich zu Multiplikatoren nicht so leicht von einem Produkt überzeugen. Dafür genießen sie längerfristig eine gewisse Machtstellung und ihre Meinung wird selten in Frage gestellt. Diese Art von Influencern sind insbesondere für Marktnischen und komplexere Güter hoch

---

[119] *Nirschl/Steinberg*, Einstieg in das Influencer Marketing, 2017, S. 12; *Schüller/Schuster*, Marketing-Automation für Bestandskunden, 2017, S. 209.
[120] *Nirschl/Steinberg*, Einstieg in das Influencer Marketing, 2017, S. 12.
[121] *Schüller/Schuster*, Marketing-Automation für Bestandskunden, 2017, S. 209.
[122] *Nirschl/Steinberg*, Einstieg in das Influencer Marketing, 2017, S. 13; *Schüller/Schuster*, Marketing-Automation für Bestandskunden, 2017, S. 209.
[123] *Nirschl/Steinberg*, Einstieg in das Influencer Marketing, 2017, S. 14.
[124] *Schüller/Schuster*, Marketing-Automation für Bestandskunden, 2017, S. 209.

effektiv. Die Empfehlungen haben stets eine gewisse „Tiefe"[125] und deshalb können favorisierte Produkte eine langfristige Marktführung für Unternehmen bedeuten. Als Beispiel für einen fachspezifischen Meinungsführer gilt der YouTuber Carsten Hard[126] („Technikfaultier"), der als Experte regelmäßig für seine Abonnenten die neuesten Technikgeräte vorstellt und bewertet.

In einer Gesamtbetrachtung kann festgestellt werden, dass sich die Multiplikatoren und Meinungsführer in ihren Kommunikationsformen und -absichten signifikant unterscheiden. Doch weisen sie durchaus auch Gemeinsamkeiten auf, da beide mit fortlaufender Zeit eine große Reichweite und ein gewisses Einflusspotenzial erlangt haben. Vor diesem Hintergrund lässt sich die virtuelle Welt durchaus mit der analogen Welt vergleichen: Ein Mensch, der in eine neue Stadt zieht, einen neuen Job anfängt oder in ein anderes ihm unbekanntes Umfeld kommt, muss sich auch erstmal ein Netzwerk aufbauen. Wer dabei über einen längeren Zeitraum aktiv bzw. erfolgreich ist, an Beliebtheit gewinnt und mit einem bestimmten Wissen andere Menschen inspiriert, kann als „Influencer" gelten. Im Internet besteht die Besonderheit, dass man diese Leitfunktion zu Geld machen kann, da es einen gewissen immateriellen Wert besitzt. Allerdings kann es dann schnell dazu kommen, dass mit den zahlreichen „Freunden" die private Kommunikation mit der gewerblichen Kommunikation vermischt wird. Aus diesem Grund stellt die Hauptkritik am Influencer-Marketing die Verbreitung von Schleichwerbung dar.[127]

II. Aktueller Rechtsrahmen für das Influencer-Marketing

„Schleichwerbung" definiert und symbolisiert die rechtliche Grenze des Influencer-Marketings. Wenn ein Influencer anfängt, Schleichwerbung zu betreiben, ist nicht nur die mediale Aufregung, sondern auch die rechtliche Konsequenz groß. Bis zum Jahr 2015 war die Influencer-Werbung kein Gegenstand medienrechtlicher Diskussion und Aufsichtstätigkeit.[128] Blogger fühlten sich jahrelang, zum Teil auch mangels Problembewusstseins, frei in der Einbindung und Verbreitung werblicher Inhalte.[129] Dies änderte sich vor allem durch die Zunahme der kommerziellen Bloggertätigkeit, den Anstieg der Konkurrenz für etablierte Werbeträger und die Vielzahl der kritischen Medienberichte, welche im Herbst 2015 zu einer Veröffentlichung des ersten Leitfadens „FAQs – Antworten auf Werbefragen in

---

[125] *Nirschl/Steinberg*, Einstieg in das Influencer Marketing, 2017, S. 14; *Schüller/Schuster*, Marketing-Automation für Bestandskunden, 2017, S. 209.
[126] YouTube, Technikfaultier, youtube.com/user/Technikfaultier, 10.05.2019.
[127] Beispiel: Wenn man in den allgemeinen Informationsquellen, wie z.B. *Brockhaus* oder *Wikipedia*, das Stichwort „Influencer" eingibt, beinhalten die Ausführungen stets die Schleichwerbung als Kritik.
[128] *Fuchs/Hahn*, in: Jahnke, Influencer Marketing, 2018, S. 162; *Meinen/Gerecke*, in: Schach/Lommatzsch, Influencer Relations, 2018, S. 266.
[129] *Troge*, GRUR-Prax 2018, 87.

sozialen Medien" seitens der Landesmedienanstalten führten.[130] Auch wenn es heute zu vielen Einzelfragen noch keine höchstrichterliche Rechtsprechung oder kodifizierte Rechtgrundlage gibt, werden die Spielregeln des Influencer-Marketings immer klarer und bekannter.[131] In der rechtswissenschaftlichen Literatur wird sogar behauptet, dass sich „sukzessiv ein eigenes Werberecht für das Influencer-Marketing"[132] entwickelt.

1. Keine Kennzeichnung: Schleichwerbung

Mit der Veröffentlichung des Leitfadens wurde erstmals eine Brücke zwischen Recht und Praxis sowie eine Orientierungshilfe für alle Beteiligten geschaffen. Seitdem besteht im Bereich der sozialen Medien zumindest ein Grundkonsens darüber, dass es bei werblichen Beiträgen ohne Kennzeichnung nicht geht.[133] Dies folgt, wie bereits in den letzten zwei Kapiteln erarbeitet, aus dem gesetzlich verankerten Trennungsgebot und der Erkenntnis, dass sich der Werbecharakter in sozialen Netzwerken nicht bereits aus dem Inhalt und der Gestaltung des Angebots ergibt. Eine klare Erkennbarkeit der Werbung ohne Kennzeichnung ist allenfalls bei *YouTube*-Kanälen oder *Instagram*-Profilen von Unternehmen gegeben. Wer heute als Influencer bezahlte Beiträge überhaupt nicht kennzeichnet, ist entweder komplett neu im Geschäft oder handelt bewusst rechtswidrig.[134] Nach der gegenwärtigen Rechtslage handelt es sich in solchen Konstellationen bei Bildern auf *Instagram* um Schleichwerbung i. S. d. UWG und bei Videos auf *YouTube* um Schleichwerbung i. S. d. RStV.

2. Falsche Kennzeichnung: Schleichwerbung?

Die gesetzliche Definition[135] und überwiegende Kommentarliteratur zur Schleichwerbung im RStV[136] lassen die Annahme zu, dass im Falle des Vorliegens einer Kennzeichnung automatisch der Weg zur Produktplatzierung eröffnet und zur Schleichwerbung geschlossen wird. Nach der in dieser Arbeit vertretenen Ansicht, die im letzten Kapitel dargestellt wurde, reicht die Frage nach dem „Ob" der Kennzeichnung für den Ausschluss von Schleichwerbung allerdings nicht aus. Auch das „Wie" der Kennzeichnung kann eine Irreführung der Allgemeinheit zur

---

[130] *Fuchs/Hahn*, in: Jahnke, Influencer Marketing, 2018, S. 162; *Meinen/Gerecke*, in: Schach/Lommatzsch, Influencer Relations, 2018, S. 266.
[131] *Fuchs/Hahn*, in: Jahnke, Influencer Marketing, 2018, S. 162.
[132] *Fuchs/Hahn*, in: Jahnke, Influencer Marketing, 2018, S. 163.
[133] *Meinen/Gerecke*, in: Schach/Lommatzsch, Influencer Relations, 2018, S. 266.
[134] *Meinen/Gerecke*, in: Schach/Lommatzsch, Influencer Relations, 2018, S. 266.
[135] § 2 Abs. 2 Nr. 8 S. 1 RStV: „[...] mangels Kennzeichnung die Allgemeinheit [...] irreführen kann".
[136] Vgl. hierzu Kapitel 5 dieser Arbeit.

Folge haben. Dies wird insbesondere dadurch deutlich, dass die rechtssichere und ethisch angemessene Kennzeichnung beim Influencer-Marketing im Medienrecht derzeit zu den besonders diskutierten Themen der Disziplin gehört.[137] Wenn die Notwendigkeit des „Obs" der Kennzeichnung kaum noch in Frage gestellt wird und sich die Rechtswissenschaft zur Vermeidung von „Schleichwerbung"[138] (nicht „unerlaubte Produktplatzierung") vor allem mit der Art und Weise der Kennzeichnung auseinandersetzt, dann kann lediglich das Vorhandensein einer Kennzeichnung für einen Ausschluss von Schleichwerbung nicht ausreichen. Diese Erkenntnis lässt sich auch durch die Rechtsprechung des OLG Celle[139] zur Schleichwerbung im Zusammenhang mit dem Influencer-Marketing bestätigen. Das Unternehmen *Rossmann* hatte einen Influencer dafür bezahlt, in einem *Instagram*-Beitrag auf die neuen Sonderangebote des Drogeriemarkts hinzuweisen.[140] In dem Textbereich unterhalb des Fotos mit abgebildeten Kosmetikprodukten wurde zur Kennzeichnung der Werbung ein #ad verwendet, der zwischen anderen Hashtags positioniert wurde. Nach Ansicht des OLG handelte es sich um Schleichwerbung durch Influencer-Marketing in sozialen Medien, da der werbliche Charakter des Beitrags nicht „auf den ersten Blick erkennbar"[141] war. Eine irreführende Werbung wurde zwar nur nach den Maßstäben des Wettbewerbsrechts (UWG) und nicht des Medienrechts (RStV) positiv festgestellt.[142] Dennoch kam es im Rahmen der Prüfung der wettbewerbsrechtlichen Kennzeichnungspflicht zu einer Heranziehung der Leitlinien der Landesmedienanstalten als Orientierung[143] und folglich ist ein gewisser Gleichlauf der Rechtsgebiete für das Influencer-Marketing festzustellen sowie geboten.[144] Auch wenn die gegenwärtige Rechtslage, insbesondere die Schleichwerbedefinition, eine andere Interpretation nahelegt, soll zumindest künftig die Art und Weise der Kennzeichnung für die Bestimmung der Schleichwerbung i. S. d. RStV eine Rolle spielen.

Wann ein unzureichend gekennzeichneter kommerzieller Beitrag den Tatbestand der Schleichwerbung erfüllt, ist längst nicht abschließend entschieden und hängt stets von den Umständen des Einzelfalls ab. Weitgehende Einigkeit besteht indes darüber, dass die Wahrnehmung eines aufklärenden Hinweises[145] möglichst dann

---

[137] *Meinen/Gerecke*, in: Schach/Lommatzsch, Influencer Relations, 2018, S. 265.
[138] *Bogus*, in: Schach/Lommatzsch, Influencer Relations, 2018, S. 93; *Henning-Bodewig*, WRP 2017, 1417.
[139] OLG Celle, MMR 2017, 769 ff.
[140] Vgl. hierzu die Abbildung in Kapitel 1 dieser Arbeit.
[141] OLG Celle, MMR 2017, 769, 770.
[142] Es handelte sich um einen Verstoß gegen § 5a Abs. 6 UWG (OLG Celle, MMR 2017, 769, 770).
[143] OLG Celle, MMR 2017, 769, 772.
[144] *Henning-Bodewig*, WRP 2017, 1417.
[145] Vgl. hierzu Kapitel 5 dieser Arbeit. Im Folgenden werden nur die Kennzeichnungsmöglichkeiten aufgeführt, die sich aus einer Zusammenschau der zuvor herausgearbeiteten Literatur- und Rechtsprechungsansichten sowie des aktuellen Leitfadens ergeben und unstreitig zum Ausschluss der Schleichwerbung führen.

erfolgen soll, bevor sich der Rezipient mit dem Inhalt des Social Media-Beitrags geistig auseinandersetzt. Bei der Kennzeichnung eines Bildes am Anfang des dazugehörigen Textbereichs mit dem Wort „Werbung" (oder „Anzeige") wird der Werbecharakter des Beitrags weitgehend deutlich und somit ist die Schleichwerbung in jedem Fall ausgeschlossen. Mit einer bildschirmausfüllenden Einblendung des Wortes „Werbung" (oder „Werbevideo", „Dauerwerbesendung", „Anzeige") am Anfang eines Videos für mindestens fünf Sekunden[146] ist man ebenfalls auf der sicheren Seite. Eine dauerhafte Einblendung des Hinweises, links in der Ecke des Videos oder im dazugehörigen Textbereich, ist als „Mehr" der Kennzeichnung zu werten und führt selbstverständlich ebenfalls zum Schleichwerbeausschluss. Der Hinweis sollte generell eine gut lesbare Schriftart und -größe aufweisen.[147] Die Verwendung eines Hashtags ist hierbei angesichts der Eigenart der Influencer-Werbung ebenfalls zulässig.[148]

3. Zwischenergebnis

Betrachtet man den gegenwärtigen Rechtsrahmen für das Influencer-Marketing, so wird deutlich, dass die Schleichwerbung zu einem echten Medienrechtsproblem geworden ist. In den herkömmlichen Medien war die Schleichwerbung eher als „schlimmste Form der Werbung" anzusehen und ein Verstoß gegen das Verbot war – wenn überhaupt – nur in *ultima-ratio*-Fällen anzunehmen.[149] In sozialen Netzwerken gewinnt man hingegen den Eindruck, dass die Werbung durch eine Kennzeichnung erst zulässig gemacht werden muss, um keine Schleichwerbung darzustellen. Die Schleichwerbung entwickelt sich angesichts der Influencer-Marketingstrategie von einer Ausnahme zur Regel. Dies wird auch durch die Vielfältigkeit und Vielschichtigkeit der rechtlichen Aktivitäten sowie öffentlichen Diskussionen rund um die getarnte Werbung in sozialen Medien deutlich: Die Veröffentlichungen befassen sich eher mit der Frage, wann beim Influencer-Marketing keine Schleichwerbung vorliegt bzw. wie man sie vermeiden kann. Die verbotene Werbeform wird daher nahezu vermutet und lässt sich im Hinblick auf Social Media derzeit nur durch positive Beispiele der Kennzeichnung konturieren bzw. sicher ausschließen. Aus rechtlichen Gesichtspunkten hat sich in der gegenwärtigen Medien- und Werbewelt die Schleichwerbung praktisch zu einer „Boombranche"[150] entwickelt.

---

[146] *Bogus*, in: Schach/Lommatzsch, Influencer Relations, 2018, S. 103.
[147] Beispiel: Schriftart Arial (schwarz oder weiß) und Schriftgröße 16.
[148] *Henning-Bodewig*, WRP 2017, 1419.
[149] Dies wird insbesondere durch die relativ geringe Anzahl der gerichtlichen Entscheidungen zur Schleichwerbung im Fernsehen i. S. d. RStV deutlich.
[150] *Suwelack*, MMR 2017, 661.

III. Bewertung und Kritik

Um die gegenwärtigen rechtlichen Rahmenbedingungen für die Schleichwerbung und das Influencer-Marketing vollständig werten und ggf. kritisieren zu können, wurde eine eigene empirische Untersuchung mittels einer Umfrage zur Thematik durchgeführt.[151]

1. Empirische Analyse
(Umfrage: Schleichwerbung und Influencer-Marketing)

Die Umfrage wurde in Form einer standardisierten schriftlichen Befragung im Multiple Choice-Format durchgeführt, die von den Teilnehmern über einen Link auf *Instagram* online auszufüllen war. In dem Befragungszeitraum von zwei Wochen (5. April-19. April 2019) erlaubte diese Methodik ein zielgruppengenaues Ansprechen sowie eine zügige und effiziente Durchführung der Untersuchung. Der Fragenkatalog wurde für junge, deutschsprachige, aktive Social Media-Nutzer als Grundgesamtheit der Untersuchung verständlich gestaltet und aus den aktuellen rechtlichen Fragestellungen und Lösungsansätzen heraus entwickelt. Am Ende des Befragungszeitraums bestand der Datensatz aus 83 auswertbaren Fällen. Die Untersuchungsfragen der Studie wurden wie folgt formuliert:

— Ab ca. wieviel Followern würdest du jemanden als „Influencer" bezeichnen? (F1)

— Findest du es wichtig, dass Influencer ihre bezahlten Beiträge kennzeichnen? (F2)

— Wie sollte man am besten bei Bildern kennzeichnen? (F3)

— Wie sollte man am besten bei Videos kennzeichnen? (F4)

— Findest du das Thema um die Schleichwerbung und Influencer-Marketing übertrieben? (F5)

Zur eigenen Untersuchung und Klärung der allgemeinen Frage, wann eine Person als „Influencer" zu qualifizieren ist, wurde F1 mit vier Antwortoptionen erstellt. Die Klärung der Grenzziehung ist insbesondere für die Einschätzung des Anwendungsbereichs und der Reichweite des Schleichwerbeverbots relevant. Die Mehrheit der Befragten (46%) verlangte für die Eigenschaft als Influencer eine Abonnentenanzahl von mindestens 100.000. Folgt man dieser Einschätzung, dann wäre entgegen der oben genannten Studie nicht jeder elfte Deutsche, sondern nur ein kleiner Teil der Gesellschaft[152] ein Influencer i. S. d. Influencer-Marketings.

---

[151] Vgl. hierzu Anhang 1 dieser Arbeit.
[152] *Henning-Bodewig*, WRP 2017, 1415; *Nirschl/Steinberg*, Einstieg in das Influencer Marketing, 2017, S. 12.

Das Medienrecht fordert für die Qualifizierung eines *YouTube*-Kanals als fernsehähnliches Telemedium und Eröffnung des Anwendungsbereichs der Werbegrundsätze mindestens 500 Follower.[153] Im Wettbewerbsrecht wird allgemein eine geschäftliche Handlung i. S. d. UWG verlangt, welche auf eine ähnlich hohe Abonnentenanzahl schließen lässt. Betrachtet man die bisherigen Maßnahmen der Landesmedienanstalten und Entscheidungen der Gerichte,[154] so lässt sich feststellen, dass die ernsthafte Verfolgung von Schleichwerbung in sozialen Medien erst bei Influencern mit einer Abonnentenanzahl von mindestens 100.000 erfolgt.[155] Insofern entspricht die Umfrage dem Wert im praktischem Recht, der vor allem das theoretische Schleichwerbeverbot nicht uferlos ausweiten lässt. Personen mit mindestens 100.000 Followern müssen folglich im Rahmen ihrer Tätigkeiten in sozialen Medien die Vorschriften zur Schleichwerbung im RStV in jedem Fall streng beachten. Bei allen anderen Akteuren kann es an der fernsehähnlichen Breitenwirkung und Suggestivkraft sowie Relevanz für die öffentliche Meinungsbildung fehlen.

Die Auswertung von F2 ergibt eine eindeutige Mehrheit der Befragten (82 %) für ein generelles Erfordernis der Kennzeichnung von Werbung im Rahmen des Influencer-Marketings. Insofern sind die aktuellen rechtlichen Auseinandersetzungen und Aufsichtstätigkeiten als positiv zu werten. Darüber hinaus lässt sich aus den Beantwortungen von F5 ableiten, dass die vielfältigen Diskussionen in Bezug auf die Thematik der Schleichwerbung beim Influencer-Marketing innerhalb der Rechtswissenschaft und Öffentlichkeit von den Mediennutzern aus Transparenzgründen überwiegend als sinnvoll bzw. nicht als „übertrieben" (76 %) angesehen werden.

F3 und F4 befassen sich mit der von den Werbeempfängern bevorzugten Art und Weise der Kennzeichnung. Bei Bildern auf *Instagram* wird überwiegend (65 %) eine Kennzeichnung am Anfang des Beitrags, insbesondere im Textbereich, präferiert. Bei Videos auf *YouTube* oder *Instagram* soll nach der herrschenden Ansicht (65 %) eine Kennzeichnung im oberen linken oder rechten Bereich innerhalb der Bewegtbildsequenz erfolgen, um eine möglichst frühzeitige Wahrnehmung des Hinweises zu ermöglichen. Diese Umfrageergebnisse zeigen, dass sich angesichts der Kennzeichnungspraktiken bereits eine gewisse Gewohnheit und psychische Denkstruktur der Social Media-Nutzer im Hinblick auf die Identifizierung der Influencer-Werbung etabliert haben. Die immer fester werdenden Kennzeichnungsregeln im Leitfaden der Landesmedienanstalten und in der Rechtswissenschaft korrelieren auch im Wesentlichen mit den ausgewerteten Nutzerpräferenzen. Ins-

---

[153] Dies ergibt sich aus einem Umkehrschluss zu § 2 Abs. 3 Nr. 1 RStV (Vgl. hierzu Kapitel 4 dieser Arbeit).

[154] Beispiele: „Rossmann-Influencer" (OLG Celle), „Flying Uwe" (LMA), *Catherine Fischer-Hummels* (VsW; LG München); *Pamela Reif* (VsW; LG Karlsruhe); „Aquascaper" (OLG Frankfurt).

[155] *Catherine Fischer-Hummels* wies zum Zeitpunkt der Klageerhebung von den genannten Beispielen die niedrigste Followeranzahl von ca. 470.000 auf.

besondere wird die Kennzeichnung mit dem Hinweis #ad in der Mitte eines Beitrags nur von 35 % der Befragten als ausreichend erachtet und somit ist die Entscheidung des OLG Celle als sachgerecht zu werten.

2. Kritik am aktuellen Rechtsrahmen

Die empirische Studie zeigt viele positive Aspekte hinsichtlich der Vermeidung von Schleichwerbung im Internet, da sich langsam ein praxisorientiertes Werberecht für das Influencer-Marketing entwickelt. Auch ist die kritische Behauptung in der rechtswissenschaftlichen Literatur, dass die Gerichte „zuletzt erstaunlich häufig zugunsten der Werbewirtschaft"[156] entschieden hätten, voreilig und unrichtig, da erst kürzlich am 21. März 2019 das LG Karlsruhe die Influencerin Pamela Reif zur Untersagung der Schleichwerbung verurteilt hat.[157] Jedoch bestehen ebenso gewichtige Kritikpunkte an dem gegenwärtigen Regelungskonzept der Marketingstrategie, die im Falle eines Fortbestandes die aktuellen Rechtsunsicherheiten kaum ausräumen können.

a) Zersplittertes Rechtssystem

Zunächst sind die zersplitterten Rechtsquellen zur Schleichwerbung und zum Influencer-Marketing (z. B. AVMD-RL, RStV, UWG, Leitfaden der Landesmedienanstalten) zu beanstanden. Die sich daraus ergebenden divergierenden Aufsichtstätigkeiten haben unterschiedliche Maßstäbe bei der Bewertung von Schleichwerbung zur Folge und Influencer wissen nicht, wo sie sich verlässlich über Kennzeichnungsregeln informieren können. So wurde beispielsweise die Kennzeichnung der Werbung mit #ad zum Zeitpunkt der Entscheidung des OLG Celle im Leitfaden der Landesmedienanstalten noch als zulässig erachtet.[158] Der mittlerweile überarbeitete Leitfaden stimmt heute im Hinblick auf andere Kennzeichnungsfragen nicht vollständig mit den Bestimmungen des RStV überein.[159] Verschärfend kommt hinzu, dass selbst innerhalb der staatlichen Instanzen bei näherer Betrachtung diverse Uneinigkeiten und fortlaufende Meinungsänderungen hinsichtlich der „richtigen" Werbekennzeichnung erkennbar werden. Im nationalen Medienrecht ist nicht einmal gänzlich geklärt, ob eine falsche (nicht fehlende) Kennzeichnung überhaupt zur Schleichwerbung des Influencers führen kann.

---

[156] *Gerecke*, NJW 2015, 3190; *Henning-Bodewig*, WRP 2017, 1421.
[157] BNN, Karlsruhe: Pamela Reif verliert Prozess um Schleichwerbung vom 21.03.2019; Redaktion beck-aktuell, Pressemitteilung vom 22.03.2019, becklink 2012622.
[158] *Henning-Bodewig*, WRP 2017, 1419; *Meinen/Gerecke*, in: Schach/Lommatzsch, Influencer Relations, 2018, S. 271.
[159] Vgl. hierzu Kapitel 5 dieser Arbeit.

b) Eingeschränkter Anwendungsbereich des Schleichwerbeverbots im RStV

Das medienrechtliche Verbot von Schleichwerbung im RStV ist heute nach dem allgemeinen Rechtsverständnis nur auf *YouTube*-Kanäle anwendbar, da es sich hierbei nahezu unstreitig um fernsehähnliche Telemedien handelt. Eine fehlende Kennzeichnung bei Bildern oder einzelnen Videos ohne Kanal ist demzufolge für die Schleichwerbung i. S. d. RStV irrelevant. Diese rechtliche Unterscheidung erscheint allerdings, angesichts der medienübergreifend gleichen Wurzeln des Influencer-Marketings, durchaus frag- und kritikwürdig. Zumindest im Hinblick auf Videobeiträge der Influencer allgemein könnte der RStV und das darin verankerte Schleichwerbeverbot aus Gerechtigkeitsgründen einheitlich zur Anwendung kommen.

IV. Lösungsvorschläge

Nach der Analyse der gegenwärtigen Medien- bzw. Werbewelt und des dafür bestehenden Rechtsrahmens kann mit Blick auf die genannten Kritikpunkte Bilanz gezogen werden. Dass die derzeitige Ausgestaltung des Rechts an vielen Stellen der Werbepraxis nicht gerecht wird, ist bereits in den obigen Ausführungen mehrmals zum Ausdruck gekommen. Insbesondere sind in diesem Zusammenhang die zersplitterten Rechtsquellen und der eingeschränkte Anwendungsbereich des Schleichwerbeverbots im RStV als Beanstandungen zu nennen. Anknüpfend an die herausgearbeiteten Kritikpunkte werden im Folgenden die zwei besten Lösungsvorschläge präsentiert. Die Arbeit unterscheidet dabei zwischen einer potenziellen Veränderung des gesamten Rechtssystems („Makro-Reform") und des Rundfunkstaatsvertrages („Mikro-Reform").

1. Veränderung des Rechtssystems: „Makro-Reform"

Statt, wie es die aktuelle Regelungsstruktur vorsieht, bei der Beantwortung auf Werbefragen in sozialen Netzwerken mehrere zersplitterte Rechtsquellen heranzuziehen, ist es zumindest theoretisch überzeugender, eine einheitliche Rechtsgrundlage für das Influencer-Marketing zu schaffen, um die Unsicherheiten der Betroffenen weitestgehend zu reduzieren. Dafür würde sich beispielsweise die Schaffung eines bundeseinheitlichen Internetgesetzbuchs (NetGB),[160] Social Media-Gesetzbuchs (SocMediaG) oder Werbegesetzbuchs (WerbeG) anbieten, die jeweils inhaltlich einen unmittelbar auf das Influencer-Marketing anwendbaren Abschnitt enthalten. In jedem Fall sollten diese Rechtsquellen klarstellen, was die Schleichwerbung im Internet bedeutet und wie in sozialen Netzwerken die Kennzeichnung korrekt zu erfolgen hat. Einheitliche und transparente Kennzeichnungsregeln zur

---

[160] Dazu *Schladebach*, Jura 2013, 1098.

Vermeidung von Schleichwerbung können zunächst auf nationaler Ebene und dann – je nach steigender Bedeutung der Influencer-Werbung – auf europäischer Ebene erfolgen, wobei das langfristige Ziel eine weltweite Vereinheitlichung der Werbegrundsätze und Kennzeichnungsvorschriften in sozialen Medien sein sollte. Die kommerziellen Aktivitäten im Internet lassen sich territorial kaum begrenzen und im internationalen Vergleich übermäßig strenge Vorschriften einzuführen, würde zu einer Benachteiligung und etwaigen Abwanderung der Influencer in das Ausland führen. Nicht zu unterschätzen ist dabei der Aspekt, dass Deutschland aus wirtschaftlichen und kulturellen Gesichtspunkten auch von Influencern profitiert. Ertragreiche Steuerzahler und deutsche Prominente aus dem Inland zu verjagen, wäre letzten Endes nachteilig für die Bundesrepublik.

Mit Blick auf die langfristige Zielsetzung einer weltweit einheitlichen Kennzeichnung der Influencer-Werbung sind die aktuellen Tätigkeiten der Portalbetreiber sehr lobenswert. Auf *Instagram* gibt es z. B. eine Kennzeichnungsfunktion (sog. Branded Content Tool[161]), bei der neben dem Hinweis „Bezahlte Partnerschaft" bzw. „Paid Partnership" noch der Name des Geschäftspartners oberhalb des Beitrags in einem standardisierten Format erscheint. Die Portalbetreiber haben damit ihre Machtposition genutzt und zugunsten der Verbraucher in kurzer Zeit gewisses „Recht" geschaffen. Aus diesem Grund sind die medienrechtlichen Stimmen, die sich aktuell gegen eine derartige Kennzeichnung zur Vermeidung von Rechtsverstößen aussprechen, weder nachvollziehbar noch begründet.

2. Veränderung des RStV: „Mikro-Reform"

Die soeben vorgeschlagenen Veränderungen lassen sich nicht unmittelbar aus dem gegenwärtigen Rechtsrahmen ableiten, sondern erfordern zum Teil eine grundlegende Umstrukturierung der gesetzgeberischen Kompetenzordnung und sind nur „de lege ferenda" umsetzbar. Daher kommt als Alternative ein Lösungsvorschlag in Betracht, der sich auf eine Veränderung des RStV beschränkt und „de lege lata" verwirklicht werden kann.

Eine Erweiterung des Anwendungsbereichs des Schleichwerbeverbots im RStV auf andere Angebote in sozialen Netzwerken würde dazu beitragen, gleiche Maßstäbe zu kreieren und sinnwidrige Unterscheidungen im Hinblick auf das Influencer-Marketing aus der Welt zu schaffen. Hält man an dem Erfordernis eines fernsehähnlichen Telemediums i. S. d. § 58 RStV für die Anwendbarkeit des Verbots fest, so können nicht nur *YouTube*-Kanäle, sondern zumindest auch *Instagram*- oder *YouTube*-Profile die notwendigen Kriterien erfüllen, da sie redaktionell gestaltete Videoarchive der Influencer enthalten, die auf unbestimmte Zeit für den Medienrezipienten individuell abrufbar sind. Zu bevorzugen wäre aber eher die Streichung der Begrifflichkeit „fernsehähnliche Telemedien", da die europäische

---

[161] *Leeb/Maisch*, ZUM 2019, 29.

Gesetzgebung diese in der AVMD-RL nicht vorsieht und in Zukunft nur Rechtsunsicherheiten im Hinblick auf die Reichweite des Schleichwerbeverbots entstehen können. Dies hat mit Blick auf den zukünftig geplanten Medienstaatsvertrag (MStV)[162] auf nationaler Ebene auch der deutsche Gesetzgeber gesehen, da dieser Terminus wohl keine Kodifizierung mehr finden soll.[163]

Längerfristig wäre in jedem Fall die Schaffung einer Regelungsstruktur im nationalen Medienrecht, die die Werbung in sozialen Netzwerken einheitlich dem Schleichwerbeverbot unterfallen lässt, die bestmögliche Vorgehensweise, um alle Fälle der Schleichwerbung im Internet adäquat zu erfassen. Dafür könnte der RStV oder das sich in Planung befindende, rechtliche Äquivalent im Abschnitt für Telemedien bestimmte Vorschriften nicht für „fernsehähnliche Telemedien", sondern etwa für „soziale Medien"[164] vorsehen. Zu beachten gilt in diesem Zusammenhang, dass es sich beim Social Media (Web 2.0) um eine Weiterentwicklung des klassischen Internets (Web 1.0) und keine Mischform zwischen Rundfunk und Telemedien handelt. Die Rechtswissenschaft sollte sich daher auf neue Internetregeln konzentrieren und von den alten Rundfunkregeln lösen, um im digitalen Zeitalter für einen angemessenen Ausgleich der widerstreitenden Interessen zu sorgen. So macht beispielsweise die anhaltende rechtliche Diskussion um ein abgeändertes Verbraucherleitbild die Notwendigkeit der Schaffung neuer Maßstäbe für die Internetwerbung deutlich. Da sich die von einem „Many-to-Many-Kommunikationskanal" Betroffenen in ihrer Anzahl und Unterschiedlichkeit kaum erfassen lassen, ist eine transparente Gestaltung der Werbegrundsätze in sozialen Netzwerken unverzichtbar. Als Grundbaustein bedarf es hierfür zunächst einer passenden Definition für soziale Medien sowie für Werbung[165] und Schleichwerbung[166] in diesem Bereich. Den Werbe- und Schleichwerbebegriff könnte man auch für Telemedien allgemein regeln und im Wege der Analogie auf soziale Netzwerke anwenden.

Verankert der nationale Gesetzgeber die notwendigen Begriffsbestimmungen im Gesetz, wäre es darüber hinaus empfehlenswert, explizite und eigenständige[167] Werbevorschriften für soziale Netzwerke unter Berücksichtigung der Zielsetzung des medienrechtlichen Trennungsgebots sowie Schleichwerbeverbots zu kodifizieren. Der formale Trennungsgrundsatz sollte als pauschale Kennzeich-

---

[162] Rundfunkkommission der Länder, Diskussionsentwurf zu den Bereichen Rundfunkbegriff, Plattformregulierung und Intermediäre – „Medienstaatsvertrag" von 07./08.2019.
[163] *Heins*, MMR 2018, 797.
[164] Ähnliche Begriffe wie z.B. „soziale Netzwerke", „Web 2.0", „Social Media", „Social Web", oder „Social Networks" sind ebenfalls denkbar.
[165] Der Werbebegriff für soziale Netzwerke sollte am besten noch stärker auf das Kriterium der Entgeltlichkeit oder sonstiger vermögenswerter Vorteile (z.B. kostenlose Produkte oder Reisen) abstellen, da sich die Werbung beim Influencer-Marketing kaum aus der Art und Weise der Darstellung ergibt.
[166] Im nächsten Kapitel wird auf die Anpassung bzw. Veränderung der Schleichwerbedefinition eingegangen.
[167] Insbesondere ohne Verweis auf die rundfunkrechtlichen Werbegrundsätze (Vgl. hierzu die aktuelle Systematik des RStV für fernsehähnliche Telemedien).

IV. Lösungsvorschläge

nungspflicht umformuliert oder ausgelegt werden, da in erster Linie nur auf diese Weise die Erkennbarkeit der Social Media-Werbung gewährleistet werden kann. Dabei sollte das Gesetz gleichzeitig genügend Raum für Ausnahmen von diesem Grundsatz lassen, die z. B. für reine Unternehmensprofile zur Anwendung gelangen. Zudem wäre eine Kodifikation und Konkretisierung der Art und Weise der Kennzeichnung, etwa in Anlehnung an die bestehenden Zulassungsvorschriften für die Produktplatzierung im Fernsehen, im RStV bzw. MStV zu begrüßen. Diese gesetzgeberischen Tätigkeiten sollten dann erneut zu einer Überarbeitung und Angleichung des Leitfadens der Landesmedienanstalten führen, um die aktuellen Widersprüche aus der Welt zu schaffen. Als Konkretisierung des Trennungsgebots sollte aus Klarstellungsgründen das Verbot von Schleichwerbung ebenfalls in dem für soziale Medien vorgesehenen Abschnitt ausdrücklich verankert werden. Eine Veränderung des Wortlauts der Verbotsnorm erscheint bei Schaffung eines kompatiblen Schleichwerbebegriffs nicht notwendig.

Die Erweiterung des Anwendungsbereichs des Schleichwerbeverbots darf letztlich nicht zu einer uferlosen Ausweitung der Werberestriktion führen. Das nationale Medienrecht sollte lediglich das Ziel verfolgen, die Werbung in sozialen Netzwerken einheitlich zu regeln und für Influencer gleiche Kennzeichnungspflichten aufzustellen. Dass ein Verstoß gegen das staatsvertragliche Schleichwerbeverbot im Zusammenhang mit sozialen Medien künftig eine Zunahme erfahren wird, sollte allein an dem Wesen des Influencer-Marketings selbst liegen. Auch die wettbewerbsrechtlichen Urteile zur Schleichwerbung stellen nicht maßgeblich auf die gewählte Social Media-Plattform *YouTube*, sondern auf die Natur der Werbestrategie ab.

Folgt der Gesetzgeber den angeführten Lösungsvorschlägen, so kann die kommerzielle Kommunikation im Internet rechtlich besser geregelt und die Schleichwerbung in der gegenwärtigen Medien- und Werbepraxis effektiver begrenzt werden.

Siebtes Kapitel

Zusammenfassung, Thesen und Ausblick

I. Zusammenfassung

Diese Untersuchung hat gezeigt, dass die Schleichwerbung zu einem allgegenwärtigen Phänomen und weltumspannenden Problem geworden ist. Sie lässt sich als gezielte und irreführende Einbindung von werblichen Elementen in das redaktionelle Programm der Medien verstehen.

Auf europäischer und nationaler Ebene hat die Begrifflichkeit Eingang in spezielle rechtliche Vorschriften gefunden. In Umsetzung der in Art. 1 Abs. 1 lit. j.) AVMD-RL verankerten Legaldefinition bildet § 2 Abs. 2 Nr. 8 S. 1 RStV den Ausgangspunkt für das medienrechtliche Verständnis der Schleichwerbung in Deutschland. Während für das Fernsehen eine direkte Anwendung der Definition möglich ist, muss für das Internet eine analoge Anwendung der rundfunkstaatsvertraglichen Begrifflichkeit erfolgen.

Das Hauptmerkmal der Schleichwerbung i. S. d. Medienrechts bildet die Einbeziehung eines Werbeobjekts in das redaktionelle Programm. Charakteristisch ist damit die Verwischung der Grenzen zwischen Werbung und Programm. Als Werbeobjekt kommen über den Wortlaut der Definition hinaus auch Waren- oder Dienstleistungsgattungen (sog. Generic Placements) in Betracht.

Die Einbeziehungshandlung muss aus Sicht des Verantwortlichen eine gezielte kommerzielle Maßnahme darstellen, weshalb die subjektive Werbeabsicht ebenfalls als wesentliches Begriffsmerkmal anzusehen ist.

Da es sich dabei um einen schwer nachweisbaren internen Vorgang der menschlichen Willensbildung handelt, ist für die positive Feststellung der Werbeabsicht ein Rückgriff auf objektive Indizien (z. B. Entgeltzahlung, Werbevertrag) notwendig. Im Falle des Vorliegens einer Entgeltzahlung oder ähnlichen Gegenleistungserbringung, wird die Werbeabsicht unter Berücksichtigung des § 2 Abs. 2 Nr. 8 S. 2 RStV unwiderlegbar vermutet. Eine ähnliche Gegenleistung kann, entgegen der überwiegenden Ansicht in der Literatur, auch die kostenlose Bereitstellung von Requisiten darstellen.

Der „Veranstalter" als notwendiger Träger der Werbeabsicht muss je nach Medium unterschiedlich bestimmt werden. Die Möglichkeit einer Zurechnung der Werbeabsicht eines Dritten nach den zivilrechtlichen Grundsätzen hängt von der konkreten Einflussmöglichkeit im Zusammenhang mit der Produktionsart (Eigen-, Auftrags- oder Fremdproduktion) ab.

I. Zusammenfassung

Letztlich bedarf es eines Irreführungspotentials für die Allgemeinheit im Hinblick auf die Werbeabsicht der Einbeziehungshandlung. Der durchschnittlich aufmerksame Rezipient kann möglicherweise nicht erkennen, ob die von dem redaktionellen Programm ausgehende Werbewirkung gewollt ist oder nicht. Für dieses Tatbestandsmerkmal ist ein objektiver Maßstab zugrunde zu legen, der im Wesentlichen nach der Erkennbarkeit der Werbung fragt. Die Nicht-Erkennbarkeit der Werbung begründet damit ein Irreführungspotential.

Einigkeit besteht darüber, dass die Grundlage für die Eignung zur Irreführung in der Verwischung der Grenzen zwischen Werbung und Programm besteht. Um das Vorliegen von Schleichwerbung näher konkretisieren zu können und nicht uferlos ausweiten zu lassen, orientiert sich das Irreführungspotential zusätzlich an den Kriterien der Offensichtlichkeit (1. Schritt) und der Kennzeichnung (2. Schritt) von Werbung.

Die Eignung zur Irreführung kann demnach zunächst nur dann vorliegen, wenn sich der Werbeeffekt dem Zuschauer nicht ohne Weiteres angesichts der auffälligen Art und Weise der Darstellung des Werbeobjekts aufdrängt. Dies kann etwa durch extrem häufige Erwähnungen oder Close-Ups erfolgen. Wenn Markenpräsentationen derart offensichtlich sind, dass der Werbecharakter der Darstellung kaum zu übersehen ist, dann ist eine Täuschung der Allgemeinheit über den Werbezweck nicht mehr möglich und das Vorliegen von Schleichwerbung ausgeschlossen.

Ist die Offensichtlichkeit der Werbung, wie in den meisten Fällen, nicht gegeben, kann das Irreführungspotential im 2. Schritt nur anhand des Merkmals der Kennzeichnung determiniert werden.

Die Schleichwerbung kann zum einen dann direkt bejaht werden, wenn überhaupt keine Kennzeichnung erfolgt. Nicht in der europäischen, wohl aber in der deutschen Definition der Schleichwerbung wird ausdrücklich festgehalten, dass eine fehlende Kennzeichnung die Eignung zur Irreführung der Allgemeinheit begründet.

Ist eine Kennzeichnung der Werbung positiv festzustellen, kann, entgegen weit verbreiteter Ansicht, das Irreführungspotential i. S. d. Schleichwerbung trotzdem dann noch gegeben sein, wenn die Art und Weise der Kenntlichmachung nicht rechtmäßig erfolgt. Die konkreten Anforderungen im Hinblick auf die Wortwahl und den Zeitpunkt der Kennzeichnung werden je nach Medium und Gestaltung im Einzelfall unterschiedlich beurteilt. Allgemein soll ein aufklärender Hinweis möglichst wahrgenommen werden, bevor sich der Rezipient mit dem Inhalt des Beitrags geistig auseinandersetzt.

Für das Fernsehen können teilweise die Werberichtlinien der Landesmedienanstalten (Werbe-RL/Fernsehen) als Orientierung herangezogen werden. In der Regel bedarf es zunächst eines Logos, das mit dem Schriftzug „Werbung" versehen ist. Das Werbelogo muss sich in jedem Fall vom Sender- und Programmlogo deutlich unterscheiden, damit keine Missverständnisse entstehen. Der Beginn einer

Fernsehwerbung muss sodann mindestens drei Sekunden lang mit dem Werbelogo gekennzeichnet sein. Das optische Signal soll dabei möglichst den gesamten Bildschirm ausfüllen. Eine fortdauernde Kennzeichnung während der gesamten Sendung ist nicht erforderlich. Das Ende der Fernsehwerbung bedarf ebenfalls grundsätzlich keiner Kennzeichnung.

Im Bereich des Internets kommt es aktuell im Wesentlichen darauf an, ob es sich um klassische Video-on-Demand-Angebote (z. B. *Netflix*, *ARD Mediathek*) oder ähnliche Video-on-Demand-Angebote in sozialen Netzwerken (z. B. *YouTube*-Kanäle) handelt.

Für klassische Video-on-Demand-Dienste gelten die gleichen Anforderungen an die Art und Weise der Kennzeichnung von Werbung wie für das Fernsehen.

In Bezug auf soziale Netzwerke stellt hingegen der sich fortlautend aktualisierende Leitfaden der Landesmedienanstalten zur Werbekennzeichnung zum Teil eine Orientierungshilfe dar. Das im November 2018 veröffentlichte Dokument enthält eine sog. Kennzeichnungs-Matrix, aus der deutlich wird, dass die Kennzeichnung eines Videos mit der Begrifflichkeit „Werbevideo" oder „Werbung" erfolgen kann. Auch erscheint es nach der hier vertretenen Ansicht sachgerecht, eine Kennzeichnung mit dem Wort „Anzeige" oder „Dauerwerbesendung" als zulässig zu erachten. Ähnliche Begriffe, wie etwa „Sponsored" oder „Ad", sind hingegen nicht zu empfehlen, da der Werbecharakter des Beitrags nicht unmissverständlich zum Ausdruck kommt. Eine Kennzeichnung kann sodann lediglich am Anfang des Videos erfolgen, wenn der Hinweis für eine Zeitdauer von mindestens fünf Sekunden den gesamten Bildschirm ausfüllt. Alternativ ist eine fortlaufende Kennzeichnung möglich, soweit sich der Hinweis gut lesbar am Rande des Beitrags befindet. Hierfür ist auch die Verwendung eines Hashtags zulässig. Eine Kennzeichnung am Ende des Videos ist nicht geeignet, einer Täuschung des Rezipienten über den Werbezweck der dargestellten Bewegtbilder rechtzeitig vorzubeugen, weswegen diese abzulehnen ist.

Ein Abstellen auf das „Ob" der Offensichtlichkeit und auf das „Ob"/„Wie" der Kennzeichnung macht im Ergebnis deutlich, dass es in jedem Fall eines „schleichenden" Elements für das Vorliegen von Schleichwerbung bedarf. Die konkrete Beurteilung kann angesichts der vielfältigen technischen Möglichkeiten jedoch oftmals nur im Rahmen einer Einzelfallbetrachtung erfolgen.

Die Schleichwerbung muss und kann von der Produktplatzierung abgegrenzt werden. Die Trennung der Legaldefinitionen sowie die Systematik der Werberegelungen in der AVMD-RL und im RStV wären widersprüchlich, wenn der Produktplatzierungsbegriff vollständig im Schleichwerbebegriff aufgehen würde. Die Werbeformen unterscheiden sich in erster Linie im Merkmal des Irreführungspotentials. Dem Wortlaut der Definitionen zufolge schließt die Kennzeichnung bei der Produktplatzierung („gekennzeichnete Erwähnung […]") das Irreführungspotential bei der Schleichwerbung („mangels Kennzeichnung […] irreführen

I. Zusammenfassung

kann") aus. Erfolgt bei der gezielten Werbeintegration im redaktionellen Programm keine Kennzeichnung, liegt demnach zu Recht Schleichwerbung vor. Ist eine Kennzeichnung gegeben, kommt jedoch, entgegen des Wortlauts und der herrschenden Meinung, nicht automatisch nur noch die Produktplatzierung in Betracht. Auch bei Vornahme einer Kennzeichnung ist das Vorliegen von Schleichwerbung nämlich nicht ausgeschlossen; das Abgrenzungskriterium ist und soll das Irreführungspotential bleiben. Bei einer nicht hinreichend aufklärenden Kennzeichnung ist dementsprechend die irreführende Schleichwerbung gegeben (z. B. ein Hinweis in kaum lesbarer Schriftgröße). Erfolgt eine eindeutig erkennbare Kennzeichnung, liegt hingegen die nicht bzw. weniger irreführende Produktplatzierung vor. Die Zulässigkeit im Einzelnen richtet sich dann nach den speziellen medienrechtlichen Produktplatzierungsvorschriften. Die Produktplatzierung ist somit streng genommen nicht lediglich die „gekennzeichnete Schleichwerbung", sondern vielmehr die „eindeutig gekennzeichnete Schleichwerbung".

§ 7 Abs. 7 S. 1 Alt. 1 RStV erklärt in Übereinstimmung mit Art. 9 Abs. 1 lit. a.) Hs. 2 AVMD-RL die Schleichwerbung für unzulässig. Das Schleichwerbeverbot zählt zu den zentralen Grundprinzipien des Medienrechts in Deutschland. Das Primärziel der gesetzlichen Regelung stellt die Sicherung des freien individuellen und öffentlichen Meinungsbildungsprozesses dar. Dabei geht es konkret um die Abwehr von Gefahren für die redaktionelle Unabhängigkeit (Redaktionsschutz) sowie um den Schutz des Verbrauchers vor Täuschungen über den Werbezweck einer Aussage (Rezipientenschutz). Die sich aus dem Verbot ergebenden Rechte und Pflichten machen deutlich, dass es dem Gesetzgeber im Schwerpunkt darum geht, dem Rezipienten jederzeit eine richtige Bewertung zu ermöglichen, ob werbliche Interessen im Rahmen einer Handlung eine Rolle spielen oder nicht. Er soll diesbezüglich keiner Irreführung unterliegen.

Die Zielsetzungen des Schleichwerbeverbots stimmen mit denen des formellen Trennungsgebots aus § 7 Abs. 3 S. 1, 3 RStV überein. Dies ist deshalb einleuchtend, da das allgemeine Trennungsgebot als „Magna Charta" des qualitativen Werberechts den Ursprung und Ausgangspunkt des Verbots bildet. Die Schleichwerbesind aus den Trennungsvorschriften heraus entstanden und verkörpern eine Weiterentwicklung des Systems der Trennung von Werbung und Programm. Beide Werbegrundsätze stellen unter Berücksichtigung der Zielsetzungen eine Ausgestaltung der Rundfunkordnung dar und genießen damit Verfassungsrang aus der in Art. 5 Abs. 1 S. 2 GG verankerten Rundfunkfreiheit.

Die Verwirklichung der Zielsetzungen und Durchsetzung des Schleichwerbeverbots weisen in der Praxis eine Reihe von Umsetzungsschwierigkeiten auf. In allen Medien nähern sich Werbung und Programm zunehmend einander an; sie bilden längst keinen scharfen Gegensatz mehr. Da sich Medienunternehmen aus finanziellen Gründen an den Präferenzen der Werbewirtschaft orientieren müssen und die programmintegrierte Werbung, im Vergleich zur Spotwerbung, viel erfolgversprechender ist, handelt es sich für den Zuschauer kaum noch um eine

Ausnahmesituation, wenn etwa auf *ProSieben* bei der Sendung „TV-Total Wok WM" ein *Seat*-Wok neben einem *HRS.de*-Wok durch einen *Burger King*-Feuerkreisel flitzt. Werbung wird Programm[1] und die Schleichwerbung ist mittlerweile zu einem festen Bestandteil der Medienlandschaft geworden. Die verbotene Werbeform von anderen zulässigen programmintegrierten Werbeformen abzugrenzen, ist eine sehr große Herausforderung für die Rechtswissenschaft geworden, da im Zusammenhang mit dem Primärziel ebenfalls berücksichtigt werden muss, dass die Finanzierung journalistischer Tätigkeit und die Sicherung der wirtschaftlichen Grundlagen der Medien durch Werbung auch ein essentieller Bestandteil für die Gewährleistung des freien individuellen und öffentlichen Meinungsbildungsprozesses ist. So hat sich auch die gesellschaftliche Rezeption von Werbung geändert und das BVerfG betont dessen „wirtschaftliche, politische, soziale und kulturelle"[2] Funktion. Es muss bei dem rechtlichen Umgang mit Werbung stets eine Koordinierung der multipolaren Interessen erfolgen.

Die Reichweite des Verbots ist auf das Fernsehen (Rundfunk) und fernsehähnliche Internet (fernsehähnliche Telemedien) beschränkt. In Ermangelung eines Verweises auf das rundfunkspezifische Regelungsregime des § 7 RStV, gilt das Schleichwerbeverbot nicht für das sonstige, nicht-fernsehähnliche Internet (einfache Telemedien). Bei einer Untersuchung der Legaldefinition für fernsehähnliche Telemedien in § 58 Abs. 3 S. 1 RStV wird deutlich, dass im Kern ein Internetangebot verlangt wird, bei dem der Nutzer zu einem beliebigen Zeitpunkt journalistisch oder künstlerisch gestaltete Videos aus einem Katalog abrufen kann. Es handelt sich um ein „Hybrid" oder eine „Mischform" zwischen Fernsehen und Internet. Als typisches Beispiel für audiovisuelle Mediendienste auf Abruf gelten Video-on-Demand-Angebote, wobei auch sonstige mit dem herkömmlichen Fernsehprogramm vergleichbare Videoansammlungen in gesonderten Bereichen auf Internetseiten (z. B. buzzfeed.com, faz.de) in Betracht kommen.

Das Verbot von Schleichwerbung spielt derzeit vor allem im Bereich der sozialen Netzwerke *YouTube*, *Facebook* und *Instagram* eine besonders große Rolle. Insbesondere sehen sich die dort befindlichen Betreiber des Influencer-Marketings immer häufiger mit der Beschuldigung konfrontiert, Schleichwerbung zu betreiben. Bei *YouTube*-Kanälen wird gemeinhin davon ausgegangen, dass es sich um fernsehähnliche Telemedien handelt. Dies bestätigt auch der EuGH,[3] außer bei reinen Werbekanälen. Angesichts der technischen und optischen Vergleichbarkeit würde nichts dagegen sprechen, auch andere dauerhaft abrufbare Videoansammlungen auf *YouTube*-, *Facebook*- und *Instagram*-Profilen allgemein dem medienrechtlichen Schleichwerbeverbot unterfallen zu lassen. Diese können beispielsweise durch das Hochladen von Videos oder die Archivierung von Stories entstehen. Entscheidend ist stets, dass die Bereitstellung von Videos den Hauptzweck der je-

---

[1] *Blaue*, Werbung wird Programm, 2011, Titel.
[2] BVerfG, NJW 1992, 1153.
[3] EuGH, GRUR 2018, 621 ff.

weiligen Social Media-Nutzung darstellt. Für den Nutzer muss es sich um ein mit dem Fernsehen vergleichbares Angebot handeln.

Die Rechtsfolgen der Schleichwerbung sind abhängig von der Rechtsnatur des Anbieters und dem eingesetzten Medium. Für private Fernsehanbieter liegt die werberechtliche Aufsicht bei den Landesmedienanstalten, die im Falle der Feststellung eines Verstoßes gegen das Schleichwerbeverbot eine große Bandbreite an Maßnahmen treffen können. Anders als beim Trennungsgebot stellt eine Verletzung des Schleichwerbeverbots eine Ordnungswidrigkeit dar und kann daher auch mit einer Geldbuße von bis zu 500.000 EUR geahndet werden. Private Internetangebote unterliegen hingegen einer zersplitterten Aufsichtsstruktur und werden je nach Bundesland bzw. Landesrecht von einer anderen Behörde geprüft (z.B. Landesmedienanstalt, Bezirksregierung). Die verwaltungsrechtlichen Instrumentarien sind im privaten Fernseh- und Internetbereich jedoch weitgehend identisch.

Die öffentlich-rechtlichen Fernseh- und Internetveranstalter unterliegen nahezu keiner staatlichen Aufsicht, wofür auch die verfassungsrechtlich garantierte Staatsferne des öffentlich-rechtlichen Rundfunks ursächlich sein dürfte. In diesem Bereich gilt in erster Linie eine anstaltsinterne Aufsicht, die gegenwärtig von dem Rundfunkrat (ARD) und Fernsehrat (ZDF) vollzogen wird. Lassen die spezifischen für die öffentlichen-rechtlichen Rundfunkanstalten geltenden Landesgesetze oder -staatsverträge eine nachgelagerte Aufsicht durch die Landesregierungen zu, ist diese sehr eng zu interpretieren. Die Verhängung einer Geldbuße kommt, im Widerspruch zu Art. 3 Abs. 1 GG, nicht in Betracht.

II. Thesen

Die Untersuchung soll in folgenden vier Kernthesen zusammengefasst werden:

1. Schleichwerbung im nationalen Medienrecht ist die auf kommerziellen Absichten beruhende, irreführende Einbindung von werblichen Elementen in das redaktionelle Programm.

2. Das zentrale Abgrenzungskriterium zwischen der Schleichwerbung und sonstigen programmintegrierten Werbeformen bildet das Irreführungspotential für die Allgemeinheit. Dieses wird je nach Medium und Gestaltung im Einzelfall unterschiedlich beurteilt, wobei die Gewährleistung der Erkennbarkeit des Werbecharakters (durch die Art und Weise der Darstellung bzw. Kennzeichnung) für den durchschnittlich aufmerksamen Rezipienten die entscheidende Rolle spielt.

3. Das Schleichwerbeverbot im RStV gilt im Hinblick auf das Internet nur für solche Angebote, die technisch dauerhaft abrufbare und inhaltlich fernsehprogrammähnliche Videoansammlungen enthalten (insbes. Video-on-Demand-Angebote). Betreiber von Influencer-Marketing im sozialen Netzwerk *YouTube* müssen das medienrechtliche Verbot und die Kennzeichnungsregeln besonders stark

beachten, da die sich dort befindenden Kanäle unstreitig als fernsehähnliche Telemedien i. S. d. § 58 Abs. 3 RStV gelten und damit dem allgemeinen Werberecht unterliegen.

4. Schleichwerbung ist nur für private Fernseh- und Internetanbieter bußgeldbewehrt. Diese Ungleichbehandlung zwischen öffentlich-rechtlichen und privaten Veranstaltern ist verfassungsrechtlich zu beanstanden, denn sie verstößt gegen den in Art. 3 Abs. 1 GG verankerten Gleichheitssatz.

III. Ausblick

Es wäre wünschenswert, wenn der europäische und der nationale Gesetzgeber die herausragende Bedeutung des Schleichwerbeverbots für das Dreiecksverhältnis von Medien, Wirtschaft und Rezipient stärker anerkennen und ihre Zielsetzungen künftig konsequenter verfolgen. Mit der Novellierung der AVMD-RL[4] am 14. November 2018 hat der europäische Gesetzgeber das in den Vorschriften zur Produktplatzierung enthaltene Regel-Ausnahme-Verhältnis umgekehrt und die zu Werbezwecken erfolgte Produkteinbindung im redaktionellen Programm für grundsätzlich zulässig erklärt.[5] Die Umsetzung der AVMD-RL in deutsches Recht führt damit zu einer noch stärkeren Abkehr vom allgemeinen Trennungsgrundsatz mit der Konsequenz, dass das Schleichwerbeverbot als rechtliche Grenzziehung der „Werbeintegration im redaktionellen Programm" weiter in den Mittelpunkt gerät und umso wichtiger wird.

Die nationalen Regelungen zur Schleichwerbung weisen gegenwärtig starke Defizite auf und können die mit der programmintegrierten Werbung verbundenen Gefahren für den freien Kommunikationsprozess nicht vollständig beseitigen. Zu beanstanden sind vor allem die Schleichwerbedefinition, die Reichweite des Schleichwerbeverbots und die Rechtsfolgen der Schleichwerbung.

So wäre es zum einen angezeigt, den Schleichwerbebegriff in § 2 Abs. 2 Nr. 8 S. 1 RStV an die AVMD-RL anzupassen oder anderweitig zu ändern. Da es für ein Irreführungspotential nicht nur auf das (Nicht-)Vorliegen einer Kennzeichnung, sondern auf die Erkennbarkeit der Werbung ankommt, würde es sich anbieten, die Formulierung „mangels Kennzeichnung" zu löschen oder zumindest in „mangels [angemessener] Kennzeichnung" abzuändern. Das Europarecht verzichtet zu Recht auf die Einfügung des Merkmals der Kennzeichnung für die Bestimmung des Irreführungspotentials innerhalb des Wortlauts der Schleichwerbedefinition.

---

[4] Richtlinie 2018/1808/EU des Europäischen Parlaments und des Rates zur Änderung der Richtlinie 2010/13/EU zur Koordinierung bestimmter Rechts- und Verwaltungsvorschriften der Mitgliedstaaten über die Bereitstellung audiovisueller Mediendienste vom 14. November 2018 (Richtlinie über audiovisuelle Mediendienste) im Hinblick auf sich verändernde Marktgegebenheiten, ABl. Nr. L 303 vom 28.11.2018, S. 69 ff.
[5] *Jäger*, ZUM 2019, 485.

III. Ausblick

Ferner sollte auch eine auf das Internet unmittelbar anwendbare Definition geschaffen werden, die dann ggf. im Wege der Analogie auf soziale Netzwerke anwendbar ist. Eine lediglich auf das Fernsehen zugeschnittene Begriffsbestimmung reicht angesichts der Problematik der getarnten Werbung, die gerade im Bereich des Internets bzw. der sozialen Netzwerke besteht, nicht aus. Letztlich wäre es wünschenswert, wenn der Gesetzgeber die ihm zur Verfügung stehende Macht nutzt, um einheitliche Kennzeichnungsregeln zur Schaffung von Transparenz und Rechtssicherheit für alle Beteiligten verbindlich zu kodifizieren. Der Leitfaden der Landesmedienanstalten, der heute im Hinblick auf bestimmte Kennzeichnungsfragen nicht im Einklang mit den Bestimmungen des RStV steht, sollte daraufhin angepasst werden.

Beim Anwendungsbereich des Schleichwerbeverbots im RStV sollten die bestehenden Wertungsunterschiede zwischen allgemeinen und fernsehähnlichen Telemedien beseitigt werden. Zu bevorzugen wäre die Streichung der Begrifflichkeit „fernsehähnliche Telemedien" aus dem RStV, da das Europarecht diese in der AVMD-RL nicht vorsieht und künftig nur Rechtsunsicherheiten in Bezug auf die Reichweite des Verbots entstehen können. Das medienrechtliche Schleichwerbeverbot sollte im Ergebnis für alle Internetangebote oder zumindest für alle Social Media-Angebote gleichermaßen gelten, da sich die dort befindlichen Werbeaktivitäten nicht signifikant voneinander unterscheiden. Insbesondere weist das Influencer-Marketing fast überall die gleichen Eigenschaften auf und lediglich User-Generated-Content in Form von angesammelten Videobeiträgen der Verbotsnorm unterfallen zu lassen, findet keine sachliche Rechtfertigung und widerspricht den Zielsetzungen des Schleichwerbeverbots.

Drittens ist eine Verschärfung der Aufsichtsstruktur und des Sanktionspotentials im Falle eines Verstoßes gegen das Schleichwerbeverbot für öffentlich-rechtliche Veranstalter notwendig. Die Überzeugung des Gesetzgebers, dass eine anstaltsinterne Aufsicht ausreicht, da die Veranstalter sich rechtstreu verhalten, lässt sich mit Blick auf die vergangenen Jahre nicht mehr aufrechterhalten. Gerade im Zeitalter von „Fake News" kommt es auf die Objektivität, Unabhängigkeit sowie Transparenz der Programmgestaltung an und mit der Beitragsfinanzierung sollten öffentlich-rechtliche Rundfunkveranstalter unabhängig von Werbeaufträgen in der Lage sein, die notwendige Meinungsvielfalt anzubieten. Strengere, privatrundfunkähnliche Rechtsfolgen können eine verfassungswidrige Ungleichbehandlung beseitigen und die Schleichwerbung in der heutigen Medienwelt effektiver begrenzen.

Zu diesen Reformvorschlägen kann zusätzlich auf die im letzten Kapitel konzipierte „Makro- und Mikro-Reform" verwiesen werden.[6] Unter Berücksichtigung der heutigen Medien- und Werbewelt wurden konkrete Gesetzesumstrukturierungen, die künftig im größeren Umfang oder gegenwärtig im kleineren Umfang möglich wären und sinnvoll erscheinen, entworfen.

---

[6] Vgl. hierzu Kapitel 6 dieser Arbeit.

Ein weiterer wichtiger Aspekt, der für diese Veränderungen spricht, ist die wettbewerbsrechtliche Beurteilung von Schleichwerbung in den Medien. Zur Vermeidung von zusätzlichen Wertungswidersprüchen und Rechtsunsicherheiten ist ein gewisser Gleichlauf von Medien- und Wettbewerbsrecht geboten. Mit der Zeit wird sich zeigen, ob es dem Gesetzgeber gelingt, die erforderliche Klarheit und Kongruenz im Rechtsrahmen für die Schleichwerbung zu schaffen.

Anhang

Umfrage: Schleichwerbung und Influencer-Marketing — SurveyMonkey

F1 Ab ca. wieviel Follower würdest du jemanden als "Influencer" bezeichnen?

Beantwortet: 83   Übersprungen: 0

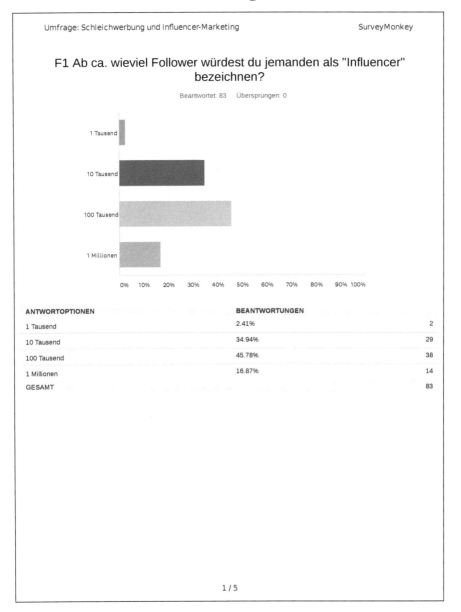

ANTWORTOPTIONEN	BEANTWORTUNGEN	
1 Tausend	2.41%	2
10 Tausend	34.94%	29
100 Tausend	45.78%	38
1 Millionen	16.87%	14
GESAMT		83

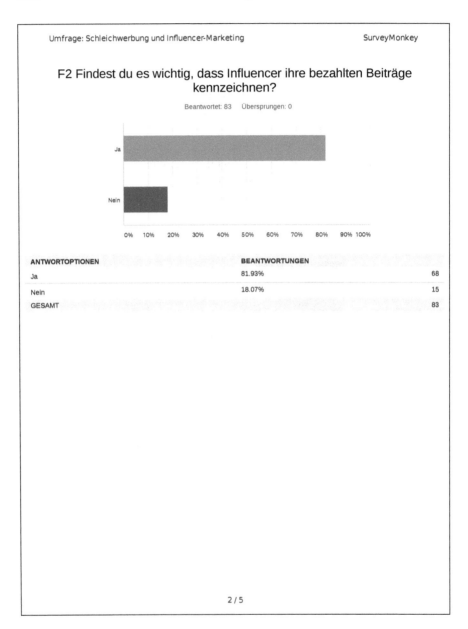

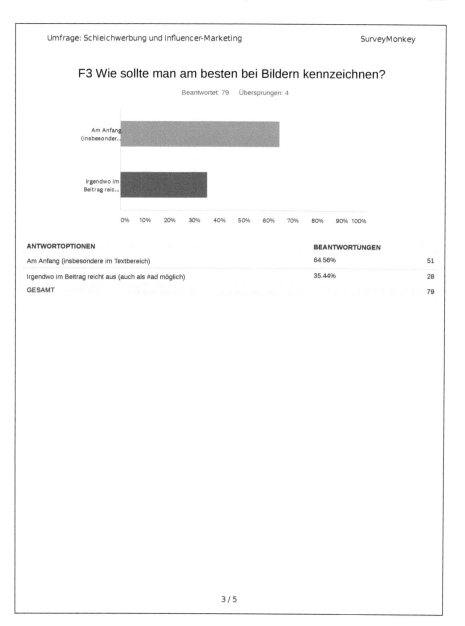

Umfrage: Schleichwerbung und Influencer-Marketing   SurveyMonkey

F4 Wie sollte man am besten bei Videos kennzeichnen? (inkl. Instagram-Stories)

Beantwortet: 78   Übersprungen: 5

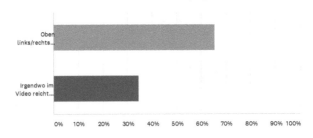

ANTWORTOPTIONEN	BEANTWORTUNGEN	
Oben links/rechts und deutlich sichtbar	65.38%	51
Irgendwo im Video reicht aus, solange die Kennzeichnung irgendwann wahrgenommen werden kann	34.62%	27
GESAMT		78

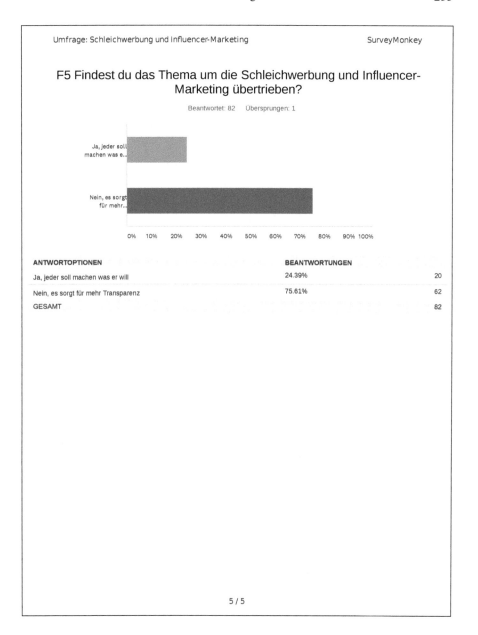

Literaturverzeichnis

Ahrens, Hans-Jürgen: Influencer Marketing – Regulierungsrahmen und Konsequenzen seiner Anwendung (Teil 1), in: GRUR 2018, S. 1211 ff.

Apel, Nils-Christian: Product Placement – Eine kritische Betrachtung München 2004.

Arndt, Hans-Wolfgang/*Fischer*, Kristian/*Fetzer*, Thomas: Europarecht, 11. Auflage, Heidelberg 2015.

Asche, Florian: Das Product Placement im Kinospielfilm, Frankfurt am Main 1996.

Auer, Manfred: Grundlagen: Product Placement 2005/2006, in: BAW Texte Medienmarketing Nr. 4/2007, S. 4 ff.

Auer, Manfred/*Diederichs*, Frank A.: Werbung below the line: Product Placement, TV-Sponsoring, Licensing ..., Landsberg am Lech 1993.

Auer, Manfred/*Kalweit*, Udo/*Nüßler*, Peter: Product Placement: Die neue Kunst der geheimen Verführung, Düsseldorf 1991.

Baerns, Barbara: Schleichwerbung lohnt sich nicht!: Plädoyer für eine klare Trennung von Redaktion und Werbung in den Medien, München 1996.

Bauer, Hans/*Neumann*, Marcus/*Bryant*, Melchior/*Thomas*, Tessa: Effective Product Placement, Mannheim 2006.

Beater, Axel: Medienrecht, 2. Auflage, Tübingen 2016.

Becker, Jürgen: Die Umsetzung der Werbebestimmungen der EU-Richtlinie über audiovisuelle Mediendienste in deutsches Recht, in: ZUM 2009, 697 ff.

Behrens, Gerold: Werbung: Entscheidung, Erklärung, Gestaltung München 1996.

Benda, Ernst/*Maihofer*, Werner/*Vogel*, Hans-Jochen: Handbuch des Verfassungsrechts der Bundesrepublik Deutschland (Teil 1), 2. Auflage, Berlin 2011.

Bente, Klaus: Product Placement: Entscheidungsrelevante Aspekte in der Werbepolitik, Wiesbaden 1990.

Berger, Frithjof: Novellierung der Fernsehrichtlinie ohne Novellierung des Fernsehübereinkommens?, in: ZUM 1996, S. 119 ff.

Bernecker, Michael/*Beilharz*, Felix: Social Media Marketing, 2. Auflage, Köln 2012.

Beucher, Klaus/*Leyendecker*, Ludwig/*Rosenberg*, Oliver v.: Mediengesetze Kommentar, 2. Auflage, München 2005.

Binder, Reinhart/*Vesting*, Thomas: Beck'scher Kommentar zum Rundfunkrecht, 4. Auflage, München 2018.

Blaue, Andreas: Werbung wird Programm, Baden-Baden 2011.

Bleckmann, Albert: Europarecht, 6. Auflage, Köln 1997.

Bork, Reinhard: Werbung im Programm: Zur wettbewerbsrechtlichen Haftung der Fernsehanbieter für unzulässige Werbung im Fernsehprogramm, München 1988.

Bork, Reinhard: Product Placement und Wettbewerbsrecht – zu den Grenzen „medialer" Fernsehwerbung, in: GRUR 1988, S. 264 ff.

Bornemann, Roland: Dissonanzen im harmonisierten Recht der audiovisuellen Mediendienste, in: ZUM 2018, S. 401 ff.

Borsch, Uwe: Der angemaßte Influencer – Markenpiraterie 2.0, in: MMR 2018, S. 127 ff.

Bortnikov, Vyacheslav: Staatsverträge der Länder, in: JuS 2017, S. 27 ff.

Bosman, Wieland: Rundfunkrechtliche Aspekte der Trennung von Werbung und Programm, in: ZUM 1990, S. 545 ff.

Branahl, Udo: Medienrecht, 7. Auflage, Berlin 2013.

Brehm, Jack: Theory of Psychological Reactance, New York 1966.

Bremer, Eckhard/*Esser*, Michael/*Hoffmann*, Martin: Der Rundfunk in der Verfassungs- und Wirtschaftsordnung in Deutschland, Baden-Baden 1992.

Brugger, Walter: Einführung in das Wirtschaftsrecht, 4. Auflage, Wien 2018.

Bruhn, Manfred/*Esch*, Franz-Rudolf/*Langner*, Tobias: Handbuch Kommunikation: Grundlagen – Innovative Ansätze – Praktische Umsetzungen, Wiesbaden 2009.

Burgauner, Christoph: Zeitungsjahrbuch Deutschland 1989/1990 – Meldungen und Meinungen großer deutscher Tageszeitungen (Band 7), München 1990.

Bürger, Joachim H.: Public Promotions: Product-Placement, Sport-Marketing, Character-Licensing, Werbung mit VIPs Essen 1986.

Burri-Nenova, Mira: The new Audiovisual Media Services Directive: Television without Frontiers, Television without Cultural Diversity, in: CMLRev. 44 (2007), S. 1689 ff.

Calliess, Christian/*Ruffert*, Matthias: EUV/AEUV Kommentar, 5. Auflage, München 2016.

Castendyk, Oliver: Die Neuregelung der Produktplatzierung im Fernsehen, in: ZUM 2010, S. 29 ff.

Castendyk, Oliver: Werbeintegration im TV-Programm – Wann sind Themen Placements Schleichwerbung oder Sponsoring, in: ZUM 2005, S. 857 ff.

Castendyk, Oliver/*Böttcher*, Kathrin: Ein neuer Rundfunkbegriff für Deutschland? – Die Richtlinie für audiovisuelle Mediendienste und der deutsche Rundfunkbegriff, in: MMR 2008, S. 13 ff.

Dauses, Manfred/*Ludwigs*, Markus: Handbuch des EU-Wirtschaftsrechts [2 Bände], 45. Auflage, München 2018.

Diekhof, Rolf: Feuer und Eis von den Bundesrichtern: Der Weg ist frei, in: Werben & Verkaufen Nr. 49/1995, S. 82 ff.

Diekhof, Rolf: Der Gummibärchenmann: Die klassische Fernsehwerbung wird in den kommenden zehn Jahren nicht zu ersetzen sein. Dennoch bekommt sie von allen Seiten Konkurrenz, in: Werben & Verkaufen Nr. 12/2003, S. 74 ff.

Dörr, Dieter: Medienfreiheit im Binnenmarkt, in: AfP 2003, S. 202 ff.

Dörr, Dieter: Internationales Handbuch für Hörfunk und Fernsehen 1996/1997, Baden-Baden 1997.

Dörr, Dieter/*Kreile*, Johannes/*Cole*, Marc: Handbuch Medienrecht – Recht der elektronischen Massenmedien, 2. Auflage, Frankfurt am Main 2011.

Dörr, Dieter/*Schwartmann*, Rolf: Medienrecht, 6. Auflage, Heidelberg 2019.

Dörr, Dieter/*Wagner*, Eva Ellen: Regional differenzierte Werbung in bundesweit verbreiteten Fernsehprogrammen, in: ZUM 2013, S. 525 ff.

Dörr, Dieter/*Wiesner*, Jan: Grundlinien europäischer Medienpolitik – Zwischen Wirtschaft und Kultur: 20 Jahre EU-Fernsehrichtlinie, in: Media Perspektiven Nr. 10/2009, S. 544 ff.

Eichholz, Christiane: Europarecht, 4. Auflage, Heidelberg 2018.

Eisenführ, Gottfried: Werbeeinblendungen in Spielfilmen, in: Film und Recht Nr. 11/1962, S. 2 ff.

Engels, Stefan: Das Recht der Fernsehwerbung für Kinder, Baden-Baden 1997.

Engels, Stefan: Der Trennungsgrundsatz in der dualen Rundfunkordnung, in: RuF 1997, S. 214 ff.

Engels, Stefan/*Giebel*, Torsten: Das neue Fernsehwerberecht, in: ZUM 2000, S. 265 ff.

Engels, Stefan/*Semrau*, Jana: Aktuelle Fragen des Rundfunkwerberechts, in: ZUM 2014, S. 946 ff.

Farrack, Theresa: Product Placement im deutschen Fernsehen: Häufigkeit und Formen in verschiedenen TV-Genres, Hamburg 2015.

Fassihi, Floria: Werbebotschaften aus der Redaktion?: Journalismus im Spannungsfeld zwischen Instrumentalisierung und Informationsauftrag, Köln 2017.

Fechner, Frank: Medienrecht, 19. Auflage, Tübingen 2018.

Feldmeier, Sonja: Wenn die Marke ausgeblendet wird, in: Werben & Verkaufen Nr. 37/2005, S. 52 ff.

Felser, Georg: Werbe- und Konsumentenpsychologie, Stuttgart 1997.

Fink, Udo/*Cole*, Mark/*Keber*, Tobias: Europäisches und Internationales Medienrecht, Heidelberg 2008.

Friedrichsen, Mike/*Friedrichsen*, Syster: Fernsehwerbung – quo vadis?: Auf dem Weg in eine digitale Medienwelt, Wiesbaden 2004.

Fuchs, Christian: Leise schleicht's durch mein TV: Product Placement und Schleichwerbung im öffentlich-rechtlichen Fernsehen, Berlin 2005.

Fuchs, Thomas/*Hahn*, Caroline: Erkennbarkeit und Kennzeichnung von Werbung im Internet – Rechtliche Einordnung und Vorschläge für Werbefragen in sozialen Medien, in: MMR 2016, S. 503 ff.

Gerecke, Martin: Kennzeichnung von werblichen Beiträgen im Online-Marketing, in: GRUR 2018, S. 153 ff.

Gerecke, Martin: Werbung gegenüber Kindern und Jugendlichen, in: NJW 2015, S. 3185 ff.

Gersdorf, Hubertus: Der Rundfunkbegriff: Vom technologieorientierten zum technologieneutralen Begriffsverständnis, München 2007.

Gersdorf, Hubertus/*Paal*, Boris: Beck'scher Online-Kommentar, Informations- und Medienrecht, 19. Edition, München 2018.

Gerstenberg, Ekkehard: Indirekte Werbung in Film und Fernsehen, in: Film und Recht Nr. 3/1962, S. 7 ff.

Ginnow, Andreas: Chancen und Risiken beim Product Placement Hamburg 2000.

Glockzin, Kai: „Product Placement" im Fernsehen – Abschied vom strikten Trennungsgebot zwischen redaktionellem Inhalt und Werbung, in: MMR 2010, S. 161 ff.

Götz, Volkmar: Europäische Gesetzgebung durch Richtlinien – Zusammenwirken von Gemeinschaft und Staat, in: NJW 1992, S. 1849 ff.

Gounalakis, Georgios: Werbung im Rundfunkprogramm, in: WRP 2005, S. 1476 ff.

Gounalakis, Georgios/*Wege*, Christoph: Product Placement und Schleichwerbungsverbot – Widersprüche im neuen Fernsehrichtlinien-Entwurf, in: K&R 2006, S. 97 ff.

Grabitz, Eberhard/*Hilf*, Meinhard/*Nettesheim*, Martin: Das Recht der Europäischen Union: EUV/AEUV, 64. Auflage, München 2018.

Greffenius, Gunther/*Fikentscher*, Adrian: Werbeformen bei Sportübertragungen im Fernsehen und ihre wettbewerbsrechtliche Zuständigkeit, in: ZUM 1992, S. 526 ff.

Gummig, Christian: Rechtsfragen bei Werbung im Internet, in: ZUM 1996, S. 573 ff.

Haarkötter, Hektor/*Wergen*, Johanna: Das Youtubiversum – Chancen und Disruption der Onlinevideo-Plattform in Theorie und Praxis, Berlin 2019.

Hackbarth, Christina: Titelsponsoring im Fernsehen, in: ZUM 1998, S. 974 ff.

Hafner, Katie/*Lyon*, Matthew: ARPA Kadabra – Die Anfänge des Internets, 3. Auflage, Heidelberg 2008.

Hain, Karl-Eberhard: Das werberechtliche Trennungsgebot und dieses flankierende Regelungen, in: K&R 2008, S. 661 ff.

Haratsch, Andreas/*Koenig*, Christian/*Pechstein*, Matthias: Europarecht, 11. Auflage, Tübingen 2018.

Harbrücker, Ulrich/*Wiedmann*, Klaus-Peter: Product Placement: Rahmenbedingungen und Gestaltungsperspektiven, Mannheim 1999.

Harte-Bavendamm, Henning/*Henning-Bodewig*, Frauke: UWG Kommentar, 4. Auflage, München 2016.

Hartel, Ulrich: Werbung im Fernsehfilm – Anmerkung zum Urteil des VG Berlin vom 15. April 1999, in: ZUM 1999, S. 750 f.

Hartlieb, Horst v.: Grenzen der Werbeeinblendungen in Spielfilmen, in: Film und Recht Nr. 11/1958, S. 6 ff.

Hartstein, Reinhard/*Ring*, Wolf-Dieter/*Kreile*, Johannes/*Dörr*, Dieter/*Stettner*, Rupert/*Cole*, Mark/*Wagner*, Eva: Rundfunkstaatsvertrag Jugendmedienschutz-Staatsvertrag Kommentar [3 Bände], 73. Aktualisierung, Heidelberg 2018.

Hauffe, Hans-Karl: Product Placement Monitor, Nürtingen 2004.

Heckmann, Dirk: Juris PraxisKommentar Internetrecht, 3. Auflage, Saarbrücken 2019.

Heermann, Peter/*Schlingloff*, Jochen: Münchener Kommentar zum Lauterkeitsrecht [2 Bände], 2. Auflage, München 2014.

Heins, Markus: Anwendbarkeit rundfunkrechtlicher (Werbe-)Vorschriften auf Online-Videos, in: MMR 2018, S. 794 ff.

Henning-Bodewig, Frauke: Influencer-Marketing – Der „Wilde Westen des Werbens"?, in: WRP 2017, S. 1415 ff.

Henning-Bodewig, Frauke: Die Trennung von Werbung und Programm im deutschen und europäischen Rundfunk- und Wettbewerbsrecht, in: GRUR Int. 1987, S. 538 ff.

Henning-Bodewig, Frauke: Product Placement und Sponsoring, in: GRUR 1988, S. 867 ff.

Henning-Bodewig, Frauke: Die Tarnung von Werbung, in: GRUR Int. 1991, S. 858 ff.

Henning-Bodewig, Frauke: Werbung im Kinospielfilm – Die Situation nach „Feuer, Eis & Dynamit", in: GRUR 1996, S. 321 ff.

Herkströter, Dirk: Werbebestimmungen für den privaten Rundfunk nach dem Rundfunkstaatsvertrag vom 31.8.1991, in: ZUM 1992, S. 395 ff.

Hermann, Anastasia: Product Placement in Deutschland, Baden-Baden 2012.

Hermann, Michael: Vom Broadcast zum Personalcast: Ökonomische Potenziale der Individualisierung audiovisueller Medienprodukte, Berlin 2002.

Hermanns, Arnold: Sozialisation durch Werbung, Wiesbaden 1983.

Hess, Rainer: Die EG-Rundfunkrichtlinie vor dem Bundesverfassungsgericht, in: AfP 1990, S. 95 ff.

Hesse, Albrecht: Rundfunkrecht, 3. Auflage, München 2003.

Hettler, Uwe: Social Media Marketing: Marketing mit Blogs, Sozialen Netzwerken und weiteren Anwendungen des Web 2.0, Berlin 2010.

Heun, Thomas: Werbung, Berlin 2017.

Hiller, Kerstin: Werbung als Schlüsselfaktor bei der Einführung neuer Produkte, Berlin 2007.

Himmelsbach, Gero: Schleichwerbung in den Medien, in: GRUR-Prax 2013, S. 78 ff.

Hoeren, Thomas: Werbung im WWW – aus der Sicht des neuen UWG, in: MMR 2004, S. 643 ff.

Hoeren, Thomas/*Sieber*, Ulrich/*Holznagel*, Bernd: Handbuch Multimedia-Recht, 46. Auflage, München 2018.

Holzgraefe, Moritz: Werbeintegration in Fernsehsendungen und Videospielen, Baden-Baden 2010.

Holznagel, Bernd: Konvergenz der Medien – Herausforderungen an das Recht, in: NJW 2002, S. 2351 ff.

Holznagel, Bernd: Rundfunkrecht in Europa, Tübingen 1996.

Holznagel, Bernd/*Stenner*, Daniel: Die Zulässigkeit neuer Werbeformen, in: ZUM 2004, S. 617 ff.

Hormuth, Steffen: Placement: Eine innovative Kommunikationsstrategie, München 1993.

Hörrmann, Claudia: Zulässiges Product Placement oder verbotene Schleichwerbung im Fernsehen? Zur Liberalisierung des Schleichwerbeverbots der Fernsehrichtlinie, in: ZEuS 2005, S. 585 ff.

Hülsmann, Michael/*Grapp*, Jörn: Strategisches Management für Film- und Fernsehproduktionen: Herausforderungen, Optionen, Kompetenzen, München 2009.

Jäger, Manuel: Allgemeines Trennungs- und Kennzeichnungsgebot im Lauterkeits- und Medienrecht, Baden-Baden 2017.

Jäger, Manuel: Die Novellierung der AVMD-RL – Anwendungsbereich und Werberegulierung – eine erneut vertane Chance?, in: ZUM 2019, S. 477 ff.

Jäger, Marc: Das neue Telemediengesetz (Teil 1), in: Juris PraxisReport IT-Recht 4/2007 Anm. 4.

Jahnke, Marlis: Influencer Marketing: Strategien, Plattformen, Instrumente, rechtlicher Rahmen, Wiesbaden 2018.

Jodeleit, Bernhard: Social Media Relations: Leitfaden für erfolgreiche PR-Strategien und Öffentlichkeitsarbeit im Web 2.0, 2. Auflage, Berlin 2012.

Johansson, Anja: Product Placement in Film und Fernsehen, Berlin 2001.

Kachabia, Amin: Das Gebot der Trennung von Werbung und redaktionellem Inhalt in den Medien, in: BLJ 2015, S. 15 ff.

Kilian, Wolfgang/*Heussen*, Benno: Handbuch Computerrecht, 34. Auflage, München 2018.

Kleist, Thomas/*Scheurer*, Alexander: Audiovisuelle Mediendienste ohne Grenzen, in: MMR 2006, S. 127 ff.

Kleist, Thomas/*Scheurer*, Alexander: Neue Regelungen für audiovisuelle Mediendienste-Vorschriften zu Werbung und Jugendschutz und ihre Anwendung in den Mitgliedstaaten, in: MMR 2006, S. 206 ff.

Kloss, Ingomar: Werbung: Lehr-, Studien-, und Nachschlagewerk, 3. Auflage, München 2003.

Koberger, Vera: Product Placement, Sponsoring, Merchandising: Die Zunahme indirekter Werbung bei den öffentlich-rechtlichen Fernsehanstalten seit der Konkurrenz mit kommerziellen Anbietern, Münster 1990.

Kogler, Michael: Zu kurz fürs Fernsehen? – Potenzieller Fernsehersatz und seine Wirkung, in: K&R 2015, S. 90 ff.

Köhler, Helmut/*Bornkamm*, Joachim: UWG Kommentar, 36. Auflage, München 2018.

Kötter, Anke: Die Umsetzung der AVMD-RL: Die Implementierung der Produktplatzierungsregelungen in Deutschland und im Vereinigten Königreich, Berlin 2016.

Krausnick, Daniel: Das deutsche Rundfunksystem unter dem Einfluss des Europarechts, Berlin 2005.

Kremser, Holger: Der Rundfunkbegriff und der Amateurfunk, in: ZUM 1996, S. 503 ff.

Kroeber-Riel, Werner/*Esch*, Franz-Rudolf: Strategie und Technik der Werbung, 8. Auflage, Stuttgart 2015.

Kroeber-Riel, Werner/*Weinberg*, Peter/*Gröppel-Klein*, Andrea: Konsumentenverhalten, 9. Auflage, München 2009.

Kunisch, Kaspar: Verfassungswidrige Telemedienaufsicht durch Regierungsstellen, in: MMR 2011, S. 796 ff.

Ladeur, Karl-Heinz: Reform der Rundfunkwerbung – Regulierung, Deregulierung oder regulierte Selbstregulierung?, in: AfP 2003, S. 385 ff.

Leeb, Christina-Maria/*Maisch*, Marc: Social-Media-Stars und -Sternchen im rechtsfreien Raum?, in: ZUM 2019, S. 29 ff.

Lehmann, Philipp: Lauterkeitsrechtliche Risiken beim Influencer-Marketing, in: WRP 2017, S. 772 ff.

Leitgeb, Stephan: Product-Placement, Hamburg 2010.

Leitgeb, Stephan: Die Revision der Fernsehrichtlinie – Überblick über die wesentlichen geplanten Änderungen unter besonderer Berücksichtigung der Liberalisierung des Verbotes von Produktplatzierungen, in: ZUM 2006, S. 837 ff.

Leitgeb, Stephan: Virales Marketing – Rechtliches Umfeld für Werbefilme auf Internetportalen wie YouTube, in: ZUM 2009, S. 39 ff.

Lettmann, Sabine: Schleichwerbung durch Influencer Marketing – Das Erscheinungsbild der Influencer, in: GRUR 2018, S. 1206 ff.

Leupold, Andreas/*Bräutigam*, Peter/*Pfeiffer*, Markus: Von der Werbung zur kommerziellen Kommunikation: Die Vermarktung von Waren und Dienstleistungen im Internet, in: WRP 2000, S. 575 ff.

Lichtnecker, Florian: Neues aus dem Social Media-Marketing, in: MMR 2018, S. 512 ff.

Lilienthal, Volker: Ein Neuanfang. Kooperation mit Dritten: das ZDF zeigt Einsicht, in: epd medien Nr. 54/2004, S. 3 ff.

Lindstrom, Martin: Buyology: Truth and Lies About Why We Buy, New York 2008.

Lutzhöft, Niels: Eine objektiv-rechtliche Gewährleistung der Rundfunkfreiheit in der Europäischen Union, Tübingen 2012.

Maletzke, Gerhard: Psychologie der Massenkommunikation, Hamburg 1978.

Mallick, Rani: Product-Placement in den Massenmedien, Baden-Baden 2009.

Marwitz, Petra: Haftung für Hyperlinks, in: K&R 1998, S. 369 ff.

Matzneller, Peter: Rechtsrahmen der Werbung für Webradios, in: AfP 2013, S. 298 ff.

Mayer, Hans/*Illmann*, Tanja: Markt- und Werbepsychologie, 3. Auflage, Stuttgart 2000.

McChesney, Robert: The Political Economy of Media: Enduring Issues, Emerging Dilemmas, New York 2008.

Meffert, Heribert/*Burmann*, Christoph/*Kirchgeorg*, Manfred: Marketing, 12. Auflage, Wiesbaden 2014.

Meyer-Harport, Dirk: Neue Werbeformen im Fernsehen: Eine Untersuchung besonderer Werbeformen anhand deutschen und europäischen Rundfunk- und Medienrechts, Berlin 2000.

Miron, Anca/*Brehm*, Jack: Reactance Theory – 40 Years Later, in: Zeitschrift für Sozialpsychologie 37(1), S. 9 ff.

Möllers, Christoph: Pressefreiheit im Internet, in: AfP 2008, S. 241 ff.

Moser, Klaus: Werbepsychologie, Weinheim 1998.

Möwes, Bernd/*Schmitt-Vockenhausen*, Monika: Europäische Medienordnung im Lichte des Fernsehübereinkommens des Europarats und der EG-Fernsehrichtlinie 1989, in: EuGRZ 1990, S. 121 ff.

Mückl, Stefan: Paradigmenwechsel im europäischen Medienrecht: Von der Fernsehrichtlinie zur Richtlinie über audiovisuelle Dienste, in: DVBl. 2006, S. 1201 ff.

Müller, Olaf: Product Placement im öffentlich-rechtlichen Fernsehen: In der Grauzone zwischen unlauterem Wettbewerb und wichtiger Finanzierungsquelle, Frankfurt am Main 1997.

Müller, Ulrich/*Giegold*, Sven/*Arhelger*, Malte: Gesteuerte Demokratie? Wie neoliberale Eliten Politik und Öffentlichkeit beeinflussen, Hamburg 2004.

Müller-Rüster, Jannis: Product Placement im Fernsehen, Tübingen 2010.

Neft, Hans: Rundfunkwerbung und Rundfunkfreiheit, München 1994.

Niederdorfer, Kathrin: Product Placement – Ausgewählte Studien über die Wirkung auf den Rezipienten, München 2008.

Nirschl, Marco/*Steinberg*, Laurina: Einstieg in das Influencer Marketing: Grundlagen, Strategien und Erfolgsfaktoren, Wiesbaden 2017.

Nobel, Peter/*Kaempf*, Markus: Die neue Richtlinie über audiovisuelle Mediendienste, in: EuZ 2008, S. 58 ff.

o. V.: Richtlinien gegen die Schleichwerbung, in: ZUM Sonderheft 1987, S. 143 ff.

Oppermann, Thomas: Eine Verfassung für die Europäische Union, in: DVBl. 2003, S. 1165 ff.

Oppermann, Thomas/*Classen*, Claus/*Nettesheim*, Martin: Europarecht, 8. Auflage, München 2018, Paschke, Marian: Medienrecht, 3. Auflage, Heidelberg 2009.

Paschke, Marian/*Berlit*, Wolfgang/*Meyer*, Claus: Hamburger Kommentar – Gesamtes Medienrecht, 3. Auflage, Baden-Baden 2016.

Pawlowitz, Nina: Marketing im Internet, 3. Auflage, Berlin 2000.

Peifer, Karl-Nikolaus: Influencer Marketing – Rechtlicher Rahmen und Regulierungsbedürfnis (Teil 2), in: GRUR 2018, S. 1218 ff.

Pelc, Ortwin: Mythen der Vergangenheit: Realität und Fiktion in der Geschichte, Göttingen 2012.

Petersen, Jens: Medienrecht, 5. Auflage, München 2010.

Pieper, Stefan Ulrich: Aufsicht: Verfassungs- und verwaltungsrechtliche Strukturanalyse, Köln 2006.

Pierson, Matthias: Online-Werbung nach der UWG-Reform (Teil 1), in: K&R 2006, S. 489 ff.

Platho, Rolf: Werbung, nichts als Werbung – Und wo bleibt der Trennungsgrundsatz?, in: ZUM 2000, S. 46 ff.

Platho, Rolf: Die Systematik von Schleichwerbung und Produktplatzierung und ihre Verfehlung in der AVMD-Richtlinie, in: MMR 2008, S. 582 ff.

Ricker, Reinhart: Der Rundfunkstaatsvertrag – Grundlage einer dualen Rundfunkordnung in der Bundesrepublik Deutschland, in: NJW 1988, S. 453 ff.

Ricker, Reinhart/*Schiwy*, Peter: Rundfunkverfassungsrecht, München 1997.

Roßnagel, Alexander: Recht der Multimedia-Dienste, 8. Auflage, München 2008.

Ruda, Walter/*Klug*, Frauke: Sport-Sponsoring, München 2010.

Sack, Rolf: Zur wettbewerbsrechtlichen Problematik des Product Placement im Fernsehen, in: ZUM 1987, S. 103 ff.

Sack, Rolf: Neue Werbeformen im Fernsehen: Rundfunk- und wettbewerbsrechtliche Grenzen, in: AfP 1991, S. 704 ff.

Sauer, Norwin: § 5 Pkw-EnVKV und audiovisuelle Mediendienste, in: WRP 2016, S. 807 ff.

Schaar, Oliver: Programmintegrierte Fernsehwerbung in Europa: Zum Stand der kommunikationsrechtlichen Regulierung in Europa, Baden-Baden 2001.

Schach, Annika/*Lommatzsch*, Timo: Influencer Relations, Wiesbaden 2018.

Schädler, Martin: Erfolgreiche Gestaltung von Werbung im Internet, München 2004.

Scherer, Beate: „Product Placement" im Fernsehprogramm: Die werbewirksame Einblendung von Markenartikeln als wettbewerbswidriges Handeln der Rundfunkanstalten Baden-Baden 1990.

Scherer, Frank: Rundfunkfreiheit – Von der Freiheit der Berichterstattung über die duale Rundfunkordnung ins Regelungsdickicht?, in: ZEuS 2002, S. 361 ff.

Scherer, Joachim: Die Umgestaltung des europäischen und deutschen Telekommunikationsrechts durch das EU-Richtlinienpaket, in: K&R 2002, S. 273 ff.

Schiwy, Peter/*Schütz*, Walter/*Dörr*, Dieter: Medienrecht – Lexikon für Praxis und Wissenschaft, 5. Auflage, Köln 2010.

Schladebach, Marcus: Medienrecht – Eine systematische Einführung, in: Jura 2013, S. 1092 ff.

Schladebach, Marcus: Staatsverträge zwischen Ländern – Grundfragen eines intraföderalen Kooperationsinstruments, in: VerwArch. 98 (2007), S. 238 ff.

Schladebach, Marcus/*Simantiras*, Nikolaos: Grundstrukturen des unionalen Rundfunkrechts, in: EuR 2011, S. 784 ff.

Schladebach, Marcus/*Zeisberg*, Marie-Christine: Einführung in das öffentliche Medienrecht, in: *studere 21 (2019), S. 12 ff.

Schmitt-Vockenhausen, Monika: Revision der EG-Fernsehrichtlinie, in: ZUM 1998, S. 377 ff.

Schmittmann, Jens: Werbung im Internet – Recht und Praxis, München 2003.

Schüller, Anne/*Schuster*, Norbert: Marketing-Automation für Bestandskunden, Freiburg 2017.

Schultze, Reinhard: Product Placement im Spielfilm: Grenzen zulässiger Produktabbildungen im Rundfunkprogramm, München 2001.

Schulz, Wolfgang: Medienkonvergenz light – Zur neuen Europäischen Richtlinie über audiovisuelle Mediendienste, in: EuZW 2008, S. 107 ff.

Schütz, Raimund: Rundfunkbegriff: Neutralität der Inhalte oder der Übertragung? Konvergenz und Innovation, in: MMR 2009, S. 228 ff.

Schwartmann, Rolf: Praxishandbuch Medien-, IT- und Urheberrecht, 4. Auflage, Heidelberg 2017.

Schweiger, Günter/*Schrattenecker*, Getraud: Werbung, 6. Auflage, Stuttgart 2005.

Schweitzer, Michael/*Hummer*, Waldemar/*Obwexer*, Walter: Europarecht, Wien 2007.

Seidel, Lore: „Fernsehen ohne Grenzen", in: NVwZ 1991, S. 120 ff.

Selmer, Peter: Die Medien- und Informationsfreiheit in der Charta der Grundrechte der Europäischen Union, in: EuR Beiheft 2002, S. 29 ff.

Sieger, Gabriele/*Brecheis*, Dieter: Werbung in der Medien- und Informationsgesellschaft, 3. Auflage, Wiesbaden 2016.

Siegler, Fabian: That's native: Schleichwerbung oder nicht?, München 2017.

Spengler, Albrecht: Überlegungen zum Problem der Werbeeinblendung in Film, Funk und Fernsehen, in: UFITA Bd. 27/1959, S. 169 ff.

Spindler, Gerald/*Schuster*, Fabian: Recht der elektronischen Medien, 3. Auflage, München 2015.

Stender-Vorwachs, Jutta/*Theißen*, Natalia: Die Revision der Fernsehrichtlinie – Ist die Revision eine Reform?, in: ZUM 2006, S. 362 ff.

Stender-Vorwachs, Jutta/*Theißen*, Natalia: Die Richtlinie für audiovisuelle Mediendienste, „Fernsehrichtlinie reloaded?", in: ZUM 2007, S. 613 ff.

Stenner, Daniel: Die Zulässigkeit interaktiver und individualisierender Werbung im Fernsehen und in audiovisuellen Telemedien, Hamburg 2009.

Sterne, Jim: Social Media Monitoring, Frechen 2011.

Stichnoth, Fabian: Relevanz von Naming Rights für die identitätsbasierte Markenführung, Wiesbaden 2018.

Streinz, Rudolf: EUV/AEUV Kommentar, 3. Auflage, München 2018.

Sutherland, Max: Product Placement regulators gone AWOL, in: International Journal of Advertising Nr. 25/2006, S. 107 ff.

Suwelack, Felix: Schleichwerbung als Boombranche?, in: MMR 2017, S. 661 ff.

Szyszka, Peter: Deutsche PR-Nachkriegsgeschichte als Berufsfeldgeschichte, in: M&Z Nr. 1/2011, S. 39 ff.

Tettinger, Klaus/*Stern*, Peter: Kölner Gemeinschaftskommentar zur Europäischen Grundrechte-Charta, München 2006.

Tonnemacher, Jan: Kommunikationspolitik in Deutschland: Eine Einführung, Stuttgart 2003.

Troge, Thorsten: Herausforderung: Influencer-Marketing, in: GRUR-Prax 2018, S. 87 ff.

Trommsdorff, Volker: Konsumentenverhalten, 6. Auflage, Stuttgart 2004.

Verwijmeren, Thijs: Warning: You are being Primed! The effect of a warning on the impact of subliminal ads, in: JESP Nr. 49/2013, S. 1124 ff.

Völkel, Stefan: Product Placement aus der Sicht der Werbebranche und seine rechtliche Einordung, in: ZUM 1992, S. 55 ff.

Volpers, Helmut/*Herkströter*, Dirk/*Schnier*, Detlef: Die Trennung von Werbung und Programm im Fernsehen, Wiesbaden 1998.

Wandtke, Artur-Axel: Medienrecht – Praxishandbuch [5 Bände], 2. Auflage, Berlin 2011.

Wandtke, Artur-Axel/*Ohst*, Claudia: Medienrecht – Praxishandbuch [5 Bände], 3. Auflage, Berlin 2014.

Weberling, Johannes: Zwischen Presserecht und Rundfunkrecht, in: AfP 2008, S. 445 ff.

Weinberg, Tamar: Social Media Marketing – Strategien für Twitter, Facebok & Co., Heidelberg 2010.

Wengenroth, Kai: Neue Erlösformen im deutschen Fernsehen, Saarbrücken 2006.

Werneke, Frank: Die bedrohte Instanz: Positionen für einen zukunftsfähigen öffentlich-rechtlichen Rundfunk, Berlin 2005.

Wiebe, Andreas/*Kreutz*, Oliver: Native Advertising – Alter Wein in neuen Schläuchen?, in: WRP 2015, S. 1179 ff.

Wieben, Arne: Die Trennung von Werbung und redaktionellem Programm, Münster 2001.

Wilde, Christian: Product Placement: Ein viel diskutiertes Kommunikations-Instrument stellt sich vor, in: Marketing Journal Nr. 2/1986, S. 182 ff.

Wuermeling, Joachim: Kalamität Kompetenz: Zur Abgrenzung der Zuständigkeiten in dem Verfassungsentwurf des EU-Konvents, in: EuR 2004, S. 216 ff.

Zimmermann, Felix: Der Schutz des publizistischen Systems vor Werbeplatzierungen, Baden-Baden 2016.

Zurth, Patrick/*Pless*, Viola: #transparenz: Die Kennzeichnung nutzergenerierter Werbung in sozialen Netzwerken unter der neuen AVMD-Richtlinie, in: ZUM 2019, S. 414 ff.

Sachwortregister

„Above-the-line"-Instrumente 18
Anna und die Liebe (BVerwG) 124
Arbeitsgemeinschaft der Landesmedienanstalten (ALM) 47
ARD 35, 38, 45 f., 48 f., 189 f., 191. 227
ARD-Staatsvertrag 100
ARPANET 196
Audiovisuelle Mediendienste auf Abruf 68, 76 f., 147 f.

Bannerwerbung 71, 135, 198
„Below-the-line"-Instrumente 18
Betriebswirtschaftslehre 18

Empirische Analyse zum Influencer Marketing 215 f., 231 ff.
Europarechtliche Grundlagen des Medienrechts 52 ff.
– Auswirkungen auf das nationale Recht 80
– Grenzen europarechtlicher Kompetenzen 55
– Kompetenz für Medienrecht 54
– Primärrecht (EUV / AEUV) 52 ff.
– Sekundärrecht 57 f.

Facebook 16, 105, 128, 130, 132, 136, 143 f., 146, 149 f., 182, 184, 201, 226
Fernsehähnlicher Telemedienbegriff 141 ff.
– Fernsehähnlichkeit 142 ff.
– Individueller Abruf 146
– Inhaltekatalog 146 f.
Fernsehprogramme 75 ff.
Fernsehrat 189, 191, 227
Fernsehrichtlinie (1989 / 1997) 60 ff.
– Regelungsbereiche 62
– Regelungsdefizite 63 f.
– Zielsetzung 61
Feuer, Eis und Dynamit (BGH) 39, 133, 161, 176

Gegendarstellungsrecht 60, 67, 79
Generic Placements 163, 186, 222
Gewinnspiele 34, 105, 107
Grünbuch 59 f., 65

Historische Entwicklung der Schleichwerbung 30 ff.

Influencer 16, 210
– Beziehungsstarke Multiplikatoren 210
– Fachspezifische Meinungsführer 210 f.
Influencer Marketing 16, 203 ff.
– Aktueller Rechtsrahmen 211 ff.
– Entstehungsgeschichte 204
– Kanäle 207 f.
Instagram 16 f., 128, 132, 136, 138 f., 149 f., 184, 206, 208 ff.
Instagram-Stories 144, 146, 149
Involvement 19 f., 193

Jugendschutz 60, 78, 104,

Kennzeichnungsgebot 123 ff., 134 ff., 151 ff.
Kennzeichnungs-Matrix 224
Kinospielfilme 40, 161
Kunstfreiheit 40, 174

Landesmedienanstalten 105, 119, 142, 149, 177, 188 f., 191
Landespressegesetze 98, 104, 137
Leitfaden der Landesmedienanstalten 137, 151 ff., 216 f., 224, 229
Li-La-Launebär (OVG Lüneburg) 41, 170
Lineare Dienste 68, 75 f.
Links 135 f., 139, 152

„Many-to-Many"-Kommunikationskanal 202
Marienhof (ARD) 15, 45 f., 171, 190
Marlboro Man 204

Massenmedium 74
Mediakabel (EuGH) 74
Medienkonvergenz 63 f., 68, 142
Meinungsbildungsrelevanz 112, 117 f.
Meinungsfreiheit 103

Nationale Grundlagen des Medienrechts 97 ff.
– Presserecht 98
– Rundfunkrecht 98 ff.
– Telemedienrecht 101 f.
– Werberecht 103 ff.
Near-Video-on-Demand 76
Nicht-lineare Dienste 68, 76

„One-to-Many"-Kommunikationskanal 198

„Point-to-multipoint"-Übertragung 77
„Point-to-point"-Übertragung 77
Pop-Up-Werbung 71, 135, 198
Prinzip der begrenzten Einzelermächtigung 54
Produktionsarten 172 ff., 222
– Auftragsproduktion 172, 182
– Eigenproduktion 172, 182
– Fremdproduktion 173 f., 182
Produktplatzierung 90 ff., 185 ff.
– Europarechtlicher Vergleich zur Schleichwerbung 91
– Nationaler Vergleich zur Schleichwerbung 23, 186

Reaktanz 20, 42, 193
Rechtsfolgen der Schleichwerbung 188 ff.
Rechtsfolgennorm 160
Richtlinie über Audiovisuelle Mediendienste (2007/2010/2018) 65 ff.
– Konzept der abgestuften Regelungsdichte 78 f.
– Qualitative Werbevorschriften 84
– Quantative Werbevorschriften 82 ff.
– Zielsetzung 68
Robert Cialdini 204
Rundfunkbegriff 114 ff.
Rundfunkfreiheit 99 f., 111, 164, 174
Rundfunkrat 189, 227

Rundfunkstaatsvertrag
– Allgemeine Werbegrundsätze 107 f.
– Zielsetzung 109

Sabine! (ZDF) 43, 190
Sacchi (EuGH) 55
Schleichwerbebegriff
– Allgemein 21 f.
– Europarechtlich (AVMD-RL) 23, 87 f.
– Nationalrechtlich (RStV) 23, 160 ff.
Schleichwerbeverbot 25, 87 f., 157 ff.
– Irreführungspotential 175 ff., 182 f.
– Werbeabsicht 163 ff., 181
– Zielsetzung 158 f.
Sendestaatsprinzip 78 f.
Soziale Medien 199 ff.
Sponsoring 34, 79, 81 f., 84, 106 f.
Suchmaschinen 73, 127, 140

Telemedienbegriff 126 f.
Telemediengesetz 102, 105 f., 127, 157, 179
Themenplatzierung 45 f., 109, 160
Trennungsgebot 24 f., 113 ff.
– Fernsehähnliche Telemedien 140 ff.
– Rundfunk 114 ff.
– Telemedien 125 ff.
TV Total Wok WM (VG Berlin) 15, 48, 49, 113

Video-on-Demand 64, 76, 119, 149, 151, 180, 224, 226

Web 1.0 196 ff.
Web 2.0 199 ff.
Werbebegriff 120 f., 128 f.
Werbepsychologie 18 ff.
Werbesoziologie 20 f.
Werbewirkungsforschung 19

Youtube 105, 141, 145 ff., 149 ff., 180, 184, 201, 207 f.
Youtube-Kanäle 145, 148 f., 180, 207, 212, 218 f., 226
Youtuber 153, 208, 211, 141

ZDF 35 ff., 43 f., 48 f., 124, 189 f., 191, 227
ZDF-Staatsvertrag 100